놀면서 배우는
읽기와 쓰기

So Much More than the ABCs: The Early Phases of Reading and Writing, 3E

유아기 연령별 읽기 · 쓰기 지도

놀면서 배우는 읽기와 쓰기

주디스 쉬케단츠 · 몰리 콜린스 지음 | 이영자 · 이지현 옮김

이화출판

지은이의 말

수년간 상당히 많은 것을 터득하게 해주고 계속해서 영감을 끌어내준 많은 교사와 유아들에게 감사의 마음을 전하고 싶다. 또한 이 책에 정보를 제공할 수 있게 해준 많은 초기 문해 연구자들에게 감사드린다. 아울러 우리의 초청에 응해준 제시카 호프만(Jessica L. Hoffman), 크리스티나 카사노(Christina Cassano), 케이틀린 파시가(Katheleen A. Paciga) 저술 지원자들께 감사의 뜻을 전하고 싶다. 특히 2장에 대한 책임을 맡은 제시카 호프만(Jessica L. Hoffman) 교수께 감사의 뜻을 표하고 싶다. 저자는 초기 원고가 응집성 있는 책으로 전환되도록 도움을 준 나탈리 클라인(Natalie Klein)을 비롯하여 마지막 편집에 도움을 준 엘리자베스 웨그너(Elizabeth Wegner), 책의 디자인과 구성에 도움을 준 맬리니 도미니(Malini Dominey), 사진 선정에 도움을 준 라이언 스미스(Ryan Smith) 등 편집 지원에도 감사드린다. 책의 시각적 세부 사항들이 이렇게 사려 깊게 주의를 끌 수 있도록 제시되어 저자들이나 독자들에게는 큰 선물이 되었다.

마지막으로 다양한 지원을 아끼지 않고 인내해준 우리 가족들에게 고마움을 전하고 싶다.

주디스 쉬케단츠, 몰리 콜린스

옮긴이의 말

최근 유아 교육의 중요성이 알려짐에 따라 이 시기 유아의 교육을 담당하는 교사와 부모들이 일찍부터 영, 유아에게 읽기와 쓰기를 가르치는 것에 주의를 기울이고 있다. 주디스 쉬케단츠 박사와 몰리 콜린스 박사의 저서『놀면서 배우는 읽기와 쓰기So Much More than the ABCs』는 이러한 교사와 부모의 읽기와 쓰기 교육, 즉 문해 지도에 대한 관심에 부응하여 그 이론과 실제를 다룬 책이라 생각해 번역, 소개하게 되었다.

이전『놀이를 통한 읽기와 쓰기의 지도Much More than the ABCs』에서는 교사와 부모들에게 도움을 주기 위해 글의 유형, 이야기 글의 구조, 이야기 내용 등의 이해를 돕는 방법과 함께 읽기와 쓰기의 기능을 이해하고 증진시키기 위해 교사와 부모가 할 수 있는 역할과 방법을 제시하였다. 한편, 유아들에게 이러한 기술들의 한쪽 측면만을 강조하여 지루하고 매력 없는 활동을 부적합하게 진행할 경우, 읽기와 쓰기에 대한 유아의 관심이 없어지며 최소한으로 요구되는 활동만 하게 되어 읽기와 쓰기를 잘하게 될 확률이 낮아진다는 연구가 발표되었다. 유치원 시기 이전부터 읽기와 쓰기의 기초가 형성된 유아들이 초등학교와 이후의 여러 교과 내용지식과 쓰기 기술을 제대로 형성할 수 있다는 연구들도 발표되었다. 이러한 연구들과 저자들의 경험이『놀면서 배우는 읽기와 쓰기』의 출간 배경이 되었을 것이다.

유아들은 주변에 흥미 있는 문해 환경이 제공될 때 자연스럽게 읽기와 쓰기에 관심을 가지게 된다. 이때 영, 유아들이 원하는 방향으로 읽기나 쓰기 기회를 제공하고 안내해주는 것이 중요하다. 이 책에서 제시하는 각 연령과 발달 수준에 적절한 활동들을 영, 유아의 흥미에 맞게 제공할 때 영, 유아는 자연히 읽기와 쓰기에 관심을 가질 뿐만 아니라 읽은 내용을 바탕으로 내용지식도 풍부해질 수 있다. 이때 유의할 점은 교사나 부모가 유아의 흥미를 벗어나 지나치게 활동의 반복을 강조하여 지루하거나 싫증나게 만드는 일이 없도록 하는 것이다.

우리말이 영어와 달라 고려해야 하는 사항들의 경우에는 옮긴이 주를 달아 우리말 적용의 예를 제시하였다. 또한 직접 촬영한 실제 상황 사진들을 넣어 우리나라 사례를 보여주고자 하였다. 이 과정에서 우리나라 아이들의 쓰기 사례나 테크놀로지 활동 예를 제공해준 정주원 원장, 황은순 원장과 어린이집 교사들, 사진을 제공해준 오애순 원장, 유아의 어머니 이연승, 임미정, 한국어판 그림책 목록을 찾고 정리해준 조교 최아림에게 감사드린다. 이 책의 출판에 관심을 갖고 힘써주신 이화여자대학교출판부에도 고마움을 전한다.

우리는 이 책이 유아기 자녀에게 영어를 가르치고자 하는 부모와 제2언어로 우리말과 글을 배우는 자녀를 둔 다문화가정의 부모에게도 도움이 되기를 바란다.

2014년 10월

이영자, 이지현

서문 : 읽기와 쓰기를 시작하는 시기

유아가 읽기와 쓰기를 배우는 시기가 언제냐고 물으면, 보통 사람들은 대개 "초등학교 1학년에 들어가서요."라고 말할 것이다. 이는 대부분의 유아들에게 해당되는 사실이지만, 1학년에서의 성공은 제공된 교육 이상의 요인에 달려 있다. 또한 이전에 습득한 지식과 기술에 많이 의존한다. 실제, 읽기와 쓰기에 대한 학습의 기초 형성 경험은 영아기 때로 되돌아가서 확대하여 고려해볼 수 있다.

읽기 학습에 어려움을 느끼는 유아는 흔히 필요한 기초지식 없이 초등학교 1학년에 들어간 유아이다. 이러한 상황은 쉽게 극복되지 않는다. 1학년에서 읽기 학습에 어려움을 느끼는 유아 중 약 25%만이 읽기에서 자신의 해당 학년 수준의 전형적 범위를 유지한다. 이 집단에 속했던 다른 유아들의 경우, 전 학년을 통해 계속해서 읽기에 상당한 어려움을 경험한다(Juel 1988; Spira, Bracken, & Fischel 2005).

몇몇 유아는 1학년에서 읽기 학습에 성공하지만 초등학교 3~4학년에 이르러 불충분한 내용지식, 어휘 부족, 전반적 언어 결핍, 결론 도출 난항 등으로 인해 다시 어려움을 경험하기 시작한다("4학년 부진 현상", Chall & Jacobs 2003; Lesaux & Kieffer 2010; Sweet & Snow 2002). 불행히도 이들은 생물이나 역사 등의 교과서의 내용 이해에 고심한다. 이러한 문제는 도시 학교에 다니는 저소득층 가족의 어린이들에서 발견되며, 특히 영어를 제2언어로 학습하는 저소득층 가족의 어린이들에게서 많이 나타난다(Crosson & Lesaux 2010).

그러므로 형식적 학교 교육이 시작되기 이전에 읽기를 위한 학습[1]과 학습을 위한 읽기[2]의 강력한 토대를 세우도록 돕는 것이 필수적이다. 영아와 걸음마기 유아, 그리고 유아원 시기 유아가 구어와 내용지식, 문해 기술 등을 조성하는 경험에 참여하게 함으로서 유아교육 전문가들은 유아의 이후 학문적 성공을 확실히 하도록 돕는다(NELP 2008; Senechal, Quellette, & Rodney 2006; Storch & Whitehurst 2002). 유아의 흥미와 동기 부여가 유지되는 것도 필수적이다. 이 또한 후의 읽기 성취에 상당한 영향을 미치기 때문이다(Gambrell 2011).

저자는 유아교육 전문가와 가족이 유아가 훗날 읽기와 쓰기 학습에 성공하는 데 필요한 이해, 지식, 기술을 습득하도록 지원하기 위하여 이 책을 집필하였다. 이 책에서는 4가지 중요한 항목들을 검토하였다.

1. 유아가 초기에 학습할 내용
2. 유아가 읽기와 쓰기의 기초를 습득하도록 교사가 사용할 수 있는 전략.

1 읽기를 위한 학습이란 곧 해독을 의미하며 읽기 기술의 학습을 강조한다 – 옮긴이.

2 학습을 위한 읽기란 읽기를 통해 문자로 제시된 정보를 이해하는 독해의 과정을 강조한다 – 옮긴이.

3. 초기 문해와 언어 이해, 기술의 특징
4. 언어와 문해 학습을 지원하기 위해 유아 교실에 비치할 자료와 물리적 환경 구성 방법

우리는 각 유아의 초기 문해에서 다양한 상호 연결 요인들이 작용한다는 것을 강조하였다. 한 가지 방법이 모든 유아에게 맞는 것은 아니다. 즉, 개별 유아의 상황에 따라 다른 적절한 교수법이 적용되어야 한다(Copple & Bredekamp 2009).

이 책은 최근의 연구들이 유아가 배워야 하는 것이 무엇이고 어떤 종류의 경험이 이러한 이해와 기술을 습득하도록 도와줄 수 있다고 제시하는지를 알고 싶어 하는 유아 전문가와 가족들에게 도움을 주기 위해 집필되었다. 저자는 경험 많은 교사와 양육자가 현재의 지식을 첨단화하고 유아의 초기 언어, 문해, 내용지식 습득을 지원하기 위해 이미 하고 있는 것들을 발전시킬 정보를 발견할 수 있으리라 본다. 또한 이미 교사와 양육자뿐만 아니라, 예비 유아 교사와 다른 학생들에게 유용한 폭넓은 기초 정보에 초점을 맞추었다. 가족은 가정에서의 문해 경험을 위한 유아 프로그램과 아이디어를 제공받음으로써 초기 문해 경험의 범위에 대한 학습 정보 자원을 발견할 수 있을 것이다.

비록 이 책은 많은 연구에 기초를 두고는 있지만, 유아와 유아 전문가를 대상으로 한 저자 자신의 직접 경험에 기초하여 집필되었다. 연구들이 아직은 모든 중요한 질문을 다루지 못했고, 모든 주제에 대한 충분한 정보를 제공하지 못하고 있기 때문이다(Duke & Carlisle 2011). 책의 전반에 걸쳐, 저자는 유아의 작업 표본과 그들의 사고의 예를 제공하였다. 쓰기 표본과 다른 표본에 제시된 유아의 이름은 가명과 실제 이름이 섞여 있다(허락하에 사용).

주제와 주제의 구성

이 책은 2부로 구성되어 있으며 다음의 주요 주제에 관하여 밝히고 있다.

1부 읽기의 기초 세우기

• 1장에서는 초기 문해 시기에 일어나는 두 가지 읽기 과정에 대한 개관과 읽기 발달의 두 단계를 제시한다. 이 개관에서 유아기의 경험이 후에 관례적 읽기에서의 성공에 어떻게 공헌하는가에 대한 이해의 틀을 제공한다.

• 2장에서는 유아의 책에 대한 흥미와 상호작용을 도와주기 위하여 생후 30개월까지의 운동 발달, 인지 발달, 언어 발달, 사회성 발달 이정표들을 연계한다.

• 3장에서는 이야기 그림책 선정과 유아원 시기 유아들에게 이야기를 읽어주는 목표와 전략을 검토하였다.

• 4장에서는 정보 그림책 선정, 유아들과 이 책을 사용하는 목표와 전략에 초점을 두었다.

• 5장에서는 읽기와 쓰기 학습의 초기 기초를 이루는 문해 기술과 이 기술의 습득을 지원하는 방법을 상술하였다.

2부 쓰기의 기초 세우기

• 6장에서는 초기 쓰기 단계 개요를 제시하고 초기 쓰기 단계에 이어 관례적 쓰기를 검토하였다.

• 7장에서는 12개월과 30개월 사이 자국 만들기, 걸음마기 유아의 자국에 부여하는 의미의 속성, 그리고 영아와 걸음마기 유아의 지식 습득을 검토하였다.

• 8장에서는 30개월에서 5세 9개월까지의 유아의 그리기와 쓰기, 특히 그림과 쓰기에 사용한 다른 조직, 단어와 그림 창조, 문해 기술, 그리기와 쓰기에 포함된 언어와 내용지식에 초점을 두었다.

이 책의 이용법

초기 문해 시기의 전 범위에 관심이 있는 독자는 처음부터 시작하여 책의 모든 장을 순서대로 읽기를 원할 것이다. 그러나 이 책은 주제와 연령에 따라 구성되어 있기 때문에 모든 장들을 순서대로 다 읽지 않아도 흥미 있는 정보를 쉽게 발견할 수 있다. 예를 들어, 주된 관심사가 영아와 걸음마기 유아이면 1장, 2장, 6장, 7장부터 시작하고, 그 다음 유아원 시기의 유아의 문해 발달에 대한 이해를 형성하기 위해 다른 장으로 넘어간다. 독자의 주된 관심사가 유아워 시기의 유아일 경우, 영아와 걸음마기 유아에 대해 제시한 장을 검토하기 전에 1장, 3장, 4장, 5장, 6장, 8장을 읽는 것과 같이 다른 경로를 택할 것이다.

이에 더하여, 본문에 인용한 유아용 그림책과 모든 다른 본문에 인용된 참고 문헌 목록들을 책의 끝부분에 제공하였다. 소개된 많은 주제에 대해 좀 더 알기를 원하는 독자들은 이러한 연구들과 서적, 보고서, 견해 진술서 등을 읽도록 격려하였다.

이 책이 지향하는 목표

저자의 목표가 유치원과 초등학교 1학년 이전의 유아에게 읽기와 쓰기를 가르치도록 유아 전문가나 가족을 장려하는 것은 아니다. 물론 어떤 유아는 일찍부터 기술이 충분히 발달하는 경우도 있을 수 있다. 하지만, 대부분의 유아는 이 책에서 초점을 둔 초기 문해 시기 후에 관례적 읽기와 쓰기로 진전하는 전형적 과정을 따를 것이다.

저자는 읽기 학습에서 확실히 성공하는 이해와 기술 이상의 것에 초점을 두고 있다. 장기적 측면에서 볼 때, 유아기는 읽기를 위한 학습과 학습을 위한 읽기, 양 측면 모두가 시작되는 시기이다(Paratore, Cassano, & Schickedanz 2011). 저자는 또한 어른이 유아에게 읽어주기 시작할 때부터 책을 통해 학습한다는 점을 강조한다.

이러한 양 이슈에 대한 자세는 중요하다. 읽기의 이 두 단계는 서로 다른 요인들에 의해 발달이 좌우된다(1장 참조). 만일 교사와 가족 구성원이 의미의 이해와 읽기 기술 중 한쪽만 강조한다면 장기적으로 유아의 가능성을 충분히 실현하도록 돕기 어렵다.

저자의 목표는 또한 학습 동기의 유지를 최우선으로 둔다. 초기 학습부진에 대한 우려 때문에 유아 전문가나 가족 구성원이 때로는 별로 매력이 없으며 제한되고 지루한 레슨에 의존하고 직접적 적용 기회를 거의 제공하지 못한다. 저자는 활발한 유아 언어, 문해, 내용지식 학습을 지지하는 동시에 재미있으면서 흥미 있고 유용하게 진행하는 교수 전략을 장려한다.

유아들 앞에 놓인 학교 교육과 학습의 긴 여정에서 초기 문해 경험의 주된 목표는 유아의 읽기와 쓰기에 관련된 활동과 학습에서 흥미를 갖게 해주는 것이다. 흥미가 없으면, 유아는 읽기와 쓰기에 대한 동기 유발이 되지 않을 것이며, 읽기 · 쓰기의 빈도가 줄어들게 되고 해야 할 때만 어쩔 수 없이 하게 될 것이다. 읽기를 적게 하는 유아가 읽기를 잘하는 사람이 될 가능성은 드물고, 쓰기를 잘 하지 않는 유아가 쓰기를 잘하는 사람이 될 확률은 거의 없다. 그러므로 유아의 읽기와 쓰기에 대한 욕구를 증진시켜주고 읽고 쓰는 방법을 학습하는 데 필수적인 이해와 기술이 발달하도록 돕는 것이 중요하다(Gambrell 2011).

오늘날 모든 수준에서 교사들은 유아기 동안의 의미 있는 문해 경험의 중요성을 인식하고 있다. 하지만 초등학교 저학년에 들어가는 많은 유아들은 읽기와 쓰기에 대한 지식뿐만 아니라 이를 즐기도록 조장하는 풍부한 문해 경험을 가정, 유아교육기관, 또는 다른 유아를 위한 환경에서 충분히 받지 못했다.

우리에게는 유아가 훗날 읽기와 쓰기 학습에서 성공하는 데 중요한 문해 기술, 구어, 배경지식의 습득에 진전을 보일 수 있도록 장려하고, 읽기와 쓰기에 대한 유아의 기본 정서적 · 사회적 애착을 형성하는 기회와 특권이 주어져 있다. 이 책은 교사와 양육자가 이러한 이원적이면서 상보적 목표를 달성할 수 있도록 여러 측면을 고려하였다.

차례

1부

읽기의 기초 세우기

읽기 학습에 포함된 요소들 1장

풍부하고 의미 있는 초기 언어와 문해 경험은 유아들에게 앞으로의 관례적 읽기를 위해 중요한 토대를 제공해준다. 관례적 읽기는 2가지 과정과 발달 단계를 포함한다. 1장에서는 유아들이 자연스럽게 하게 되는 문해 경험들이 유아의 읽기 학습을 비롯해 장기적으로 능숙한 읽기의 성공에 어떻게 기여하는가에 대한 독자들의 이해를 돕기 위하여, 읽기의 과정과 읽기 발달 단계에 대한 기초 정보를 제공하고자 한다.

읽기의 과정과 단계

읽기를 할 때에는, 동시에 발생하지만 서로 구분되는 2가지 과정이 일어난다. 바로 해독하기(decoding)와 이해하기(comprehending)이다. 해독하기는 문자화된 단어를 그에 대응하는 음성으로 바꾸는 과정을 포함한다. 해독을 할 때에는 또 그것의 의미를 이해하려고 한다. 이 2가지 과정은 동시에 일어나고 언제나 서로 영향을 주고받지만, 서로 다른 일련의 행위를 포함한다.

관례적 읽기의 발달은 읽기를 위한 학습(단어 해독)과 학습을 위한 읽기(새로운 정보의 획득)라는 매우 뚜렷이 구분되는 두 단계를 거친다. 첫 번째 단계에서 문자로 제시된 단어가 무엇을 말하는가를 파악하기 위해 유아는 모든 시간과 주의를 온전히 해독에 집중시켜야 한다. 읽기는 의미를 구성하는 행위이기 때문에, 자기가 지금 읽고 있는 것이 무엇을 의미하는지 아는 것은 유아들에게 처음부터 중요하다.

해독을 하는 데 너무 많은 시간이 걸린다면, 지금 읽고 있는 것의 의미를 이해할 수 없다. 바로 이런 이유 때문에 처음 읽기를 시작하는 유아를 위한 책은 유아들이 이미 알고 있는 단어와 짧은 문장, 친숙한 내용으로 이해하기 쉽게 만들어진다. 또 이러한 책들은 비교적 적은 수의 단어를 사용하면서 이 단어들을 반복한다. 유사한 문장들이 반복되기도 한다. 이러한 책에 나오는 단어들을 유아가 해독할 수 있다면, 그들은 자신이 읽은 것을 대체로 이해할 수 있다.

유치원부터 초등학교 2학년까지, 어린이들은 학교에서 짧은 글로 구성된 책들을 접할 수 있다. 이 시기가 지나면 대다수 어린이들이 한 번에 많은 단어들을 읽을 수 있게 되는데, 그 이유는 이 단어들을 반복적으로 읽어온 데다가 개별 글자(즉, 자소)와 소리(즉, 음소) 간의 대응 패턴을 활용하여(Adams 1990) 새로운 단어들을 좀 더 신속하게 해독할 수 있기 때문이다.

읽기를 학습하는 과정에 있는 유아들에게 책을 읽어주는 것은 여전히 매우 유익하다. 유아들은 아기 때부터 그랬던 것과 똑같이 책을 통해 많은 것을 학습하며, 스스로 읽을 때보다 성인이 읽어줄 때 훨씬 더 풍부한 것을 이해할 수 있다. 또 성인의 설명과 해석은 유아의 이해를 지속적으로 촉진시키며, 성인이 유아들에게 계속 책을 읽어줄 때 책 읽기에 대한 유아의 높은 동기가 유지될 수 있다.

일단 어린이가 해독을 잘할 수 있게 되면, 읽기 발달의 두 번째 단계로 들어가는데, 대다수 어린이들이게 이 단계는 초등학교 3학년에 해당된다. 이 단계에서 어린이는 새로운 정보를 획득하기 위하여, 즉 학습을 위하여 읽기를 한나. 이전에 학습을 위한 읽기는 부수적인 목적이었다. 그렇지만, 이제부터 어린이가 읽는 책들에는 상당한 분량의 생소한 내용과 새로운 어휘, 또 길고 복잡한 문장들이 포함되어 있다. 결과적으로 학년이 높아지면서 이해하기는 점점 더 어려워지고 난이도는 증가하는 것이다.

해독이 주요 교수 목표인 읽기를 위한 학습 단계(즉, 1~2학년, 이 시기에는 이것이 특히 중요하기는 하지만)뿐 아니라 초등학년 시기와 그 이후에도 계속 어린이가 원한다면 이들에게 책을 계속 읽어주는 것이 중요하다. 어린이의 읽기 수준보다 더 높은 수준의 책을 읽어주면서 성인이 어린이와 이 책에 대해 토론할 때, 어린이들은 언어와 내용지식, 스스로 읽는 텍스트의 내용을 이해하는 데 필요한 추론 기술을 발달시킨다.

특히 초등 과학, 역사, 지리 교과서와 같은 내용 영역에 대한 읽기는 많은 어린이들이 어려워한다. 교과서 내용은 이야기 내용보다 생소하고 교과서에 사용된 언어도 이해하기 어렵고 추상적이며 어휘도 역시 수준이 높고 전문적이다(Kelley et al. 2010; Nagy & Townsend 2012). 4장에서 살펴보겠지만, 유아 수준의 정보 그림책을 활용한다면, 이러한 교과 내용 학습과 관련된 언어와 내용지식을 쌓는 데 도움이 된다.

교사와 부모들은 유아에게 이야기를 자주 읽어주는 경향이 있고 또 유치원에서 초등학교 2학년까지의 어린 독자들을 위한 책들은 대다수가 정보책이 아닌 이야기책이기 때문에, 어린 유아들은 정보성 글보다는 이야기를 더 많이 듣는다(Duke 2000; Fang 2008). 또한 유아들을 위한 많은 정보 그림책들은 높은 학년의 교재에서 발견되는 전문적인 글과는 다른 이야기나 동시의 형식으로 되어 있다. 이러한 이유들로 인하여, 많은 어린이들이 나중에 학년이 높아지면서 교과 내용 영역의 교재를 읽을 때 어려움을 경험하기도 한다.

읽기를 위한 학습에 필요한 이해와 기술

해독하기(decoding)와 이해하기(독해, comprehending)에는 서로 다른 이해와 기술이 요구된다. 이 두 과정은 또 읽기 발달의 2가지 단계에서 서로 다른 관계를 나타낸다. 여기서는 읽기를 위한 학습(learning to read)에 요구되는 주요 부호 관련 기술들에 대하여 논의할 것이다. 또 해독 과정의 마지막 단계에서 음성 언어와 내용지식이 어떻게 도움이 되는지에 대하여서도 논의할 것이다.

문자의 관례

문자의 관례(print conventions)는 글자가 책장에 조직되어 들어가는 방식과 문자로 제시되는 단어들이 지정되는 방식을 규정한다. 예를 들어, 영어를 비롯한 많은 언어에서, 문자는 왼쪽에서 오른쪽으로, 위에서 아래로 조직되며, 단어와 단어 사이는 빈 공간으로 구분되어 한 단어가 끝나고 다른 단어가 시작되는 지점을 알려준다. 대문자와 소문자, 문장 부호의 사용도 또 다른 관례의 예이다.

유아기에는 문자의 방향에 대해 배우기 시작하며 유치원과 초등학교 1학년 동안 이러한 이해가 굳어진다. 유아기 어린이들은 또 자신의 이름이 대문자로 시작하고 소문자가 그 뒤를 따른다는 것에 주목하는데, 이러한 인식은 알파벳 글자에는 대문자 형태와 소문자 형태가 있음을 배우는 첫 단계이다.

초등학교 시기에 대문자와 소문자의 활용에 대하여 더 많은 것을 학습한다. 그밖의 다른 문자의 관례에 대한 지식은 그 이후에 습득된다. 예컨대 문상 부호에 관심을 보이는 어린 유아들도 있기는 하지만, 문장 부호의 활용은 중간 학년과 그 이후에까지 걸쳐 학습이 지속되기도 한다.

알파벳과 음운 인식

단어를 해독하기 위해서는 개별 알파벳 글자들(자소; graphemes)을 그에 대응되는 개별 말소리(음소; phonemes)로 바꾸어야 하고 그 다음에는 이 개별 말소리들을 이어 붙여서 소리 단어의 형태로 합성해야 한다. 해독 기술에는 각 알파벳 글자의 이름에 대한 지식과 음운 인식을 필요로 하는데, 음운 인식(phonological awareness)이란 소리 단어는 일련의 개별 말소리(음소)들로 이루어짐을 아는 것이다. 음운 인식은 유아들에게 해독을 하기 위해서는 문자 단어의 글자들을 소리 단어를 이루는 개별 소리로 바꾸어야 한다는 것을 이해하도록 돕는다(음소 인식과 음운 인식에 대한 논의는 5장 참조).

유아들은 개별 알파벳 글자와 그것이 표상하는 음소들 간의 관계를 학습해야 한다. 예를 들어 B라는 글자는 /b/ 소리를, T라는 글자는 /t/ 소리를 나타내며, C와 H는 합쳐서 'cherry'의 첫소리를 나타낸다.

물론, 영어 단어들 중에는 다른 글자로 시작하지만 소리는 같은 단어들(city/silly; fun/phone)이 있고, 반대로 같은 글자로 시작하지만 소리는 서로 다른 단어들(eat/enter; Connie/Cindy)도 있다. 영어의 철자 체계의 기초를 학습하는 데에는 2~3년의 시간이 필요하다.[1]

음성 언어(구어; oral language)

음성 어휘(oral vocabulary)[2]와 문법에 대한 이해는 해독의 중심 과제는 아니지만 직접, 간접적으로 해독의 과정을 돕는다. 예컨대 음성 어휘는 간접적으로 해독 기술에 영향을 주는 것으로 보인다(Dickinson, Golinkoff, & Hirsh-Pasek 2010). 한 해설에 따르면, 단어들은 처음에는 전체 단위로 두뇌에 저장되지만, 유아의 어휘가 늘어나고 몇 단어의 음운 구조가 중복되면서(예: cut/cat; mouse/house), 이런 부류의 단어들은 소리의 더 적은 단위로 재조직되고 저장된다. 이처럼 정교해진 저장은 음운 인식을 위한 토대를 제공하는 것으로 생각된다(Metsala 1999; Metsala & Walley 1998).

유아의 음성 어휘는 또 문자로 제시된 단어(printed word)를 해독하는 첫 번째 단계(즉, 발음은 아직 문자로 적힌 단어와 연결되지 않는다) 이후에 유아가 학습하는 근접 발음을 재형성하도록 돕는다. 이것은 유아의 글자-소리 지식이 아직 불안정하며 철자의 불규칙성이 유아를 어렵게 하는 읽기 습득의 초기 단계에서 빈번히 발생한다.

예를 들어, 처음 읽기를 배우는 유아가 집에서 엄마에게 새 책을 읽어주면서 "peanut"과 "butter"를 해독할 때의 어려움을 생각해보자.

---

1 한글은 영어와 달리 소리와 글자의 관계가 매우 규칙적이어서 같은 소리로 시작하는 단어는 모두 시작 글자가 동일하다. 특히 모음의 경우, 영어는 그것을 표상하는 알파벳 글자가 일정하지 않지만 한글은 모음도 매우 규칙적이다. 이에 따라 영어 철자 체계의 습득에 비하여 한글 습득은 상대적으로 쉽다 - 옮긴이.

2 유아가 말할 수 있고, 남이 말하는 것을 듣고 이해할 수 있는 어휘 - 옮긴이.

1. p: /p/ 소리를 내고, e는 pediatric('피디아트릭'–옮긴이)에서의 e/이/와 같은 소리를 낸다)
2. a: ate의 a/에이/처럼 틀리게 소리 낸다)
3. n: n/ㄴ/ 소리를 맞게 낸다)
4. u: chute의 u/유/처럼 틀리게 소리 낸다)
5. t: t/트/ 소리를 맞게 낸다)
6. ate에서 a처럼 추가 음절을 지닌 "단어"('피에이뉴트'–옮긴이)를 반복하고 이상하다는 표정을 짓는다.
7. "butter"를 소리 내어 읽으면서, "beauter"(뷰터)라고 발음한다.
8. 잠시 멈춰 생각한다.
9. 갑자기 "peanut butter!"(피넛 버터)라고 말한다.

어떻게 그리 갑작스레 발음을 수정할 수 있었을까? 먼저, 이 아이는 그것이 소풍에 대한 이야기였고 동물들이 샌드위치를 만들고 있었다는 것을 이미 알고 있었다. 그림책에서 샌드위치 만드는 장면을 묘사한 삽화에 대해 엄마와 이야기한 적이 있었기 때문이다. 이와 같은 맥락과 샌드위치의 종류에 대한 지식을 활용하여 유아는 그가 소리 낸 근접 발음을 책에 나온 실제 단어로 갑작스럽게 바꿀 수 있었던 것이다. 이 단어들이 그의 어휘에 없었다면, 그는 근접 발음을 통해 옳은 단어를 찾을 수 없었을 것이다.

분명한 사실은, 유아가 기본적인 해독 과정에 몰두하여 근접 발음에 도달한 이후에만 음성 어휘와 배경지식이 도움이 된다는 것이다(Adams 1990; Share 1999). 그러나 유아가 이제 막 읽기를 학습하면서 특히 유아교육기관에서 보는 책만큼 단순하지는 않지만 재미있는 책이 집에 있을 때 이러한 음성 어휘와 배경지식은 유용한 도움이 된다.

덧붙여, 단어에 포함된 자모음 글자들의 시각적 패턴을 그것의 발음과 의미에 연결시키는 것은 유아의 마음속에 이러한 패턴을 각인시키도록 돕는다. 결과적으로 유아는 다음에는 훨씬 더 빠른 속도로 읽을 수 있다(Pikulski & Chard 2005).

학습을 위한 읽기에 필요한 이해와 기술

해독 기술과 더불어, 학습을 위한 읽기(reading to learn)의 성공을 위해서는 양호한 음성 언어와 견고한 배경지식, 추론 기술이 필요하다. 여기서 우리는 해독이 어떻게 독해에 영향을 주는지를 설명한 다음에 이들 각각에 대하여 논의하기로 한다.

해독 기술(decoding skill)

유아가 단어를 재인하는 데 심각한 실수를 한다면, 문장의 의미가 왜곡된다. 또 자동적으로 재인할 수 있는 단어도 있고 비교적 수월하게 해독하는 단어들도 있는 수준이 아니라, 유아가 각 단어를 해독해내는 것을 어려워한다면, 그는 문장의 의미를 생각해내기 어렵다. 간단히 말해서, 단어 인식이 상당히 정확하고 어느 정도 자동적이지 않다면 독해는 어려워진다(LaBerge & Samuels 1974; Pikulski 2006).

음성 어휘와 기타 음성 언어 기술

음성 어휘(oral vocabulary)는 독해를 위해 매우 중요하다. 글의 내용을 전체적으로 이해하기 위해서는 개별 단어들의 의미를 알아야 한다. 구문 및 문법 기술 역시 중요한데, 문장 안 단어의 위치와 순서에 따라 단어의 형태와 의미가 달라지기 때문이다. 'wave'라는 단어가 명사로 사용될 때(파도－옮긴이)와 동사로 사용될 때(흔들다－옮긴이)의 차이를 살펴보자.

1. Wave bye－bye to Grandma(할머니께 작별 인사로 손을 '흔들어라').
2. When we went to the beach, I saw a very large wave(우리가 바닷가에 갔을 때, 나는 아주 큰 '파도'를 보았다).
3. 문장 안에서 명사의 위치는 동사의 위치와 다르며 각 경우 옆에 위치한 단어들 역시 서로 다르다.

문법과 구문 기술은 특정 단어가 어떤 것의 이름인지, 행위를 규정하는지, 아니면 다른 단어의 의미를 수식하는지 알 수 있도록 도와준다. 높은 학년에서는 교재 안의 문장들이 점점 더 복잡해지면서 그 문장들이 표현하는 관계는 함께 복잡해진다. 양호한 언어 기술은 특히 과학, 역사, 지리와 같은 내용 영역을 공부할 때 양호한 독해를 위해 절대적으로 중요하다(Nage & Townsend 2012). 유아기에 형성되는 견고한 음성언어 기술은 나중의 성공을 위한 튼튼한 뼈대를 제공해준다.

배경지식

배경지식(background knowledge)이란 우리가 물리적, 생물학적, 사회적 세상에 대해 알고 있는 지식이다. 어린이들이 책을 읽으면서 그 내용을 이해하기 위해 배경지식을 활용하는 것과 마찬가지로, 유아는 들려주는 그림책의 내용을 이해하기 위해 배경지식을 활용한다.

예를 들어, 에즈라 잭 키츠(Ezra Jack Keats)의 그림책 『휘파람을 불어요Whistle for Willie』[3]를 읽어주었을 때, 유아의 배경지식이(또는 배경지식의 부족이) 그의 이야기 해석에 미치는 효과(Schickedanz & Collins 2012)를 생각해보자. "펄쩍 뛰어도 보았습니다. 하지만 발이 땅에 닿는 순간, 그림자는 찰싹 달라붙었습니다. 피터는 종이 상자가 놓여 있는 길모퉁이까지 왔습니다. 저 멀리 윌리가 보였습니다."(pp. 24~25) 라고 교사가 책을 읽자, 한 아이가 "그림자가 또 있어요!"라고 소리쳤다.

펄쩍 뛰어도 보았습니다.
하지만 발이 땅에 닿는 순간,
그림자는 찰싹
달라붙었습니다.

피터는 종이 상자가 놓여 있는
길모퉁이까지 왔습니다.
저 멀리 윌리가 보였습니다.

성인들은 "펄쩍 뛰어도 보았습니다."라는 문장을 보고 피터의 그림자가 생겼음을 의미한다는 사실을 이해한다. 그러나 그림자는 물질이 아니라는 것을 이해하지 못한다면―많은 유아들은 이것을 이해하지 못한다(Carey 1985)―그림자는 드리워진 곳에 계속 머무르고, 시간이 지난 후에도 다른 사람이 그것을 발견할 수 있다고 생각한다.

배경지식은 또 정보 책을 이해하는 데에도 매우 중요하다. 정보 책은 유아의 정보 습득을 돕기 위해 제작되지만, 의미 있는 맥락에서 고립되어 사용될 때에는 가르치고자 하는 개념들을 유아가 이해하는 것이 어

3 휘파람을 불어요, 에즈라 잭 키츠 글 · 그림, 김희순 옮김, 시공주니어, 1999.

럽다(Leung 2008). 과학이나 지리 교재는 주요 단어를 사용하는 실생활의 의미 있는 경험과 함께 제시되어야 한다. 그렇지 않으면 어린이들은 책을 이해하는 데 필요한 만큼의 깊이 있는 의미를 이해하지 못한다. 특정 주제에 대한 책을 활용할 때, 유아에게 교과에 대한 사전 지식(관련 어휘를 포함하는)이 있으면 이해가 수월해진다. 문법과 구문에 대한 지식 역시 도움이 된다.

유아는 서로 다른 텍스트 구조에 대한 자신의 지식을 적용한다. 예컨대, 정보 책은 보통 등장인물이나 문제, 또는 플롯을 지니지 않는 반면, 이야기책은 이러한 요소들을 지닌다. 정보 책은 이야기에 비하여 개념들이 밀도 있게 포함되며 기술적인 용어를 상당히 많이 포함한다(Kelley et al. 2010; Nagy & Townsend 2012). 텍스트 구조의 이러한 차이에 대한 지식은 유아가 서로 다른 종류의 책을 읽고 이해하는 데 도움이 된다(Best, Floyd, & McNamara 2008).

추론하기

유아들은 자신의 배경지식을 활용하여 책 속의 글과 그림에 제시된 정보와 관련시키는 학습을 해야 한다. 성인이 유아에게 책을 읽어주면서 추론(Reasoning)을 시범 보이고 추론하도록 자극하는 질문을 할 때 이러한 학습이 일어난다. 책의 저자들은 종종 이야기 속에 틈(간격)을 두어 독자가 추론을 통해 그 간격을 채울 것을 기대한다. 하젤 허친스(Hazel Hutchins)가 지은 『One Dark Night』의 예를 들면, 이야기의 시작 부분에서 조나단(주인공)은 침대에서 깨어나 창밖을 쳐다본다. 폭풍이 다가오고 있으며, 번개와 천둥이 치고 있음을 책의 글은 이야기한다. 글에는 비록 조나단이 폭풍 때문에 깨어 있음을 진술하지 않았지만 우리는 배경지식으로 이런 추론을 할 수 있다.

표 1-1은 이 이야기에 나오는 사건들과 이야기 안에서 추론되어야 하는 간격을 나열하고 있다. 이러한 간격 채우기는 그림책의 텍스트가 제공하는 정보 및 삽화와 독자 또는 저자의 배경지식에 기반을 둔 추론을 요구한다.

교사가 교실에서 유아들에게 에즈라 잭 키츠의『눈 오는 날The Snowy Day』[4]을 읽어준 다음 생긴 일에 대해 생각해보자. 이야기에서 주인공 피터는 이름이 제시되지 않은 친구와 놀고 싶어 눈이 오는 밖으로 나간다. 여기서 이름이 제시되지 않은 피터의 친구를 마리 홀 에츠(Marie Hall Ets)가 지은 그림책『길베르토와 바람Gilberto and the Wind』[5]의 친숙한 주인공인 길베르토라고 어떤 유아가 말했다. 피터와 같이 길베르토도 혼자 밖에서 놀고 있었다. 피터는 도시에, 길베르토는 시골에 살고 있었지만 서로 좋은 친구가 되었다고 그 유아는 생각했을 것이다.

이 유아의 반응에 대해 교사도 말했듯이, 여기서 길베르토는 피터의 친구일 리 없다. 하지만 이 유아는 추론에 몰두했음을 보여주는 예가 된다. 시간이 지나면서, 추론할 때 더 많은 정보를 고려하는 것을 학습하므로 유아의 추론은 좀 더 정확해진다(Duke & Carlisle 20011). 유아들은 또 교사가 이야기를 읽어주는 동안과 다 읽고 난 후의 토론 시간에 높은 수준의 질문을 할 때 추론하기를 배운다(Collins 2011).

다양한 경험을 통한 다양한 학습

유아기의 다양한 경험은 다양한 유형의 학습을 가능하게 한다. 유아가 학습하는 내용들은 해독에 강력한 영향을 주는 것도 있지만, 대체로

4 눈 오는 날. 에즈라 잭 키츠 글 · 그림. 김소희 옮김. 비룡소. 2007.

5 길베르토와 바람. 마리 홀 에츠 글 · 그림. 김서정 옮김. 프뢰벨. 2003.

표 1—1. 『One Dark Night』에서 필요한 추론의 예들

사건	추론
침대에서 잠옷을 입은 채로 조나단은 창밖을 쳐다보고 있다. 밤하늘에 번개가 번쩍이고 천둥이 치고 있음을 텍스트는 알려준다. 우리는 조나단이 잠에서 깨었거나 또는 잠을 자려고 하고 있음을 추론할 수 있다.	우리는 번개와 천둥에 대한 배경지식을 활용하여 조나단이 잠에서 깨어 창밖을 보고 있는 이유를 이해한다. 그는 뭔가 걱정이 있는 것처럼 보인다. 천둥번개에 대한 우리의 경험은 조나단이 약간 놀란 듯해 하고 있는 이유를 이해하게 돕는다.
텍스트는 조나단이 바깥의 무엇인가 자그마한 것을 보고 있으며, 그것은 다시 조나단을 쳐다보고 있음을 말한다. 어둠 속에 고양이 머리 같은 윤곽과 2개의 초록색 눈이 보인다.	우리는 조나단이 그 동물이 무엇인지를 잘 알지 못한다는 것을 추론한다; 텍스트에는 단지 "무엇인가 자그마한 것"이라고만 되어 있다. 아마도 그것은 올빼미나 강아지 또는 고양이일 수도 있을 것이다. 우리는 배경지식을 이용하여 그것이 동물임을 추론하는데, 그 이유는 눈이 있기 때문이다. 머리의 모양을 통해 그것이 고양이임을 추정할 수 있다.
텍스트에는 조나단이 아래층으로 내려가 문을 열고 길 잃은 고양이를 안으로 들여보낸다고 쓰여 있다. 삽화에는 그가 문 옆에 있고 고양이가 안으로 들어가는 모습으로 그려져 있다. 조나단은 할아버지에게 고양이가 천둥소리를 무서워한다고 말한다. 길 잃은 고양이들은 천둥소리를 무서워하지 않는다고 할아버지는 말한다. 할머니는 고양이는 입 안에 생쥐를 물고 있다고 말한다.	여기에 조나단의 조부모가 나온다. 우리는 그가 조부모와 함께 살고 있거나 또는 할아버지 댁에 와 있다는 사실을 추론할 수 있다. 우리는 또 조부모가 폭풍우 때문에 잠에서 깨었고 조나단이 침대 밖으로 나와 아래층으로 내려오는 소리를 들었음을 추론할 수 있다. 그들은 무슨 일이 벌어지고 있는지 궁금해하며 침대 밖으로 나왔다. 할아버지는 "왜 문을 여는 게야?" 같은 말을 했을지도 모른다. 그것은 조나단이 고양이가 천둥소리를 무서워한다고 말하게 했으며, 결국 할머니는 고양이가 생쥐를 물고 있을지 모른다고 생각했다. 왜냐하면 고양이는 생쥐를 잡고 자기가 잡은 것을 보여주고 싶어 하기 때문이다.
우리는 카펫 위에 있는 고양이 새끼를 본다. 조나단은 보이지 않지만, 텍스트는 "아기 고양이다."라고 조나단이 말했다고 적혀 있다.	우리는 큰 고양이가 새끼 고양이의 엄마라고 추정할 수 있다. 우리는 조나단과 아기 고양이를 볼 수 없다. 그러나 우리는 조나단이 거기 있음을 추정할 수 있는데, 그 이유는 조나단이 아기 고양이를 알아 봤기 때문이다. 또 조나단이 집 안의 다른 곳에 있는 할머니와 할아버지를 부르고 있는 것으로 보아 그들이 조나단과 함께 있지 않다는 사실도 추정할 수 있다. 마지막으로 우리는 조나단이 소리치는 것으로 그가 흥분해 있고 생쥐는 없다는 것을 할머니가 알기 원한다는 것을 추정할 수 있다.

독해에 영향을 준다(NICHD 2005; Senechal 1997). 초보 읽기 학습자들을 위한 책은 단순화되어 있기 때문에, 초보 읽기 학습자가 읽기 발달의 첫 단계를 지나 도전적인 텍스트를 마주하기 전에는, 주로 독해에 영향을 주는 이해 및 기술의 전체적인 효과를 우리는 보지 못한다.

표 1−2 첫 번째 열에는 언어 및 문해의 전형적인 유아기 표준과 유사한 초기 문해 활동이 나열되어 있다. 기타 표준(과학, 사회 등) 또한 읽기 발달에 영향을 주는데, 배경지식이 독해에 중요한 도움을 주기 때

표 1–2 읽기 기초에 유용한 유아 활동

교수 활동	유용성	해독/읽기 학습에서의 중요성	독해/학습을 위한 읽기에서의 중요성
이야기 그림책 읽기	문자의 관례 음성 언어/어휘 추론	강 약 약	약 강 강
정보 그림책 읽기	문자의 관례 음성 언어/어휘 배경지식 추론	강 약 약 약	약 강 강 약
노래와 전래 동요 암송하기	음운 인식 음성 언어/어휘	강 약	약 강
단어 의미 설명하기	음성 언어/어휘	약	강
말소리 놀이하기	음운 인식	강	약
알파벳 자모음 글자 가르치기	알파벳 자모음 글자 인식 문자의 관례(대문자, 소문자)	강 강	약 약
책과 동시 제목에 밑줄 긋기	문자의 관례	강	약
현장학습하기	배경지식 음성 언어/어휘	약 약	강 강

문이다. 각각의 경험이 주는 가장 중요한 유용성은 표 1–2의 두 번째 열에 제시되어 있다. 세 번째와 네 번째 열에는 그 유용성이 해독 또는 독해에 강력한가 또는 미약한가를 나타내는 곳이다. 음성 어휘 발달과 배경지식을 지원하는 유아기 경험은 독해를 돕지만, 해독 기술에도 어느 정도의 도움을 준다. 세 번째 열에 나열되어 있는 해독 항목에 제시된 바와 같이, 훌륭한 해독 기술은 훌륭한 독해를 지원하는 데 (충분하지는 않지만) 필요하다.

음성 언어/어휘에는 음성 어휘의 지원과 더불어 문법 및 구문 기술이 포함된다.

배경지식은 물리적, 생물학적, 사회적 세계에 대한 정보를 의미한다.

문자의 관례는 왼쪽에서 오른쪽으로의 진행 방향과 단어 사이의 빈 공간을 포함한다.

장기적인 관점 취하기

알파벳 학습 같이 부호에 관련된 기술에 과도하게 치중할 때보다는 교사와 가족들이 언어 발달과 배경지식 및 독해 전략을 강조할 때 유아들은 더 많은 혜택을 받는다. 마찬가지로, 단순히 어휘를 증가시키기 위해 단어의 이름만을 가르치기보다, 풍부한 언어와 내용지식 교육과정을 갖추고 단어에 대한 깊은 수준의 이해를 촉진시킨다면, 유아의 독해에 더 큰 도움이 될 것이다(Kelley et al. 2010; Ouellette 2006). 미국의 학령기 어린이들의 독해 수준은 대다수의 전국 평가에서 매우 낮게 나타났기(NCES 2011) 때문에 이러한 이슈는 중요하다. 우리는 가장 기본적인 실제에 미물기보다는 유아들에게 상기적인 혜택을 주는 균형적 언어 문해 접근을 권장한다.

부호 관련 기술을 넘어서

서로 다른 일련의 이해와 기술들이 해독과 독해에 영향을 준다는 사실이나 또는 형식 교육 이전부터 유아들이 일련의 이해와 기술들을 발달시키기 시작해야 한다는 사실을 깨닫지 못한 채, 유아 교육자들은 부호에 관련된 접근을 채택하는 경우가 종종 있다. 그러나 이 방식은 과도하게 해독 기술을 강조하는 결과를 초래하게 된다. 유아들이 읽기를 학습할 때는 이러한 부호 관련 기술들이 필요하기 때문이다.

유치원 교사와 1학년 교사들은 유아들이 학교에 입학할 때 자신의 이름을 쓸 줄 알고 알파벳을 알아야 한다고 요구하기도 한다. 그러나 이러한 요구는 분명 달라질 것이다. 현재 이들 교사들에게 부호에 관련된 이해와 기술 및 독해에 관련된 기술을 좀 더 균형적으로 사용할 것을 권고하고 있기 때문이다(Stahl 2012).

사실, 초등학교 저학년 시기[6]에는 부호 관련 교수와 언어 관련 교수 간의 균형이 필요하다는 사실이 연구들을 통해 수년간 지적되어왔다. 유아원[7]부터 초등 4학년까지에 걸친 종단 연구 중 하나는 다음과 같은 사실을 지적하고 있다:

> 중요한 것은 독해에 관련된 기술을 배제한 채 해독 기술에만 관심을 기울이지 않도록 주의해야 한다는 점이다. ……음운 인식이나 문자에 대한 지식과 같은 부호 관련 기술을 증진시키는 것이 아직 충분한 단어 읽기 기술을 획득하지 못한 유아들을 위한 교수의 초점이 되어야 할 필요는 있지만, 그렇다고 어휘와 구문 같은 음성 언어 기술을 해독 문제가 해결된 이후에 가르치도록 미루어서는 안 된다. 이러한 음성 언어 기술들은 유아원부터 시작하여 초등학년 전체를 통해 이루어지는 읽기 교수의 필수 부분이 되어야 한다(Storch & Whitehurst 2002, 944).

위의 인용에 한 가지만 추가한다면, 영아기부터 시작되어 걸음마기까지 음성 언어를 위한 강력한 지지가 지속되어야 한다는 사실이다(Hart & Risley 1995; Huttenlocher et al. 1991). 이는 유아원 시기는 물론이고 그 이후로도 계속 지속되어야만 한다.

---

6 미국의 경우 초등학교는 유치원 학년(K grade)부터 시작된다 – 옮긴이.

7 미국의 경우 유아원(preschool)이란 만 5세에 유치원(kindergarten) 학년으로 학교에 입학하기 이전의 만 3~4세 유아들이 다니는 교육기관이다 – 옮긴이.

재인 수준의 음성 어휘에 대한 편협한 관심을 넘어서

유아교육과정에 종종 나타나는 음성 언어에 대한 집중(focus) 또한 때로는 너무 편협하다. 단순히 사물의 이름을 제공하면 재인 수준에서의 음성 어휘를 발달시킬 뿐이고, 단어에 대한 정보를 제공하는 깊이가 깊을수록 유아의 이해에 더 많은 도움을 준다(Puellette 2006).

단어의 이름만을 단순히 아는 것을 넘어서 많은 단어를 알려면, 유아는 책뿐만 아니라 실제로 조작해보는 과학 실험과 같은 진정한 맥락에서 단어들을 접해야 할 것이다(Gelman & Brenneman 2004). 또 유아들은 하나의 단어를 다양한 맥락에서 여러 번 접해야 한다(Nagy & Townsend 2012). 간단히 말해서, 의미 있는 직접적 경험은 (유아교육 프로그램에서 역사적인 버팀목 같은) 장기적인 효과가 있는 훌륭한 발생적 문해 프로그램의 일부분이다.

유아기 경험에 대한 결론

유아교육 전문가들은 맨 처음부터 공중에 많은 공들을 떨어뜨리지 않고 유지해야 한다. 알파벳은 처음에 시작하는 것으로는 적절하지 않으며 음성 언어나 내용지식 또한 처음 시작할 것은 아니다. 유아 교사들은 많은 전선에서 동시에 시작해야 하는데, 이는 유아교육의 표준이 문해 기술, 언어, 과학, 사회 등을 포함하는 이유이며 그 이외에도 교육과정의 체계가 광범위한 경험을 제안하는 이유이기도 하다.

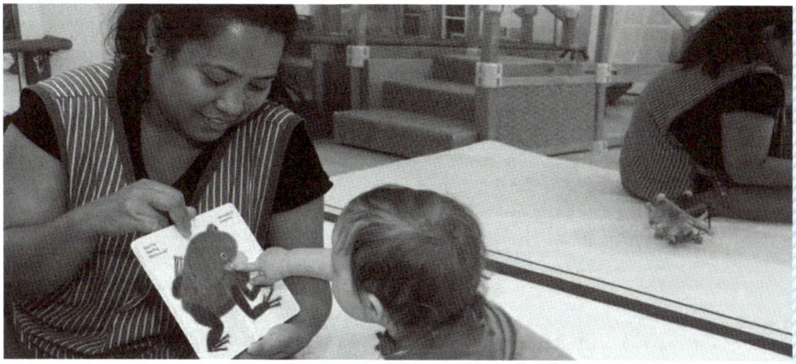

2장

읽기의 시작 : 영아 · 걸음마기 유아들과 함께 읽기

– 제시카 호프만 · 크리스티나 카사노

남자 아기가 엄마의 무릎에 앉아서 엄마가 읽어주는 마가렛 와이즈 브라운(Margaret Wise Brown)의 그림책『잘 자요 달님Goodnight Moon』[1]을 듣고 있다. 엄마가 "잘 자요. 달님." 하고 읽자, 아기의 눈이 반짝 빛난다. 그는 미소 지으며 천천히 천장 조명의 불빛을 가리킨다. 이러한 작은 몸짓은 읽기의 목적이 의미를 구성하기 위함이라는 사실을 이해하고 있음을 나타낸다.

읽을 수 있기 훨씬 전에—말할 수 있기도 전에—아기들은 다양한 읽기 기술과 개념, 읽기의 가치를 습득한다. 예를 들어, 그들은 말에 주의

1 잘 자요 달님, 마가렛 와이즈 브라운 글, 클레먼트 허드 그림, 이연선 옮김, 시공주니어, 2007.

기울이는 것을 학습하며 이러한 주의 집중을 통해 말이 나타내는 개념뿐 아니라 새로운 단어와 말의 구조를 배운다(Blake et al. 2006; Karrass & Braungart-Rieker 2005). 아기들은 또 책의 언어가 말과는 다르다는 사실을 이해하게 되며(Armbruster, Lehr, & Osborn 2003), 이야기가 인간의 경험을 소통하는 것임을 이해하기 시작한다(Armbruster, Lehr, & Osborn 2003; Birckmayer, Kennedy, & Stonehouse 2008). 그들은 책을 읽을 때의 진행 방향과 책장을 넘기는 방법과 같은 책에 관련한 물리적인 사실도 배운다. 아마 가장 중요한 것은, 아기들도 책을 통해 다른 사람들로부터 배우는 것에 익숙해지고, 질문에 답하기나 즐기기 위한 책 읽기 같은 문화적 활동과 가치를 습득하기 시작한다는 사실이다(Heath 1983).

2장에서는 영아 발달, 영아를 위한 책, 아기들을 읽기에 몰두하게 하는 방법에 대한 정보를 제공한다. 아기들과의 책 읽기는 유아들에게 책을 읽어주는 것과는 크게 다르다. 아기의 독특한 욕구에 대한 어른의 섬세한 반응이 필요한, 고도의 개별화된 접근이 필요하기 때문이다. 따라서 이 장에서는 집단이 아닌 개별의 아기들에게 책을 읽어주는 방법에 주로 초점을 맞추고자 한다. 3~4세 유아들과 책을 읽으면서 하는 간단한 토의가 이 장의 후반부에 제공된다.

2장에 포함된 권고 사항은 수십 년간의 연구들에 근거한 것이지만, 양육자들은 자신의 경험을 통한 깊은 지식에 비추어 이러한 정보를 받아들여야 한다. 이 장에 제시된 연령 범위, 발달 시점, 추천 도서, 읽기 활동들은 모두 평균과 근사치를 토대로 이루어진 것이다. 따라서 특정 아기를 위한 책을 선정할 때에는 제시된 연령에만 의존하지 말고 아기의 행동과 흥미에 대한 설명을 활용할 필요가 있다.

아기들과 책을 읽을 때, 어른들이 즐거운 추종자인 동시에 해박한 안내자로서 역할하도록 이끄는 것이 이 장의 목적이다. 이와 같은 균형적 접근에서, 양육자는 아기의 언어 및 텍스트 활용에 대하여 비계설정하는 책과의 학습 경험에 몰두하게 돕는 한편, 어떤 책을 어떻게 공유하는지 안내하는 충분한 기회를 제공한다.

아기들과 그림책 읽기

여기서는 아기들의 연령을 토대로 여섯 집단으로 조직하여, 각 집단에서 대다수 아기들이 할 수 있는 것과 그림책 선정하기, 아기들과 그림책 읽기에 대하여 논의할 것이다.

출생에서 3개월

아기들이 할 수 있는 것 아기를 안을 때에는 반드시 머리를 받쳐주어야 한다. 처음 몇 달 동안 아기들은 배를 바닥에 깔고 누웠을 때 잠시 머리를 들 수 있게 된다. 이들은 또 물체가 손에 다가올 때 반사적으로 잡으려 하며 손을 입으로 가져가는 데 점점 능숙해진다.

이 시기 아기들은 아직 시각이 충분히 발달되지 않았으며 따라서 대비가 강한 이미지와 형태나 패턴이 큰 것을 선호한다(Fantz 1963; Salapatek & Kessen 1966). 이들은 또 다른 물체보다는 사람의 얼굴 모양에 더욱 주의를 기울인다(Johnson et al. 1991; Simon et al. 2001).

아기들은 높은 피치와 과장된 억양을 지닌 아기에게 향한 말(child-directed speech)을 들을 때 주의 집중을 잘 할 수 있다. 아기들은 사람들이 하는 말을 이해할 수는 없지만 그들의 말소리에 대한 지각은 예리하다. 신생아들은 소리를 통해, 특히 울음을 통해 의사소통을 한다. 그 후 몇 달 안에 아기들은 '끄르륵', '구구' 등의 소리들도 낼 수 있다.

아기들을 위한 책의 선정 이 시기 아기들의 시각 능력과 흥미에 맞는 책에는 타나 호반(Tana Hoban)의 그림책들(예: 『Black on White and White on Black』)과 이와 유사하게 만들어진 다른 책들을 포함한다. 아기들은 또 사람의 얼굴을 좋아하기 때문에 얼굴을 가까이에서 찍은 클로즈업 사진이 들어 있는 책들도 좋다(예: 마가렛 밀러(Margaret Miller)의 『Baby Face』, 제인 와텐버그(Jane Wattenberg)의 『Mrs. Mustard's Baby Faces』, 로버트 그로벨 인트라터(Roberta Grobel Intrater)의 『Hugs & Kisses』). 교사들은 투명한 플라스틱 덮개가 있어서 아기에게 친숙한 얼굴 사진을 끼워놓을 수 있는 책을 구입할 수 있다.

아기들의 읽기를 위한 자료들이라고 해서 반드시 아기들의 시각적, 인지적 기술에 치중할 필요는 없다. 아주 어린 아기들은 아직 그림을 제대로 볼 수 없고, 단어의 의미를 이해할 수 없으며, 예리한 흥미를 가지거나 또는 책장을 잡고 찢을 수도 없기 때문에, 아기들에게 무엇을 읽어주느냐는 읽어준다는 사실만큼 중요하지 않다. 어른들은 아기들에게 이야기책이나 다른 그림책을 읽어줄 수 있으며 또는 동시나 전래 동요를 암송할 수 있고, 또는 그림책 없이 아기들에게 노래를 불러줄 수도 있다. 이러한 말소리 경험은 그 자체가 대다수 아기들에게 매력적이다. 영, 유아기 문해를 연구하는 잠보와 한센(Zambo & Hansen)이 말했듯이, "(엄마 품에) 안겨서 기분 좋은 상태에서 친숙하고 안락한 음성을 듣는 것은 책의 종류나 이야기의 내용보다도 더 중요하다." (2007, 33). 이렇게 어린 시기에 함께 읽기를 한다는 것은, 곧 그 핵심에, 언어를 통해 다른 사람들과 연결되는 사회적 경험을 하는 것이다.

아기의 관심을 사로잡기 아기들의 일상생활은 먹기, 잠자기, 기저귀 갈기 등의 기본적 욕구 충족을 위한 것이 대부분이다. 따라서 책 읽기는 아주 어린 아기의 생활에서 그리 두드러진 일부는 아니다. 그러나 부모와 가정 또는 보육 시설의 성인들은 아기가 생활에서 책을 경험하도록 할 수 있다.

위에서 언급한 흑백 또는 사람 얼굴 그림책처럼 아기들을 위한 그림책들은 읽어줄 만한 글들을 별로 포함하지 않지만, 양육자들은 이런 책을 아기들에게 보여줄 때 그림에 맞는 말을 만들어낼 수 있다. 그림에 대한 이야기는 아기의 언어 발달을 증진시키는데, 이야기는 그것이 가리키는 대상이나 행위, 또는 특성과 연결되기 때문이다(Hollich et al. 2000; Werker & Curtin 2005).

아기들은 똑바로 안아주면 아직 머리를 지탱하지 못하기 때문에, 성인들은 보통 팔로 아기를 감싸 안고 책을 읽어준다. 아기가 점점 머리를 가누게 되면서 바닥에 배를 깔고 누워 있는 동안 좀 더 독립적으로 책을 탐색할 수 있게 된다(박스 2-1 참조).

성인은 아기의 반응에 따라 무엇을, 어떻게, 얼마나 함께 책을 볼지를 안내해야 한다. 어떤 아기들은 책을 읽어주면 조용해지고 안정되는 반면, 어떤 아기들은 마치 읽어주는 목소리 억양을 모방하는 것처럼 소리

박스 2-1

4개월 미만의 아기들에게 책을 보여주는 방법

이 연령의 아기들을 위해서는 그림책을 아기 침대나 아기가 배를 깔고 누워 있는 바닥 또는 아기가 앉아 있는 아기 의자 가까이에 둘 수 있다. 바닥에 엎드려 누워 있는 아기 근처에 세워져 있는 책은 아기가 고개만 돌려 언제 얼마나 오래 볼지를 선택할 수 있을 만큼 가까운 바닥에 두어야 한다. 이 정도의 조절은 아기가 과도한 자극을 피할 수 있도록 돕는다.

전통적으로 사용되어 온 두꺼운 종이 그림책(traditional board books)은 선택된 책장이 펼쳐진 상태로 세울 수 있다. 지그재그 형태(아코디언 형태)로 접히는 책도 잘 세워지며 여러 장이 보이도록 펼쳐질 수 있다. 아기 의자에 앉아 있는 아기들은 책을 건네받을 수 있는데 그들은 책을 반사적으로 잡으려 할 것이다. 이들은 손에 잡는 것을 입에 넣기 때문에 부드러운 플라스틱이나 헝겊으로 된 책이 좋다.

를 내기도 하며, 좀 더 커지면 즐거운 소리를 내기도 한다(Holland 2008; Whitehead 2002). 그러나 아기들은 때로는 책 읽기가 힘들거나 재미없거나 즐겁지 않음을 나타내기도 한다. 아기의 행동이 재미없음을 나타낼 때 읽기를 중지하고 다음으로 미뤄야 한다.

4개월에서 6개월

아기들이 할 수 있는 것 이 시기 아기들은 책을 포함한 모든 것을 움켜쥐고 입에 넣는다. 이들은 또 사물들이 어떻게 작동하는지, 자기 몸이 어떻게 움직이는지를 배운다. 아기는 이제 자기의 머리를 지탱할 수 있고 무릎에 앉히면 편안하게 앉아 있을 수 있다. 어떤 아기들은 6개월경에 혼자 힘으로 앉기 시작한다.

이 연령의 아기들은 여전히 말을 하지 못하지만—의미 있는 단어를 말하지 못하지만—준언어적 의사소통(para-linguistic communications)을 통해 많은 것을 소통할 수 있다. 준언어적 의사소통에는 발성(쿠잉, 웃음, 울음), 응시하기, 신체 언어(body language), 몸짓(gesture), 얼굴 표정 등이 포함된다. 성인과 좀 더 나이가 있는 아동들은 아기의 의사소통 시도를 해석하며 아기의 주의를 끌기 위해 아기에게 향한 말[child-directed speech: CDS, 이전에는 모어(motherese, Snow 1972; Snow et al. 1991) 또는 아기 말(baby talk)이라고 했음]를 사용하여 자신의 말을 다양하게 변화시킨다.

정상적인 언어와 비교해볼 때, 아기에게 향한 말(CDS)은 높은 어조(pitch)와 과장된 억양, 느린 속도, 명확한 발음, 단순하고 짧은 문구(중요한 단어만 강조), 더 많은 몸짓과 표정, 반복을 사용하며, 좀 더 지나면 아기가 쓰는 단어를 사용하기도 한다(예: "떠난다" 대신 "빠이빠이", Cooper & Aslin 1990; Fernald & Simon 1984; Makin 2006; Ninio

& Wheeler 1984). 아기에게 향한 말의 특징은 언어와 문화를 망라해서 비교적 안정적이라고 연구들은 지적하고 있다(Bryant & Barrett 2007; Grieser & Kuhl 1988; Lieven 1994; Liu, Tsao, & Kuhl 2007).

아기들을 위한 책의 선정 이제 아기들은 물건을 손으로 쥐고 입으로 가져가기 때문에 성인들은 두꺼운 판지로 만든 그림책(board books)이나 또는 아기가 구기고 씹고 침을 흘려도 괜찮은 헝겊이나 플라스틱으로 된 책을 선정할 수 있다.

아기들의 색채 시각이 이전보다 발달되기 때문에 컬러가 있는 그림이 들어간 그림책도 좋겠지만, 대비가 강한 책과 단순한 그림이나 사진이 있는 책들 역시 이 시기 아기들을 위해서 여전히 좋은 선택이다. 간단한 개념을 알려주기 위한 책, 특정 주제와 그림이 한 장에 하나씩 있는 책(아마도 한 두 개의 단어가 포함된) 역시 좋은 선택이 될 것이다[예: 플레이백(PlayBac) 사의 'The Baby EyeLike' 시리즈].

촉감을 느낄 수 있는 책이나 또는 특정의 물리적 특성을 지닌 책을 선정하는 것은 아기들에게서 이제 막 발달하는 손을 사용한 탐색을 극대화 한다. 예컨대 앤서니 넥스트(Anthony Next)의 『아기 발이 좋아해 Little Feet Love』[2]는 작은 손들이 탐색할 다양한 감촉—보풀이 많은 헝겊, 사포, 억센 풀—을 포함하고 있다.

아기의 관심을 사로잡기 아기들은 이제 안아서 지탱해주면 바로 앉을 수 있으며, 이는 아기에게 책이 보이도록 성인이 책을 잡을 수 있도록 한다. 아기는 책을 잡으려 하고 물리적으로 탐색하려 하기 때문에 견고한 책을 선택하는 것이 좋다. 책을 읽어줄 때 아기를 만족시키는 동시

2 아기 발이 좋아해, 앤소니 넥스트 글, 한솔교육, 2009.

에 아기가 물리적인 탐색을 하지 못하게 주의를 분산시키기 위해서는 장난감이나 치아 발육기를 제공한다. 그러면 아마도 함께 책 보기에 주의를 더 기울일 것이다. 그러나 함께 보는 책을 아기가 물리적으로 조작하도록 허용하는 것이 결코 잘못된 것은 아니다.

성인은 아기가 한창 만지고 있는 그림에 묘사된 대상의 이름을 말해 줄 수 있으며 아기가 책에 대해 하는 신체적 행위에 대해 말할 수도 있다. 이 연령의 아기들은 보통 아기 침대 밖에 나와 있지만 아직 걷지는 못한다. 따라서 성인들은 여전히 책을 아기에게 가져다 보여줄 필요가 있다.

이 연령의 아기들과 책을 읽을 때에, 성인은 아기에게 향한 말(CDS)을 사용하는 표현적 읽기(reading with expression)를 함으로써 아기의 몰입을 도울 수 있다. 표현적 읽기(reading with expression)란 과장된 억양, 중요한 단어의 강조, 표정과 몸짓, 가리키기를 함께 활용하여 읽는 것을 의미한다. 이렇게 읽어줌으로써 성인은 단어와 소리의 청각적 요소 및 표정과 몸짓, 그림책의 그림 같은 시각적 요소를 통해 의미를 소통한다.

7개월에서 9개월

아기가 할 수 있는 것 이 시기 동안 아기의 대근육 기술은 급속히 발달된다. 아기들은 혼자 힘으로 앉고 기어 다니기 시작하거나 또는 다른 운동 능력을 갖게 되며(예: 갑작스럽게 움직이기, 배를 깔고 기기), 이런 능력 이후에는 곧 잡고 일어나기 시작한다. 이 모든 새로운 운동 기술들과 더불어 아기들은 움직이기를 즐긴다.

앉아 있는 동안 아기들은 손에 있는 물건들을 조작하고, 종종 한 손으로 물건을 잡고 다른 손으로 그것을 두드리거나 찌르거나 잡아당기기도 한다. 물론 아기들은 여전히 물건들을 입으로 탐색하기도 한다. 이전과 다른 점은 시각과 손을 이용한 탐색으로 인해 입으로 탐색하는 시간이 감소한다는 점이다. 이 시기의 끝 무렵에는 대다수의 아기들에게 엄지와 검지를 사용하여 적은 물건을 집어올리는 능력(pincer grasp)이 발달한다. 엄지와 검지로 잡기(pincer grasp)는 아기가 책을 포함하는 물체들을 능숙하게 조작하는 능력을 급격하게 증가시킨다. 이 연령의 아기들은 변형 조작(deformation manipulations)에 대한 흥미를 발달시키기 시작하는데, 다시 말해 종이를 의도적으로 구기거나 찢어서 어떻게 되는지를 탐색하는 것을 좋아한다(Karniol 1989).

아기들은 앞으로도 몇 달 동안 의미 있는 단어를 말하지 못하겠지만, 이제 몇 가지 단어를 이해할 수 있다. 성인들이 아기와 공동 주의(joint attention)[3]를 하고 주목하는 대상에 대해 말한다면, 어휘 발달이 증가한다(Nagell 1995; Tomasello & Farrar 1986). 아기들은 또 검지를 사용하여 대상을 가리키기 시작하는데, 이것은 공동 주의를 확립하는 데 도움이 된다.

아기를 위한 책의 선정 아기는 이제 엄지와 검지로 잡기(pincer grasp)를 사용하여 책장을 넘기기 시작한다. 그러나 아직 이러한 잡기(pincer grasp)와 전반적인 미세 근육 기술이 완전히 발달하지 않았기 때문에 두꺼운 종이로 된 그림책(board book)을 선택하는 것이 바람직하다. 두꺼운 종이로 된 그림책(board book)은 또 아기가 구기거나 씹거나 찢으려는 시도도 견딜 수 있기 때문에, 이 시기 아기들에게 좋은 선택이다. 성인은 아기와 함께 보는 책으로 상당히 크고 무거운, 무릎에 올려놓는 두꺼운 종이로 된 그림책(board book)을 지탱할 수 있지만, 아기가 책

3 성인과 아기가 함께 동일한 대상에 주의를 기울이는 것을 의미한다 – 옮긴이.

을 탐색하기에는 크기가 작은 책이 아기의 작은 손에 더 좋다.

알아볼 수 있는 물건이나 사람, 행위에 대한 선명한 사진이나 그림이 간단한 이름과 함께 제시된 책은 이 연령의 아기들의 단어 학습을 촉진할 수 있다. 예를 들어, 드웰 스튜디오(Dwell Studio)의 『Go』, 니나 라덴(Nina Laden)의 『살짝 보면 누굴까?Peek-a Who?』[4], 또는 사라 질링엄(Sara Gillingham)의 『연못에 연못에In My Pond』[5] 같은 책들은 친숙한 대상에 대한 선명한 그림을 포함하고 있어 성인이 그 대상의 이름을 말하고 설명하기 좋은 책이다.

아기의 관심을 사로잡기 이 연령의 아기들은 바쁘다. 그들은 기어다니기 시작하므로, 한 곳에 오래 앉아 성인과 책을 보는 것에 대한 흥미는 감소한다. 이것은 당연히 아무 문제가 없는 현상이다. 읽기는 아기들에게 지겨운 것이 아닌 즐거운 경험이어야 한다. 그러나 가장 바쁜 아기라도 책에 몰두시키는 방법들이 있다. 잠시 동안 가만히 앉아 있는 아기들에게 성인은 책의 짧은 부분을 함께 즐길 수 있다. 여기서 몇 분, 또 저기서 몇 분, 책을 즐기면 그것이 모여 하루의 상당한 부분을 책을 보며 보낼 수 있는 것이다. 책을 볼 때, 성인은 아기가 책을 탐색하도록—책을 돌리거나, 책장을 넘기고, 또는 책을 열거나 덮기—허용하여 아기의 선도를 따를 수 있다. 아기가 특정 대상을 가리키거나 쳐다본다면 성인은 그 이름을 말할 수 있다.

자발적으로 책에 대한 흥미를 나타내지 않는 아기들일지라도 책의 책장을 넘기는 등의 의미 있는 행위가 허용될 때 그들은 책 읽기에 참여할 수 있다. 한곳에 앉아 성인과 책을 보려 하지 않는 아기들이라도 돌아다니고 놀이하는 동안 성인이 읽어주는 이야기 듣기를 즐기기도 한다.

---

4 살짝 보면 누굴까?, 니나 라덴 글 · 그림, 여원미디어(절판).

5 연못에 연못에, 사라 질링엄 글, 시미노비치 로레나 그림, 한솔수북, 2010.

단어에 대한 이해와 손으로 가리키기의 학습은 서로 밀접하게 관련된 2가지 핵심적인 발달적 성취이다. 어떤 단어들이 특정 사람이나 사물, 행위를 의미한다는 사실을 이해하기 시작하면서, 가리키기 능력은 단어를 요구하는 매우 효과적인 새로운 도구를 제공한다. 가리키기는 공동 주의를 촉진하는데, 공동 주의는 아기와 성인이 동일한 대상이나 사건을 바라볼 때 수립된다(Colonnesi et al. 2010). 아직 손가락으로 가리키기를 하지 않는 아기들의 경우, 응시하기가 공동 주의(Brooks & Meltzoff 2008)와 단어 학습을(Hollich et al. 2000) 촉진한다. 아기들이 책에 있는 그림들을 의도적으로 가기키거나 응시할 때, 이는 그 대상에 대한 성인의 관심을 요구하는 것이고 이때 성인은 대상의 이름을 말해주는 것으로 대응할 수 있다(Fletcher et al. 2005).

아기의 발달적 관심을 지지하기 위하여 성인은 아기에게 단순히 재미있게 들리는 글자 읽어주기에서 벗어나 그림으로 제시된 사물의 이름을 말하고 그림에 대해 이야기하는 방향으로 책 보기 전략을 조정할 수 있다. 이 연령의 아기들에게 "읽어주기"는 마치 가리키기와 이름 말하기의 연속 활동(series)처럼 보일 수 있다. 이는 책을 선택할 때 글자가 다소 덜 중요하게 고려되는 이유가 된다. 예를 들어, 유아들을 위해 쓰여진 책에는 9개월 아기가 이해하기에는 너무 길고 복잡한 글이 포함되어 있지만, 그 책의 주제와 그림들이 흥미롭다면 아기도 그런 책을 즐길 수 있다. 양육자가 (유아에게 읽어주듯 책을 활용하기보다) 그림에 대한 공동 주의와 대화를 위한 기회로 책을 활용할 때, 그 경험은 아기를 완벽하게 사로잡는 것이 될 수 있다.

10개월에서 12개월

아기들이 할 수 있는 것 미세 근육 운동 기술이 발달함에 따라 아기들은 이제 물체를 조작하는 데 좀 더 의도적이 된다. 예컨대, 장난감의 단추를 누르거나 책장의 꺾인 부분을 들어올리기도 한다. 이들은 또 더욱 활동적이 된다. 기어다니고, 가구 위에 올라가서 어슬렁거리고, 불안정한 걸음마를 하기도 한다. 운동성 증가와 더불어 아기들은 때로는 성인과 책을 읽기 위해 한동안 앉아 있는 것에 흥미를 보이지 않을 수도 있다.

아기들의 언어 발달 역시 가속화된다. 그들은 약 50단어 정도를 이해하고 첫 단어를 말할 것이다. 아기의 수용 언어는 표현 언어보다 지속적으로 빠르게 발달되는데, 그들은 말할 수 있는 것보다 더 많이 이해할 수 있다. 이러한 패턴은 언어 발달의 모든 단계와 모든 개인에게 적용된다.

아기를 위한 책의 선정 이제 아기는 자신의 개성을 드러내고 장난감과, 놀이, 그림책에 대해 흥미와 선호를 나타내기 때문에, 양육자들은 그림책을 선정할 때 책의 물리적 특성보다는 내용에 신경을 쓰기 시작한다. 다시 말해서 그림책 내용이 아기의 흥미에 친숙할 때에만 아기들의 관심을 끌 수 있다. 어떤 아기들은 교통수단에, 또 어떤 아기들은 동물이나 다른 아기들에게 흥미를 나타낸다.

덮개를 들어올려 펼쳐 여는(lift-the-flap) 책은 아기가 책을 적극적으로 조작하도록 하기 때문에 아기의 흥미를 끈다. 이런 책의 예로는 메리언 데인 바우어(Marion Dane Bauer)가 짓고, 카렌 카츠(Karen Katz)가 그림을 그린 그림책 『Toes, Ears, & Nose!』를 들 수 있는데, 선명하고 단순한 그림들은 아기들이 친숙한 개념을 탐색하도록 몰두시킨다.

더 어린 아기들의 경우엔 고의적으로 책장을 찢으려 해서 책이 손상을 입지만, 이 시기 아기들은 발달하는 미세 운동 기술로 인하여 두꺼운 종이로 된 그림책에 손상을 주기도 한다. 그러나 두꺼운 종이로 된 그림책은 여전히 좋은 선택이다. 이와 같은 형태로는 다양한 책들이 있는데, 어떤 것은 특별히 아기들의 관심을 사로잡는다. 특히 비교적 단순한 언어를 포함하며 언어가 그림과 분명한 관련성을 지니는 두꺼운 종이 그림책은 성인이 대화와 몸짓, 얼굴 표정을 동원하여 읽어줄 때, 그림책의 특성이 아기가 책의 언어를 이해하도록 돕기 때문에 가장 바람직하다. 몇 가지 예를 들면 다음과 같다.

- 바이론 바튼(Byron Barton)의 '교통수단 그림책' 시리즈(예: 트럭, 보트 등), 로저 프리디(Roger Priddy)의 『My Big Animal Book』, 마이클 스테켈(Michele Steckel)의 『Go Baby!』처럼 각 책장에 주제와 대표적 예가 실린 개념 그림책
- 산드라 보인튼(Sandra Boynton)의 『The Going to Bed Book』, 멤 폭스(Mem Fox)의 『Ten Little Fingers and Ten Little Toes』, 매튜 반 플릿(Matthew Van Fleet)의 『Dog』, 앤 테일러(Ann Taylor)의 『Baby Dance』처럼 리듬/운율이 있는 텍스트가 친숙한 주제와 개념과 함께 포함된 그림책

아기의 관심을 사로잡기 이 연령의 아기들은 마치 "이거로 나랑 놀아줘요." 또는 "이거 읽어줘요."라고 요구하듯이 장난감이나 책을 양육자에게 갖고 오기 시작한다. 놀이할 때 항상 다정하고 반응적인 지지를 경험하는 아기들은 더 우수한 사회적, 인지적 성과(Landry et al. 2001)와 학교에서의 문해 성취(Taylor et al. 2008)를 나타낸다. 따라서 성인들은 놀이할 때 아기의 선도에 따라야 한다. 예를 들어, 성인은 아기가 흥미를 보이는 책을 함께 볼 수 있고 아기의 흥미가 시들해질 때 다른 놀이를 하도록 허용하는 것이 좋다.

성인들은 또 읽기 그 자체를 활기 있게 함으로써 책 읽기에 대한 아

기의 흥미를 지속시킬 수 있다. 예를 들어, 리듬감 있거나 운율이 있는 책을 읽어줄 때, 성인들은 리듬 및 말놀이를 강조하고, 읽는 속도를 다양하게 변화시키며, 제공되는 단어에 따라 동작이나 춤을 만들 수 있다. 성인들은 아기에게 책을 조작할 기회를 주기 위해 덮개를 들어올려 펼쳐 여는(lift-the flap) 책을 함께 볼 수도 있다.

아기들은 이제 좀 더 많은 언어를 이해하고 사용하기 시작하는데, 함께 책 보기는 성인과 아기 간의 의도적인 언어적 상호작용을 위한 맥락이 된다. 아기가 언어를 이해하도록 돕기 위해 성인들은 이해 가능한 자극(comprehensible input, Krashen 1985; 2003)을 활용할 수 있다. 이해 가능한 자극은 성인과 아기가 공통된 언어 맥락을 공유할 때 가장 잘 활용될 수 있다. 예컨대 '공', '던지다', '굴리다' 같은 단어를 활용하여 성인과 아기가 공놀이를 할 때, 이런 단어들은 아기가 관찰하는 대상과 행위를 관련짓도록 한다.

이와 유사하게 성인과 아기는 책을 읽는 맥락을 공유한다. 성인은 그림을 손가락으로 가리키거나 책에 묘사된 행동이나 표정을 실제로 해보이며 책에 제시된 언어를 좀 더 이해 가능하게 만든다. 이러한 행동은 책에 제시된 단어를 구체적 의미와 관련짓는 것이다. 성인은 또한 책에 제시된 개념들을 아기에게 친숙한 경험들과 연결시키기도 한다. 예컨대, 성인은 "(책에 제시된 그림을 가리키며) 이 강아지는 (아기의 발 아래에 누워 있는 동물을 가리키며) 이 강아지와 똑같네."라고 말할 수 있다. 책과 실생활의 경험을 관련짓는 것은 언어 발달에 중요하다(Blake et al. 2006).

성인은 아기가 무엇인가를 말로 표현하려는 시도(즉 산출, output)를 격려함으로써 아기의 언어 산출 능력을 지원한다(Swain 2005; Whitehurst et al. 1988). 아기에게 책을 읽어주면서 언어를 자극할 때, 성인들은 종종 다음의 순서를 따른다.

1. 아기의 주의를 집중시킨다.
2. 책에 그림으로 제시된 사물의 이름이 무엇인지를 묻는다.
3. 아기가 답을 하기를 기다리거나, 필요하다면 스스로 답을 제공한다.
4. 피드백을 제공한다(Ninio & Bruner 1978).

예를 들어, 성인은 먼저 책 속 그림을 가리키면서, "와, 이것 좀 봐!" 라고 말하며 아기의 주의를 집중시킨다. 그 다음에 "무엇이 있니?"라고 아기에게 묻는다(산출을 유도한다). 아기가 단어나 또는 알고 있다는 듯 미소 짓기로 대답하면 성인은 "그래, 그것은 원숭이야."라고 답한다. 아기가 만일 그 물체가 무엇인지 모르는 듯 허공을 바라보거나 또는 틀린 답을 하면, 성인은 "그것은 강아지처럼 갈색이기는 하지만 원숭이란다. 원숭이는 긴 꼬리를 갖고 있어."라고 답을 한다.

이런 유형의 언어적 상호작용은 아기의 언어 발달을 돕거나 비계설정(scaffolds)을 하며(Mercer 1995; Wood, Bruner, & Ross 1976) 아기를 독립적인 언어 사용자로 이끌어준다. 책을 보면서 사물의 이름이 무엇인지 답하도록 요청받으며 2~3개월 정도가 지나면 아기들은 반응을 먼저 시도하기 시작한다. 예를 들면 책의 책장을 넘기면서 그림으로 제시된 사물의 이름을 말한다. 이와 같은 독립적인 이름 말하기 행동은 관례적 읽기의 전조로서 읽기의 출현(emergent reading of books)을 향한 아기의 첫 번째 발걸음을 나타낸다(Sulzby 1985; Teale & Sulzby 1986).

아기들은 12개월경에 이르면 주변의 사물들을 생활에서 매일 경험하는 반복되는 일상과 상황들에 연결 짓기 시작한다. 예컨대, 성인이 열쇠를 찾아 들면 아기는 "빠이!"라고 말하며, 자기의 밥그릇을 보면 "맘마?" 라고 묻는다. 사물과 상황을 연관시키는 아기의 능력은 책 읽기 습관을 확립하기 위해 활용될 수 있다. 많은 가정에서 책 읽기는 잠자리에 들기 위한 습관의 일부이지만 책 읽기는 하루 중 어떤 시간에도 일어날 수 있다. 예를 들어 많은 아기들은 아침에 일어난 직후나 또는 식사 후에 책 읽는 것을 좋아한다. 책을 읽는 시간에 상관없이, 일상적 책 읽기 습관은 아기가 매일 예측 가능한 시점에 읽기 경험에 몰두하도록 돕는다.

13개월에서 18개월

걸음마기 아기들이 할 수 있는 것 이제 아기들은 점차 안정적으로 서 있을 수 있다. 즉, 서서 바닥에 있는 사물을 집어 올리기 위해 허리를 구부릴 수 있으며, 성인의 무릎이나 가구 위를 기어오르기 시작한다. 미세 근육을 사용하여 사물을 조작할 수 있게 되는데, 책의 책장을 혼자 힘으로 넘길 수 있게 된다.

이 시기의 초기에는 한 단어를 사용하여 친숙한 사람과 사물의 이름을 말한다. 몇 달 이내에 그들의 언어는 2단어 문구나 문장으로 확장된다(예: "우유 더" 또는 "멍멍 가"). 아기들은 억양이나 강세, 휴지(pause), 언어와 유사한 몸짓을 포함하는 무의미 소리(nonsense jabber)를 사용하기도 한다. 이를 표현적 용어(expressive jargon)라고 말한다. 아기들은 그림책을 볼 때 종종 책 옹알이(book babble)라고 하는, 책 읽는 소리와 유사한 방식으로 중얼거린다. 책 옹알이는 또 다른 형태의 읽기의 출현이며, 책 읽을 때의 언어가 대화할 때의 언어와 다르다는 것을 이해하고 있음을 가리킨다.

걸음마기 아기를 위한 책의 선정 걸음마 시기의 아기들은 생활의 모든 측면, 즉 음식, 장난감, 활동, 그림책 등에서 자신의 선호를 발달시킨다. 그들은 자기가 좋아하는 그림책을 어른에게 가져가거나 성인과 함께 책을 볼 때 책에 다가가거나 또는 책을 밀어냄으로써 자신의 선호를 표현한다. 아기가 책을 밀어내거나 "싫어!"라고 강하게 저항한다면 성인은 다른 책을 제공해야 한다. 왜냐하면 아기의 이러한 행동은 책 읽기 자체에 대한 저항이라기보다는 특정 책에 대한 흥미 부족에 기인한 것이기 때문이다. 아기의 언어 능력이 발달함에 따라 좀 더 복잡한 그림책을 더 즐기게 되며 정교한 삽화에 매혹된다. 아기들은 이제 책장을 찢거나 구기지 않고 들어 올리고 넘길 수 있게 되므로 특히 성인의 지도가 있는 경우 종이로 된 책들을 다시 즐길 수 있다.

주제 그림책(theme books)은 걸음마기 아기들에게 훌륭한 선택이다. 하나의 주제와 그것의 예들이 함께 포함된 개념 그림책(concept books)과는 반대로, 주제 그림책은 서로 관련된 일련의 사건들과 삽화들로 이루어진다. 걸음마기 아기들을 위한 공통된 주제로는 아이의 일상적 활동들, 예컨대 잠에서 일어나기, 옷 입기, 밥 먹기, 놀이하기, 잠자리에 들기와 같은 것들이다. 이에 비해 주제 그림책은 제한된 수의 주인공, 친숙한 환경, 단순한 사건들을 포함하지만 실질적인 플롯이 없기에(문제 상황과 결말이 없음), 개념 그림책에서 이야기 그림책으로의 전이를 제공한다. 주제 그림책의 좋은 예로는 베라 비 윌리엄스(Vera B. Williams)의 『또또또 해 주세요"More More More" Said the Baby』[6]와 아나스타시아 수엔(Anastasia Suen)의 『Toddler Two/Dos Anos』, 도널드

6 또또또 해 주세요, 베라 비 윌리엄스 글 · 그림, 노경실 옮김, 열린어린이, 2005.

박스 2-2

걸음마기 유아 학급에 그림책 제공하기

유아들을 위한 일반 학급에서 볼 수 있는 전형적인 그림책 선반은 걸음마기 유아들을 보살피는 어린이집 시설에서는 기능적이지도, 안전하지도 않다. 걸음마기 유아들을 위한 시설에서는 그림책을 이와 다르게 진열해야 한다. 우선, 걸음마기 유아들은 높은 선반에 손이 닿을 정도로 충분히 키가 크지 않다. 둘째, 잘 걸을 수 있는 유아라 해도 물건을 가지기 위해 손을 뻗으면 몸의 균형을 잃어버릴 수 있다. 셋째, 더 심각한 것은 이 시기 유아들이 책 선반에 기어 올라가려고 한다면 선반이 무너질 수 있다(물론 가구에는 나사가 단단히 잠겨져 있어야 하며, 아니면 벽이나 바닥에 안전하게 고정되어 있어야 한다).

이 시기 유아들을 위한 그림책 진열은 몇 개는 바닥에 세워놓고 다른 것들은 그 옆에 눕혀놓는 것이 좋다. 바닥에 세워져 있는 책들은 좀 떨어져 있어도 잘 보이기 때문에 유아들의 주의를 끌어 모을 수 있다. 낮은 바구니나 통 안에 몇 가지 그림책들을 따로 둘 수도 있다.

그림책 영역은 복잡하지 않은 학급의 구석에 마련하는 것이 가장 좋으며, 카페트나 러그를 깔아 편안하게 앉을 수 있어야 한다. 베개는 불필요하며 안전하지도 않다. 왜냐하면 걸음마기 유아들 발에 걸리기 쉽고, 더욱이, 이 시기 유아들은 책을 무릎에 놓고 다루는 것이 가장 쉬운데, 베개에 기대거나 베개 위에 반쯤 걸치고 앉는 자세는 책을 다루기 불편하게 하기 때문이다.

걸음마기 유아들의 학급 내 특별한 장소가 그림책을 위해 제공되지만, 그렇다고 책이 한 곳에만 있을 필요는 없다. 걸음마기 유아들은 종종 책을 갖고 잠시 보다가 다른 영역으로 갖고 가기도 한다. 그림책들이 어디에 있다 하더라도 걸음마기 유아들은 그림책을 갖고 여기저기 옮겨 다니면서 다른 곳에 두기도 한다. 그림책 영역은 책이 진열된 장소라기보다는 발견되는 장소라고 생각할 수 있다. 견고한 그림책(예: 책장이 종이가 아

크루(Donald Crews)의 『화물열차Freight Train』[7]를 들 수 있다(박스 2-2 참조).

걸음마기 아기의 관심 사로잡기 아기는 이제 단어들이 실제의 사물을 나타낸다는 사실을 이해한다. 그림책에 그려진 사물의 이름을 말하고 설명하는 데 아기는 흥미를 느끼는 한편, 읽어주는 것 듣기에 대한 흥미

7 화물열차, 도널드 크루즈 글 · 그림, 박천주 옮김, 시공주니어, 1997.

닌 두꺼운 판지로 만들어짐)이 제공된다면 아기들이 여기저기 책을 갖고 다닐 때 찢어지거나 닳는 것을 견딜 수 있다.

그림책들을 다양한 장소에 두는 것이 바람직하지만, 약 14개월 무렵의 유아들은 정말 많이 움직이며, 그림책이 제공된 학급 영역(그림책 영역)에 스스로 갈 수도 있다. 첫째, 14개월에서 18개월 사이의 유아들은 올라가고 여기저기 움직이기 때문에 책을 다른 장난감들과 함께 다양한 장소에 두는 것은 아기들이 어디에 있던지 책을 볼 수 있는 기회를 보장해준다.

둘째, 모든 놀이 영역에 그림책을 약간씩 둔다면, 책이 한 영역에만 있어서 걸음마기 유아들이 다른 영역에 있는 성인에게 책을 가져가야 할 때에 비해 성인들이 잠깐씩이라도 유아들과 상호작용하기에 용이할 것이다. 셋째, 책이 그림책 영역에만 있을 때보다 놀이 영역 전체에 있으면 성인들은 책을 입에 넣거나 씹는 아기를 쉽게 찾을 수 있다. 책을 입에 넣거나 씹는 행동은 더 어린 아기들에게서 훨씬 많이 나타나지만, 14개월에서 18개월 사이의 걸음마기 유아들 중에도 여전히 입에 책을 넣는 아이들이 있다. 가까이에 성인이 있다면 책을 아기의 입에서 빼내고 다른 아기들이 가져가기 전에 신속히 소독해야 한다. 특정 그림책들은 이 연령대 아기 집단만을 위해 따로 준비되어야 한다. 한 아기가 사용한 후 그것이 다른 아기들에게 제공되기 이전에 소독제로 소독되어야 한다.

걸음마기 유아들이 책을 입에 넣고 빠는 것이 전혀 문제될 것은 없지만, 성인과의 상호작용은 책을 입에 넣거나 씹는 행동이 아닌 다른 책과 관련된 행동을 유발할 수 있다. 가까이 있는 성인과의 눈 맞춤이나 미소가 함께하는 잠깐 동안의 상호작용이나 간단한 질문(예: 책에 무엇이 있니?)만으로도 책을 입에 넣거나 씹는 행동으로부터 눈으로 책을 보는 행동으로 바꾸게 할 수 있다.

는 이보다 덜하다. 이 시기 아기는 자신이 알아보는 사물과 그렇지 못한 사물을 손가락으로 가리키는데, 알고 있는 것은 그 이름을 말하고 알지 못하는 사물에 대해서는 이름을 묻는다. 아기는 단순한 그림책의 책장을 넘기면서 마치 "이건 병아리고 (책장을 넘기면서), 이건 돼지야."라고 말하듯이 사물의 이름을 말한다. 책에 제시된 그림들이 복잡할 때에는 "읽는 데" 훨씬 더 시간이 걸린다. 아기는 그림의 모든 부분들을 살펴보는데 때로는 반복해서 보며 많은 시간이 소요된다. 반복은 그림책 읽기로부터의 학습에 중요한 요소이다(Fletcher & Jean-Francois 1998; Simcock & DeLoache 2008). 동일한 책을 반복해서 읽어주고 반복되는 언어가 포함된 책을 함께 읽으면서 양육자는 아기들에게 반복적인 경험을 제공한다.

양육자와 이 연령의 아기는 삽화에 대해 좀 더 확장된 대화를 나눌 수 있다. 토론은 (단순히 이름 말하기가 아닌) 삽화의 세부적인 것, 또는 책과 아기의 세상 간의 연결에 관련된 내용을 포함할 수 있다. 예를 들어 만일 아기가 "비행기!"라고 말하며 그림을 가리킨다면 성인은 "그래 비행기구나. 하늘 높이 날아가고 있네. 우리도 오늘 공원에서 비행기 봤지? 또 무엇이 있니?"라고 답할 수 있다.

성인들은 개별 아기에게 좀 더 이해가 가능한 대체 언어로 그림책의 언어를 단순화시킬 수도 있다(Martin 1998). 예컨대, 아기가 할머니를 부르는 방식대로 "할머니"(grandma) 대신 "함미"(nanna)라고 말할 수 있는 것이다. 이런 방식으로 읽기 경험을 비계설정해주는 것을 이야기 말하기 또는 상호작용적 접근을 활용한다고 설명한다. 상호작용적 읽기는 아기에게 질문을 하고 관련지어줌으로써 아기의 참여를 독려하는 것이다. 책에 제시된 텍스트 읽기를 벗어난 대화를 포함하는 상호작용적 읽기는 언어 발달을 촉진하는 데 매우 효과적이다(Blake et al. 2006; Britto, Brooks-Gunn, & Griffin 2006).

상호작용적 읽기는 이 시기 아기의 몰두를 돕는다. 물론 그림책 읽기에 대한 아이들의 몰두와 관심은 모두 다르다(Flether & Reese 2005). 그렇지만 상호작용을 촉진하면 아기의 몰두에 긍정적인 효과가 있음을 제시하는 연구가 있다(Ortiz, Stowe, & Arnold 2001). 어떤 아기들은 그림책 읽기에 관심을 갖기 위해 상호작용을 반드시 필요로 한다. 이런 아기들에게 긴 텍스트를 단지 읽어주려 한다면, 마치 "내가 이해할 수 없고 참여할 수 없는 것을 억지로 시키는 건, 재미없어요."라고 말하듯이 아기의 관심은 쉽게 사라진다. 그러나 같은 아기라도 성인이 아기의 이해와 참여를 지지하는 상호작용적 읽기 전략을 활용할 때 아기는 깊이 몰두할 수도 있다.

19개월에서 30개월

걸음마기 유아들이 할 수 있는 것 이 시기 유아들을 위한 그림책과 책 읽는 방법 선정에서 아기의 운동 발달은 이전보다 덜 중요해지는 반면, 언어와 인지 발달은 매우 중요한 고려 사항이 된다.

이제 유아들은 더 확장되고 복잡한 언어 구조로, 심지어는 제대로 된 문장을 사용하여 말한다. 또 실생활 경험을 포함하는 언어적 상호작용을 통해 하루에 6개에서 10개의 새 단어를 습득한다. 그러나 그림책 읽기 경험은 유아의 표현적 언어 발달과 관련된다(Richman & Colombo 2007). 유아가 그림책 읽기에 자주 몰두하는 경우 그들이 말하는 새 단어의 1/3 가량은 읽어주는 책에서부터 습득된다(Hepburn, Egan, & Flynn 2010).

이 시기 걸어 다니는 유아들은 또 좀 더 추상적으로 사고하고 행동할 수 있다. 예컨대, 그들은 인형에게 밥을 먹이거나 동물 인형에게 책을 읽어주는 흉내를 낼 수 있다. 18개월에서 24개월경 유아들은 타인에 대한 감정이입을 나타내는 친사회적 행동으로 반응하기 시작한다(Zahn-Waxler et al. 1992). 감정에 대한 유아의 이해는 새로운 표상 능력(예: 모방 놀이, 끄적거리기에 의미 부여하기) 발달로 배로 증가되는데, 이는 그림책에 제시된 개념들을 더 잘 이해할 수 있게 돕는다. 이제 유아는 주의를 더 오래 집중하며 이야기 그림책과 개념 그림책을 즐기면서 책 읽기에 더 오래 몰두할 수 있게 된다.

이 시기 유아들은 최근 생활 속에서 발생한 사건들에 대한 회상과 이야기를 포함하는 대화에 더욱 많이 참여하게 된다(Fivush 1991; Sperry & Sperry 1996). 예를 들어 "오늘 어린이집에서 무엇을 했니?"라고 물어보면 24개월에서 28개월 사이의 유아들은 친구 벤지와 함께 공놀이를 했다는 것을 얘기하기 위해 "벤지 공 놀아."라고 대답할 것이다. 이러한 방법으로 생활 속 사건을 설명하는 것은 이야기의 한 유형인 개인적 내러티브(personal narrative)의 출현이다. 개인적 내러티브는 이야기 그림책에서 발견되는 가상적 내러티브(fictional narrative)에서의 인물들의 특성을 공유한다. 예컨대, 2가지 내러티브에는 공통적으로 인물(주인공), 배경, 일련의 사건들이 등장한다. 걸음마기 유아들이 가까운 과거에 있었던 사건을 이야기할 때 중요한 인물과 장소, 행위를 포함시키도록 성인이 도우면, 유아들은 그림책을 읽으면서 가상적 이야기의 핵심적인 요소들을 더 잘 이해할 수 있게 되며 나중에 이야기 쓰기를 하면서 이 요소들을 포함시킬 수 있게 된다(Peterson, Jesso, & McCabe 1999).

걸음마기 유아를 위한 책의 선정 각 페이지에 선명한 삽화들, 그리고 각 삽화와 직접 관련된 텍스트를 지닌 그림책을 양육자들은 지속적으로

활용해야 한다. 이러한 구조는 유아들이 언어를 그림과 연결하게 돕고 성인이 책을 읽어줄 때 단어가 의미하는 그림을 가리킬 수 있게 한다.

두 돌이 될 때까지 유아의 생활 경험은 그들의 그림책에 대한 흥미에 영향을 미친다. 성인은 유아의 최근 경험과 곧 다가올 경험에 대한 지식을 활용하여 유아의 흥미를 끌 수 있는 그림책을 선정한다. 앞에서 설명한 개념 그림책과 주제 그림책들은 여전히 바람직하다. 광범위한 아동문학 그림책들이 있으므로, 성인은 어떤 주제에 대해서도 개념과 주제를 지닌 그림책을 찾을 수 있다. 계절 또는 휴일 활동에 대한 그림책들[예: 앤 로크웰(Anne Rockwell)의 『Pumpkin Day, Pumpkin Night』, 에즈라 잭 키츠(Ezra Jack Keats)의 『눈 오는 날The Snowy Day』[8] 또는 특별한 가족 이벤트에 대한 그림책(예: 카르멘 타폴라(Carmen Tafolla)의 『Fiesta Babies』]은 걸음마기 유아들이 자신의 경험들과 연결시켜 보게 한다.

이제 걸음마기 유아들은 예측 가능한 그림책(predictable books)을 즐기게 된다. 예측 가능한 그림책이 갖고 있는 반복적 특성은 걸음마기 유아들로 하여금 특정 단어를 예측하게 돕고 책을 읽을 때 이야기에 끼어들도록 하기 때문이다. 걸음마기 유아들에게 예측 가능한 책들은 어휘 발달도 돕는데, 걸음마기 유아들이 잘 모르는 특정 단어들이 반복적으로 제공되고 텍스트에 맞는 리듬감 있는 언어 사용의 기회가 제공되기 때문이다. 이러한 예로는 라피(Raffi)의 『The Wheels on the Bus』 같은 노래가 있고 민퐁 호(Minfong Ho)의 『쉿!Hush! A Thai Lullaby[9]』, 레이첼 이사도라(Rachel Isadora)의 『Peekaboo Morning』이 있다. 어떤 것들은 친숙한 개념들을 포함하기도 한다(예: 드니스 플레밍(Denise Fleming)의 『In the Tall, Tall Grass』, 제인 욜렌(Jane Yolen)의 『How

8 눈 오는 날, 에즈라 잭 키츠 글 · 그림, 김소희 옮김, 비룡소, 2007.
9 쉿!, 민퐁 호 글, 홀리 미드 그림, 윤여림 옮김, 삼성출판사, 2001.

Do Dinosaurs Say Goodnight?』). 텍스트가 거의 없거나 아예 없는 그림책이라 하더라도 걸음마기 유아들의 "읽기"를 촉진시킬 수 있다[예: 데이빗 섀논(David Shannon)의 『데이빗은 못 말려Oh, David!』[10]].

걸음마기 유아들이 자신의 생활에서 경험한 사건들을 이야기하는 능력이 발달되면서, 사실적 이야기(actual stories)—즉, 문제와 결말이 있는 플롯—를 지니는 그림책을 이해하고 즐기기 시작한다. 이 시기 유아들을 위한 이야기를 선정할 때, 단순한 문제 상황과 아기들에게 친밀한 사건들을 찾아야 한다. 친밀함은 유아들이 이야기를 이해하고 몰두하게 할 가능성이 크기 때문이다. 단순하고 친밀한 문제를 지닌 이야기의 예로는 집에 동생이 태어난 사건[예: 앤 허버트 스콧(Ann Herbert Scott)의 『On Mother's Lap』]이나 좋아하는 것을 잃어버리는 상황[예: 올리비에 던래(Olivier Dunrea)의 『Gossie』]이다.

더 나이가 많은 걸음마기 유아들(즉 24개월에서 30개월)은 가끔씩 TV 프로그램이나 영화를 보기도 한다. TV 프로그램에 관련된 그림책들은 크게 (1) TV 쇼로 재구성된 그림책[예: 로즈마리 웰(Rosemary Wells)의 'Max and Ruby' 시리즈], (2) 그림책으로 재구성된 TV 쇼(예: 'Dora the Explorer', 또는 'Bob the Builder')의 2가지 범주로 구분된다(이 예들은 더 나이가 많은 유아들을 위한 그림책들이다). 원래 그림책들은 TV 쇼에 기반을 두고 재구성된 그림책들에 비하여 글과 그림의 질이 더 높다. 성인들은 걸음마기 유아들이 선택할 수 있는 높은 품질의 그림책을 제공해야 한다.

걸음마기 유아들의 관심 사로잡기 걸음마기 유아는 더 복잡한 언어를 이해하고 산출할 수 있으며, 그림책을 둘러싼 대화는 유아의 읽기 경험

10 데이빗은 못 말려. 데이빗 섀논 글 · 그림. 김혜원 옮김. 지경사. 2005.

에 빠뜨릴 수 없는 요소가 된다. 이전과 마찬가지로, 성인은 책 읽기 동안 이중적인 역할을 한다. 첫째, 유아에게 배경지식을 주고, 유아의 생활과 관련지으며, 모르는 대상의 이름을 알려주고 개념을 설명해주기 위해 텍스트와 그림에 대해 코멘트해줌으로써 걸음마기 유아가 그림책을 이해하도록 돕는다. 둘째, 걸음마기 유아의 코멘트와 질문을 환대해주고 다시 유아에게 질문함으로써 유아의 표현 언어 발달을 촉진한다.

생활 경험이 증가하고 언어 능력이 발달됨에 따라 유아는 자신의 일상생활과 읽어주는 그림책 내용 사이의 복잡한 관련성을 이해하고 또 관련지을 수 있게 된다. 성인들이 책을 읽어주면서 일관되게 유아의 생활과 관련지을 때(예: "네가 곰돌이와 같이 코 자는 것처럼, 이 친구도 곰돌이와 꼭 같이 자네."), 걸음마기 아기들은 이러한 연결을 더 잘할 수 있게 된다. 오래지 않아, 걸음마기 유아는 스스로 그림책을 자신의 생활과 관련지을 수 있게 된다. 아기는 종종 신체적으로 이러한 관련성을 표현하기 시작하는데, 성인에게 곰돌이를 보여주거나, 2장의 시작 부분에 제시된 아기처럼, 천장의 불빛을 가리키는 것 등의 행동이 그것이다. 월령이 조금 더 높은 걸음마기 유아는 "나도 곰돌이랑 코 자."라며 관련성을 말하기도 한다.

걸음마기 유아들은 가까운 과거에 대해 이야기할 수 있게 되면서, 자신의 경험을 반영하는 그림책 속의 사건들을 관련짓는다(예: "동물원에서 코끼리를 봐요."). 감정이입이 발달되면서, 그림책에 묘사된 정서를 자신의 감정이나 또는 가족들에게서 관찰된 감정과 연결해보기 시작한다. 감정에 대해 생각할 수 있는 유아의 능력이 발달되고 있음을 알아차리면서 양육자들은 그림책을 읽어줄 때 등장인물들의 감정이나 동기와 같이 보이지 않는 내러티브 요소들(narrative intangibles)을 대화에 포함시키기 시작한다(McArthur, Adamson, & Deckner 2005). 예를 들어 "(이야기 속) 꼬마는 지금 아주 슬픈가봐. 그렇지? 이 아이는 울고 있어. 너도 엄마가 가끔 보고 싶은 것처럼 이 친구도 엄마가 보고 싶은가봐."라고 설명할 수 있다. 연령과 경험이 많아지면서, 아이들은 이러한 보이지 않는 요소들에 대한 질문을 더 많이 하기 시작한다(McArthur, Adamson, & Deckner 2005).

책 읽기를 하는 동안 이루어지는 걸음마기 유아의 질문은 표현적 언어 사용이 격려되기 때문에 언어 발달을 돕는다(Blake et al. 2006; Adamson, & Bakeman 2006; Whitehurst et al. 1988). 아기가 자라면서 많은 양육자들은 자연스레 질문을 더 많이 하게 되며(Deloache & DeMendoza 1987; Senechal, Cornell, & Broda 1995), 반복적인 읽기를 통해 특정 텍스트에 더욱 친숙해진다(McArthur, Adamson, & Deckner 2005). 양육자들이 더 많은 질문을 하게 되면서 유아들은 책 읽기를 할 때 좀 더 적극적인 역할을 하게 된다(McArthur, Adamson, & Seckner 2005). 유아들의 책 읽기에 대한 관심은 양육자의 질문과 텍스트에 대한 언어적 상호작용에 상관이 있다(Deckner, Adamson, & Bakeman 2006).

이 연령의 유아들은 일종의 출현적 읽기(emergent reading) 또는 '읽기 흉내'를 보이기 시작한다. 예컨대, 친숙하거나 반복적인 텍스트에 특정 단어가 나오면 끼어들어 그 단어를 말하거나 그림책을 넘기면서 그림에 대해 설명한다. 이때 양육자들은 유아가 잘 아는 문구를 완성하도록 읽기를 잠시 멈추어 유아의 출현적 읽기를 격려한다. 또는 월령이 조금 더 높은 걸음마기 유아가 그림을 보면서 연속적으로 설명하듯 이야기를 할 때, 성인은 나한테 책을 "읽어" 달라고 요청할 수 있다. 이와 같은 출현적 읽기 행동은 그 이후 몇 년간 발달될 독립적 읽기 학습을 위한 토대가 된다.

연구에 토대한 이 모든 제안들은 걸음마기 유아들을 대하는 데 다소 어려워 보일 수 있지만, 아기에게 그림책이 의미가 되도록 하는 것이 목적이라면 그림책을 중심으로 하는 자연스런 상호작용의 일부가 될 것이다. 박스 2-3에 제시된 예는 높은 월령의 걸음마기 유아의 엄마가 유아와 상호작용적 대화를 나누면서 잰 브렛의 『털장갑The Mitten』[11]을 읽어줄 때 사용하는 지원 전략을 보여준다.

높은 월령의 걸음마기 유아들에게 매일 집단으로 그림책 읽어주기

2세 이상의 걸음마기 유아들을 위해 매일 읽어주는 시간을 정례화하는 프로그램은 책 읽기 경험으로부터 모든 유아들이 혜택을 받도록 보장한다. 그러나 걸음마기 유아들 집단에 그림책을 읽어줄 때, 모든 유아들에게 삽화를 보게 하는 것은 어려운 일이다. 걸음마기 유아들의 주의가 감소되기 때문이다. 집단에게 책을 읽어줄 때 유아들의 반응을 격려하기 어렵고 적절히 반응해주기도 어렵다. 따라서 연구자들은 이 월령의 유아들에게는 4명 이하의 집단으로 책을 읽어줄 것을 제안한다(Phillips & Twardosz 2003). 이렇게 함으로써 자유놀이 시간에 소집단 유아들을 돌아가며 읽어줄 수 있고, 보조 교사는 다른 영역의 아이들을 감독할 수 있다. 물론 적절한 교사-유아 비율은 반드시 지켜져야 한다.

성인들은 12명으로 구성된 집단의 모든 유아들이 적어도 3일마다 소집단 이야기 경험으로 혜택을 받을 수 있도록 매일 자유놀이 시간 처음 10분 정도씩 서로 다른 소집단 아이들에게 그림책을 읽어줄 수 있다. 따라서 이 경우에는 적은 수가 더 바람직하다.

---

11 털장갑, 잰 브렛 글 · 그림, 김라현 옮김, 문학동네, 2003.

박스 2-3

걸음마기 유아와 그림책 읽기 : 종합

읽기 경험에 대한 다음의 간단한 사례에서 우리는 그림책(잰 브렛의 『털장갑』)을 읽어주는 엄마가 할머니 댁에서의 털실과 털실 뜨기에 대한 유아의 경험을 책에 제시된 이야기와 관련시키는 모습을 볼 수 있다. 이 엄마는 유아의 참여를 따뜻하게 받아주었고, 유아의 언어적 시도를 명료화하거나 확장했으며 유아의 언어 사용을 촉진하는 질문을 했다. 또 동물들의 집에 침입한 니키와 동물들이 느끼는 두려움, 장갑 속으로 도망가는 사태의 인과관계를 설명했다.

엄마: (텍스트를 읽으며) "그렇지만 니키는 눈처럼 하얀 장갑을 너무 원했기 때문에 할머니(바바를 대체함)는 니키에게 장갑을 만들어주었어요." 야, 이 털실을 봐. 털실 뭉치가 (가리키며) 보이지? 할머니가 장갑을 떠주려나 보다. 여기 있지? 우리 할머니도 했던 것처럼 여기 할머니도 털실을 뜨네.

유아: 털실 뭉치. 장갑.

엄마: 그래, 이 털실 뭉치로 할머니는 장갑을 뜨려고 하지. 우리 할머니도 그렇게 했었지……. (계속해서 읽으면서 다음 책장에 나오는 내용에 대해 이야기한다.)

유아: 토끼 와!

개별 또는 아주 적은 집단의 아이들에게 책을 읽어주는 것은 아이들에게 주는 혜택이 많지만 10명 이상의 걸음마기 유아들 집단의 주의 집중 수준을 통제하는 것은 너무 어렵기 때문에 자원봉사자나 부모의 도움을 필요로 한다. 부모나 다른 가족 성원들은 가정에서 걸음마기 유아에게 그림책을 읽어줄 것을 권고받는다. 기관에서는 아기들을 위한 그림책 구입 관련 자원에 대한 정보를 가정에 제공하고 아주 어린 아기들에게 책을 읽어주는 전략을 중심으로 워크숍을 제공할 수 있다.

초기의 읽기 관련 행동들

어린 유아들이 나타내는 초기의 읽기 관련 행동들은 모든 측면에서

엄마: 그래 토끼가 오네. 여기 좀 봐. 니키가 토끼네 집 지붕을 밟고 있지? 토끼가 좋아하지 않겠는걸. 토끼는 무섭겠네. 도망치겠네. (잠시 토의한다) 토끼가 어디로 가니? (책장을 넘기며)

유아: 장갑 안으로 들어가.

엄마: 그래, 장갑 안으로 토끼가 들어가네. (텍스트를 읽으면서) "토끼는 깡총 뛰어 두더지 옆으로 몸을 이리저리 흔들며 (엄마는 아기 가까이로 다가가며) 들어갔어요." (그림을 가리키며) ……토끼가 들어가고 있네……. (계속해서 읽어주면서 토의한다) 이것 좀 봐. 니키는 또 다른 동물의 집을 밟고 겁을 주고 있어. 이게 누구지?

유아: 멍멍이. 사디는 어디 가지? (자기 집 강아지를 찾는다)

엄마: 어디에 사디가 있는지 나도 모르겠네. (다시 책을 가리키며) 이건 강아지가 아닌데. 여우네. 귀가 뾰족한 여우 기억나니?

유아: 여우.

엄마: 음, 여기 여우가 있네. 여우도 장갑 안으로 도망갈 것 같은데.

위의 예는 걸음마기 유아의 언어 발달과 문해 발달에 대한 성인의 의도적인 도움이 고도로 구조화되거나 수업 같은 형식이기보다는, 오히려 그림책에 대한 편안한 대화 형태로 이루어짐을 보여준다.

유아들마다 매우 다르다. 어떤 유아들은 가까이 다가와 열심히 듣지만, 또 어떤 유아들은 자기가 하던 놀이를 잠시 멈추고 듣기도 한다. 어떤 유아들은 책 바구니를 제공받는 반면, 또 어떤 유아들은 그림책 읽기 기회가 더 적을 수도 있다. 경험의 다양성은 특정 그림책과의 상호작용 양상에 영향을 미친다.

책 다루기, 언어, 이해, 출현적 읽기를 포함하는 읽기 관련 행동들은 관례적 읽기의 발달적 전조이다(예: NELP 2008; Paciga, Hoffman, & Teale 2011; Teale, Hoffman, & Paciga 2010). 이러한 행동들은 유아들의 운동, 인지, 언어, 사회 발달은 물론, 텍스트와 읽기가 누적적으로 경험되어 나타나는 결과이다.

대다수 유아들이 비슷한 연령 시기에 초기의 읽기 관련 행동들을 나

박스 2-4 월령이 높은 걸음마기 유아들과 디지털 텍스트 함께 보기

미국소아과학회(The American Academy of Pediatrics, 2011)는 2세 이하의 아기들에게는 어떤 유형의 디지털 매체도 활용되어서는 안 된다고 권고한다. 연구의 결과들을 광범위하게 종합한 결과, 실생활 경험들—자유놀이, 구체적인 조작 경험, 전통적인 그림책 읽기—이 디지털 매체와의 경험에 비해 언어 발달에 더 바람직하다는 것이다. 월령이 높은 걸음마기 유아들(24개월에서 30개월)을 포함하는 2세 이후의 영유아라 하더라도, 모든 형태의 디지털 매체(게임, TV, 컴퓨터)에 대한 전체 노출의 양은 하루에 총 1시간을 넘어서는 안 되며 상대적으로 짧은 시간 동안으로 제한되어야 한다.

걸음마기 유아들을 위한 디지털 텍스트를 선택할 때, 지속적으로 켜두는 것이 아닌 속도 조절이 가능한 것을 찾아야 한다. 또 텍스트는 디지털로 읽혀지다가도 필요할 때는 끄고 성인이 직접 읽어줄 수 있는 것으로 선택해야 한다(Labbo 2009).

디지털 텍스트에 대한 정보를 찾는 데 판매원에게만 의존할 것이 아니라 다음과 같은 웹사이트에서도 전자책과 안내를 구할 수 있다;

- http://en.childrenslibrary.org : 다양한 언어로 된 수천 가지의 디지털 책을 무상 제공
- www.childrensbooksonline.org : 역사적인 그림책을 스캔해서 보여주며, 여러 언어로 번역된 도서 다수 보유
- http://digital—storytime.com : 높은 수준의 정보를 제공하는 데이터베이스 보유
- www.tumblebooks.com/library : 애니메이션과 내레이션이 있는 온라인 그림책을, 많은 공공 도서관과 같은 방식으로 구독 가입을 통해 제공(영어와 스페인어로 된 제목 포함).

많은 디지털 텍스트들은 월령이 높은 걸음마기 아기들이 혼자 볼 수 있도록 고안되어 있기는 하지만, 이것을 보는 동안 성인이 상호작용해줄 때 아기들은 가장 많은 혜택을 얻을 수 있다(AAP 2011; NAEYC & Fred Rogers Center for Early Learning and Children's Media 2012). 그림과 애니매이션의 이름 말하기, 그림을 이야기와 관련짓기 같이, 2장 전체를 통해 논의된 실제적 지도 방법을 성인들은 디지털 텍스트를 읽어줄 때에도 동일하게 사용할 수 있다. 또 성인들은 상호작용 특성을 시범 보여주고 영유아의 상호작용을 격려하면서, 언어적 설명을 통해 디지털 매체의 활용[스크롤링(scrolling), 스와이핑(swiping), 클릭하기]을 비계설정해줄 수 있다(Labbo 2009; Smith 2001).

타내지만, 유아(즉, 흥미, 상호작용 양상 등)와 그의 누적된 그림책 읽기 경험은 읽기 관련 행동들의 출현에 영향을 준다. 예컨대, 그림책 읽기에 대한 강한 흥미와 많은 경험을 지닌 12개월 아기는 더 월령이 높은 걸음마기 유아들이 나타내는 전형적인 행동들을 보이는 반면, 그림책 읽기 경험이 적은 3세 유아는 더 어린 아기들이 나타내는 전형적인 행동들을 보일 것이다.

아기들의 읽기 관련 행동들(책 다루기, 말, 이해, 출현적 읽기)에 대한 정보가 표 2-1에 제시되어 있다. 아기들은 성인과 그림책을 보거나 혼자 책을 탐색할 때 표에 제시된 행동들을 나타낸다.

책 다루기(book hadling)는 전통적 문자와 디지털 형태의 문자로 된 텍스트에 대하여 영, 유아가 나타내는 신체적 탐색과 활용을 의미한다(디지털 형태의 그림책 경험은 2세 이상의 영유아들에게만 적절하다. 박스 2-4 참고) 아기의 책 다루기는 아기의 연령, 운동 기술, 이전의 그림책 경험에 의해서만 좌우되는 것이 아니라 그림책의 특성에 의해서도 영향을 받는다. 예컨대, 아주 어린 아기는 단순하고 밝고 대비가 강한 그림에 가장 잘 눈 맞춤을 유지하며, 그림책 책장의 크기와 재질(두꺼운 종이 또는 일반 종이)이 아기 스스로 책장을 넘기는 능력에 영향을 준다.

그림책에 몰두해 있는 동안 나타내는 언어 이해와 활용(language understanding and use)은 성인과의 언어적, 비언어적 의사소통을 포함한다. 이러한 행동에는 좀 더 높은 월령의 유아들이 다른 사람들과 즐겁게 상호작용하면서 사용하는 이야기 말(story language)이 포함된다(예: 빌 마틴 주니어의 『갈색 곰아, 갈색 곰아, 무엇을 보고 있니?Brown Bear, Brown Bear, What Do You See?』[12]를 읽고 난 후, "엄마, 엄마, 무

12 갈색 곰아, 갈색 곰아, 무엇을 보고 있니?, 빌 마틴 주니어 글, 에릭 칼 그림, 김세실 옮김, 더큰, 2007.

표 2-1 초기 읽기 관련 행동들

행동	초기	후기
책 다루기 (book hadling)	• 그림책의 그림에 눈을 맞추지만, 책을 만지려 하지 않음(2~4개월) • 책을 손으로 잡고 입으로 가져가 빨고 씹으면서 책을 탐색함(5~10개월) • 그림책을 흔들고 구기고 휘두름(5~10개월) • 빳빳한 종이로 된 그림책을 양 손으로 잡고, 책을 펼치고 덮으면서 탐색함(6~8개월) • 의도적으로 종이 책장을 찢음(7~15개월) • 성인이 잡고 있던 왼쪽 책장을 잡아 성인이 책장을 넘기도록 도움(7~8개월) • 그림책에 대한 시각적 주의 집중이 현저히 증가하며 그림책에 대한 물리적 조작은 감소함(8~12개월)	• 미숙한 그림책 다루기로 인해 책장을 찢기도 하지만 탐색을 하면서 일부러 찢는 행동은 감소함(12~14개월) • 책장을 한 장씩 떼지 못하므로 어색한 동작으로 책장을 넘김(8~12개월) • 책장을 잘 넘김(11~15개월) • 책장을 뭉텅이로 잡고 넘기다가 확 놓아버림(14~15개월) • 거꾸로 놓인 책을 바로 세워 돌리거나, 책의 그림을 보려는 듯 머리를 기울임(11~15개월) • 디지털 텍스트의 기본 기능을 조작함(예: 애플리케이션 켜기, 책장 넘기기, 애니메이션 클릭하기, 24~30개월)
언어 이해 및 활용 (language understanding & use)	• 눈을 크게 뜨고 진지한 표정으로 몇 분 동안 그림을 집중해서 봄(2~4개월) • 성인이 책을 읽어주는 동안 구구거리거나 꾸르륵 소리를 냄(4~6개월) • 그림에서 친숙한 대상을 가리키는 단어를 이해하는 듯함(7~9개월) • 그림을 알아볼 때 소리 내어 웃거나 미소 지음(8~12개월) • 그림을 손으로 가리킴(8~12개월) • 동물이나 다른 소리를 냄(예: 앨리스 셔틀(Alice Schertle)의 『Little Blue Truck』에서 "빵빵", 10~13개월) • "ㅇㅇ는 어디 있니?"라고 물으면 친숙한 대상을 올바로 가리킴(11~14개월) • 정확한 발음은 아니지만 그림의 이름을 말함(11~14개월) • 책 옹알이를 사용함(즉, 책 읽을 때 나는 소리와 비슷하게 재잘거림 (13~18개월)	• 예측 가능한 노래나 스토리를 읽어주는 동안 맞장구 침(16~30개월) • 그림을 손가락으로 가리키면서 "이거 뭐야?"라고 묻거나, 다른 방식으로 그것의 이름이 무엇인지를 요구함(예: "이거?" 또는 묻는 억양을 사용함, 13~20개월) • 2~4개의 단어로 된 문장(즉, 전보문)을 사용하기 시작함. 예컨대, 책에 나오는 그림이나 사건을 설명함(예: "아가 울어", 18~24개월) • 책이나 좋아하는 주인공에 대해 말할 때 좀 더 복잡한 문장을 사용함(예: "그거 도라 가방 아니야, 그거 내 가방이야", 24~30개월) • 책을 읽는 동안 간단한 질문을 하고 대답함(예: 마틴 와델(Martin Waddell)의 『Owl Babies』를 들을 때, "엄마 어디 가?"라고 질문함) 그 이야기를 읽어줄 때 매번 같은 질문을 함(27~30개월) • 이야기를 읽어주는 상황을 떠나서도 이야기 언어로 놀이함(예: 빌 마틴 주니어(Bill Martin Jr.)의 『갈색 곰아, 갈색 곰아, 무엇을 보고 있니?』[13]를 읽어준 후, "엄마 엄마 무엇을 보나요?", 27~30개월)
이해하기 (comprehen-sion)	• 그림으로 제시된 친숙한 대상을 가리키는 단어를 이해함(7~9개월) • 그림책 속에 제시된 사물이나 행위를 실제 세계와 연결시킴(예: 피오나 와트(Fiona Watt)의 That's Not My Teddy를 읽어준 다음 곰인형을 찾아옴(10~14개월)	• 자기가 좋아하는 페이지를 찾거나 그 페이지를 펼쳐 책을 들어 보임으로써 특히 그 부분을 잘 이해하였다는 듯 좋아하는 페이지에 대한 선호를 나타냄(11~14개월) • 텍스트에 나타나거나 언급된 행위를 수행함(예: 책에 야구가 언급되면 공 던지는 흉내를 냄, 12~23개월)

행동	초기	후기
이해하기 (comprehen-sion)	• 내용을 토대로 텍스트를 선택하며, 따라서 그림책 몇 가지에 대해서 이해하고 있음을 드러냄(예: 장난감 오리를 갖고 놀이한 다음 오리의 그림이 있는 그림책을 선택함; 병원 검진 후 병원에 관련된 그림책을 선택함, 10~15개월)	• 텍스트에 묘사된 상황이나 주인공에 대한 감정 이입을 드러냄(예: 삽화를 보면서 "아파," "부—부—", "엄마 보고 싶어" 같은 말을 반복하고, 슬프거나 걱정스런 표정을 나타냄; 책 속 주인공이 슬프다는 것을 듣고 우는 척함, 18~24개월) • 텍스트들 간의 관련을 찾음(예: 그림책 2개에서 비슷한 그림이나 사건을 찾아 보여줌, 20~24개월) • 읽거나 들은 것을 이해함을 드러내는 방식으로 주인공과 사건에 대하여 이야기함(예: 마가렛 와이즈 브라운의 『잘 자요 달님』[14]의 끝부분에서 "쉬이! 토끼가 자고 있어요."라고 말함, 20~26개월) • 책 읽기를 하는 동안, 텍스트의 사건을 자신의 경험과 연결시킴(예: 도널드 크루즈의 『화물열차』[15]를 읽어줄 때 자기의 장난감 기차를 가리키면서 "나도 기차 놀이 해요."라고 말함, 20~26개월) • 책에 나오는 상황을 책 읽기 밖의 상황과 연결시킴 (예: 눈 속에서 놀이할 때 에즈라 잭 키츠의 『눈 오는 날』[16]에 나오는 사건을 외우면서 행동으로 나타냄(20~30개월)
출현적 읽기 (emergent reading)	• 책을 읽어줄 때 구구거리거나 꾸륵 소리를 냄 (3~6개월) • 성인이 읽어주면서 책을 보고 있는 동안 삽화를 응시하고(7개월) 삽화를 손가락으로 가리킴(9개월, 7~9개월) • 삽화를 가리키는 동안 (알아들을 수 없는) 소리를 냄 (7~10개월) • 삽화를 가리키고, 끝 억양을 올리면서 "그거 뭐야?"라고 말하듯 (다소 알아들을 수 있는) 소리를 냄(10~12개월) • 동물이나 다른 소리를 냄[예: 앨리스 셔틀(Alice Schertle)의 『Little Blue Truck』을 보면서 "빵빵", 10~13개월] • 발음은 부정확하더라도 삽화에 제시된 대상의 이름을 말함(11~14개월) • 책을 읽어달라고 성인에게 가져옴. 한 번 읽은 다음 다시 책을 성인에게 주면서 다시 읽어달라고 함(12~16개월) • 책 옹알이를 사용함(책 읽는 소리를 흉내 냄, 13~18개월) • 성인에게 읽어달라고 하려고 책 선반이나 바구니 속에서 좋아하는 책을 찾기 시작함(16~20개월)	• 책을 함께 읽을 때 단어나 삽화를 손가락으로 가리킴으로써 성인의 손가락 행동을 모방함(15~20개월) • 텍스트의 친숙한 부분이나 삽화를 자기 말로 묘사함 (예: 산드라 보인튼(Sandra Boynton)의 『음매, 매, 라라라!』[17]를 읽어줄 때 "꿀꿀 춤"이라고 말함, 16~20개월) • 예측 가능한 텍스트를 성인과 함께 읽다가 성인이 멈추면 다음에 나올 단어를 말함(16~24개월) • 자기 자신에게 읽어주고, 인형이나 봉제 인형이 볼 수 있도록 책을 들고 이들에게 읽어주는 흉내를 냄(17~25개월) • 좋아하는 이야기를 성인이 읽어주다가 멈추고 기회를 주면(즉, 읽기를 마침) 전체 문구를 암송함 (20~30개월) • 친숙한, 보통 예측 가능한 텍스트를 읽다가 잘못 읽거나 단어를 빼먹을 때 이의를 제기하고 수정함 (28~30개월) • 성인에게 책이나 디지털 텍스트를 읽어달라고 요청함. 단순하고 예측 가능한 텍스트인 경우에는 매우 정확하게 텍스트의 일부분을 암송할 수 있음 (28~30개월)

엇을 보나요?"라고 묻는 것).

이야기 이해(comprehension) 행동이란 성인과 함께 본 그림책에서 텍스트의 내용과 그림으로부터 언어적 비언어적으로 의미를 구성하는 기술을 가리킨다. 언어적, 사회적 상호작용의 기회는 아주 어린 아기들이 가상적인 장르와 정보적 장르를 모두 이해하도록 도우며, 유아들은 이 두 유형의 텍스트에 대한 이해를 표현할 수 있다.

출현적 읽기(emergent reading) 행동이란 읽기가 무엇인지에 대한 영유아의 발달하는 이해와 읽기에 몰두하고자 하는 그들의 욕구를 가리킨다. 예컨대『갈색 곰아, 갈색 곰아, 무엇을 보고 있니?』의 문구들을 흥얼거리는 걸음마기 유아들은 텍스트의 언어가 언제나 일정하다는 사실(즉, 책을 읽을 때 그림을 보고 그에 맞는 말을 그때그때 만들어내는 것이 아니라는 사실)에 대한 이해를 드러낸다. 또 가장 좋아하는 그림책을 자꾸자꾸 (또 자꾸) 반복해서 읽어달라고 조르면서(즉 읽기는 즐거운 행위임) 읽기에 대한 늘어나는 애정을 표현한다.

출현하는 읽기 행동의 대부분은 능동적 그림책 읽기와 그림책 읽기에 대한 참여(즉, 반복적 텍스트를 읽어줄 때 끼어들기) 및 읽는 사람의 역할을 맡는 데 대한 관심에 초점을 맞추고 있지만, 출현하는 읽기 행동 목록의 몇 가지 항목은 언어 및 이야기 이해의 항목과 중복된다.

---

13 갈색 곰아, 갈색 곰아, 무엇을 보고 있니?, 빌 마틴 주니어 글, 에릭 칼 그림, 김세실 옮김, 더큰, 2007.
14 잘 자요 달님, 마가렛 와이즈 브라운 글, 클레먼트 허드 그림, 이연선 옮김, 시공주니어, 2007.
15 화물열차, 도널드 크루즈 글 · 그림, 박천주 옮김, 시공주니어, 1997.
16 눈 오는 날, 에즈라 잭 키츠 글 · 그림, 김소희 옮김, 비룡소, 2007.
17 음매, 매, 라라라!, 산드라 보인튼 글 · 그림, 이상희 옮김, JDM 중앙출판사, 2005.

아기들과 함께 책 읽기에 대한 결론

아기들은 각기 독특한 존재이고 아기와 책을 읽는 모든 경험 역시 유아 발달의 독특한 시점에서 이루어진다. 성인은 아기에게 읽어줄 책이나 읽어주는 방법을 선택할 때, 개별 아기의 흥미, 경험과 더불어 운동, 인지, 언어, 사회 발달을 고려한다. 아기들은 지속적으로 성장하고 변화하기 때문에, 읽어주는 책이나 디지털 텍스트, 또 책 읽어주는 방법도 역시 지속적으로 아기에게 맞추어져야 한다. 성인이 아기와 함께 책 읽기를 위해 주의 깊고 의도적이며 융통성 있는 결정을 내릴 때, 아기의 마음을 빼앗고 몰두시키면서 읽기와 학습에 대한 평생에 걸친 열정을 시작하는 흥미진진한 경험을 만드는 것이다.

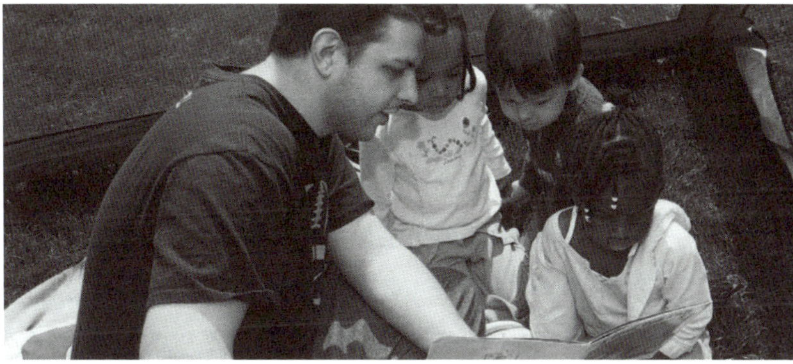

유아들과 이야기 그림책 읽기 3장

3장에서 우리는 이야기 그림책 선택의 기준, 그림책 읽기의 목적, 유아들의 언어 및 의미 발달을 돕는 그림책 읽기 전략에 대해 논의하고자 한다. 이야기 그림책 읽기 전략에 대한 논의에 많은 부분이 할애되고 있는데, 그 이유는 그림책을 유아에게 읽어주는 방식이 실제 유아들이 그림책에서 학습하는 내용의 많은 부분을 결정하기 때문이다 (Cunningham & Zibulsky 2011).

이야기 그림책 선택하기

특정 집단의 유아들에게 적절한 양질의 이야기를 선택하는 것은 교사나 보육 교사에게 매우 중요한 일이다. 3세 유아들은 4세 유아들과는 다소 다른 이야기를 필요로 하며, 혼합 연령 집단은 또 다른 선택을 필요로 한다. 그림책 선택은 유아들이 현재 탐구하고 있는 주제, 가정에서의 경험, 지역의 관습이나 축제를 포함하는 지역사회의 특징에 따라 달라지기도 한다.

그림책 선정시 다음과 같은 몇 가지 기준을 유의할 필요가 있다.

(1) 복잡성(complexity)과 그것이 유아들의 흥미를 유도할 가능성

(2) 그림책 언어의 풍요로움

(3) 전달하는 가치와 그것이 나타내는 다양성의 정도

(4) 그림책의 삽화와 크기의 적절성

흥미, 지적 몰입, 이야기 복잡성

유아들은 유머와 상상, 놀라움이 있는 책을 좋아한다. 그들은 또 자신이 스스로를 통해 볼 수 있고 상상할 수 있는 진정성이 있으며, 독특하며, 사랑스러운 인물들을 좋아한다. 좋은 이야기란 유아의 머릿속에서 끝나서는 안 되며, 새로운 정보와 많은 경이로움, 생각할 거리를 안겨주어야 한다.

나이가 있는 유아들이 어린 유아들에 비해 더 복잡한 이야기에 더 잘 몰입할 수 있다. 그러나 모든 연령대의 유아들은 복잡성에서 변화가 있는 이야기들을 즐긴다. 이야기 복잡성(story complexity)은 여러 가지 요인에 의해 좌우되지만, 단순한 이야기와 복잡한 이야기의 주된 차이는 복잡한 이야기들은 플롯을 지니는 반면 단순한 이야기는 그것이 없다는 것이다.

예를 들어 에즈라 잭 키츠의 『눈 오는 날』[1]과 마리 홀 에츠의 『길베르

1 눈 오는 날, 에즈라 잭 키츠 글 · 그림, 김소희 옮김, 비룡소, 2007.

토와 바람』[2], 엠마 도드(Emma Dodd)의 『아롱다롱 멍멍이의 하루Dog's Colorful Day』[3]는 모두 단순한 이야기들이다. 각 이야기 속 주인공은 특정 유형—눈, 바람, 색 얼룩—의 여러 가지 경험들을 하지만, 이야기의 사건들은 서로 관련성이 없다. 대신, 단순한 이야기는 그 순서가 바뀌어도 서로 영향을 받지 않는 일련의 사건들을 보여준다.

복잡한 이야기의 등장인물들은 이야기를 통해 상당히 많은 것을 배우며 그 결과 자신과 다른 사람에 대해 큰 깨달음을 얻게 되는 것이 일반적이다. 예를 들어, 에즈라 잭 키츠의 『피터의 의자Peter's Chair』[4]에서 피터는 자기의 작은 파란 의자를 더 이상 사용할 수 없지만 부모님은 여전히 피터를 사랑한다는 사실을 깨달은 후 "마음의 변화"를 경험한다. 플롯이 전개되면서 피터는 자신의 생각과 걱정을 표현하며 복잡한 감정을 경험한다. 반면, 『눈 오는 날』에서 피터와 『길베르토와 바람』에서 길베르토는 각각 눈과 바람에 대하여 배우는데, 그들이 경험하는 감정의 범위는 다소 제한적이며, 누구도 자신이나 다른 사람에 대한 통찰을 얻지는 않는다. 피터와 길베르토는 이야기 시작 때의 모습이나 끝날 때의 모습이 별로 다르지 않다.

단순한 이야기와 비교해볼 때, 복잡한 이야기는 풍부한 언어와 정신 상태를 나타내는 단어(예: 생각했다, 놀랐다, 알았다, 결심했다, 궁금했다)를 포함하는 정교한 어휘를 사용한다. 복잡한 이야기는 또 단순한 주제(예: 눈, 바람, 색 얼룩)가 아닌, 우정, 인내, 부모 관계와 같은 중심 주제를 갖고 있다.

복잡한 이야기는 또 추론을 유발한다. 예를 들어, 홀리 켈러(Holly Keller)의 『Henry's Happy Birthday』를 이해하기 위해서는, 캔디 컵을 양

---

2 길베르토와 바람, 마리 홀 에츠 글 · 그림, 김서정 옮김, 프뢰벨, 2003.

3 아롱다롱 멍멍이의 하루, 엠마 도드 글 · 그림, 어린이왕국, 2002.

4 피터의 의자, 에즈라 잭 키츠 글 · 그림, 이진영 옮김, 시공주니어, 1996.

보하고 이상하게 생긴 선물을 발견한 것이 헨리에게 어떤 영향을 주었는지, 또 헨리의 반응이 어떻게 평범하지 않은 생일 소원(즉, 다른 사람의 생일이기를 바라는)으로 이끌게 되었는지를 추론해야만 한다. 저자는 헨리가 무시당한 느낌을 느꼈는지 아니면 좌절감을 느꼈는지 명확하게 진술하지 않았기 때문에, 유아들은 헨리의 감정에 대한 추론을 해야 하며, 이야기 속 사건들이 어떻게 작동하여 눈물 어린 헨리의 소망을 유도했는지를 이해하기 위해 사건들을 통합해야 한다.

어휘와 언어 구

양질의 이야기들은 대다수 유아들이 아직 습득하지 못한 많은 어휘들을 포함한다. 복잡한 이야기에는 새로운 단어들이 풍부한 데 비하여 단순한 이야기에는 새로운 단어가 적은 것이 보통이다. 예를 들어, 복잡한 이야기인 파멜라 던컨(Pamela Duncan)의 『Some Smug Slug』에는 '산책하다(strolled)', '안테나(antennae)', '경사(slope)', '비명을 지르다(shrieked)', '해안(strand)', '꾸벅꾸벅 졸다(slumbered)', '정상(summit)', '사파이어(sapphire)', '어슬렁거리다(sauntered)', '열대산 도마뱀(skink)', '불길한(sinister)'과 같은 정교한 단어들이 등장하는 반면, 단순한 이야기인 『아롱다롱 멍멍이의 하루』[5]에는 오직 '얼룩(stains)', '꽃가루(pollen)', '빨리 걷다(trots)', '조각(patch)', '철벅거리다(splatters)', '더러워지다(smudge)'가 등장할 뿐이다.

복잡한 이야기는 또 유아들에게 다양한 문장 구조를 접하게 하며, 이는 유아들의 전반적인 언어 발달을 돕는다. 예를 들어, 다양한 문장 구조는 이야기 속의 대화를 통해 등장인물의 생각을 전하고, 과거 시제로

5 아롱다롱 멍멍이의 하루, 엠마 도드 글 · 그림, 어린이왕국, 2002.

사건들을 연결시키며, 효과적으로 말한다[예: 짐 아노스키(Jim Arnosky)의 『Raccoon on His Own』(p. 9)에서 "그는 어두운 물속에 뛰어드는 것이 무서워서 진흙으로 된 둑을 뒤돌아 보았습니다."(Afraid to jump into the dark water, he stared back at the mud bank)]. 양질의 이야기에 담겨진 언어는 일상적 대화에서 사용되는 언어에 비하여 다르게—좀 더 문예적(literary)으로—창작된다.

예를 들면, 운문으로 쓰인 제즈 알보로(Jcz Alborough)의 『Duck in the Truck』에서 우리는 다음과 같은 구절들을 볼 수 있다: "구역질날 것 같이 불쾌한 오물 속으로 오리를 뛰어들게 한 것은 바로 오리의 발이었습니다."(These are the feet that jumped the duck down into the muck all yucky and brown, p. 5), "비명을 들은 것은 바로 이 귀였어요."(This is the ear that hears the shout……, p. 18]. 일반적인 대화에서라면 우리는 "오리는 진흙에 두 발로 뛰어들었습니다."와 "염소는 오리가 소리치는 것을 들었습니다."라고 말했을 것이다. 이야기를 읽거나 들을 때 경험하는 즐거움의 일부는 일상적인 언어와는 다른 아름답게 조형된 언어에서부터 오는 것이다. 책 언어(book language)를 이해하고 그것을 즐기는 것을 배우기 위해서 유아들은 책 언어를 들어야 한다.

가치와 등장인물, 문화, 가족 구조의 다양성

좋은 이야기책의 가치는 모든 곳의(즉, 보편적인) 모든 사람들에게 적용된다. 보편적 가치들은 타인에 대한 배려, 우정, 인내, 용기, 불굴의 정신, 참을성, 소유(belonging), 사랑, 책임감 등을 포함한다.

좋은 이야기에는 다양한 문화, 인종, 언어적 배경과 가족 구조를 지닌 성실한 인물들이 등장한다. 이러한 등장인물들은 그들의 역할 속에서 보편적인 문제와 주제를 다루면서 모든 범위의 복잡한 행위들을 나타낸

박스 3-1

그림책의 종류

교사가 그림책의 다양한 장르와 친숙할 때 그림책 선택에 도움이 되며 그림책 읽기를 통해 교사가 지원할 수 있는 이해 및 기술의 범위도 영향을 받는다. 여기에서는 이야기 그림책, 정보 그림책, 예측 가능한 그림책, 개념 그림책의 4가지 종류를 설명하고자 한다.

이야기 그림책(narratives)

이야기는 적어도 1명의 등장인물과 문제 사태, 문제의 결말로 이끄는 플롯을 포함하는 가상적 이야기이다. 이야기는 이미 발생한 사건들을 연결하기 때문에 보통 과거 시제로 쓰인다. 이야기에서 등장인물들은 행동을 취함으로써 문제를 해결하고자 한다. 이러한 행동들을 통해 등장인물은 독자나 이야기를 듣는 사람들에게 자신의 지식과 관점, 동기들을 드러낸다(Applebee 1978; Stein 1988). 물리적 인과관계에(예: 천둥의 발생) 초점을 맞추는 정보 그림책과 달리, 이야기는 대체로 심리적 인과관계를 포함한다(예: 주인공이 왜 슬픈지, 또는 놀랐는지).

가상적 이야기는 유아들에게 가장 일반적인 그림책의 장르이다(Duke 2000). 유아들을 위한 대부분의 이야기 그림책은 텍스트와 창의적인 삽화들이 함께 이야기의 등장인물과 세팅, 및 사건들에 대한 정보를 제공하는 그림책이다.

정보 그림책(informational books)

정보 그림책은 논픽션의 유형이다. 이런 책에서 발견되는 주제에는 동물과 식물, 자연 환경(예: 사막, 늪지), 인간이 만든 장소들(예: 동물원, 공사장), 자연현상(예: 물이 얼어 얼음이 되기, 회오리바람), 관습과 축제(의복과 음식, 공휴일과 특별한 상황), 교통과 거래(공항, 고속도로, 식품가게) 등이 포함된다. 이와 같은 텍스트의 공통적 특징은 사실적 내용이나 또는 사회적, 물리적, 생물학적 세계에 속한 과정에 초점을 맞춘다는 것이다.

정보 그림책은 항상 적용되는 사실적 정보를 전달하기 때문에, 일반적으로 현재 시제로 쓰인다(Duke & Bennett-Armistead 2003). 그림책과 마찬가지로 정보 그림책 역시 의미를 전하기 위해 삽화와 텍스트 모두를 사용한다. 그러나 그림책의 창의적인 예술과는 달리, 정보 그림책 삽화는 현실적이다(예: 다이어그램, 도표, 그래프, 사진, 4장 참조).

예측 가능 그림책(predictable text books)

모든 예측 가능한 그림책은 유아들이 기억하기 쉽도록 하는 하나 또는 그 이상의 문학적 장치를 활용하며, 따라서 예측이 쉽고 몇 번만 들어도 기억하기 쉽다. 유아들은 예측 가능한 그림책에 나오는 언어의 흐름과 리듬을 즐긴다. 또 교사가 예측 가능한 책을 읽어줄 때 유아들은 자기가 아는 텍스트의 구절을 따라서 말하며 교실의 도서 영역에서 혼자 "읽기"를 할 수 있기 때문에 이러한 책을 좋아한다.

다양한 문학적 장치는 예측이 가능하게 (즉 유아가 학습하고 회상하기 쉽도록) 만든다. 이런 장치에는 (1) 각운 및 두운(rhyming and alliteration), (2) 한 두 개의 단어만 바꾸고 기본 문장 체제를 반복, (3) 후렴의 사용, (4) 누적되는 텍스트(하나의 새로운 문장이 각 페이지마다 더해지고, 이전에 도입된 텍스트는 페이지가 넘어갈 때마다 반복됨), (5) 삽화와 텍스트 간의 밀접한 관계(텍스트에 언급된 모든 항목이나 행위가 그림으로 묘사), (6) 한 페이지에는 하나의 아이디어나 하나의 생각만을 담은 텍스트 게재. 마가렛 와이즈 브라운의 『잘 자요 달님』[6]과 에릭 칼(Eric Carle)의 『배고픈 애벌레The Very Hungry Caterpillar』[7]는 예측 가능한 그림책의 고전이다.

개념 그림책(concept books)

이러한 그림책들은 알파벳, 도형, 색, 수, 신체 부위, 감정, 반대, 물체의 이름(예: 단어 그림책)과 같은 개념이나 기술을 안내하고 가르친다. 개념 그림책은 즐겁게 개념을 탐색한다[예: 드니즈 플레밍(Denise Fleming)의 『Alphabet Under Construction』과 아츠코 모로즈미(Atsuko Morozumi)의 『고릴라 한 마리One Gorilla』].[8]

대부분의 개념 그림책에는 등장인물과 문제 사태, 플롯이 없다. 대신 특정 개념이 책의 골격을 제공한다. 그러나 어떤 개념 그림책들은 시간순으로 해결해야 할 문제의 힌트와 더불어 정보와 사건들을 전하기도 한다. 이것은 개념 그림책이 단순한 스토리와 유사해 보이게 만든다[예: 캐더린 팔웰(Cathryn Falwell)의 『Feast for 10』과 에릭 칼의 『배고픈 애벌레』].[9]

다. 모든 종류의 다양성이 하나의 책에 다 드러날 수는 없겠지만, 한 해 동안 선택되어 활용되는 전체 그림책을 통해 모든 측면의 다양성을 보여줄 수 있다(Smith, Brady, & Anastasopoulos 2008).

6 잘 자요 달님, 마가렛 와이즈 브라운 글, 클레먼트 허드 그림, 이연선 옮김, 시공주니어, 2007.
7 배고픈 애벌레, 에릭 칼 글 · 그림, 이희재 옮김, 더큰, 2007.
8 고릴라 한 마리, 파라 스트라우스 지루 글, 아츠코 모로즈미 그림, 송주은 옮김, 예림당, 2008.
9 배고픈 애벌레, 에릭 칼 글 · 그림, 이희재 옮김, 더큰, 2007.

이야기 읽기의 목적

집단 상황에서 들려주는 이야기를 듣는 것은 교실 공동체를 형성하도록 돕는다. 좋은 이야기는 유아들이 정서에 대하여 배우도록 돕고 언어 발달을 지원하며 일반적 지식을 습득하도록 돕는다.

공동체의 형성

유아기의 이야기 읽기는 성인과 유아 간의 긍정적인 정서적 유대감을 형성하는 맥락을 제공한다(Bus, van IJzendoorn, & Pellegrini 1995). 가정 또는 유아원의 1대 1 상황에서 성인은 자기의 무릎에 앉아 있거나 바싹 다가와 앉아 있는 유아에게 책을 읽어준다. 그러나 대집단으로 이야기를 읽어주는 것 역시 따스하고 긍정적인 경험이 될 수 있다. 결국 이야기에는 감정과 생각, 그리고 관계가 포함되어 있는 것이다. 사려 깊고 따스하며 현명한 교사와 함께 이러한 것들에 대해 듣고 토의하는 것은 유아들 또래 간과 교사와 유아 간의 유대감을 만들어준다. 유아들에게 넓은 인간 세상에 대한 애착을 형성하는 것은 적절한 사회 정서적 목표이다.

다른 사람에 대한 이해를 돕기

이야기에 등장하는 인물들은 생각과 감정, 목적과 동기를 지니고 있다. 또 그들은 자신이 현재 지니고 있는 정신 상태와 타인의 정신 상태에 대한 지각에 따라 행동한다. 예컨대 등장인물들은 울기도 하고, 편지를 쓰기도 하며, 걷다가 흥미로운 것에 주의를 빼앗기고 길을 만들기도 하는데, 이 모든 것은 무엇인가에 이끌려 하는 행동들이다.

유아들은 다른 사람들의 정신 상태에 대하여 사람들이 이야기하는 것을 단지 엿들음으로써 사람의 마음을 포함하여 세상에 대한 많은 것을 학습한다(Beals 2001; Gola 2012). 이야기는 이러한 상황이 매우 자주 발생하는 훌륭한 맥락을 제공한다. 텍스트와 삽화, 그리고 교사의 코멘트(즉, 이해는 제쳐놓고)는 이러한 정보의 일부분을 제공하며, 이야기 읽기를 마친 후 뒤따르는 토의를 통해 더 많은 정보가 제공되고, 유아들의 질문에 대한 교사의 반응은 그 이상의 정보를 제공한다(Mills et al. 2012).

감정에 대한 지식형성과 감정을 조절하는 전략 모방하기

교사들은 이야기를 읽으면서 종종 감정에 대하여 이야기를 하고, 읽기를 마친 후 유아들과 토론을 할 때 감정에 대한 논의가 다시 등장한다. 이런 경험은 유아들이 감정에 대한 이해 및 감정에 대하여 말하는 언어 발달에 도움을 준다(Taumoepeau & Rauffman 2006; 2008). 이야기로부터 습득하는 광범위한 어휘에는 '슬프다', '놀라다', '괴롭다', '알다', '기억하다', '잊어버리다', '궁금하다', '생각하다', '바라다'와 같은 단어들을 포함하는데, 이 모든 단어들은 유아가 이야기의 등장인물을 이해하도록 돕는 동시에, 감정적으로 격해진 상황에서 유아들의 행동을 조정하도록 돕는다(Campos, Frankel, & Camras 2004; Dunn, Bretherton, & Munn 1987).

감정을 조절하는 능력은 학습에 영향을 미치는데, 감정 조절 능력은 유아들이 더 많은 정신적 자원을 학습에 사용하게 하기 때문이다(Copple 2012; Raver 2002). 다시 말해서, 인지와 정서는 서로 연결되어 있으므로, 유아들이 격렬한 감정에 사로잡혀 있을 때는 학습이 일어나기 어렵다는 것이다(Bell & Wolfe 2004; Blair 2002; Cole, Martin, & Dennis

2004; Tamouepeau & Rauffman 2008).

이야기는 감정에 대한 가르침을 주는 것 이외에도 감정에 대처하는 효과적인 전략의 모범을 보여주기도 한다. 인지적 재구성(cognitive reframing)이라고 하는 전략은 부정적인 상황을 긍정적 상황으로 전환시키는 것을 포함한다(Morris et al. 2011). 많은 이야기에서 중심이 되는 문제의 해결에는 이 전략이 포함되어 있다. 예를 들어 엘리자 클레벤(Elisa Kleven)의 『The Puddle Pail』에서 주인공인 에른스트는 물웅덩이 반사체들(즉, 들통에 나타났다 사라진 반사체들)을 수집하려는 강력한 소망을, 물웅덩이에 집합된 반사체 상을 그림으로 표현하기로 결심함으로써 인지적 재구성을 하였다. 이 생각은 에른스트 자신이 보았던 반사체를 원래의 물웅덩이 형태(puddle form)는 아니었지만 계속 유지하게 하였다.

언어 발달 돕기

이야기 읽기는 어휘를 포함하는 모든 측면의 언어 발달을 촉진한다.

이야기로부터의 어휘 발달 이야기는 유아들에게 일상적인(즉 일상적 대화에서 듣는) 것에서 정교한(일상 대화에서는 거의 듣기 힘든) 것까지 광범위한 단어들을 접하게 한다. 이야기는 유아들이 많은 정교한 단어들을 들을 수 있는 기회를 제공한다. 이들이 유아의 정교한 단어 지식으로 자리 잡으려면, 유아의 어휘가 (많은 단어들을 적어도 최소한으로 알고 있다는 뜻에서) 넓이와 (어떤 단어들을 깊이 있게 안다는 뜻에서) 깊이를 모두 갖추어야 한다(Coyne et al. 2009; Ouellete 2006).

이야기 읽기는 유아들에게 새로운 단어를 많이 접하게 해줌으로써 어휘의 넓이를 확장시킨다. 이야기를 읽을 때 유아는 같은 단어를 다양한 맥락에서 접하기 때문에, 맥락에 따라 단어 의미에서 정교한 차이가 있음을 경험하면서 어휘의 넓이를 확장시키게 된다. 예를 들면, 앤 헌터(Ann Hunter)의 『Possum's Harvest Moon』 이야기에서 유아들은 '커다란(great)'과 '~이 되다(grew)'의 새로운 의미를 경험한다. 엘렌 스톨 월시(Ellen Stoll Walsh)의 『퐁당퐁당 물감놀이Mouse Paint』[10]에서, 단어 'cried'는 눈물을 흘리면서 '울다'가 아니라 '소리치다' 또는 '고함을 지르다'를 의미한다.

유아기와 그 이후 동안에 어느 정도 넓은 어휘 지식이 있어야 자기 수준에서 어려운 텍스트를 읽을 때 이야기를 이해하는 데 도움이 된다(Ouellette 2006). 넓은 어휘 지식은 유아가 그림책 읽어주는 것을 듣거나 대화에 참여할 때 더 많은 것을 이해하도록 한다. 1장에서 논의된 바와 같이, 알고 있는 어휘의 범위가 넓을 때 유아의 음운 인식을 돕는다(Dickinson, Golinkoff, & Hirsh-Pasek 2010; Metsala 1997).

유아기에 습득된 수용 어휘의 범위가 넓은 것이 어떻게 나중에 읽기와 독해에 도움을 주는지(Dickinson & Porche 2011; Storch & Whitehurst 2002)에 대해서도 1장에서 논의하였다. 어렸을 때 단어 학습은 그 이후 학습의 출발점이 된다는 사실은 의심의 여지가 없기 때문이다. 이와 같은 초기 어휘의 토대 위에 깊이 있는 의미가 형성되는데, 특히 책의 내용이 더욱 어려워지는 4학년부터의 독해에 초기의 어휘적 토대가 큰 도움을 준다. 생물, 지구과학, 지리, 역사와 같은 내용 영역에서 사용되는 기술적 용어(technical language)들은 이 내용 영역을 아동이 공부하면서 가장 잘 학습될 수 있으며(Nage & Townsend 2012), 유아들은 이야기 속에서 몇몇 기술적 용어들의 낮은 수준의 의미를 학습한다. 유아 교사들이 정보 책을 읽어주고 초보적 경험을 제공해줄 때 이러한 용어들이

10 퐁당퐁당 물감놀이. 엘렌 스톨 월시 글 · 그림. 박현주 옮김. 아가월드. 2000.

지닌 깊은 의미가 습득될 수 있다(4장 참조).

언어의 복잡성을 이해하도록 돕기 그림책을 읽고 토론하는 것은 유아들이 다음을 이해하는 데 도움을 준다.

- 통사(syntax) 문장 내 단어들의 순서
- 문법(grammar) 문장이 구성되는 방식, 문장 내 단어의 위치 및 문장 내 다른 단어들의 성격에 따른 다양한 단어들의 변화 방식
- 화용(pragmatics) 맥락이 언어에 미치는 효과에 대한 이해

양질의 이야기들은 다양한 문장을 유아들에게 반복적으로 접하게 함으로써, 유아들이 정교한 언어 구조를 습득하도록 돕는다. 『Possum's

Harvest Moon』에 사용된 복잡한 언어를 예로 들어보자. 이것은 포썸(Possum)이 파티를 열어 저무는 가을날을 축하하려는데, 일하거나 또는 잠자기를 원하는 동물 친구들은 포썸의 생각에 무관심한 상황에 대한 이야기이다(p. 12).

> "이렇게 아름다운 밤에 어떻게 일을 할 수 있을까?" 포썸은 혼자 생각했습니다. "어떻게 이런 달빛 아래에서 잠을 자려고 생각할 수 있을까?" 그는 모자를 쓰고 홀로 앉아서 커다란 보름달을 바라다보고 있었습니다.

포썸은 이처럼 "어떻게" 질문을 사용하는데, 유아들은 등장인물들의 동기에 대한 포썸의 생각이 드러나는 언어를 듣는다. 이 정보는 대비되는 생각(즉 포썸이 파티를 열려는 이유와 동물들의 무관심)이 있을 것임을 예고한다. "커다란 보름달을 바라보고 있었습니다."라는 구절은 "그는 모자를 쓰고 달을 바라봤습니다."라고 단순히 말하는 것보다 상당히 더 많은 인상을 띠게 한다. 다음에 "춤추고 먹고 노래하는 꿈을 꾸게 만든 것은 바로 달님이었습니다."(p. 15)라는 문장을 들을 때, 유아들은 삽입된 구절("꿈을 꾸게 만든 것은……")에서 원인이 되는 것이 무엇인지를 학습하며, 단어가 생략되었지만 이해되리라 가정됨을 가리키는 기법인 생략(ellipsis)에 접하게 된다.

마지막으로, 양질의 이야기에 포함된 언어 구조는 유아의 추론적 사고를 촉진한다. "귀뚜라미는 모든 노래를 두 번씩 불렀고 개구리가 노래 부르다 목이 쉴 때까지 생쥐는 춤을 추었다."라는 문장에서, 유아들은 파티와 댄스가 너무 오래 계속되어 귀뚜라미가 더 이상 부를 노래가 없어졌고 개구리도 노래를 너무 많이 불렀다(p. 24)는 사실을 추측해야 한다. 이 모든 것을 고려할 때, 모두가 파티를 즐겼다고 유아는 결론을 내릴 수 있다.

이야기책 읽기는 다양한 사회적 맥락에서의 언어 사용에 대한 이해를 발달시킨다. 예를 들어, 이야기에는 아이들이 친구와 말할 때와 어른에게 말할 때 어떻게 다른지, 그리고 감정과 다양한 입장이 어떻게 표현되는지, 그리고 말하는 사람에 따라 또 상황에 따라(즉, 도서관에서, 놀이터에서, 교실에서 의견을 말하기 위해 손을 들 때) 언어 사용이 어떻게 이루어지는지가 나타난다.

물론 좋은 이야기를 듣고 이야기에 대해 토론할 기회가 많다고 해도 그것만으로 유아들이 언어를 발달시키기 위해 필요한 모든 지원을 제공할 수는 없다. 성인들은 하루 일과를 통해 다양한 상황에서 유아들과 대화해야 하며, 유아들 역시 또래와 함께 놀고 대화할 기회를 필요로 한다.

언어적 기술이 부족한 유아들은 언어 기술이 풍부한 또래로부터 좋은 영향을 받을 수 있다(Justice et al. 2011; Mashburn et al. 2009). 언어 기술이 풍부한 또래의 언어가 그렇지 못한 유아에게 미치는 영향은 아마도 직접적인 또래 간 상호작용을 통해 나타남과 더불어, 교사에게 미치는 영향(즉 교사들은 언어 기술이 많은 유아들과 다양한 범위의 언어를 사용하고 더 많이 대화하며, 다른 유아들은 그것을 듣는다)을 통해 간접적으로도 발생한다.

영어를 제2언어로 학습하는 유아들 역시 영어를 모국어로 하는 또래들과 함께 놀고 대화하는 기회를 통해 혜택을 얻는다. 이러한 기회는 다양한 언어가 표출되는 교실에서 가장 빈번히 나타나는데, 영어 아닌 같은 언어를 말하는 유아들끼리 교실에서 서로 상호작용하기 때문이다. 물론 이런 교실에서 가장 큰 혜택을 얻는 사람은 친구들이 사용하는 언어에 접하는 영어만 말할 수 있는 몇몇의 유아들이다. 오늘날 두세 가지 언어를 안다는 것은 이점을 갖기 때문이다(박스 3-2에서 또래와 함께 영어를 사용하는 3세 ELL(영어 학습자)에 대한 1년간의 연구 사례 참조).

박스 3-2

또래가 유아의 언어 학습에 미치는 효과

여러 언어가 사용되는 학급에 대한 우리의 경험은 매우 다양하다. 어떤 때에는 영어 아닌 말을 하는 18명 가운데 9~10명이 6~7가지 서로 다른 언어를 말하는 경우도 있었다. 영어는 학습 언어이면서 유아들 간의 놀이 언어이기도 했다. 왜냐하면 영어 아닌 다른 말을 하는 유아들 중에는 동일한 가정 언어(모국어)를 말하는 또래가 별로 없었기 때문이다. 또 어떤 학급에는 영어 아닌 언어(예: 포르투갈어, 스페인어, 중국어, 베트남어, 소말리아어)를 말하는 유아가 대부분이고 영어를 말하는 유아는 소수인 경우도 있었다. 각 교실에 교사 1명은 보통 이중언어 사용자(즉, 영어를 배우고 있는 유아들의 가정 언어를 알고 있음)이기는 했지만 이러한 교실에서 가르치는 언어는 영어였다.

그러나 영어 아닌 언어에 대한 우리 자신의 능력은 항상 제한적이었기 때문에, 영어를 말하는 아이들이 또래와의 놀이 상황에서 이중언어 사용에 대한 정교한 사례 자료를 수집한 적은 없었다. 따라서 아래에 제시된 또래 간 상호작용의 사례는 3세 이중언어 학습자인 JK의 것으로, 그는 유아원에 들어올 때 한국어만 말할 수 있었다. 웡 필모어(Wong Fillmore, 1976; 1991)에 의하면, 새로운 언어를 학습하는 유아들은 그 언어를 이미 아는 또래들과 함께 하기 위하여 몇 가지의 전략을 사용한다. (1) 일단 그 집단에 들어가서 진행되는 상황을 마치 알고 있다는 듯이 행동한다. (2) 새로운 언어에서 잘 선택한 몇 가지 단어들을 사용한다. (3) 처음에는 세부적인 것에 걱정하지 않는다(Tabors 2008). 또한 새로운 언어를 학습하는 유아에게 또래 간 상호작용의 중요성과 영어 몰입 유아원에 다니는 유아의 경우 사회적 고립의 부정적 결과에 대하여 지적한 바 있다.

우리의 데이터가 수집된 교실에서 교사들은 또래 간 상호작용을 지지하였고 놀이 기회가 풍부한 프로그램을 제공하였다. 또 시종 일관된 일과를 진행하였고 활동 전이를 관리하기 위해 안정적인 진행 방법을 사용하였다. 교실에서 사용되는 교수 언어는 영어였으며, 영어는 전체의 약 2/3 정도 유아들의 모국어였다. 나머지 6~7명의 유아는 영어가 아닌 다른 언어를 말하였으며(예: 중국어, 아라비아어, 페르시아어, 그리스어, 히브루어, 힌디어, 이탈리아어, 한국어, 러시아어, 스페인어), 이중 몇 명은 3개 국어를 말하기도 하였다(예: 아라비아어, 페르시아어, 영어; 힌디어, 러시아어, 영어).

9월~10월

1. 간식 시간에(9월 말), JK는 친구의 간식인 치리오(시리얼의 종류)를 가져다가 자기의 눈높이에 들고 구멍을 통해 친구를 들여다보았다. 그리고 "Gi"(친구 이름의 첫음절)라고 말했다.
2. 1주일 후 자유 선택 시간에 JK는 친구에게 손을 흔들면서 한국어로 "이리 와."라고 말했다.
3. 10월 중순에, JK는 지오보드(도형놀이판) 위의 모양을 가리키며 "삼각형"이라고 말했다.
4. 1주일 후, JK는 적목으로 만든 자동차 안에서 서 있는 유아에게 "앉아."라고 말했다.

위의 기간 동안 JK는 또래와 놀이 또는 대화에 참여하면서 친구들의 이름, 한국말 문장, 한 단어 영어 label, 몸짓(예: 손동작)이나 다른 비언어적 행동(예: 미소, 함께 응시하기)과 동반되는 관용적 영어 표현을 사용하였다.

11월~12월

1. 교사가 놀잇감을 치우라는 신호를 보냈는데도 친구가 놀이를 계속하자, JK는 "모이는 시간, 가브리엘, 그만!"이라고 말하였다. 이에 대한 반응으로 친구는 아침 자유놀이가 끝난 후 항상 모이는 곳 바닥에 앉았다.
2. 적목으로 만든 구조물을 친구가 쓰러뜨리자 JK는 그 아이를 향해 "쉬! 아기 자(Baby sleeping)!"라고 말했다. 그 아이는 쓰러진 적목 더미로부터 JK를 바라보았다.
3. JK는 소꿉놀이 영역에서 인형을 친구에게 주면서 "아기 머리(Baby head), 아기 머리!"라고 말했다. 친구는 인형을 조심스럽게 안아 머리를 눕혔다.

위의 기간 동안, JK는 또래와 함께 영어를 더 자주, 더 유창하게 사용했다. 이제 JK는 모국어의 전보식 언어(telegraphic speech, 예: "이제 모이는 시간이야."라고 하지 않고 "모이는 시간", "그만")와 유사한 다 단어(multi-word) 발화를 사용하였다. 다른 영어 학습자들과 같이 JK도 교실의 규칙과 일과에 대한 몇 가지 말을 습득하여 그것을 "시도"하였다(Tabor 2008). 사례 2에서 JK는 주동사 sleep에 -ing를 붙이고 조동사 is는 생략한 채 사용하였다. 사례 3에서 소유격 형태소인 -'s를 생략했는데, 이는 전형적인 형태소 발달 양상을 보여주는 것이다(Brown 1973). 사례 2에서 JK가 또래를 향한 방향은 JK가 선택한 놀이의 역할을 가리키는 것이다. 이와 같은 친사회적 기제는 또래를 놀이에 초대하는 것이다. 사례 3에서 JK는 아기를 안아주는 방법을 안내할 만큼 잘 알고 있는 듯했다. 이러한 특징은 재미있게 놀이가 진전하도록 만들었으며 놀이 친구로서 JK의 매력과 지위를 높이는 결과가 되었다.

1월~3월

1. 눈이 덮인 놀이터에서 또래가 놀이집의 지붕에 쌓인 눈을 치우고 있을 때, JK는 "뭐 해?(What doing?)"라고 물었다.
2. 물놀이 테이블에서 JK는 "미샤, 여기 네 쥬스(Here's your juice.)"라고 말하며 가상적인 시나리오를 시도하며 색깔 물이 든 컵을 건넸다.
3. 모두 모여 〈Everybody Wash〉 노래를 부르다 노래 끝에 JK가 웃으며 옆에 앉은 친구들을 향해 "이거 웃겨(That's funny.)"라고 말했다.
4. JK는 놀이터 놀이집 입구를 걷고 있는 또래에게 "야! 누가 아이스크림 먹어?"라고 소리쳤다.

이제 JK는 wh—질문과 축약 동사(예: "Here's your juice"와 "That's funny")를 포함하는 완전한 영어 문장을 사용하였다. JK의 전략은 다음과 같은 다양한 사회적 목적을 위한 것이었다. (1) 진행 중인 놀이에서 또래의 생각에 대하여 질문하기, (2) 가상적 놀이를 위한 역할 제안하기, (3) 자신의 의견을 타인에게 말하기, (4) 자신의 역할을 유지하며 놀이에 친구를 초대하기. JK의 바람은 언제나 또래와 놀이하는 것이었다.

4월~6월

1. JK는 친구의 자전거 헬멧의 스냅을 채우면서, "내가 너를 도와.(I'm help you)"라고 말했다.
2. JK는 쌓기 영역에서 놀 수 있는 아이들의 수(4명)가 다 찼는지를 알고 싶어 하는 친구에게 "그래, 여기 4명이야."라고 말했다.
3. JK는 놀이터 꽃밭으로 친구의 주의를 돌리면서 식물을 가리키며 "봐, 이거 자라고 있어!"라고 말했다.
4. 물놀이 테이블에서 끈적거리는 것을 퍼내며 친구에게 "헤일리, 내 손 좀 봐!"라고 소리치며 대화를 시작하였다.

한 해가 끝날 때 쯤, JK는 친구들과 놀이하며 도움을 주고, 놀이 영역의 인원수를 확인해주며, 식물(예: 꽃밭의 채소들)의 성장에 대해 말하고, 놀이에 대해 대화하면서 영어를 유창하게 사용하였다.

결론

종합하면 이러한 사례들은 놀이 기회가 풍부한 교실이 이중언어를 습득하는 유아들에게 영어를 말하는 또래와 다른 이중언어 학습자들과 언어를 사용하는 다양한 기회를 제공하는 방식을 보여준다. 훌륭한 교사는 놀이를 지원하고 일관된 하루 일과와 진행도 중요하다.

사례에는 분명하게 제시되지 않았지만 또 하나의 중요한 요소는 유아들이 놀이하는 동안 교사가 직접 돕는 것이다. 이중언어 학습자와의 놀이에 참여함으로써 교사들은 다른 유아들의 주의를 끌어당기는 자석과 같은 역할을 한다. 이러한 지위로부터 교사들은 놀이에 대해 유아를 코치하고 역할 수행 전략의 모델이 된다. 물론, 교사는 유아들이 그들 마음대로 서로 대화하고 놀이할 많은 기회를 주기 위해 필요에 따라 놀이에 들어갔다 나왔다 한다.

장차 학업 성공을 위해서 반드시 필요한 학업적 언어 발달에는 또래와의 상호작용 이상의 요소들이 필요하다. 하지만 어린 이중언어 학습자들은 영어를 말하는 또래 친구들과 상호작용하면서 상당한 언어를 습득한다. 균형 잡힌 유아교육 프로그램은 영어 어휘와 문법 구조 및 기타 문해 관련 학습이 직접적이고 명시적으로 지원되는 교사주도 집단 활동은 물론 충분히 놀이할 시간을 제공한다.

일반 지식 쌓기

정보 그림책은 특히 정보를 전달하기 위해 고안된 것이지만, 내러티브 역시 광범위한 주제에 대한 정보를 일부 제공하기도 한다. 예컨대, 에즈라 잭 키츠의 『꿈꾸는 아이Dreams』[11]와 『The Puddle Pail』은 각각 그림자와 반사에 대한 정보를 제공한다. 이와 유사하게 자넬 캐논(Janell Cannon)의 『Stellaluna』, 윌리엄 스타이그(William Steig)의 『Amos & Boris』, 레오 리오니(Leo Lionni)의 『물고기는 역시 물고기야Fish Is Fish』[12]에서 유아들은 각각 박쥐, 포유류, 물고기와 양서류에 대하여 학습한다. 물론, 이런 이야기의 주된 목적은 우정, 이별, 환경 적응, 문제해결, 자신의 한계 받아들이기에 대한 정보를 제공하기 위한 것이다. 그 과정에서 특정 내용지식도 함께 전달되는 것이다.

대집단 그림책 읽기

유아 교사들은 다양한 집단으로 활동하는 다양한 맥락에서 유아들에게 책을 읽어준다. 예를 들어 모이는 시간에 교사들은 개별적으로 또는 2~3명의 소집단 유아들에게 책을 읽어준다. 또 매일 전체 집단 유아들에게 책을 읽어주는 것도 흔히 볼 수 있다. 여기서는 이러한 맥락에서 책을 읽어줄 때 교사가 고려하는 몇 가지 문제들에 대하여 생각해보도록 한다.

11 꿈꾸는 아이, 에즈라 잭 키츠 글 · 그림, 공경희 옮김, 주니어 랜덤, 2009.
12 물고기는 역시 물고기야, 레오 리오니 글 · 그림, 안찬수 옮김, 프뢰벨, 2002.

대집단 그림책 읽기를 위한 자리의 배치

모든 유아들이 교사와 책의 그림을 볼 수 있어야 한다. 전체 집단을 대상으로 책을 읽어줄 때, 교사는 책을 유아들이 볼 수 있는 바깥 방향으로 세워 들고, 교사가 그림을 가리키는 지점을 유아들이 정확하게 볼 수 있도록 확인해야 한다.

유아들을 큰 원으로 앉히면 대다수의 유아들이 교사로부터 너무 멀리 앉게 되고 나머지는 교사 바로 좌우에 너무 가까이 앉게 되므로, 그것보다는 교사 앞 가까이에 2~3줄로 앉게 하는 것이 더 좋다. 교사 앞에 2~3 줄로 앉힐 때, 키가 큰 유아들은 뒷줄, 작은 아이들은 앞줄로 앉고, 앞과 뒤 유아가 서로 엇갈리게 앉도록 해서 앞이 가리지 않도록 해야 한다. 유아들은 곧 집단의 다른 친구들을 배려하여 배정된 그 자리에 항상 앉게 된다.

교사들은 또 어디 앉을지 신중하게 고려한다. 교사가 바닥에 앉으면 책이 대집단 모든 유아들에게 잘 보이지 않기 때문에 교사는 의자에 앉는다. 이런 상황에 교사가 바닥에 앉으면 유아들로 하여금 책에 접근하기 위해 더 가까이 앉도록 의도치 않은 “초대”를 하는 물리적 조건이 되므로, 다른 유아의 시야를 가리거나 일어나게 만드는 결과를 초래한다. 대신 교사가 의자에 앉으면 유아들에게 책을 보거나 만지려고 다가오지 말고 자리에 앉아 있어야 한다는 분명한 메시지를 전달한다. 교사가 유아의 행동을 통제하기 위해 많은 시간을 쓰다보면 때로는 이야기 읽기 시간이 즐겁고 기쁜 경험이기보다는 부정적 경험으로 변하기도 한다. 복합적인 메시지를 보내기보다는 집단 내 다른 사람들을 존중하도록 돕는 지정된 자리(예: 의자)에 앉는 것이 더 좋다.

전체 집단에 적절한 그림책의 크기

그림책 안의 삽화들은 그림책의 텍스트(예: 단어들)와 함께 이야기의 의미를 전달한다(Sipe 2000). 삽화들은 또 텍스트 안에서 이름이 제시되는 많은 항목들을 그림으로 나타내기 때문에[예: 돈 프리먼(Don Freeman)의『꼬마 곰 코듀로이Corduroy』[13]에서 작업 바지(overalls)와 에스컬레이터,『Some Smug Slug』에서 민달팽이, 제비꼬리나비, 도마뱀, 참새 등] 유아의 어휘 학습을 돕는다.

"큰 책" 안에 제시된 삽화들은 그림이 커서 더 잘 보이므로, 많은 교사들은 일반적인 책들보다 큰 책들을 활용한다. 그러나 큰 책들은 유아들의 주의를 삽화에 너무 많이 집중시키고 교사가 텍스트를 읽어줄 때에도 듣다가 주의를 그림으로 돌리게 하기도 한다(Beck & McKeown 2001; Schickedanz & Collins 2012). 교사가 일반 크기의 책을 신중하게 선정한다면(즉, 일정 거리에서도 보이는 적절한 크기로 그림이 그려져 있는 책), 유아들이 텍스트를 들으면서 그림 보는 주의 집중이 균형을 갖도록 도울 것이다. 유아들에게 읽어준 그림책들은 도서 영역에 두는데, 유아들은 도서 영역에서 그림책의 삽화들을 더 자세히 볼 수 있다.

물론 일반 크기의 책에 들어 있는 그림들이 일정 거리에서 제대로 보이지 않을 만큼 작고 세밀하다면 큰 책이 사용되어야 한다. 교사들은 또 집단의 유아들을 고려해야 한다. 예컨대 시각이나 청각에 장애가 있거나 언어지체가 있는 유아들은 그림을 통한 더 많은 지원을 필요로 한다. 물론 어떤 유아들에게는 유아가 들고 보도록 일반 크기의 책을 제공하는 한편 어떤 유아들을 위해서는 교사가 일반 크기의 책을 들고 읽어주기도 한다. 보조 교사가 있다면 보조 교사는 담임 교사가 읽어주는 텍

13 꼬마 곰 코듀로이, 돈 프리먼 글 · 그림, 조은수 옮김, 비룡소, 1999.

스트와 관련된 그림을 손으로 가리키면서 개별 유아를 도울 수도 있다.

어떤 교사들은 문자의 개념(예: 좌에서 우로 진행하는 문자에 밑줄 긋기, 특정 글자나 단어를 찾기)을 가르치기 위해 큰 책을 활용하기도 한다. 연구들은 성인이 책을 읽어주는 동안 유아들은 문자에 주의를 기울이면서 문자에 대해 학습할 수 있음을 밝혔지만(Justice & Ezell 2002), 그렇다고 이것이 책 읽을 때 문자에 초점을 맞추어야 함을 의미하는 것은 아니다. 유아들이 문자보다는 이야기의 의미에 주로 주의를 집중하게 하는 것이 더 현명하다. 문자에 관련한 학습을 위해서는 다양한 맥락을 사용할 수 있지만, 의미를 직접 공략하는 맥락은 이야기 읽기 맥락이 유일하기 때문이다. 더구나 문자의 개념을 가르치기 위해서는 복잡한 스토리보다 예측 가능한 그림책들이 더 적절하다(5장 참조)

개인뿐 아니라 집단에 대한 고려

개별 유아는 스토리와 다양한 내용지식에 대한 독특한 경험을 갖고 있다. 이럴 때 교사는 항상 개별 유아의 질문에 길게 반응할 수 없으며 또 한 유아의 생각에 대해 오랫동안 확장된 토론을 할 수도 없다. 교사는 한 명 이상의 유아들의 욕구와 흥미를 고려하면서 동시에 개별 유아에게 반응해주는 방법을 학습해야 한다.

이야기 이해하기: 의미에 대한 지원

유아들이 이야기를 들을 때 가장 중요한 목적은 그 이야기를 이해하는 것이다. 이를 위해서는 등장인물의 감정과 동기, 목적에 대한 이해와 이것들이 인물의 행동과 어떻게 연결되는지에 대한 이해를 필요로 한다. 이야기 이해는 또 물리적, 생물학적, 사회적 세상에 대한 이해를 요구하기도 하는데, 예컨대 폭풍우 속에서 머리나 옷이 어떻게 되었고 동물들이 왜 도망갔는지, 또는 사람들이 폭풍우가 심한데 왜 밖으로 나가야 했는지를 이해해야 한다. 저자는 결코 모든 것을 말하지 않기 때문에 이야기를 이해하기 위해서는 결국 이야기 안의 여러 가지 틈을 메울 수 있는 추론을 필요로 한다(1장에 제시된 표 1-1 참조).

좋은 이야기를 유아들이 완전히 이해하도록 돕기 위해 성인은 몇 가지 전략을 활용할 수 있다. (1) 이야기를 소개한다. (2) 이야기를 읽을 때 음성과 몸짓, 속도, 눈 응시, 표정을 활용한다. (3) 삽화를 가리킨다. (4) 이해를 위한 보조 자료를 제공한다. (5) 유아의 논평과 질문에 반응한다. (6) 이야기 읽기를 마친 후 유아들을 토론에 참여시킨다. 교사는 유아들이 이야기에 빠질 수 있는 시간을 주기 위해 또 한 주 또는 그 이상의 기간 동안 같은 이야기를 반복해서 읽어줄 수 있다(Martinez & Roser 1985; Morrow 1985; Yaden 1988).

이야기 소개

이야기의 문제는 이야기 안에 언제나 분명하게 진술되는 것은 아니기 때문에(Paris & Paris 2003), 유아들은 종종 이야기의 문제를 이해하지 못하는 경우가 있다. 만일 유아들이 문제를 이해하지 못한다면 이야기 속 사건의 중요성이나 등장인물들의 행동 및 동기들을 제대로 판단할 수 없다(Benson 1997). 이야기 초반일 경우에는 특히 등장인물이나 배경을 찾는 데 어려움을 나타내기도 한다. 이야기 소개를 잘 하는 것은 이러한 문제를 예방하는 데 도움이 된다(McGee & Schickedanz 2007).

이야기를 처음 소개할 때 교사는 그림책의 제목과 저자 및 삽화가의 이름을 읽어주는 것으로 시작하며 그 다음 주인공들을 소개한다. 다음으로 교사는 이야기의 배경을 설명하고 이야기의 문제를 말할 수 있다. 소개는 유아의 호기심을 유인하고 바로 읽기로 이어지는 코멘트로 종결지을 수 있다(예: "민달팽이가 산보를 나간 날 무엇을 하는지 우리 함께 알아보자.", 사례로서 표 3-1 참조).

표 3-1 새 이야기 소개하기

레오 리오니의 『꿈틀꿈틀 자벌레』[14]	
제목, 저자, 삽화가 이름 읽기	"오늘 너희에게 읽어줄 새 책을 선생님이 갖고 있단다. 제목은 『꿈틀꿈틀 자벌레』야. 이 이야기를 만든 저자는 레오 리오니 선생님이란다. 리오니 선생님은 이 이야기를 위해 그림도 그리셨어."
주인공 소개하기 이야기 문제 말하기 전이의 말	"여기 책 표지가 있는데, 여기서 주인공을 볼 수 있어. 작은 자벌레란다. (손으로 가리키며) 이건 작은 송충이인데, 크기가 1인치 정도라서 이름이 자벌레야. 이야기에서 몇 마리의 새들도 등장하지만 표지에는 그림으로 나와 있지 않네. 그림책을 읽으면서 만날 수 있을 거야." "이 이야기에서, 작은 자벌레는 바쁘게 나뭇잎과 풀잎을 먹고 있는데 그때 배고픈 로빈 새가 그것을 봤어요. 로빈 새는 '야, 여기 맛있는 점심이 있구나.' 하고 생각했지요. 새들은 먹이로 벌레와 곤충들을 좋아한단다(눈썹을 치켜뜨고 눈을 크게 뜨고 말한다). 물론 작은 자벌레는 로빈 새가 자기를 먹지 않기를 원했지." "우리 작은 자벌레가 어떻게 했는지 이야기를 읽으면서 알아보자".
레오 리오니의 『으뜸 헤엄이』[15]	
제목, 저자, 삽화가 이름 읽기	"오늘 우리가 읽을 새 책은 으뜸 헤엄이야. 레오 리오니 선생님이 이 책의 이야기를 만든 저자란다. 바로 이전에 읽었던 책 『꿈틀꿈틀 자벌레』도 리오니 선생님이 쓴 것 기억하지? 리오니 선생님은 『꿈틀꿈틀 자벌레』에서도 그랬지만 이 이야기를 쓰셨고 그림도 그리셨어."
주인공 소개하기 이야기 문제 말하기 전이의 말	"우리는 이야기의 주인공인 작은 물고기를 책 표지(가리키며) 바로 여기에서 볼 수 있지. 그 물고기 이름이 헤엄이야." "헤엄이는 아주 용감하고 똑똑한 작은 물고기란다. 어느 날 헤엄이와 형들과 누나들이 함께 살고 있는 큰 바다에서 아주 나쁜 일이 일어났어. 이렇게 나쁜 일이 일어난 후 헤엄이는 어떻게 해야 할까를 생각해야만 했지." "이야기를 읽으면 선생님이 무슨 말을 하는지 너희가 알게 될 거야. 자, 시작하자."
파멜라 던컨 에드워드의 『Some Smug Slug』	
제목, 저자, 삽화가 이름 읽기	"오늘 읽을 새 책은 『Some Smug Slug』란다. 저자는 파멜라 던컨 에드워드이고 삽화가는 헨리 콜(Henry Cole)이야."
주인공 소개하기 이야기 문제 말하기 전이의 말	"삽화가인 콜 선생님은 이야기 속 주인공인 민달팽이를 바로 여기에 (가리키며) 아주 크게 그리셨어. 민달팽이는 껍데기가 없다는 점만 빼면 달팽이하고 비슷한데 달팽이처럼 아주 느린 동물이야. 이 이야기에는 또 다른 동물들도 나오는데 책 표지에는 보이지 않네. 우리가 이야기를 읽으면서 만날 거야." "이 이야기에서 민달팽이는 산보를 나가 언덕을 올라가다가 깜짝 놀라게 된단다. 생각하지 못했던 일이 벌어지지요." "그럼 이야기를 읽고 무슨 일이 벌어지는지 보자."

이야기를 소개하면서 교사는 책의 앞표지를 보여준다. 이때 책의 제목과 저자, 삽화가의 이름을 읽어주는데, 말소리와 글자를 하나씩 대응하면서 철자를 짚어가며 읽는다. 표지에 주인공이 그려져 있다면 표지를 보여주며 주인공을 소개한다. 뒤표지와 본문 마지막 페이지, 제목이 적혀 있는 페이지는 이야기의 문제와 주인공 또는 배경을 소개하기 위해 활용되기도 한다(McGee & Schickedanz 2007).

이야기를 소개할 때 유아들이 책에 대한 질문을(예: 예측하기 위해) 하거나 또는 책장을 처음부터 끝까지 넘기면서 삽화들만 보여주기 위해 사용되어져서는 안 된다. 이러한 것들은 유아들이 의미를 구성하기 위해 적절한 정보에 주의를 기울이는 것을 방해한다. 이런 방법을 사용하여 소개할 때의 부정적인 결과에 대한 논의는『When Bad Things Happen to Good Books』(Serafini 2011)에서 볼 수 있다.

음성, 몸짓, 눈 응시, 속도

책을 읽어주는 음성의 크기, 고저, 속도는 몸짓, 눈 응시, 표정과 더불어 단지 읽어주는 것을 넘어 의미를 전달한다. 예를 들어 앤 헌터(Ann Hunter)의『Possum and the Peeper』를 읽을 때 곰이 말하는 단어들을 아주 천천히 말하면서 두 눈을 감고 하품을 하는 것은 곰의 졸린 상태와 단어 '어렴풋하다'의 의미를 전달하도록 돕는다. 눈동자를 재빨리 굴리는 것은 무엇인가 이상한 것임을 의미한다. 곁눈질은 주인공의 마음 상태나 또는 주인공 행동의 의미를 전달할 수 있다. 마찬가지로 눈썹을 치켜뜨는 몸짓은 "난 그렇지 않은 것 같아." 또는 놀라움과 호기심을 나타낼 수도 있다(예: "저런!", 또는 "어떻게 저런 일이?).

14 꿈틀꿈틀 자벌레, 레오 리오니 글 · 그림, 이경혜 옮김, 파랑새어린이, 2003.

15 으뜸 헤엄이, 레오 리오니 글 · 그림, 이명희 옮김, 마루벌, 2008.

의미는 또 적절한 억양으로 대화를 읽어줌으로써 전달된다. 예를 들어 마틴 와델(Martin Waddell)의 『옛날에 오리 한 마리가 살았는데 Farmer Duck』[16] 이야기에서, 농부는 열심히 일하는 오리에게 언제나 "일은 잘 하고 있니?"라고 묻는다. 오리는 처음부터 끝까지 "꽥."이라고 대답하는데, 피로가 커지면서 그 소리에는 열정과 힘이 점점 없어진다. 곤경에 빠진 오리를 구하기 위해 농장의 동물 친구들은 농부를 침대에서 억지로 일으켜 쫓아버린다. 이것을 모르는 오리가 돌아오는 동물 친구들을 만나 "꽥."이라고 말한다. 이때 끝을 올리면서 적절한 억양으로 읽어주면 이번에는 오리가 상황에 대하여 묻고 있음을 나타낼 수 있다. 이야기 전체를 통해 사용된 "꽥."과 마지막 부분에 사용된 "꽥?"을 다른 억양으로 읽어줌으로써 다른 의미를 전달한다.

삽화 참조하기

이야기 그림책에서 텍스트와 삽화는 함께 의미를 전달하기 때문에 교사는 종종 삽화를 참조하게 된다. 예를 들면, 레오 리오니의 『으뜸 헤엄이』[17]를 읽어줄 때, "바다 속 한 구석에 한편에 작은 물고기들이 떼를 지어 행복하게 살고 있었습니니다. 모두 빨간색 물고기들이었죠. 그 가운데 한 마리만이 홍합 껍질처럼 새까만 색이었습니다."(p. 2)라는 텍스트를 유아들이 이해하도록 돕기 위해 교사는 빨간색 물고기 사이에 있는 작은 검정 물고기 그림을 손가락으로 가리킨다.

이와 유사하게 『Some Smut Slug』의 28쪽에 두꺼비 입 근처에 있는 민달팽이 그림을 손으로 가리키면, 다음 쪽(p. 29)에서 두꺼비가 자기 입술을 핥고 있는 그림을 볼 때 거기서 무슨 일이 생겼는지와 관련된 정

16 옛날에 오리 한 마리가 살았는데, 마틴 와델 글, 헬렌 옥센베리 그림, 임봉경 옮김, 시공주니어, 2001.
17 으뜸 헤엄이, 레오 리오니 글 · 그림, 이명희 옮김, 마루벌, 2008.

보에 유아들이 주목하도록 한다. 이야기의 마지막 쪽에서 교사는 "여기서 민달팽이는 어디에도 보이지 않네, 그렇지만 두꺼비는 자기 입술을 핥고 있어. 이런. 민달팽이한테 무슨 일이 생겼는지 알겠니?"라고 말하면서 두꺼비의 혀를 가리킬 수 있다(이와 같은 질문은 이야기에 대한 토론을 유도한다).

손가락으로 가리키기는 텍스트에는 언급되어 있지만 그림은 없는 행위를 알리도록 돕는다. 예를 들면, 에즈라 잭 키츠의 『휘파람을 불어요』[18]의 텍스트에는 피터가 자기 그림자에서 펄쩍 뛰었지만 발이 땅에 닿는 순간 다시 찰싹 달라붙었다고 적혀 있다. 그러나 삽화는 피터가 그림자 위 허공에 머물고 있고 아직 발이 땅에 닿지 않고 있음을 보여준다. 교사의 손가락은 허공에 떠 있는 피터를 움직여 피터의 그림자로 내려오도록 움직여서 동작을 나타낼 수 있다.

시각적 문해(visual literacy)에 대한 연구는 유아들이 의미를 끌어내기 위해 다양한 종류의 삽화를 해석하는 방법을 탐색하였다(Duke et al. 2010). 그러나 시각적 "문해"(literacy)는 순수하게 "시각적"이지 않다. 왜냐하면 그것은 배경지식과 텍스트의 정보에 대한 주의와 추론을 필요로 하기 때문이다(Schickedanz & Collins 2012). 따라서 유아들이 스토리를 이해하도록 도울 때, 성인은 삽화에 그려진 내용과 방법뿐만 아니라 삽화를 해석하고 활용하는 방법을 설명해야 한다.

놀라운 것은 아니지만, 유아들은 종종 이야기 그림책의 삽화들을 오해하기도 한다. 그 이유는 삽화가 세상에 대한 현실적인 표상이 아니라 창작임을 이해하지 못하기 때문이기도 하며, 또 중요한 삽화의 세부 묘사를 고려하지 않고 너무 빨리 자신의 개인적 경험을 적용하기 때문이기도 하다. 결과적으로 유아들은 자신의 경험을 종종 잘못 적용한다. 유

18 휘파람을 불어요, 에즈라 잭 키츠 글 · 그림, 김희순 옮김, 시공주니어, 1999.

아들이 이야기를 오해하는 다양한 원인들을 알아야 교사는 그에 대해 적절하게 반응할 수 있을 것이다(박스 3-3 참조).

이야기 이해 돕기(comprehension asides)

이야기를 읽는 동안 교사가 하는 코멘트는 등장인물들의 감정 상태를 명확히 해주고 삽화를 설명하거나 또는 다양한 인물들이 알고 있고 모르는 것들에 대해 알려준다. 이러한 교사의 도움은 중요한 정보에 대해 유아의 주의를 집중시킬 뿐 아니라 정보를 활용하여 추리하는 방법을 시범 삼아 보여주기도 한다. 예를 들어, 『피터의 의자』[19]에서 피터의 엄마는 쌓기로 만든 것을 윌리가 무너뜨렸다는 사실을 모른다. 여기서 유아가 이 상황을 이해하도록 돕는 교사의 모습을 살펴보도록 한다.

교사: 피터의 엄마는 다른 방에 있어요(즉, 삽화—어머니가 보이지 않음—가 나타내는 정보를 활용하여 추론한다).

교사: 피터 엄마는 피터가 쌓기를 무너뜨렸다고 생각했어요. 피터가 얼마나 화가 났을까요. 피터 얼굴을 좀 보세요(즉, 감정을 분명히 하고 추론을 위해 활용한 정보를 알려준다).

교사: 피터는 아마도 아기를 생각했을 거예요(예: 주인공의 지식을 추론). 그리고 조용히 하려고 애썼을 거예요(예: 주인공의 의도를 추론). 그러나 엄마는 그것을 몰랐어요(예: 주인공의 지식을 추론).

이야기에 대한 유아의 이해는 "왜 그런지 아는 사람?" 하는 질문을 통해 발달되는 만큼 보고 배우는 연습을 통해서도 발달된다. 이는 유아들

19 피터의 의자, 에즈라 잭 키츠 글 · 그림, 이진영 옮김, 시공주니어, 2007.

박스 3-3

이야기 오해와 성인의 반응

유아들이 처음 들은 이야기를 상당히 잘 이해한다고 생각할지 모르지만, 유아들이 하는 코멘트는 종종 그렇지 않음을 보여준다. 오해가 생길 때 성인들은 각 의미를 명료화하고 유아들이 적절한 정보를 활용하도록 돕는 기회를 얻게 된다.

로즈마리 웰즈(Rosemary Wells)의 『새 옷을 샀어요Max's Dragon Shirt』[20]를 두 번째 읽을 때 발생한 첫 번째 사례에서, 교사는 등장인물 중 하나를 이해하지 못하는 유아들이 있음을 발견한다.

텍스트를 읽기 전에 교사는 2마리 토끼를 가리킨다.

교사: 여기에 누가 있니?

유아들: 맥스와 루비요.

해나: 루비는 맥스 엄마예요.

교사: 루비는 맥스 엄마니? 아니면 누나니?

유아들(3~4명): 엄마요.

유아들(나머지): 누나요.

교사: 선생님 생각엔 책 안에 답이 있는 것 같아.

교사: (1쪽을 읽는다) "맥스는 그 무엇보다 자기의 낡은 푸른색 바지를 좋아했어요. 그런데 누나 루비는 '그 바지는 정말 싫어.'라고 말했어요."

이 책에서 루비는 맥스의 엄마처럼 행동한다(즉, 새 바지를 사기 위해 백화점에 맥스를 데려가기도 하고 어른이 여행 갈 때처럼 옷을 입기도 함). 토끼들의 엄마는 책이 삽화에 전혀 등장하지 않으며 텍스트에도 직접 등장하지 않는다. 따라서 유아들은 엄마 토끼에 대한 뚜렷한 묘사를 접하지 못한다. 더욱이 루비의 존재는 한 번만, 그것도 간접적으로 제시된다(예: 한 문장의 끝에서 화자가 "누나 루비가 말했어요."라고 덧붙이

이 대체로 답을 잘 모르기 때문이다. 아기들도 주변에서 일어나는 것들을 관찰하고 사람들이 말하고 행하는 것을 들으면서 학습한다(Beals 2001; Gola 2012; Horner 2004). 유아들은 교사의 코멘트와 설명을 포함하여 다른 사람들이 말하는 것을 경청함으로써 많은 것을 학습한다(Mills et al. 2012).

기만 함).

교사는 유아들을 중요한 정보로 직접 이끈다. 유아들은 첫 번째 읽기에서 텍스트를 들었지만, 그들이 놓친 세부적 내용들도 분명히 있기 마련이다. 유아들은 다른 삽화나 또는 텍스트에서 눈에 띄는 부분, 여기서는 루비가 맥스에게 바지가 "정말 싫어."라고 말하는 부분에 주의를 기울일 수 있다.

두 번째 사례는 자넷 모르간 스토케(Janet Morgan Stoeke)의 『A Hat for Minerva Louise』를 4번째 읽어주는 동안에 일어난 것으로, 유아들의 오해는 아마도 교사의 행동과 삽화의 디자인에서부터 비롯된 것으로 보인다.

교사: "친구들은 그것을 좋아하지 않았어요. 하나 _______?" (2쪽의 문장 끝에서 잠시 멈춘다).

유아들: (3~4명이 동시에 말한다) 둘! 셋! 넷!

교사: "하나도!" (2쪽에 적힌 단어를 읽는다).

교사가 읽기를 중단했을 때 이에 대한 반응으로 유아들은 친숙한 숫자 세기를 했는데, 이는 이야기에 대한 유아들의 이해가 부족하고 그 페이지에 적힌 텍스트의 의미("미네르바 루이스는 눈 오는 아침을 좋아했습니다.")를 다음 페이지의 의미와 관련짓지 못하고 있음을 보여준다. 더욱이 암탉들 중에는 잠을 자고 있거나, 날갯죽지에 고개를 파묻고 있거나, 또는 미네르바 루이즈가 나가는 것을 지켜보고 있는 닭들도 그려져 있는 세부 묘사는 별로 두드러지지 않은 대신, 삽화의 많은 그림들이 더욱 두드러져 보인다.

이 사례에서는 "친구들은 그것을 좋아하지 않았어요. 하나도."라고 텍스트의 문장을 끝까지 읽어주고, "하나도"에 대해 간단하게 설명해주는 것이 더 현명한 방법이었을 것이다. 그러고 난 후 교사는 "다른 암탉들은 눈 오는 날을 전혀 좋아하지 않았어. 조금도 좋아하지 않았대요."라고 말해줌으로써 암탉들의 결정의 결과에 집중했을 수 있다. 그러면 교사는 "미네르바 루이즈가 눈을 즐기러 밖으로 나간 동안 다른 암탉들은 하루 종일 무엇을 했을까?"라고 질문함으로써 암탉들이 어디에 있는지(즉, 집 안에, 날갯죽지에 고개를 파묻고)에 유아들이 집중하도록 도와줄 수도 있다.

20 새 옷을 샀어요, 로즈마리 웰즈 글 · 그림, 양희진 옮김, 달리, 2006.

유아의 코멘트와 질문에 반응하기

전체 집단에게 책을 읽어줄 때 즉각 반응해줄 수 없는 경우도 가끔 있기는 하지만, 유아들의 코멘트와 질문에 대한 반응은 유아들의 독해를 돕는다. 유아의 질문을 통해 유아가 아주 중요한 내용을 놓치고 있음을 알게 되어도, 교사는 가능한 한 간단하면서도 완전하게 대답해주고 다시 읽기를 지속해야 한다. 한 아이의 질문에 대하여 유아들에게 토론을 시키면, 이야기 읽기의 중단이 너무 길어지게 되며, 특히 첫 번째 읽기 동안에 이런 긴 중단이 발생하면, 유아들이 지금까지 이해한 것을 유지하기 어렵다.

유아의 질문에 대한 답이 이야기의 후반부에 제공된다면, 교사는 "선생님 생각에는 우리가 곧 그 답을 알 수 있을 것 같아."라고 말할 수 있다. 이런 반응은 유아의 질문을 일단 인정해주면서 동시에 곧 있을 중요한 정보에 대해 주목하게 만든다. 유아의 질문에 대한 답이 바로 다음 페이지에서 나온다면, 교사는 눈을 사용하고 고개를 끄덕거림으로써 "선생님이 네 말을 경청하고 있고 이제 곧 답을 알게 될 것이야."라는 사실을 가리킨다. 그리고 그 페이지 읽기를 끝내고 즉시 다음 페이지로 넘어간다. 유아의 질문에 대한 답이 나오는 텍스트에 도달하여 그것을 읽어준 다음, 교사는 읽어준 정보를 유아가 앞에서 한 질문과 연결시키는 방식으로 코멘트해줄 수 있다.

토론 안내하기

이야기를 다 읽은 후 바람직한 토론으로 안내하는 것은 이야기를 읽는 동안 형성한 유아의 기본적인 이해를 심화시킨다. 이야기에 대한 본격적인 토론을 이야기를 다 읽은 후로 남겨두면, 이야기의 흐름을 유지하는 동시에 유아들의 주의를 중요한 정보(예: 텍스트 정보, 삽화 정보, 교사가 주는 정보)에 집중할 수 있게 한다. 이야기 읽어주기는 유아들이 토론에서 사용할 깊은 이해와 정보를 갖고 있을 때 유아들에게 더욱 즐거운 경험이 된다.

바람직한 토론은 이야기나 유아들에게 중요한 무엇인가에 집중하는 질문을 따른다. 첫 번째 읽기를 한 후 토론의 주제는 이야기의 문제와 그 결말을 탐색하는 것이 될 수 있다.

"개별적 감정"에 대한 질문들(예: "이야기에서 너는 무엇이 좋았니?" 또는 "너희에게 제일 재미있는 것은 무엇이니?")은 이야기에 대한 유아들의 이해를 심화시키는 데 별로 도움이 되지 않는다. 교사는 이야기를 읽은 후 스토리 안의 사건들과 등장인물들에 대한 추론을 자극하는 주제에 대하여 토론하기 위하여 약간의 시간을 사용할 수 있다. 개인적인 질문들 (예: 『Some Smut Slug?』에서 가장 재미있는 것은 무엇이니?")은 교사가 개별 유아와 대화를 나눌 만한 여유가 있는 식사 시간이나 일과가 끝날 때를 위해 남겨둔다.

교사는 또한 토론이 다른 곳으로 빠져버리지 않도록 주의해야 한다(표 3—2 참조). 이렇게 함으로써 이야기에 대한 토론은 유아들로 하여금 이야기 속 사건들과 등장인물들의 생각과 감정에 대하여 분석적으로 생각하도록 돕는 데 좀 더 집중할 수 있을 것이다.

토론 질문들은 2가지 유형으로 구분된다. 사실적 질문(literal questions)은 이야기의 텍스트와 삽화로부터 사실적인 정보를 찾기 위한 질문이며(예: "피터가 제일 처음에 남겨두려고 생각했던 가구는 무엇이지?") 오직 회상이라는 정신 과정만을 요구한다. 반대로 추론적 질문(inferential questions)에(예: "피터는 아기 때부터 쓰던 의자에 대하여 왜 마음을 바꾸었을까?") 대한 답은 텍스트나 삽화에 분명하게 제시되지 않는다. 따라서 추론적 질문에 대해 답하기 위해서 유아들은 텍스트와

표 3-2 토론의 함정 피하기

피해야 할 함정	이유	대안
1. 유아들에게 이야기를 다시 말해보라고 요청하기	이야기를 다시 말하는 것은 분석적인 사고나 추론이 아닌 이야기 사건과 등장인물에 대한 단순한 기억을 묻는 것이다. 다시 말하기는 토론을 구성하지 않는다.	추론적 질문에 답하기 위해 이야기의 사건들을 분석하고 종합할 때 필요한 사실들을 구축하는 수단으로 특정 사건들과 사실적 질문을 활용한다.
2. 이야기 토론을 위해 말하려고 생각했었던 것을 잊기	주의 깊게 계획한 토론을 실행할 기회를 놓친다.	포스트잇에 질문거리를 적어놓고, 유아들과 토론할 때 자연스럽게 질문하도록 기억할 때까지 그것을 책 표지에 붙여 놓는다.
3. 곁길로 새는 유아의 코멘트가 토론의 방향을 바꾸게 내버려두기(예: "나도 눈 오는 날에 놀았어요. ……그리고 내 신발 속에 눈이 들어와 젖었어요.")	이러한 개인적 경험에 대한 유아의 코멘트는 종종 교사가 "복도 반대쪽에 있는 피터와 친구들은 눈 오는 날 바깥에 나가 무엇을 할 것이라고 생각하니?"와 같이 유아들에게 유익한 토론 질문을 하지 못하게 방해한다.	유아의 반응을 재구성하여 당신이 하고자 하는 질문을 한다(예: "그랬니? 발이 시렸겠구나. 그렇지만 우린 지금 피터와 친구들이 눈 속에서 무엇을 했을지를 생각하기로 했는데. 너는 어떻게 생각하는지 말해줄 수 있니?")
4. 토론에 낮은 수준(즉 사실적인)의 질문하기(예: "그래서 무슨 일이 생겼지?")	사실적 질문은 유아들이 원인과 결과에 대해 추론하거나 주인공의 동기를 고려하거나 또는 예측할 것을 요구하지 않는다. 그러나 유아들이 이런 식으로 생각하는 것을 배우지 않는 한, 그들은 이야기를 아주 잘 이해하지 못한다.	"눈 속에서 놀고 난 다음 피터는 눈에 대해 무엇을 배웠을까?"와 같이 어떤 것을 검토하게 하는 질문과 진술을 포함하는 토론을 한다. 유아들이 질문에 대해 깊이 생각하게 돕는 사례들을 텍스트에서 찾아 사용한다.
5. 토론 시간을 '질의응답' 시간으로 사용하기	그것은 마치 훈련 같고 수행 중심적인 것으로 느껴진다. 토론의 목적은 단지 유아들이 지식을 드러내고 수행하게 하는 것만이 아니라 논리적으로 생각하고 유추하는 방법을 배우도록 격려하는 것이다.	토론을 대화처럼 실행한다. 당신의 코멘트 사이사이에 핵심적인 질문들을 산재시키고 요점과 관련된 간결한 사건들을 덧붙인다. 유아들의 말을 명료화하고 유아의 코멘트가 왜 요점과 관련 있거나 없는지 이유를 설명해준다.
6. 이야기를 개인적 경험과 연결시키라고 요구하기	이런 질문은 유아들이 더 깊은 이해에 도달하고자 할 때 토론해야 할 필요가 있는 이야기의 내용에서 멀어지게 한다.	몇 차례의 토론을 통해 유아들의 기본적인 내용의 이해가 확고해지고 텍스트와 자신의 생활을 연결시킬 수 있게 된 이후로 개인적 경험에 대한 설명을 미룬다. "너희 …해봤니?" 같은 질문이 아니라 생각을 필요로 하는 질문을 한다(예: "너희가 눈사람을 만든다면 어떤 것을 더할 것 같니?").
7. "그거에 대하여 조금 더 말해볼래?"와 같이 일반적인 개방 질문에 의존하기	토론의 목적은 단지 유아들이 말하게 하는 것은 아니다. 토론의 목적을 달성하려면, 교사는 생각해볼 만한 적절한 정보를 주거나 상당히 구체적인 질문을 통해 유아를 비계설정해야 한다. 만일 유아가 질문에 대한 반응은 아주 적고 말할 것이 더 많거나, 또는 증거를 제공해야 한다면, 매우 구체적인 후속 질문들이 필요하다.	유아들이 이해할 필요가 있는 정보를 제공하는 정교한 질문들을 준비한다. 유아의 질문에 답할 때에는 유아들의 생각에 대해 당신이 이해한 바를 가리키는 구체적인 언어를 사용하거나 또는 분명하게 말해줄 것을 요구한다(예: "너는 피퍼의 목구멍이 왜 풍선처럼 부풀었는지 묻고 있는 거니?").

8. 유아들에게 정답을 말해주기	유아들은 텍스트와 삽화에서 정보를 구하고, 혼동을 없애기 위해 추론하는 것을 배워야 한다. 만일 근거를 제시하지 않거나 추론할 때 근거를 어떻게 사용했는지를 보여주지 않은 채 올바른 정보를 제공한다면, 유아들은 정보의 근거를 사용하는 방법이나 정보에 대해 추론하는 방법을 학습하지 못할 것이다.	삽화, 텍스트, 또 당신이 이미 알고 있다고 생각하는 것(즉, 사전 지식) 등 유용한 정보의 근거에 유아들이 주의를 기울이도록 한다. 생각하는 시범을 보인다. 또 몇몇 정보들이 고려되지 않았기 때문에, 유아들의 생각이 옳은 것처럼 보이지만 실제로는 그렇지 않다는 사실을 설명한다.

삽화의 정보를 통합하고 추론해야 하며 배경지식을 활용해야 한다.

유아들은 이야기를 두세 번 듣고 난 후 사실에 대한 정보를 상당히 잘 습득한다. 반면, 성인의 도움이 없이는 추론을 필요로 하는 이해를 획득하지 못한다(Collins 2004; van Kleeck, Vander Woude, & Hammett 2006). 따라서 사실적 질문이 아닌 추론적 질문에 소중한 이야기 시간을 사용하는 것이 가장 좋을 것이다.

그러나 때로는 추론적 질문에 답할 수 있기 전에 이야기의 여러 부분들이 제시하는 특정 정보(즉, 글자 그대로의 사실)를 유아들이 주목하고 회상하는 데 도움이 필요한 경우도 있다. 따라서 사실적 질문을 하는 궁극적 목적이 유아들이 추론을 끌어내도록 돕는 것이라면 이야기 시간 토론에서 사실적 질문을 해야 할 것이다(박스 3-4 참조).

어휘 발달 돕기

유아들은 이야기를 단지 몇 번 듣기만 해도 몇 가지 새로운 어휘의 의미를 습득한다. 그러나 새로운 단어들의 의미 습득은 교사가 각 이야기에 포함된 핵심적인 어휘를 찾아 이 단어에 맞는 특정 전략을 활용하여 이야기를 읽어줄 때 증진될 수 있다(Biemiller & Boote 2006; Bus, van IJzendoorn, & Pellegrini 1995; Scarborough & Dobrich 1994).

박스 3-4

사실적 질문의 전략적 활용: 피터의 의자

이 사례에서 교사는 추론적 질문에 답하기 위해 필요한 이야기 정보에 유아들이 주의를 집중하도록 돕는 질문을 활용하고 있다.

교사: (마지막 책장을 읽은 후) 피터는 수지가 왜 자기의 작은 파란색 의자를 가져야 한다고 생각했을까? (19쪽을 보여주며) 피터가 그 의자에 앉으려 했을 때 의자에 대해 무엇을 발견했지?

유아 1: 의자가 맞지 않았어요.

유아 2: 너무 작았어요.

유아 3: 피터가 너무 컸어요.

교사: 그래, 피터는 작은 의자가 더 이상 자기의 몸에 맞지 않는다는 것을 알았어요. 내 생각에는 아마도 피터가 한동안 자기 의자에 앉지 않았었던 것 같아. 왜냐하면 자기가 앉을 수 있다고 생각했던 것처럼 의자에 앉으려고 했기 때문이지. 아마 피터는 의자를 자기에게 맞추는 것에 관심이 없었나 봐요. 이제는 의자가 너무 작다는 것을 알았겠지. (20쪽을 보여주며) 여기서 피터의 엄마는 피터에게 뭐라고 말했지?

유아 1: 지금 점심 식사를 해야겠구나. 집으로 돌아와라.

유아 2: 엄마는 피터를 위해 특별한 점심식사를 준비했다고 말했어요.

교사: 맞아. 그리고 엄마는 피터에게 아주 친절하게 말했었지? 피터 엄마는 "우리 피터야"라고 불렀어. 사람들은 사랑하는 사람에게 그렇게 말하지. 아마도 피터는 엄마가 자기에게 친절하게 말하는 것을 알았을 거야. 여기서 (피터의 얼굴을 가리키며) 피터는 아주 깊게 생각하는 것처럼 보이지 않니? 너희는 피터가 무엇을 생각하고 있는 것 같니?

주요 단어 찾기

첫 번째 단계는 각 이야기에 나오는 정교한 단어들로서, 일상적인 대화에서 사용되는 단어가 아닌 단어들을 찾아 선정하는 것이다(Dickinson & Porche 2011; Weizman & Snow 2001). 벡, 메키언과 쿠칸(Beck, McKeown, & Kucan)(2002)이 이러한 단어 선정을 위해 제시한 수준

유아 1: 피터는 의자에 앉을 수가 없어서 슬퍼요.

유아 2: 피터는 더 이상 그걸 원하지 않아요. 왜냐면…… 음, 왜냐면 원하지 않으니까요.

유아 3: 피터는 아기에게 그걸 주려고 해요.

교사: 피터는 슬플지 모르지만 어쩌면 슬프지 않을지도 몰라. 피터는 자기의 작은 의자가 결국 더 이상 필요하지 않다고 생각하고 있을지도 모르지. 왜냐하면 거기에 앉을 수 없고 아기 여동생에게 주려고 생각하고 있으니까.

교사: (25쪽을 보여주며) 여기서 피터가 앉아 있던 것은 무슨 의자였는지 너희 기억하니?

유아 1: 큰 의자요!

교사: 맞아요. 피터는 이제 큰 아이가 되었으니까 어른 의자에 앉았어. 피터의 얼굴을 (손으로 가리키며) 보세요. 그리고 피터가 그 의자에서 내내 어떻게 앉아 있었는지 보세요. 또 피터 아빠의 팔(피터를 감싸고 있는 팔을 가리키며)을 보세요. 피터는 여기서 아빠가 아직도 자기를 사랑하고 있다는 것을 깨달았을 거야. 피터가 또 무엇을 생각하고 있었을까?

유아 1: 자기 의자?

유아 2: 의자를 물감칠 하고 싶었어요. 그래서 그걸 물어봐야 했어요.

교사: 그래. 피터는 아마 자기 의자에 대해 생각하고 있었을 거야 그리고 아빠에게 의자를 물감칠 할 수 있을지를 물어보려고 했어.

유아 1: "이거 물감칠 해도 돼요?"라고 말했어요.

교사: 맞아. 그는 도와주려고 했고 "우리 수지를 위해 물감칠 하자."고 말했어요.

교사: (요약하면서) 그래서 피터는 의자를 가지고 있으려던 마음을 바꾸었지. 의자가 더 이상 자기 몸에 맞지 않는다는 것을 깨달았기 때문이지요. 또 부모님이 피터에게 아주 친절했고 관심을 기울이자 피터는 의자가 어떻게 될지를 생각하고는 기분이 좀 좋아졌기 때문일지도 몰라.

(tiered system)을 교사들은 사용할 수 있다. 수준 1(Tier 1)에는 유아들이 거의 매일 들을 수 있는 단어들을 포함한다(예: 자동차, 걷기, 빨강, 강아지). 이에 비해 수준 2(Tier 2) 단어들(예: 근면하다, 운송 수단, 반성)은 일상적 단어들보다 흔히 사용되지는 않지만 유아기와 그 이후에 텍스트 이해를 위해 더 중요하다. 수준 2 단어들은 많은 주제나 교과 영역에서(예: 과학, 수학, 사회) 활용되며 알고 있으면 특히 유용하다. 벡, 메키언,

쿠칸(Beck, McKeown, & Kucan)은 교사가 이야기 읽기를 하면서 도움을 주기 위해서는 주로 수준 2 단어들을 선정할 것을 제안한다[단어 선정에 대한 상세한 논의는 네이지와 히버트(Nagy & Hiebert 2011) 참조].

물론 그림책에 수준 2 단어들이 너무 많을 경우에는, 유아가 모르면 이야기를 이해하는 데 어려움이 생길 우려가 큰 단어들을 선정한다. 예를 들어 봄에 겨울잠에서 깨어난 동물들에 대한 이야기인 『Possum and Peeper』에서는 '왁자지껄 떠들다'(clamor), '볏', '목덜미'(crest), '은신처'(burrows), '명예롭다'(glorious), '엿듣다'(overheard), '얼룩'(speck), '선언하다'(proclaimed), '부인하다'(deny), '습지'(swamp), '갈대'(reeds), '연못'(pond), '소음'(din), '사향뒤쥐'(muskrat), '불평하다'(grumbling) 같은 단어들이 사용되고 있다. 이들 중, 교사는 반드시 학습되어야 할 단어로 '소음'(din), '왁자지껄 떠들다'(clamor), '갈대'(reeds), '엿듣다'(overheard), '선언하다'(proclaimed), '부인하다'(deny), '불평하다'(grumbling)를 선정할 수 있다.

마지막으로 교사는 이야기 텍스트에 정교한 단어들이 사용되지 않았을 때, 이야기 이해를 위한 보조물(asides)로 정교한 단어들을 포함시켜야 할지를 정한다. 예를 들어 『휘파람을 불어요』[21]에서 피터는 너무 빨리 돌았기 때문에 소켓에서 신호등 불빛이 움직여 나오는 것처럼 보였다. 본문에는 피터의 정신 상태를 나타내기 위해 '어지럽다'(dizzy)는 단어를 사용하지 않았지만, 교사는 이 단어를 사용하여 상황을 설명할 수 있는 것이다. 이와 유사하게 폴 갤돈(Paul Galdone)의 『Henny Penny』을 읽는다면 교사는 비록 본문에는 '교활하다'(sly), '비열하다'(sneaky), '잘 속다'(gullible) 등의 단어가 나오지 않지만 이 단어들을 보조적으로 활용할 수 있다. 예를 들어 교사는 "이 새들 중 아무도 헤니 페니에게 왜 하

21 휘파람을 불어요, 에즈라 잭 키츠 글 · 그림, 김희순 옮김, 시공주니어, 1999.

늘이 무너진다고 생각하는지를 물어보지 않았다는 것이 너무 놀랍구나. 이 새들은 잘 속는(gullible) 것 같아. 나는 자기가 무엇을 말하고 있는지를 알았으면 해."라고 할 수 있다.

삽화, 설명, 몸짓, 음성 활용하기

그림책의 삽화들을 손가락으로 가리키는 것은 유아들이 주요 단어, 특히 명사(예: 헛간의 앞마당, 숲, 의상실, 천둥, 번갯불)의 의미를 학습하는 데 도움이 된다(Collins 2010; Elley 1989). 만일 이름이 불린 대상이 주변 물리적 환경에 있거나 또는 책의 삽화로 가리켜진다면 오직 한두 번만으로도, 신속 대응 표상(fast mapping, Carey 1978)이라고 하는 과정을 통해, 어린 유아들은 새로운 단어의 의미를 그것의 참조물(즉, 단어가 가리키는 실제의 대상)과 연결시킨다.

새 단어에 대해 학습해야 할 내용이 여전히 많다 하더라도(Justice, Meier, & Walpole 2005), 신속 대응 표상은 유아들이 많은 단어를 습득하는 데 신속한 출발을 가능하게 한다. 교사는 후속적인 책 읽기와 그 밖의 추후 활동을 통해 유아의 단어 학습을 확실하게 도와야 한다(Wasik & Bond 2001, 4장 참조).

교사는 보통 그림책을 읽으면서 단어가 나오는 것과 거의 동시에 단어의 삽화를 가리키지만, 단어가 긴 문장의 중간에 나오거나, 또는 삽화를 가리키는 것이 유려한 책 읽기를 방해한다고 교사가 생각한다면 꼭 그래야 할 필요는 없다. 만일 교사가 그림책을 읽으면서 텍스트에 나오는 주요 단어를 가리키는 것이 주의를 산만하게 한다고 생각한다면 문장을 읽어주다가 잠시 멈추고 "바로 여기에 잔디밭의 가장자리를 가리키는 단어, 울타리(hedge)가 있구나."라고 말하면서 삽화에서 울타리를 가리킬 수도 있다. 이런 방법은 잠시 읽기를 중단하게 하지만 어색하게 읽기를 이어가거나 유려한 표현 또는 억양을 잃어버리는 것보다는 낫다. 왜냐하면 아주 적절한 시점에서 가리키는 것에 주의가 모아지기 때문이다. 교사가 만일 그림책의 이 부분에서 의미를 이해시키려는 계획을 세웠다면 적절한 삽화를 가리킨다거나 교사의 설명에 핵심적인 용어를 사용할 수 있다.

특별히 동사인 경우에는 의미를 나타내는 제스처가 유용하다. 예를 들어, 교사는 '흡입하다'(inhale)의 의미를 전하기 위해 의도적으로 숨을 깊이 들이마시는 시범을 보여줄 수 있다. 의자에 앉아서 보여줄 수 있는 것으로만 제스처를 제한하면 이야기 읽기에서 주의가 벗어나지 않게 한다. 예를 들어 교사는 '돌진한다'(dashing)를 보여주기 위해 자리에서 일어나지 않고도 손짓으로만 아주 빠른 동작을 가리킬 수도 있다.

의성어(Onomatopeoia)—단어의 의미를 전달하기 위해 소리/발음을 사용하기—는 '엿보다'(peep)와 같이 높은 음조로 끊어 읽는 단어를 위해서는 완벽한 전략이다. 그밖의 다른 단어들[예: '중얼거리다'(murmur), '으르렁거리다'(snarl), '우물우물 씹다'(mumble), '속삭이다'(whisper), '낑낑거리다'(whine), '푹푹 내뿜다'(sputter)]도 역시 의성어 표현이 가능하다. 동의어(예: "쌀쌀하다는 냉정한 것을 의미한다.") 또는 간단한 정의(예: "소음은 시끄러운 소리를 의미한다.") 역시 어휘 발달을 돕는다. 동의어는 그림책을 읽는 도중에 포함될 수도 있다[예: 짐 아노스키(Jim Arnosky)의 『토끼와 빗방울Rabbits and Raindrops』[22] 14쪽에 "아기 토끼들이 비를 맞으면[23] 금방 감기에 걸리지요."(Baby rabbits can become soaked —very wet—and catch cold)]. 그러나 단어에 대한 긴 설명(예: '젖다'란 토끼의 털이 아주 많이 젖는 것을 말한다)은 특히 영어를 제2

22 토끼와 빗방울, 짐 아노스키 글 · 그림, 김희정 옮김, 킨더랜드, 2005.

23 원본 텍스트에는 'soaked'라는 단어에 대해 동의어인 'very wet'이 부연되어 있지만 번역본에는 '비를 맞으면'의 동의어가 제시되어 있지 않다 – 옮긴이.

언어로 배우고 있는 유아들에게 전체 문장의 의미 이해를 어렵게 할지도 모른다. 단어 '젖다'에 대한 아주 간단한 설명과(예: 흠뻑 젖는 것) 함께 텍스트에 나오는 대로 문장을 그대로 읽어주거나 또는 좀 더 자세한 설명이 필요하다면 문장을 끝까지 읽은 후에 "'젖다'란 단어는 아기 토끼의 털이 아주 많이 젖는 것을 의미한다."라고 덧붙인다.

물론, 설명하기 어려운 단어일 때 교사는 차라리 말로 설명하지 않는 것이 좋다. 예를 들면, 『토끼와 빗방울』[24]의 '울타리'에 대한 언어적 설명은 너무 장황하고 복잡하게 되기 쉽다. 이 단어의 경우 아마도 삽화에서 잔디밭의 가장자리를 가리키는 것이 가장 좋은 방법이 될 것이다.

첫 번째 읽기에서 숙련된 교사들은 맥락에서 벗어난 의미[예: '젖다'(soaked)는 어떤 것이 아주 많이 물에 젖은 것이야.]가 아닌 텍스트와 관련된[예: '젖다'(soaked)는 아기 토끼의 털이 아주 많이 젖게 되는 거야.] 언어적 설명(예: 동의어나 간단한 설명)을 활용한다. 또 '젖다'(soaked)가 무엇을 뜻하는지 유아에게 질문하라고 유아 교사들에게 권하는 전문가들(예: Christ & Wang 2012)도 있지만, 우리는 그렇게 질문하지 말라고 권고하는 문해 전문가들(Beck, McKeown, & Kucan 2002; Elley 1989)에게 동의한다.

일반적으로 교사들은 책을 처음 읽어주면서 모르는 단어가 처음 나올 때 활용할 한두 가지 전략을 계획하고 그 단어가 두 번째 나오거나 또는 토론이나 후속적으로 읽어줄 때 다른 전략을 사용할 계획을 세운다(박스 3-5 참조).

---

24 토끼와 빗방울, 짐 아노스키 글 · 그림, 김희정 옮김, 킨더랜드, 2005.

박스 3-5

그림책에서 주요 단어 이해를 돕는 질문들

1. 정교한 단어를 좀 더 쉬운 단어로 바꾸거나 아니면 단어를 단순화해야 하는가?

아니다. 정교한 단어를 그림책의 맥락과 다른 세팅에서 여러 번 반복해서 사용해라. 단어를 단순화하는 것—정교한 단어의 동의어 사용—은 그림책을 처음 읽어줄 때 정교한 단어를 설명하기 위해 사용할 수 있다. 간단한 설명(즉 유아가 이해하기 쉽도록 정의하는 것)은 후속적인 읽기에서 각각의 정교한 단어들에 대한 더 많은 정보를 주기 위해 사용될 수 있다.

문장들이 너무 길고 새로운 단어들이 많이 나오는 그림책을 처음 읽어주는 경우, 때로는 줄거리를 해치지 않은 범위에서 문장들과 구절, 단어들을 삭제함으로써 텍스트를 단순화시킬 수도 있다. 동일한 전략들이 남아있는 새로운 단어들에게도 적용된다. 두 번째 읽어줄 때 교사는 어떤 부분은 설명을 덧붙여 읽을 수 있다. 3번째나 4번째 읽기에서 원래의 텍스트대로 읽어줄 수 있다. 이 방법은 복잡하고 단어가 많이 나오는 텍스트를 유아들이 반복적인 읽기를 통해 쉽게 받아들일 수 있게 돕는다.

2. 영어 습득자(ELL)들을 위해 읽기와 단어 교수를 어떻게 맞추어야 하는가?

다른 일반 학습자들과 똑같은 질과 빈도로 단어와 토론을 제공하라. 학습을 위한 표준과 기대는 동일하다. 학습에 대한 지원은 다양할 수 있고 또 다양해야 한다.

- 단어에 대한 반복적인 경험은 특히 영어 습득자(ELL)에게 중요하다. 책에 나오는 주요 단어들을 대화할 때나 토론할 때에도 사용하라.
- 수준 1 단어들 중에도 설명해줄 필요가 있는 단어도 있다: 주요 단어들이라고 해서 반드시 수준 2 단어들에만 한정지을 필요는 없다.
- 대집단뿐만 아니라 소집단으로도 읽어준다. 소집단은 제2언어를 말하는 데 편안한 환경을 제공한다.
- 비언어적인 행동 중 몰입과 집중하는 행동(즉, 응시, 표정)을 알아차려야 한다. 새로운 언어에 접하는 첫 몇 달 동안 침묵하는 시기를 보이는 것은 흔한 현상이지만(Tabor 2008), 나이가 어린 ELL 유아들이 제2언어(영어)를 아직 제대로 말하지 못한다 해도 수용 언어는 점진적으로 발달하고 있는 것이다.
- 모든 유아들을 위해 그렇게 하듯, 단어를 분명하게 발음한다.
- 이야기에 대해 토론할 때, 질문이 아닌 언어 사용을 단순화한다. 예를 들어, "헨리는 왜 얼굴을 찡그렸을까?"라는 문장을 "헨리는 얼굴을 찡그렸네. 왜?"라고 바꾸어라. 질문을 한두 번 반복하는 것은 모든 아동들에게, 특히 ELL 아동들에게 중요하다.
- 유아가 하는 말을 다정하게 수용하고 해석하며 단어를 정확한 발음으로 반복한다(예: "그래, 바로 고슴도치구나. 저 가시들 좀 봐.").

- 이야기에 대해 토론할 때, 유아의 반응을 확장하고 수정해서 다시 말한다. 유아가 "헨리는 그거 싫어요. 헨리 초콜렛이요."(Henry not like it. He chocolate.)라고 말한다면 교사는 "그래 헨리는 초콜릿맛을 더 좋아하기 때문에 바닐라맛을 원하지 않았구나."라고 말할 수 있다.
- 그림책들이 유아의 가정어로 번역될 수 있거나 또는 부모가 영어로 잘 읽어줄 수 있다면 그림책을 집에서 읽고 토론할 수 있도록 유아의 집으로 보낸다(Roberts 2008). 손위 형제가 유아기 동생에게 책을 읽어줄 수도 있고 그런 경험을 통해 혜택을 받을 수 있음을 기억하라.
- 이야기책 읽기를 언어를 사용할 주된 기회로 생각하는 것을 경계하라. 이것은 독해 중시 태도를 손상시킨다. 이것의 위험 신호는 다음과 같은 것들을 포함한다: (1) 예측 가능한 텍스트만 읽는 것. 이는 다양한 언어 구조와 어휘에 대한 노출을 제한하며 충분한 이해 없는 모방만 하게 한다. (2) 추론적 사고를 지원하지 않은 채 사물의 이름만을 말하게 하는 낮은 차원의 자극(예: "이거 뭐지?").

3. 그림책 읽기를 시작하기 전에 주요 핵심적 단어들을 유아들에게 제시해야 하는가?

단어들을 그림책의 맥락 밖에서 미리 가르치는 것은 지시적인 교수로 귀결된다. 그보다는 이야기를 잘 도입하는 것이 더욱 중요하다. 유아들에게 처음 그림책을 읽어주기 전에 텍스트를 읽지는 않고 한 쪽씩 넘기면서 삽화를 보여주며 각각의 그림에 대해 이야기하는 것(picture walks) 역시 삽화를 문자 맥락 밖으로 끌어내는 것으로 유아들의 관심을 중요한 세부 내용들이 펼쳐지는 순서에만 집중시킬 수도 있다. 'picture walks'는 또 긴장감과 흥미를 파괴함으로써 유아의 관심을 감소시킬 수 있다. 이렇게 말하고 또 말하고 질문하고 또 질문하며 질질 끄는 동안 유아들은 이야기를 듣고 싶어 안달하게 될 수도 있다. 그림책 읽기를 하는 동안 단어와 독해에 대해 교사가 전략적일 때 이야기 시간은 아주 즐거운 경험이 될 수 있다.

4. 유아들에게 단어의 뜻을 말해보라고 요청해야 하는가?

아니다. 유아들에게 단어의 뜻을 물어보려면 그림책 읽기를 완전히 중단하고 긴 휴지기가 요구된다. 이것은 끔찍하게 비효율적이다. 왜냐하면 또래가 부정확하게 말한 2~3가지의 뜻을 들은 다음에 교사가 제공한 정확한 설명을 유아들은 쉽사리 사용하지 못하기 때문이다. 인지과학 용어로, 유아들은 새로운 정보에 주의를 기울이는 정신적 파일을 아주 잘 삭제하거나 수정하지 않는다. 게다가 친절하고 다정한 교사들이 유아들의 모든 대답을 인정해주고(예: "그래. 네 생각을 말해줘서 고맙다. 또 다른 친구?") 바로 그 다음에 그 모든 답과 어긋나는 하나의 의미를 제공해줄 때 유아들은 혼동한다.

유아들의 연령이 증가하면서 정신적 유연성이 증가하고 지식의 조직적 체계도 발달된다(예: 유아들은 뿌리, 줄기, 잎, 봉오리, 꽃들은 모두 식물의 일부이기 때문에 서로 관련이 있음을 깨닫는다). 이처럼 새로운 인지적 능력과 더불어 유아들은 유입되는 정보를 솎아내기 시작하고(Willingham 2009) 그들이 듣는 단어의 의미를 판단하게 된다. 그러나 유아들은 이제 막 조직화된 지식의 체계를 습득하기 시작하는 것이다.

마지막 문제는 단어의 의미를 물어보는 것이 이야기 읽기의 초점을 좌우하게 된다는 것이다. 물론 어휘는 이야기 이해를 위해 매우 중요하지만 배경지식과 이야기의 정보를 통합하고 추론하기를 학습하는 것 역시 매우 중요하다. 어휘가 다양한 맥락에서 학습될 수 있고 학습되어야 하는 반면, 이야기 이해를 위해 이들을 활용하는 것은 읽기 도중에 학습되어야 한다(Nage & Townsend 2012; Schickedanz & Collins 2012; Schickedanz & McGee 2010).

유아들에게 단어를 접하게 하는 다른 기회들

유아들의 단어 학습을 위해서는 같은 단어를 반복적으로 경험하는 것이 도움이 된다(Elley 1989; Karweit & Wasik 1996; Nage & Townsend 2012; Senechal 1997). 그림책을 처음 읽어줄 때 텍스트에 나오는 단어를 경험하는데, 이 이외에도 교사는 이야기 이해를 위한 보조물로 그 단어를 사용할 수 있고 [예: "토끼털이 완전히 젖어서(soaked) 여기가 더 어두워 보이네."], 또 이야기에 대해 토의하면서 그 단어를 사용할 수 있다[예: "어떤 동물들은 비에 완전히 젖어도(soaked) 괜찮은가봐. 어디 한 번 볼까?"]. 사려 깊은 교사들은 이야기에서 나중에 나오는 다른 주요 단어들을 설명할 때 그 단어를 다시 사용하기도 한다. 예를 들어 『토끼와 물방울』[25]을 읽어줄 때 울타리라는 단어가 나중에 또 나올 때 그 의미에 대한 이해를 돕기 위해 교사는 텍스트의 앞부분에서 나왔던 잔디라는 단어를 사용하여 설명하였다.

교사는 또 이야기에 대해 토론할 때 이야기 텍스트와 이야기 이해를 돕기 위한 자료에서 나오는 단어들을 다시 활용할 수 있다. 예를 들면,

25 토끼와 물방울, 짐 아노스키 글 · 그림, 김희정 옮김, 킨더랜드, 2005.

헤니 페니(Henny Penny)에 대하여 토론하면서 교사는 '교활하다' (sly) 또는 '잘 속다'(gullible)란 단어를 다시 사용하는 방법을 찾을 수 있을 것이다(예: "우리가 이야기를 읽으면서 그 새들 얼마나 '잘 속는지'를 걱정했었는지 기억나니? 교활한 여우는 새들을 곤란에 빠뜨리려면 어떻게 해야 하는지를 잘 알고 있었지").

그림책에 나오는 주요 단어들은 책 읽기 활동 이외에 모이는 시간(center time)이나 소집단 활동에서도 접할 수 있어야 한다. 예를 들어 필몬 스터지(Philemon Sturges)의 『The Little Red Hen』(Makes Pizza)에서 암탉은 수많은 주방기구와 음식들을 사용한다. 유아들이 체(colander)와 거품기(whisk)의 의미를 학습하도록 돕기 위하여 요리 프로젝트에서 이 주방기구들을 사용하도록 제공할 수 있다. 이런 주방기구들을 사용하는 소집단 활동은 특히 교사들이 소집단 활동의 맥락에서 주방기구 단어들을 위한 분명한 지원을 제공할 때 유아들이 그 기구의 이름을 이해하고 말하도록 돕는다. 물놀이나 소꿉 영역에서의 놀이를 위해 이 주방기구들을 제공한다면 그 단어들을 더 많이 지원할 수 있다. 또 모이는 시간에 이야기에 나오는 주요 단어들을 사용하여 단서 게임을 할 수도 있다(박스 3-6 참조)

반복적 읽기: 한 번으로는 충분하지 않은 이유

처음 읽기에서 유아들은 이야기의 기본적인 이해와 주요 어휘들에 대한 초보적 이해를 가지게 된다(McGee & Schickedanz 2007). 그러나 이야기를 한 번 듣는 것으로 유아들의 학습이나 이야기에 대한 사랑을 함양하기에 충분하지 않다. 또 유아들은 처음보다는 두 번째와 세 번째에서 더 많은 지식을 갖고 읽으므로, 읽기는 매번 유아들이 자신의 지식을

박스 3-6 일과 중 이야기에 나오는 주요 어휘에 대한 학습 돕기

자유 선택 활동 시간에 교사가 유아들과 진행되는 활동에 대해 이야기를 나눌 때 어휘 학습이 가장 잘 지원된다. 그림책이나 교사가 제공하는 활동에서 접하게 되는 어휘를 생각해보는 유아들을 돕기 위해 특정의 어휘자료들이 활용될 수 있다. 그림책에 나오는 주요 어휘의 의미들도 역시 유아들이 이야기 나누기 시간에 단어 게임을 하면서 심화될 수 있다.

영역 활동 동안 어휘 습득을 돕는 자료들

교사는 그림책에 나오는 주요 어휘의 그림들을 활용하여 로또 카드를 만들 수 있다. 놀이를 하는 동안 유아들은 그림으로 제시된 대상(그림 3—1)의 이름을 활용할 기회를 갖는다. 교사는 그림책에 나오는 대상과 더불어 그림책에 나오지 않은 대상들도 함께 포함시킬 수 있다.

그림 3—1 그림의 이름이 적힌 로또 판과 타일들

교사가 단원마다 로또 게임을 위한 그림 카드를 준비한다면, 다양한 방법으로 활용할 수 있는 상당한 카드 컬렉션이 만들어질 것이다. 예를 들어 그림 세트들은 동물, 식물, 조류, 파충류, 교통수단, 가구, 의류, 주방기구와 같이 범주별로 조직될 수 있다. 게시판에 2가지 열을 만들고 각 열에 하나씩 범주의 이름을 적어놓는다(예: 교통수단/가구, 조류/파충류). 유아들은 각 범주에 속하는 대상의 그림카드를 6~7개씩 갖고 각 그림이 범주에 속하는지 아닌지를 보고 속하는 열에 그림을 놓으면서 놀이할 수 있다.

게시판에 특정 범주의 이름을 적지 않은 상태에서 비닐 코팅을 해놓으면 마스킹 테이프나 찍찍이를 사용하여 범주의 이름을(이 역시 코팅하여) 다른 것으로 바꿀 수 있게 하여 사용한다.

각 그림과 동일한 것을 찾아 짝지어보게 하는 것보다 (로또에서처럼) 범주에 속하는 것을 찾게 하는 것이 유아들에게 각 단어에 대해 더 많이 생각할 수 있게 한다. 이와 더불어 범주의 이름이 주어지고 각 범주에 해당되는 것의 기본적 속성을 유아들이 알고 있다면 유아가 만나는 새로운 대상에 대해 더 많이 이해하게 된다(Gelman & Coley 1990). 예를 들면, 유아들이 사마귀를 한 번도 본 적이 없는데 그림책에 사마귀가 나온다면, 교사가 "이건 곤충의 일종이야."라고 말해줄 때, 유아들은 사마귀에 대해 알게 될 것이다. 만일 유아들이 범주의 이름(곤충)을 모른다면 교사가 그 이름을 사용한다 해도 유아의 학습을 진전시킬 수 없을 것이다. 곤충에 대한 범주 지식 발달의 예가 4장에 나온다.

사람이 만든 특정 대상에 대한 구체적인 사실들, 예컨대 그 기능에 대해 알고 있다면 그 역시 유아들이 새롭게 접한 단어를 학습하고 기억하도록 돕는다(Booth 2009; Nelson, O'Neill, & Asher 2008).

모이는 시간을 위한 단서 게임

교사는 유아들에게 특정 그림책에 나오는 몇 가지 단어에 관한 단서를 들려줄 것이라고 말하면서 그림책에 나오는 주요 어휘를 활용하는 이 게임을 시작한다. 교사는 놀이 중 어떤 상황에서도 1~2개의 그림책에서만 단어들을 선택하여야 하고 게임을 시작할 때 그림책의 표지를 보여준다.

교사는 처음에 몇 가지 특성과 함께 범주의 단서를 활용한다(예: "이것은 작고 둥근 장난감인데 유리로 만들어져 있어. 친구들은 이 작고 둥근 장난감을 갖고 게임을 하지요."). 유아들이 처음 2가지 단서들로는 그 대상(공깃돌)의 이름을 생각하지 못한다면 교사는 이야기에 관련된 단서를 제공한다(예: "노이지 노라의 여동생은 이 작고 둥근 유리로 된 장난감을 갖고 있었어요. 노라는 바닥에 이것들을 떨어뜨렸어요."). 이야기에 관련된 단서들을 제시하면 유아는 대체로 바로 그 대상의 이름을 말하게 되므로 범주 단서를 사용할 기회가 없어진다. 이런 이유로 처음에는 범주 단서를 사용할 것을 권하는 것이다.

박쥐[제인 캐논(Jane Cannon)의 『Stellaluna』에 나오는 주요 단어임]라는 단어의 바람직한 첫 번째 단서를 제공하기 위해 교사는 "이것은 포유류 동물의 이름이야. 그렇지만 이 포유류는 날아다닌단다."라고 말할 수 있다. 이런 단서는 2가지의 범주 이름—동물과 포유류—을 사용하게 한다.

통합하는 독특한 기회를 제공하는 한편, 교사들에게는 추론적 사고의 모범을 보이고 유아들을 분석적 대화에 참여하게 하는 기회를 제공한다 (Dickinson & Smith 1994).

예를 들어 어떤 교실에서 그림책 『꿈꾸는 아이』[26]는 '그림자와 반사'라는 단원의 일부였으며 유아들은 책을 처음 읽은 다음 그림자의 크기를 변화시키면서 그림자 만들기를 실험할 기회를 가졌다. 두 번째 책 읽기에서 어떤 유아가 "이건 괴물이 아니잖아! 그 생쥐의 그림자야. 그런데 그 그림자가 점점 커졌어!"라고 말했다. 이는 종이로 만든 생쥐의 그림자에 대한 유아의 이해가 처음 읽기를 했을 때에 비하여 더 많아졌음을 나타낸다.

두 번째 또는 세 번째 읽기의 도입

처음 읽기를 한 다음 2~3일 후에 하게 되는 두 번째 읽기를 위해 이야기에 포함된 문제와 중요한 사건에 대해 이야기한다. 예를 들어, 『으뜸 헤엄이』[27]라는 이야기에서 교사는 "우리는 화요일에 이 책을 읽었지. 이건 으뜸 헤엄이라는 작은 물고기에 대한 이야기이고 어떤 나쁜 사건이 일어난 다음에 으뜸 헤엄이가 한 일에 대해 너희도 아마 기억할거야. 우리는 오늘 이 책을 다시 읽고 이 책에 대해 이야기해볼 거야."라고 말할 수 있다.

두 번째 읽기를 시작하기 전에 너무 많은 질문은 피하는 것이 현명하다. 왜냐하면 유아들은 결국 이야기의 대부분을 다시 말하게 되고 그 다음엔 교사의 읽기와 토론이 이어지기 때문이다. 이 모든 것은 이야기 시간이 35분에서 45분으로 늘어나게 만들 수 있으며, 이 연령 집단의 유아들에게는 너무 길기 때문이다. 며칠에 거쳐서 이야기를 반복적으로 읽어주는 것의 좋은 점 중 하나는 어떤 이야기 시간이라도 15분에서 20분을 넘지 않아도 된다는 것이다.

---

26 꿈꾸는 아이, 에즈라 잭 키츠 글 · 그림, 공경희 옮김, 주니어 랜덤, 2009.

27 으뜸 헤엄이, 레오 리오니 글 · 그림, 이명희 옮김, 마루벌, 2011.

세 번째 읽기의 도입은 유아들의 친밀감을 다시 한 번 인정하는 것이다(예: "우리는 이미 이 이야기를 두 번 읽었어. 그리고 너희가 이야기의 제목을 안다는 것을 선생님은 알고 있어. 제목을 한번 같이 읽어볼까……"). 그 다음에 교사는 읽기에서 유아들의 역할을 설명할 수 있다(예: 오늘, 너희는 이야기 말하기를 도울 거야). 그 다음 교사는 첫 책장을 넘기며 유아들이 이야기 재구성을 시작하도록 안내할 수 있다 (예: "여기 으뜸 헤엄이가 있네, 으뜸 헤엄이가 무엇을 하고 있지?").

두 번째와 세 번째 읽기에서 어휘 및 의미 이해를 돕는 전략 매번 읽기를 할 때 유아들이 이야기의 의미와 주요 어휘들을 이해하도록 돕는 것은 물론이지만, 교사들은 유아의 초보적 이해를 심화시키기 위해 두 번째와 세 번째 읽기를 할 때에는 언어적 설명을 더 많이 할 수 있다(Justice, Meier, & Walpole 2005). 처음 읽기에서 유아들은 이야기에 대한 지식의 토대를 만들었기 때문에 이제는 동의어나 간단한 설명을 추가하기 위해 읽기를 잠시 멈추어도 유아들의 주의는 크게 분산되지 않는다.

두 번째 읽기에서 교사는 유아들이 이야기의 사건들을 연결시키고 등장인물의 동기를 추론하도록 돕기 위하여 몇 가지 질문을 할 수 있다. 또 이야기 이해를 위한 보조 자료(comprehension aides)를 계속해서 사용할 수 있지만 첫 번째 읽기에서 사용했던 자료와는 다른 것이 좋다. 그 이유는 유아들이 이제는 전보다 더 많이 알고 있으며 이전과는 다른 자료들이어야 더 많이 도움이 되기 때문이다.

유아들이 이야기에 친숙하면 두 번째나 세 번째 읽기를 할 때 더 많은 질문과 코멘트를 하며 동시에 새로운 인지적 도전을 경험하기도 한다. 예를 들어 첫 번째 읽기에서 유아들은 이야기가 끝날 때까지 등장인물들이 결코 알 수 없는 것(즉, 유아들과는 달리 등장인물은 반복적 읽기를 통해 더욱 더 현명해지지 않는다)이 무엇인지를 알게 된다. 그러나 유아들은 때로 자기가 첫 번째 읽기를 통해 알게 된 것을 등장인물도 알았을 것이라고 생각하면서 주인공이 어떤 행동을 한다고 주장하기도 한다(예: 에스퍼 슬로보드키나의 『모자 사세요』[28]에서 모자 장수는 자기 모자를 던져야 하고 다른 행동들은 하지 말아야 한다). 교사는 "자, 우리는 이야기를 끝까지 다 들었기 때문에 그걸 알지만 주인공은 우리가 이야기를 읽는 그 순간에 머물러 있기 때문에 그걸 모르지."라고 말할 수 있다.

두 번째 읽기를 한 후 며칠이나 한 주 지나서 세 번째로 읽을 때, 유아들은 이야기의 사건들을 다시 말할 수 있을 만큼 충분히 친숙해진다. 유아들이 이야기의 부분들을 다시 말한 후, 교사는 보조적인 설명을 통해 불명확한 것을 명확하게 하거나 또는 추론을 시범 보인다(예: "그래, 맞아. 민달팽이는 다람쥐의 경고를 무시했어. 민달팽이는 두꺼비 등에 부딪혔는데 그것을 길에 있던 돌멩이라고 생각한 것이 틀림없어. 자기가 두꺼비의 울퉁불퉁한 등 위를 기어가고 있는 것을 꿈에도 생각하지 못했던 거야!").

주인공의 생각과 원인 설명에 초점을 맞추는 보조적 설명과 함께, 또 몇 가지 질문을 할 수 있다(예: "여기서 무슨 일이 일어났지?"). 이런 질문은 분석적 대화를 유도할 수 있는데 유아들의 생각에 대한 교사의 비계설정 및 관련된 정보를 포함하는 삽화를 가리킴으로써 분석을 도울 수 있다(McGee & Scihickedanz 2007).

예를 들면, 로즈마리 웰즈의 『새 옷을 샀어요』[29]의 9쪽을 보여주면서 교사는 삽화에서 노란색 옷의 끝자락을 가리키며 "맥스는 왜 여기 이 사람을 자기 여동생이라고 생각했을까?"하고 물어볼 수 있다. 유아들은

---

28 모자 사세요, 에스퍼 슬로보드키나 글 · 그림, 박향주 옮김, 시공주니어, 1999.

29 새 옷을 샀어요, 로즈마리 웰즈 글 · 그림, 양희진 옮김, 달리, 2006.

"맥스는 루비가 노란색 옷을 입고 있는 걸 알고 있었기 때문이죠."라고 대답할 것이다. 그럼 교사는 다시 8쪽의 삽화로 돌아가서 "맞아. 맥스는 루비의 노란 옷이 방의 옷걸이에 걸려있다는 것을 모르고 있었지. 맥스는 루비가 다른 옷을 찾아 입으려고 가게 옷을 입고 방에서 나갔을 때 잠자고 있었어."

반복적 읽기에서의 토론 교사는 개방된 마음을 유지하면서 유아들이 얼마나 이해하고 있는지에 주의를 기울인다. 따라서 두 번째와 특히 세 번째 읽을 때의 질문은 교사의 계획과 유아들이 자발적으로 하는 질문 및 코멘트에서 나오게 된다. 그림책을 연구하고 유아가 하는 코멘트 및 질문을 유심히 살펴봄으로써 교사들은 매번 책을 읽은 후의 토론을 위해 적절한 많은 질문들을 생각해낼 수 있다.

『피터의 의자』[30]를 두 번째 읽은 후에는 개인의 물건과 가족의 물건에 초점을 맞추어 토론을 할 수 있다: "피터의 부모님은 가구를 준 것처럼 피터의 오래된 장난감들을 피터에게 물어보지 않고 여동생에게 줄 거라고 너희는 생각하니?" 이런 질문은 유아들이 개인만의 물건을 가족 모두가 공유하는 물건들과 구별하도록 돕는다.

세 번 또는 네 번 읽기를 한 다음 교사는 이야기 토론을 위한 기초로 정보 그림책을 사용할지 고려할 수도 있다(4장 사례 참조).

디지털 텍스트 활용하기

교사와 부모들은 이제 전통적인 문자 형태의 이야기뿐만 아니라 디지

30 피터의 의자, 에즈러 잭 키츠 글 · 그림, 이진영 옮김, 시공주니어, 2007.

털 형태의 이야기도 쉽게 구할 수 있다. 디지털 텍스트는 자료가 주의 깊게 선정되고 적절하게 활용되기만 한다면 유아들의 생활에서 어느 정도의 역할을 할 수 있다. 디지털 텍스트와 최선의 활용 방법에 대한 논의가 박스 3-7에 제시되어 있다.

박스 3-7

디지털 텍스트 공유하기

제시카 호프만(Jessica L. Hoffman)

디지털 텍스트는 전자그림책, 온라인 그림책, CD—ROM 그림책 등으로 알려진 매우 다양한 형태로 구할 수 있는 전자 버전의 문학이다. 디지털 텍스트는 전통적인 문자 형태의 그림책과 핵심적인 특징들을 공유하는데, 그 예로 의미를 전달하기 위해 텍스트와 이미지를 통합한 것을 들 수 있다. 디지털 텍스트는 또 생생한 애니메이션과 상호 교류적 요소들을 포함하기 때문에 명확하며 테크놀로지를 다룰 수 있어야 한다. 디지털 텍스트는 3장을 통해 설명된 전략을 활용하면 유아들에게도 공유될 수 있다.

디지털 텍스트는 문자로 된 그림책과 다른 방식으로 기능하며 따라서 새롭고 중요한 기술과 리터러시를 제공하기는 하지만, 디지털 텍스트를 공유하는 방식과 시점을 신중하게 고려해야 한다. 우리가 2장에서 이미 살펴본 바와 같이 2세 이후에도 모든 형태의 디지털 매체(게임, TV, 컴퓨터)는 유아들에게 하루에 1시간 미만으로 제한적으로 사용되어야 한다(AAP 2011).

유아들이 디지털 매체를 사용할 때에는 성인과의 높은 수준의 상호작용이 반드시 동반되어야 한다(AAP 2001; NAEYC & Fred Rogers Center for Early Learning and Children's Media 2012). TV 시청에서와 같이 디지털 매체로 학습할 때 "함께 시청하기"(즉 성인과 유아가 함께 디지털 매체를 사용하기)는 매우 중요하다(Penuel et al. 2009; Stevens & Penuel 2010; Takeuchi & Stevens 2011).

디지털 텍스트 선정하기

디지털 텍스트는 그림책을 스캔한 것과 처음부터 디지털로 제작한(즉 디지털 형태로 구성되고 멀티미디어의 요소가 포함되어 있는) 2가지의 형태가 있다(Unsworth 2006). 그림책을 스캔한 디지털 텍스트의 장점은 모든 사람들이 휴대용 전자기기를 사용해서 언제 어디서나 또 다양한 언어 번역판으로 수많은 책들을 온라인과 다운로드 애플리케이션으로 쉽게 구할 수 있다는 것이다. 이러한 디지털 텍스트는 (무료, 유료 모두 포함) 다양한 경로로, 전자기기의 애플리케이션으로, 각 지역의 공공 도서관에서, 또는 로제타 프로젝트(The Rosetta Project, www.childrensbooksonline.org) 및 국제 아동 디지털 도서관 (http://en.childrenslibrary.org)

같은 무료 온라인을 통해서 구할 수 있다.

디지털로 제작된 문학은 그것에 대한 평가와 선정이 더 어렵다. 라보와 쿤(Labbo & Kuhn 2000)은 좋은(considerate) 디지털 텍스트로 "스토리에 필수적이고 어울리는 멀티미디어 효과를 포함하는"(p. 187) 것들을 찾으라고 제안한다. 좋은(considerate) 텍스트는 문자 텍스트를 보완하는 음향 요소들(예: 주인공의 말)은 물론 스토리 안에서의 행위를 묘사하는 애니메이션을 포함한다. 반면, 좋지 못한(inconsiderate) 디지털 텍스트는 "스토리와 잘 어울리지 않거나 부수적인 멀티미디어 효과를 포함한다."(p. 187). 독자적인 리뷰어가 쓴 유용한 리뷰(예: Digital Storytime (http://digitalstorytime.com)는 질 높은 디지털 아동문학을 찾는 데 도움을 준다. 멀티미디어 요소를 지닌 디지털 텍스트 평가를 위해 추천되는 자료들은 앞 문단과 TumbleBooks(www.tumblebooks.com/library/), 영어 및 스페인어 제목을 포함하는 영상 및 음성 녹음을 갖춘 그림책의 온라인 컬렉션에 제시되어 있다. TumbleBooks는 그림책의 페이지를 클릭하여 넘기고 음성 녹음도 클릭하여 켜고 끌 수 있다. 많은 공공 도서관들은 TumblBooks를 구독하고 있으며 사용자들에게 온라인으로 접근할 수 있게 서비스를 제공하고 있다.

유아들의 디지털 텍스트 사용 독려하기

많은 디지털 텍스트가 유아들이 혼자서도 사용할 수 있도록 고안되었기는 하지만, 그림책을 읽어줄 때와 동일한 방식으로, 즉 영상으로 제시되는 이미지의 이름을 말하면서 해당되는 삽화와 애니메이션을 가리키거나, 텍스트에 제시된 개념과 사건들을 설명해주며, 텍스트의 내용을 유아들의 배경지식과 연결시키면서 유아의 이해를 돕고, 유아의 참여와 언어 사용을 자극하는 질문을 하는 등의 성인의 비계 제공이 있을 때에만 전통적인 그림책을 읽는 것과 동일한 언어 및 인지 발달 촉진이 가능해진다. 성인은 또 유아들의 미디어 사용(스크롤링, swiping, 클릭)을 의해 비계를 제공하며 유아들이 디지털 텍스트의 교류적 특성을 활용하도록 안내한다(Labbo 2009; Smith 2001).

디지털 텍스트 사용의 효과에 대한 연구들은 유아들의 이야기 이해, 특히 이야기의 내재적인 특성 (예: 주인공의 의도)에 대한 이해를 촉진하는 데에는 그림책보다 디지털 텍스트가 더 효과적인 (Verhallen, Bus, & De Jong 2006) 반면, 또 다른 연구들은 디지털 텍스트의 몇 가지 특성이 이야기 내용에 대한 유아의 주의를 분산시키며 효과를 떨어뜨린다는 것을 발견하였다(De Jong & Bus 2002). 또 다른 연구들은 디지털 텍스트와 종이 텍스트는 유아들에게 동일한 혜택을 제공한다고 주장하였다(De Jong & Bus 2004). 연구들을 종합해볼 때 결론은 다양한 형태의 그림책 읽기는 유아들에게 다양한 학습을 경험하게 하며, 이 모든 경험은 유아의 다중 리터러시 학습에 기여할 수 있다는 것이다.

연구들은 또 부적절한 음악과 애니메이션(De Jong & Bus 2002; Kuhn 2000), 내레이션 같은 주의를 분산시키는 디지털 텍스트의 특성들은 성인들에게서도 읽기와 텍스트에 대한 토론을 방해한다는 사실(Kim &

Anderson 2008)을 강조한 바 있다. 만일 성인들이 상호작용 전략을 사용해서 읽기를 할 수 있으려면, 디지털 텍스트는 (1) 지속적으로 "켜놓기"보다 그림책 읽기의 속도를 조절할 수 있는 장치를 가져야 하며, (2) 내레이션을 끄는 장치를 마련하여 성인이 직접 텍스트를 읽어줄 수 있도록 해야 할 것이다(Labbo 2009). 성인이 디지털텍스트의 속도와 읽기를 모두 조절할 수 있을 때, 성인과 유아가 공동의 의미를 구성하는 과정을 통해 그들의 언어 유형은 종이 텍스트를 사용할 때 발견되는 언어 유형과 유사해진다(Fisch et al. 2002).

• 디지털 텍스트가 유용하다고 해도, 모든 유아들이 이에 접근할 수 있는 것은 아니다(Common Sense Media 2011).

이야기 그림책 읽기에 대한 결론

유아들에게 그림책을 "단순히 읽어주는" 시대는 지났다. 이 장에서 설명하고 있는 바와 같이 교사들은 개별 그림책의 특성(예: 이야기의 복잡성, 풍부한 언어, 지식)과 연간 제공되는 그림책들의 특징(예: 단원들과의 관련성, 보편적 주제에서의 다양성), 및 유아의 언어 및 이해 발달을 모두 도울 수 있도록 상호작용을 포함해서 많은 사항들을 고려해야 한다.

유아들에게 이야기를 소개하고 어휘를 설명하기 위한 전략을 선정하고, 이야기 이해를 위한 보조 자료를 제작하며, 그림책의 반복적 읽기를 위한 토론의 주제 및 길잡이를 찾는 데 상당한 시간이 필요하다. 그러나 교사의 세심한 계획으로 유아들이 갖게 되는 혜택을 고려할 때 시간을 들일 가치가 있는 것이다.

이야기 읽기에 대한 한 가지 유의점을 여기에 제시하겠다. 정책 입안

자, 정치가, 교육자들은 유아기의 중요성을 알고 있으며 유아기 학습에 대한 높은 기대를 갖게 되었다. 그러나 이러한 기대를 충족시키기 위해서 학습에 대한 유아들의 즐거움을 감소시키는 방식으로 교육 방법을 바꾸는 위험성이 늘 존재한다. 이야기 읽기를 통해 유아들이 얻을 수 있는 학습을 최대화시키기 위해 교사가 최선의 노력을 다한다 하더라도, 이야기 읽기는 유아들을 위해서 언제나 재미와 즐거움으로 가득 차야 한다.

유아들과 정보 그림책 읽기 4장

쟈코비 선생님은 그의 학급에서 유아들과 함께 짐 아노스키(Jim Arnosky)의 『Raccoon on His Own』을 읽고 있었다. 선생님은 읽기를 마친 후 "엄마가 바삭바삭한 가재를 찾았어." (p. 5) "(삽화를 가리키며) 여기 가재가 있네. 엄마 너구리는 아침식사로 가재를 먹으려고 하는구나." 라고 말했다.

"어디요?"라고 한 유아가 물었다. 쟈코비 선생님은 손가락으로 다시 삽화를 가리키면서 가재 머리가 엄마 너구리 입 속에 있다는 것을 설명하였다. 선생님은 내일 학교에 가재 그림이 있는 책들을 가져와서 유아들이 가재를 더 잘 보고 가재에 대해 이야기할 수 있게 하겠다고 유아들에게 말했다.

이야기에 등장하는 많은 것들이 충분히 설명되지 않기 때문에, 위와 같은 상황은 그림책을 읽는 동안 종종 발생한다. 그림책에 나오는 것에 대해 유아들이 관심을 보이거나 의문을 나타내면 교사들은 위의 자코비 선생님처럼 행동한다—즉 유아들의 질문에 대답하기 위해 정보 그림책을 읽는다. 국립야생동물협회(National Wildlife Association)에서 출판한 『Rager Rick』과 『Big Backyard』 같은 정보 잡지들도 유용한 자원이 될 수 있다.

4장에서 우리는 정보 그림책의 특성을 설명하고 유아들이 정보 그림책을 경험하는 것이 중요한 이유에 대해 논의하고자 한다. 또 정보 그림책이 활용될 수 있는 맥락과 교사들이 정보 그림책을 읽어줄 때 사용할 수 있는 전략들에 대해서도 논의할 것이다. 이와 함께 그림책 형태가 아닌 정보와 유아 교실에서 그 사용 방법에 대해 간단하게 논의하고자 한다.

정보 그림책의 특징과 텍스트 형식

논픽션의 형태인 정보 그림책이 지니는 몇 가지 특징은 이야기 형식의 다른 그림책들과는 구별이 된다(Duke 2000). 그 이름이 나타내듯이, 정보 그림책은 사실을 제공하거나 과정을 설명한다(예: 곤충의 다리 수, 고래의 호흡법). 정보 그림책들은 대체로 내용 목차와 색인, 용어 해설을 포함하고 있으며 제목들로 표시되는 부분들로 나뉘어져 있다. 이러한 특징들을 활용함으로써 특정 정보를 쉽게 찾을 수 있고 그림책을 선택적으로 사용할 수 있다. 이와는 대조적으로 스토리가 있는 그림책의 부분들은 합쳐져서 전체로 읽어야 한다. 정보 그림책은 이야기 그림책보다 기술적인 어휘를 더 많이 포함하며, 창의적인 미술이 아닌 사실적인 사진과 도표, 표들을 포함한다. 정보 그림책에 들어 있는 많은 삽화들에 동반되는 이름과 표제(captions)들은 텍스트를 보완하고 지원하는 분명한 정보를 제공한다.

정보 그림책은 다음과 같이 다양한 양식(예: 텍스트 구조)으로 쓰여진다: (1) 정보적; (2) 정보적—이야기; (3) 정보적—시적/운문적 (Duke 2000). 정보적 텍스트 구조로 쓰여진 그림책의 예로는 스테이시 타우스-볼스태드(Stacy Taus-Bolstad)의 『From Wheat to Bread』를 들 수 있다. 이 그림책에서 텍스트는 사실을 직접적으로 설명한다["밀의 씨앗을 커넬(kernel)이라고 부른다. 트럭들은 커넬을 싣고 공장으로 나른다." (p. 6)]. 조이 카울리(Joy Cowley)의 『Chameleon, Chameleon』은 정보적—이야기 형식의 텍스트로 구성되어 있는["도마뱀은 카멜레온을 다치게 하지 않을 거예요. 카멜레온이 움직이네요." (p. 14)] 반면, 케빈 헨케(Kevin Henkes)의 『Birds』는 새에 대한 사실을 시적으로 제공한다["어떤 때는 너무 검어서 그 모양도, 눈동자와, 깃털도 안 보여요." (pp. 6~7)].

정보 그림책을 읽는 이유

유아 교사들은 대체로 정보 그림책보다는 이야기 그림책을 더 많이 읽어 주며 교실의 도서 영역에도 이야기 그림책을 더 많이 제공한다 (Duke 2000). 이는 정보 그림책이 이야기보다 유아들에게 더 어렵고 덜 매력적이라고 생각하는 교사들의 신념에 근거한다. 그러나 흥미롭게도 한 소규모 연구에서 미국의 교사들은 이야기가 정보 그림책보다 유아들에게 더 쉬우면서 훨씬 더 재미있다고 믿는 반면, 한국의 교사들은 이와는 정반대의 신념을 갖고 있는 것으로 나타났다. 따라서 이 교사들이 유아들에게 읽어주고 교실 도서 영역에 제공하는 책들은 교사들의 태도를 강력하게 반영하는 것으로 나타났다(Lee et al. 2011).

유아 교사들은 앞으로는 이야기 그림책과 정보 그림책을 좀 더 균형 있게 제공하게 될 것이다. 주 정부의 공통 핵심 표준(Common Core State Standards)은 초등학년에 더 많은 정보 책들을 사용할 것을 요구하고 있기 때문이다(National Governors Association Center for Best Practices, Council of Chief State School Officers 2010). 정보 그림책은 다양한 방식으로 유아들의 학습에 큰 이점이 있기 때문에 이와 같은 변화는 중요하다.

정보 그림책은 재미있다

정보 그림책의 내용은 대다수 유아들에게 재미있으며 실제로 어떤 유아들은 이야기보다 정보 텍스트를 훨씬 더 좋아한다(Caswell & Duke 1998; Correia 2011; Duke 2004). 아이들이 선호하는 그림책을 쉽게 접할 수 있다는 사실은 책과 책 읽기에 대한 유아의 흥미에 영향을 줄 수 있다.

이러한 정의적 반응은 유아의 읽기 성취와 관련되는데(Gutherie, Schafer, & Huang 2001), 그림책 읽기를 좋아하는 유아들은 책을 더 많이 읽으며 좋은 읽기 기술을 발달시키기 때문이다. 또 이들은 더 많은 내용지식과 관련된 어휘를 습득한다. 사실 학령기 동안(즉, 3학년 이후) 습득되는 어휘의 대다수는 유아들이 읽는 책을 통한 것이다(Nagy, Anderson, & Herman 1987).

미국에서 40%의 학생들이 학교에서 읽어야 하는 책들만을 읽고 있으며 즐거움을 위한 독서는 전혀 하지 않는 것으로 나타났다(Gambrell 2011). 유아 교사들이 정보 그림책을 읽어주고 교실의 도서 영역에 정보 그림책을 제공할 때 모든 유아들이 책에 대한 흥미를 발달시킬 더 좋은 기회를 얻을 수 있을 것이다.

정보 그림책은 어휘 발달을 돕는다

정보 그림책에는 정교하고 전문적인 많은 단어들과 이들에 대한 명확한 설명이 포함되어 있기 때문에 유아들이 이런 책을 읽으면 높은 수준의 어휘 학습에 도움이 된다. 반면 이야기 그림책에는 전문적 단어들이 별로 포함되어 있지 않고 그 의미에 대한 분명한 정보도 거의 제공되지 않는다. 결과적으로 유아들은 이야기를 들을 때에 생소한 단어의 의미를 추론해야 하고 또는 교사나 가족이 3장에 설명된 방식으로 제공해주는 정보를 통해 생소한 단어의 의미를 학습한다.

롤라 엠 셰퍼(Lola M. Schaefer)의 『Crayfish』에서 들 수 있는 몇 가지 사례들은 전형적인 정보 그림책의 텍스트에서 볼 수 있는 정보의 명확성을 나타낸다. 이 책의 첫 장에는 "가재는 뼈가 없는 바다 동물이다. 가재는 무척추 동물이다."(p. 4)라고 쓰여 있는데, 이 경우 '무척추 동물'의 의미는 첫 문장(즉, 뼈가 없는)에 설명되어 있다.

유아 교사들은 단어의 의미를 위한 부가적인 정보를 제공할 수 있다. 유아들이 한 문장에 제시된 정보를 다른 문장에 제공된 정보와 언제나 연결시킬 수 있는 것은 아니기 때문이다. 교사의 코멘트는 또 유아들이 더 깊고 넓게 단어를 학습하도록 도울 수 있다. 즉, 유아들은 전문 용어의 의미에 대하여 더 많이 배우고 그 용어를 다른 상황에 적용하는 방법도 학습하게 된다. 유아들은 서로 관계가 있는 단어들도 학습하며 정보 그림책의 내용과 관련된 스토리의 사건을 더 잘 이해하게 되기도 한다. 아이디어가 계속 연결되어 흘러가는 이야기 그림책과는 달리, 정보 그림책에는 각 책장당 하나의 사실이나 설명이 제시되므로 각각의 책장을 읽고 나서 잠시 중단하여 그 내용에 대해 말하기가 수월하다.

쟈코비 선생님이 유아들에게 『Raccoon on His Own』을 두 번째 읽어준 후 이어진 유아들과의 토론에서 『Crayfish』의 첫 장을 읽고 다음과 같이 말했다:

> 동물들 중에는 몸 안에 뼈를 갖고 있는 것들이 많은데, 그 뼈들은 몸의 골격을 이룬단다. 사람도 골격을 갖고 있고(인체 골격과 새의 골격, 뱀의 골격을 그린 포스터를 보여준다), 새와 뱀, 그리고 다른 동물들도 골격을 갖고 있어. (오른손 손가락을 왼손 손목 위에 올려놓고) 이렇게 너의 손목을 잡고 손목뼈를 느껴봐. 몸 안에 뼈가 있는 동물들을 '척추동물'이라고 해. 이건 굉장한 단어야—선생님을 따라 말해봐. 몸 안에 뼈가 없는 동물들은 '무척추동물'이라고 한단다. 이야기에 나오는 가재는 엄마 너구리가 쉽게 씹어 먹을 수 있었지. 그건 가재의 몸 안에 딱딱한 뼈가 없기 때문이야. 그러자 한 아이가 "너구리는 나를 먹을 수 없어요. 내 몸엔 딱딱한 뼈가 아주 많기 때문이에요."라고 말했다. 쟈코비 선생님은 그 말에 동의했다.

정보 그림책의 삽화들도 역시 전문 용어들의 의미 이해를 위한 강력한 지원을 제공한다. 예를 들면 "가재의 다리에는 마디가 있다."(p. 5)라는 텍스트는 마디가 있는 가재의 다리를 선명하게 보여주는 사진을 동반한다. 이와 유사하게 21쪽에는 "새끼 가재는 알에서 나온다. 가재 새끼를 인스타(instars)라고 한다."라는 텍스트와 함께 새끼 가재의 사진이 있다.

쟈코비 선생님은 각 책장의 텍스트를 읽은 후 관련 사진을 가리키면서 말했다. 예컨대 5쪽에서 "이건 가재 다리에 있는 마디야. 가재 다리에 있는 건 마디라고 하지만 '다리의 관절'이라고 할 때도 있어. 우리 다리에 보면 무릎이 있지. 무릎도 관절이야. 관절은 우리가 다리나 팔, 손가락을 구부릴 수 있게 해주는 거야."(유아들은 자기 손가락과 팔, 다리를 구부려보았다.)

"관절"을 비롯하여 가재 그림책에 나오는 모든 주요 어휘들은 굵은 글씨체로 인쇄되어 있다. 정보 그림책에서 주요 어휘들을 굵은 글씨체로 인쇄하는 것은 일반적인 양상으로서, 어떤 어휘들을 학습하게 도와야 할지를 교사들이 알게 하고 동시에, 유아들이 그림책을 보면서 흥미가 있다면 단어를 찾기 쉽게 해주기도 한다.

1장에서도 논의한 바와 같이, 독해를 위해 중요한 요소인 어휘에 대한 깊이 있는 이해는 배경지식이 있을 때 도움이 된다(Quellette 2006). 어휘에 대한 깊이 있는 이해는 관련된 내용지식의 보유 여부에 따라 달라지기 때문에(Nagy & Townsend 2012), 유아들이 구체적인 경험과 정보 그림책 모두에 접근이 쉬울 때 내용 및 관련 어휘를 가장 잘 학습한다(Leung 2008).

정보 그림책은 유아들의 내용지식 습득을 돕는다

정보 그림책은 유아들이 직접 경험하기 불가능하거나 실행이 어려운 것에 대해 학습하도록 돕는다. 정보 그림책은 정보에 대한 1차 접근이 가능하더라도 놓치기 쉬운 것을 유아들이 주목하게 한다.

유아들이 야외에서 벌이나 파리를 발견했다고 가정해보자. 교사들은 벌이나 파리를 명칭으로 확인하고 그것에 대해 얼마간 이야기를 하며 유아들이 곤충의 외관상의 특징과 행동을 관찰하도록 유도할 것이다. 그러나 문제는 유아들이 곤충들에게 안전하게 접근하는 것이 어렵고 유아들이 관찰할 수 있기 전에 날아가버리고 만다는 것이다. 정보 그림책은 자연에서 할 수 없는 방식으로 "조용히 앉아서" 관찰할 수 있게 하기 때문에 학습에 도움을 준다.

예를 들어, 유아들이 곤충에 대한 그림책을 볼 수 있고 함께 그림책을 읽어줄 성인이 있다면, 다양한 곤충의 다리가 몇 개인지 세어서 모두 6개가 있음을 배울 수 있다. 유아들 역시 곤충들은 알에서 애벌레(유충)로 태어나 번데기로 변하기 전에 많이 먹으며 며칠 또는 몇 주가 지난 후 번데기에서 성충이 나온다는 것을 학습할 수 있다. 유아들은 또 정보 그림책에서 거미는 곤충과 달리 다리가 8개이고 새끼도 어미와 비슷한 모양을 갖고 있으며 성장하면서 단지 크기만 더 커진다는 사실도 학습할 수 있다.

정보 텍스트는 유아들이 치밀하고 추상적인 언어를 경험하게 한다

정보 그림책에는 내용 어휘가 빼곡하게 많기 때문에 그 문장도 이야기의 문장들과는 다르다(Nagy & Townsend 2012). 이야기 그림책에는 대체로 과거형 동사 시제가 사용되는 것에 비해 정보 그림책에는 현재형 동사 시제가 사용된다(예: "가재들은 …한다." "가재는 …살고 있다." "바위는 녹지 않는다.").

따라서 정보 그림책을 읽어주는 것은 유아들에게 어휘와 내용 정보에 접근하게 함과 동시에 특정 유형의 언어와 친숙하게 한다. 이러한 친숙함은 모든 유아들이 나중에 학교에서 읽는 내용 분야 책(즉 과학과 사회 교과서)에 대한 독해를 도우며, 특히 제2언어로 영어를 학습하는 유아들에게 유용하다(Council of Chief State School Officers 2012; Kelley et al. 2010).

정보 그림책은 유아들이 내러티브를 이해하도록 돕는다

유아들이 이야기를 즐기고 이해하는 데 이야기에 포함된 모든 사실들을 이해할 필요는 없지만, 더 많이 이해할수록 더 좋은 것은 사실이다. 예를 들어 어떤 유아가 가재에 대해 잘 몰라도 『Raccoon on His Own』의 이야기를 즐기는 데 큰 문제는 없다. 가재는 이 이야기의 문제나 플롯에서 중요하지 않기 때문이다. 많은 이야기들이 이와 유사한 경우도 있지만 그렇지 않은 경우도 있다.

홀리 켈러(Holly Keller)의 『Farfallina & Marcel』은 이런 이야기의 좋은 사례이다. 나비 또는 나방의 일생이 애벌레에서 성충으로까지의 변태를 포함한다는 사실을 유아들이 이해해야만, 파팔리나(이야기 초반에는 애벌레)가 그렇게 오랜 시간이 지나도록 친구인 마르셀한테 돌아오지 않은 이유를 알 수 있다. 이와 유사하게, 유아들이 나비의 일생에 대한 지식을 갖고 있다면, 이야기 후반에 나오는 나비가 초반에 만났던 애벌레와 완전히 다른 것이 아니라 여전히 파팔리나라는 사실을 깨달을 수 있다.

내용지식이 이야기의 중심일 때는 유아들에게 이야기를 처음 읽어주기 전이나 또는 적어도 반복적 읽기 과정 중(즉, 일주일 동안 3번 읽어주는 과정 중 1번)에 유아들에게 적절한 정보와 개념을 습득할 수 있는 경험을 제공하는 것이 좋다. 이처럼 관련된 내용을 경험하게 하는 계획을 통해, 유아들은 내용지식을 이야기 본문에 제공된 정보와 통합시키고 이야기의 사건과 등장인물들의 행동에 대하여 다양한 정보를 토대로 추론할 수 있는 기회를 갖게 될 것이다.

물론 유아들이 듣는 스토리의 모든 정보를 포함하는 광범위한 내용지식을 습득하는 데에는 많은 시간이 소요된다. 유아들이 방대한 정보를 습득하는 것은 가능하지 않지만, 교사들이 몇 가지 분야에서 유아의 내용지식 발달을 돕고 또 유아가 스토리를 들으면서 그것을 이해하는 데 내용지식을 활용하도록 돕는 것은 현실적이다.

정보 그림책을 활용하는 맥락

지금까지 우리가 예를 들어 설명한 것처럼, 정보 그림책은 이야기 그림책과 함께 활용될 수 있다. 여기서는 이에 대해 더 논의할 것이며 유아교실에서 정보 그림책을 활용하는 데 적절한 일과 시간과 장소를 탐색해볼 것이다.

정보 그림책을 이야기 그림책과 함께 활용하기

이 장 시작 부분에 제시된 사례에서, 이야기를 읽어준 다음 후속되는 토론 중에 처음 읽은 이야기 내용에 대한 유아의 질문을 설명하기 위해 정보 그림책이 활용되었다. 이야기 도중 자발적으로 발생하는 질문에 답하기 위해 정보 그림책을 활용하기도 하지만, 이와 함께 교육자들은 단원 안에서 스토리와 정보 그림책을 함께 활용하는 계획을 세우기도 한다(Pollard-Durodola et al. 2011). 이것은 유아들에게 주요 어휘들을 여러 번 접하게 하고 단원에서 사용되는 이야기들에 대한 독해를 돕는 지식을 형성하게 하기 때문에 우리는 이 방법을 사용해왔고 또 추천해왔다.

주제에 대한 유아들의 탐구를 위해서는 세심하게 계획된 구체물을 조작하는 과학 활동들이 중심이 되어야 하며, 이와 같은 활동들은 이야기 그림책 및 정보 텍스트와 잘 통합되어야 한다. 교사는 유아들에게 내용을 가르치기 위해 정보 그림책에 너무 많이 의존하는 것을 피해야 한다. 아무리 책이 좋은 도표와 분명한 텍스트로 잘 구성되어 있다 하더라도, 많은 과학 개념에 대한 유아들의 학습을 보장할 수 있을 만큼 충분하지는 않다(Leung 2008).

한 단원 안에 사용되는 모든 이야기 그림책을 정보 그림책과 관련지을 필요는 없으며, 모든 정보 그림책을 같은 방식으로 사용해서도 안 된다. 한 번은 주요 개념과 관련된 다양한 이야기 그림책을 읽고 난 다음 그 개념을 설명하는 정보 그림책을 활용하고, 그 다음에는 구체적인 경험을 하게 하면서 이와 관련된 몇 가지 정보 그림책을 읽고 난 후, 몇 가지 이야기를 읽어주는 것도 유용하다.

마지막으로 정보 그림책을 반드시 이야기 시간 동안에만 사용할 필요는 없다. 정보 그림책은 다른 교사 주도적 경험에서도, 심지어는 이야기 읽기를 하면서 나오는 질문에 후속적으로 읽어줄 수도 있다. 예로써, 정보 그림책은 소집단으로 과학 또는 사회활동을 하면서도 읽을 수 있으며, 특정 내용에 대한 교수학습을 위한 대집단 활동 중에도 읽을 수 있다. 도서 영역에서도 개별 유아나 특별히 흥미를 보이는 2~3명의 유아들에게 읽어줄 수도 있다.

소집단 경험을 소개하기 위해 정보 그림책 활용하기

때로는 정보 그림책이 유아들에게 소집단 경험을 하도록 사용될 수 있다. 예를 들어 유아들이 쟁반에 놓인 물건들(예: 클립, 나무 구슬, 빵 봉지를 묶는 끈, 플라스틱 조각)을 활용한 영역 활동을 통해 자석을 탐색하고 난 후, 교사는 깡통 따개에서처럼 실용적인 자석 사용에 초점을 둔 소집단 활동 경험을 조직할 수 있다.

깡통 따개의 자석은 따진 깡통 뚜껑이 깡통 안으로 떨어지지 않게 하는데 이것을 보여주기 전에 교사는 자석이 여러 가지 용도를 위해 활용되는 것(예: 걸이에 열쇠를 걸기 위해, 장난감 기차들을 연결시키기 위해, 게임 판 위에 조각들을 모아두기 위해)을 묘사한 삽화들을 보여주기 위해 안젤라 로이스튼(Angela Royston)의 『Magnetic and Nonmagnetic』을 사용할 수 있다. 교사는 자석의 실용적인 활용에 대한 토론을 위해 그림책의 몇 쪽만을 사용하며 각 삽화를 설명하는 몇 가지 텍스트만 읽어준다. 그렇게 한 다음, 교사는 유아들이 자석의 특정 활용 방법에 친숙해질 수 있도록 깡통 따개의 사용을 보여줄 수 있다.

영역에서의 활동을 지원하기 위해 정보 그림책 활용하기

영역에 비치된 정보 그림책들은 진행되는 단원의 탐구 활동을 도울 수 있다. 예컨대 곤충과 작은 동물들에 대한 탐구를 위한 과학 영역에는 곤충과 거미에 대한 책들이 제공될 수 있다. 또는 다양한 문화권에서 벌어지는 축제 및 의식 단원을 위해서는 삐나따스(사탕을 넣는 항아리–옮긴이)에 대한 책들이 다른 실물들과 함께 영역에 제공될 수 있다.

유사하게, 동물원이나 농장 같은 주제와 관련되어 쌓기 놀이가 진행된다면 다양한 동물들에 대한 책들이 동물 모형들과 함께 블록 영역에 제공될 수도 있다. 유아와 교사는 책을 사용하여 개별 동물들에 대해 학습할 수 있고 이러한 정보는 놀이를 위한 소품을 만드는 데 활용될 수도 있을 것이다. 예를 들어, 블록 영역에서 농장 동물 놀이를 위해 초록색 구성지 위에 닭 모이로 밀알이나 옥수수를 풀로 붙여놓거나 또는 푸른색 종잇조각들을 코팅해서 오리와 거위들이 헤엄칠 수 있는 연못을 만들 수도 있다.

수학 또는 조작놀이 영역은 수학, 언어, 문해를 위한 자료들이 제공되는 곳으로 여기에도 책들이 제공될 수 있다. 예를 들면, 수량 단어들(예: 더 많다, 더 적다, 너무 많다)에 관한 책, 스프링만(I. C. Springman)의 『More』를 읽고 토론한 다음, 교사는 유아들이 이런 단어들('더 많다', '너무 많다', '몇몇 개', '많다', '충분하다')의 표상을 만들기 위해 사용할 수 있는 구체물들과 함께 이 책을 조작 놀이 영역에 둘 수 있다.

그림 4-1 교실 도서 영역들에 제공된 정보 그림책
그림 4-1a 4세 유아들의 공구 단원의 일부로 교사는 책에서 다양한 종류의 못들을 보여주는 책장을 펼쳐놓았고, 유아들이 스티로폼에 못을 망치로 칠 수 있도록 작은 테이블 위에 제공한 것이다(주: 스티로폼은 부서지면 유아들에게 위험할 수 있다. 유아들에게 이것을 사용할 때에는 주의와 감독이 요구된다).
그림 4-1b 식물 단원의 일부로 교사는 씨앗 페이지에 클립을 꽂아 펼친 상태로 꽃에 대한 책을 제공하였다. 유아들은 확대경을 사용하여 게시판 한쪽에 풀로 붙여 놓은 씨앗을 관찰하였다. 씨앗들은 각기 자라서 어떤 꽃이 되는지 그 꽃의 이름표가 붙여졌고 씨앗 옆에는 해당 꽃의 사진이 붙여졌다.
그림 4-1c 교사는 악기 영역을 만들기 위해 책을 모았다. 이것은 다양한 악기들 중에서 북에 대한 활동이었다.

영역들에 제공된 정보 그림책들의 사진들을 그림 4-1에서 볼 수 있다.

요즘은 인터넷에서 많은 정보를 찾을 수 있으며, 유아들도 물론 소집단이나 영역 활동 시간에 정보를 찾기 위해 컴퓨터를 이용할 수 있다. 유아들이 컴퓨터 이용을 통해 혜택을 얻기 위해서는 교사의 안내와 대화가 필요하다. 교사들은 인터렉티브 보드(interactive whiteboard)를 활용하여 컴퓨터의 화면을 대집단 유아들에게 보여줄 수 있다. 유아의 과학 학습(여기서는 코끼리 물개에 대한 학습)을 돕기 위해 새로운 테크놀로지를 교실에서 활용하는 흥미로운 사례가 박스 4-1에 제시되어 있다.

박스 4-1

유아들의 정보 매체와 테크놀로지 활용

컴퓨터 옆에 3명의 상기된 유아가 앉는다. 쟈니리스 교사는 "오늘 리즈 선생님과 신디 선생님이 우리에게 무엇을 보여줄지 궁금해."라고 말한다. 신디 교사와 리즈 교사는 캘리포니아에 컨퍼런스에 참석하고 있다. 쟈니리스 교사는 해안가 모래에서 잠자고 있는 코끼리 물개의 사진을 클릭한다. 그 옆에는 리즈 교사의 아바타 사진이 있다. 쟈니리스 교사는 리즈 교사의 사진을 클릭하고 유아들은 리즈 교사가 그날 아침에 올려놓은 것을 본다. 리즈 교사는 "이건 코끼리 물개예요. 코끼리 물개한테는 귀가 없어요. 코끼리 물개는 아주 덩치가 커서 엄마나 아빠 차에 절대로 들어가지 않아요."라고 말한다. 쟈니리스 교사는 유아들에게 "누가 리즈 선생님께 말할 것 있니?"라고 묻는다. 유아들은 모두 그 기회를 잡으려고 펄쩍 뛴다.

쟈니리스 교사는 후안타가 "코끼리 물개는 무얼 먹어요?"라고 쓰는 것을 도와준다. 토미는 마이크에 대고 말하겠다고 한다. 그는 "코끼리 물개는 할머니나 할아버지나 보니 고모나 안젤로 자동차에 안 들어가요."라고 말한다. 다음은 쉬아의 차례이다. 쉬아는 "왜 코끼리 물개한테는 귀가 없어요? 귀가 없는데 어떻게 들어요? 나는 귀가 있어서 들을 수 있는데요."라고 말한다.

유아들은 국가의 반대편에 가 있는 리즈와 신디 교사의 대답을 들으려면 나중에 다시 확인해야 한다는 것을 알고 재빨리 다른 영역으로 간다. 이들은 선생님들의 대답을 들을 것을 생각하고 흥분한다. 그날 이들은 선생님들의 대답을 듣는다. 리즈 교사는 후안타가 코끼리 물개는 무엇을 먹는지를 질문한 것에 대답하고 코끼리 물개는 그 누구의 자동차에도 들어갈 수 없음을 재확인해준다. 교사는 "코끼리 물개는 자동차보다 더 무거워."라고 덧붙여 말한다. 신디 교사는 "코끼리 물개는 귀가 없어. 너희가 맞아. 코끼리 물개는 머리 양쪽에 아주 작은 구멍이 나 있어요. 그 구멍들은 너희가 소리를 들을 수 있게 하는 귀와 똑같은 거란다."라고 말한다.

• 자료: Fantozzi, V. B. 2012 "Exploring Elephant Seals in New Jersey: Preschoolers Use Collaborative Multimedia Albums." Young Children 67(3): 42—49.

도서 영역에 정보 그림책을 제공하기

정보 그림책은 교실의 도서 영역에서도 볼 수 있어야 한다(도서 영역에 비치되어야 할 그림책의 종류, 수, 그림책의 배치 방법에 대한 정보를 위해 박스 4-2 참조).

도서 영역에 제공하는 정보 그림책은 최근 이야기 그림책과 함께 이용된 책들과 소집단 활동에서 이용된 책들을 포함한다. 유아들은 거의 언제나 사진과 도표들을 더 살펴보는 것을 원한다. 예를 들어 쟈코비 선생님은 유아들과 함께 읽은 가재 책을 도서 영역에 비치하였고 관심 있는 유아들이 더 자세히 볼 수 있게 골격을 그린 포스터를 모이는 곳에 남겨두었다.

유아들에게 새로운 흥미를 일으키거나 또는 이미 특정 흥미를 갖고 있는 유아들이 지속적으로 탐구할 수 있도록 현재 진행 중이거나 이전에 진행했던 단원에 관련된 정보 그림책들도 교실의 도서 영역에 제공될 수 있다. 교사들은 종종 어떤 유아의 집에 아기가 태어났다거나 다른 나라에 사시는 조부모가 방문하거나, 유아의 팔이 부러진 사건 등 벌어진 상황에 관련된 정보 그림책도 제공한다.

정보 그림책 대여해주기

유아들은 정보 그림책에 들어 있는 삽화들이나 교사가 읽어주는 내용에 대해 종종 많은 의문을 갖는다. 유아들의 질문에 대해 교사들은 언제나 충분히 답을 해줄 수 있는 것은 아니다. 유아들이 정보 그림책을 집으로 가져갈 수 있다면, 집에서 형제나 사촌 또는 부모, 조부모가 유아들과 함께 읽을 수 있다. 그들의 문해 수준과 관계없이, 가족은 세상에 대한 상당한 지식을 갖고 있다. 유아가 책 속의 삽화들을 보도록 성인이 안내해주고 관심 있는 주제에 대해 함께 이야기해줄 때 유아는 아주 큰 혜택을 얻는다.

알파벳 그림책들도 도서관에서 대여해줄 수 있는 아주 좋은 정보 그림책이다. 예를 들어 샤지아 라작(Shazia Razzak)의 『P is for Pakistan』,

박스 4-2

교실의 도서 영역

도서 영역에는 유아들을 위해 선정된 책들이 제공된다. 이 영역은 4~5명의 유아들을 붐비지 않고 편안하게 수용할 수 있어야 한다.

제공되어야 할 책

교실의 도서실(도서 영역)에는 다양한 책들이 구입되어 제공되어야 한다—정보 그림책, 이야기 그림책, 개념 그림책, 동시 그림책(4가지 유형의 그림책들에 대한 설명은 3장의 박스 3-1 참조). 도서 영역의 많은 책들은 교사가 이야기시간과 모이는 시간, 또는 특정 내용에 대해 소집단이나 대집단으로 읽어준 책들이다.

구입한 다양한 책들과 더불어 유아들이 만든 책도 제공할 수 있다. 여기에는 유아들이 원이나 현장학습에서 또는 가정에서 찍은 사진 앨범이나, 장기간 수행한 과학 활동(예: 씨앗을 뿌려 키운 식물, 애벌레가 성장해서 나비로 크는 과정)을 기록한 앨범도 포함될 수 있다. 교사는 또 유아들이 요리 프로젝트에서 사용했던 그림으로 제작된 조리법들을 쉽게 찾을 수 있도록 바인더로 묶어서 도서 영역에 제공할 수 있다.

얼마나 많은 책들을 제공하나?

유아들이 적절한 선택을 할 수 있도록 도서 영역에는 유아 1인당 4에서 6개 정도의 책을 제공할 것을 전문가들은 제안한다(Vukelich & Christie 2009). 도서 영역의 공간 크기와 이용 가능한 책 선반의 수에 따라 책의 수는 감소될 수 있다. 1년 동안 유아들에게 광범위한 책을 제공하기 위해서는 정기적 책을 바꿔 주는 것이 좋다.

도서 영역의 책 선반

도서 영역의 이상적인 책 진열 방법은 책의 표지가 보이도록 하는 것이다(그림 4-5a). 유아들은 책의 모서리가 보이게 진열될 때보다는 책표지가 보이도록 진열될 때 책을 더 자주 선택하기 때문이다(Martinez & Teale 1989, Fractor et al. 1993에서 인용함). 주제와 관련된 책들을 표지를 앞으로 하여 바구니에 담아 진열하면(그림 4-2b) 유아들이 쉽게 책을 넘겨보고 선택할 수 있게 한다.

책 이외의 항목 제공하기

도서 영역에 때로는 책뿐만 아니라 다른 항목들도 포함된다. 특정 이야기에 관련된 손 인형과 융판, 헝겊 인형, 최근에 유아들이 접한 이야기에 대한 유아들의 반응이나 특정 저자에 관련된 내용을 담은 게시판이 여기에 해당된다.

그림 4-2a/4-2b 도서 영역 책 진열 사례

그림 4-2c/4-2d 도서 영역 책 진열 사례(우리나라)

이러한 항목들은 도서 영역을 붐비게 하거나 유아들이 책을 보는 것을 방해할 수 있다. 이러한 이유 때문에 우리는 융판과 이야기 관련 헝겊 인형들을 교실의 다른 영역에 비치하는 것을 선호하며 인형극장 역시 다른 곳에 만드는 것을 선호한다(융판과 헝겊인형이나 또는 인형극장 중 하나만 선택할 것을 제안한다). 융판과 헝겊인형은 나비의 한 살이(예: 메리 링(Mary Ling) 저 How They Grow: Butterfly) 또는 씨앗 심기에서부터 식물 키우기까지의 순서(예: 애니 로크웰(Anne Rockwell) 저 One Bean와 같은 정보 그림책과 관련된 자료일 수도 있다.

교사가 유아들에게 읽어준 같은 저자의 책들을 작은 바구니에 모아서 도서 영역에 비치하는 것처럼, 그림책의 저자에 대한 구체적인 탐구도 유아들을 위해 바람직하다. 이러한 그림책 세트들은 이야기책에만 한정지을 필요가 없으며 동일 저자의 정보 그림책들도 포함시킬 수 있다. 예컨대 가일 기본즈(Gail Gibbons)의 『Chicks and Chickes, Owls, Snakes』 같은 책들을 유아들이 어떤 단원에서 사용한 후 함께 제공할 수 있으며, 이와 비슷하게 캐더린과 존 실즈(Cathryn & John Sills)의 『About Hummingbirds』, 『About Penguins』, 또 그 시리즈들을 모아 바구니에 제공할 수도 있다.

이와 같은 이유로, 특정 이야기에 대한 유아들의 반응을 교사가 받아 쓴 자료들을 모아 게시판 벽에 배열하기 보다는 책을 만들어 도서 영역에 제공할 수 있다. 책의 형태로 제시될 때 유아들은 실제로 해보고 친구와 경험을 나누기 쉽다.

도서 영역의 벽을 장식하기 원한다면 책에 관련된 포스터를 사용할 수 있을 것이다. 또는 유아들이 최근에 들었던 이야기의 주인공들을 크게 그려 벽에 붙일 수도 있을 것이다. 유아들은 이야기의 주인공을 교실에서 보기를 좋아하고 심지어는 그들에게 말을 걸기도 한다는 사실을 우리는 목격하였다. 교사는 현재 진행되는 단원과 관련된 식물과 동물의 그림들을 포스터 게시판이나 벽에 매력적으로 전시할 수도 있다.

이페오마 오니풀루(Ifeoma Onyfulu)의 『A is for Africa』, 그리고 이 시리즈의 다른 책들은 다양한 국가에 대한 풍부한 정보를 포함하고 있다. 제리 팔로타(Jerry Pallotta)의 알파벳 그림책들은 모두 실제로는 내용을 지닌 책들이다(The Frog Alphabet Book, The Yucky Reptaile Alphabet Book, The Boat Alphabet Book, 등). 로이 엘러트(Lois Ehlert)의 고전인 『Eating the Alphabet』은 우리가 먹는 과일과 채소들에 대한 책이다.

이들과 또 다른 많은 알파벳 책들은 상세한 삽화와 방대한 정보를 텍스트에 담고 있기 때문에 성인과 1대 1로 읽는 것이 바람직하다. 교사들은 교실의 도서 영역에서 자유놀이 시간에 개별 유아와 이런 책을 읽어주면서 토론할 만한 시간을 갖기 어렵다. 이런 책들이 교실에서 대출될 수 있다면 부모, 형제를 포함한 가족들이 집에서 교사를 대신하여 읽어줄 수 있을 것이다.

정보 그림책 활용 전략

정보 그림책을 읽어주는 전략은 각 그림책의 특성과 그림책이 사용되는 특정 목적에 따라 달라진다. 정보 그림책이 활용되는 맥락은 성인의 전략에 영향을 주기도 한다.

일부분을 선택해서 읽어주기

교사들은 정보 그림책에서 현재의 문제에 관련되어 있고 유아들의 수준에 적절한 일부분만을 선택해서 활용한다. 종종 교사들은 정보 그림책에서 텍스트는 별로 읽지 않고 삽화들을 이용하기도 한다. 예를 들어 교사의 목적이 서로 다른 일을 할 수 있는 서로 다른 부리를 갖고 있는 다양한 새들을 유아에게 알려주는 것일 때, 스티븐 알 스윈번(Stephen R. Swinburne)의 『Unbeatable Beaks』의 삽화들은 모두 활용하였으니, 텍스트는 읽지 않고 그림에 제시된 새의 이름만을 읽어주었다. 그렇게 한 다음 특별히 관심을 나타낸 유아들에게 텍스트 전부 또는 일부를 자유 선택 활동 동안 도서 영역에서 읽어주었다.

정보 그림책 전체를 읽어주기

때로는 유아 집단에 정보 그림책 전체를 읽어주는 것이 적절한 경우도 있다. 예를 들어 정보 그림책이 이야기 그림책에 대한 유아의 자발적인 질문에 답하기 위해서가 아니라, 진행되는 단원의 맥락에서 활용될 때, 유아들은 교사가 제공해준 구체적 경험을 통해 그 분야의 지식을 갖고 책을 읽기도 한다. 이러한 지식은 종종 유아들이 정보 그림책의 전체를 몰두해서 읽을 수 있도록 한다. 거꾸로, 책은 유아들의 구체적 경험으로부터 획득한 지식을 확장시키기도 한다.

정보 텍스트 특성의 활용을 시범 보이기

유아들은 목차, 색인, 도표, 용어 해설과 같은 정보 그림책의 특성을 활용하는 방법을 학습한다. 예를 들어, 바깥에서 개미를 발견하고 누군가가 "개미가 어디서 온 거야? 개미들은 어디서 살지?"라고 할 때, 교사는 이와 같은 유아의 질문에 답하기 위해 관련된 책을 찾아서 그 내용의 목차를 살피게 된다. 목차에 제시된 내용 항목들을 손가락으로 하나씩 짚어가다가 찾는 정보의 내용과 맞는 항목에서 멈추고 그 제목을 읽는다. 그리고 교사는 손가락을 옆으로 움직여 그 내용이 제시된 책장을 찾아, "이 숫자는 개미가 사는 곳에 대한 정보가 5쪽에 있다는 것을 말해주는 거야. 우리 5쪽을 찾아서 거기 무엇이 적혀 있는지 살펴보자"라고 말한다.

쟈코비 선생님이 가재의 다리에 있는 마디를 가리키면서 했던 것처럼 교사가 그림책의 도표나 사진에 있는 선과 화살표들이 그 부분의 명칭과 연결시키기 위한 것임을 설명해줄 때, 유아들은 도표와 사진에서 각 부분들을 그것의 명칭과 연결시키는 선과 화살표의 활용 방법을 학습한다. 가재 그림책에서 사진들은 가재의 몸을 보여주고 책장 여백에 주요 어휘를 네모 테두리를 해서 가재의 몸과 선으로 연결시킨다. 텍스트에는 역시 짙은 글자로 주요 단어를 두드러지게 제시한다[즉, "가재는 커다란 곤충 같은 모양을 하고 있다. 가재는 2개의 눈자루를 갖고 있다." (p. 8)]. 교사가 책을 읽어줄 때 이러한 단어들을 손가락으로 가리키고 삽화와 선으로 연결된 명칭을 손으로 따라가면, 유아들도 혼자 책을 읽을 때 이러한 장치를 활용할 것이다.

많은 정보 그림책들에는 그 책에 제시된 주요 용어들을 알파벳순으로 다시 제시한 용어 해설이 있다. 책을 읽은 후 교사는 그 책에 제시된 주요 어휘를 다시 보기 위해 용어 해설을 활용할 수 있으며, 유용하다면 텍스트의 관련 책장을 찾기 위해 책을 다시 넘겨볼 수도 있다.

어떤 정보 그림책들은 주요 텍스트의 후반부에 보충 자료를 제공하기도 한다. 수전 스톡데일(Susan Stockdale)이 지은 『Carry Me! Animal Babies on the Move』에는 주요 텍스트에서 언급된 각 동물들에 대한 보다 많은 정보를 제공하고 있다. 이와 유사하게 캐더린과 존 실즈(Cathryn & John Sills)가 지은 '동물 시리즈'의 각 책에는 텍스트에 나오는 그림과 대응하는 각 동물의 작은 사진들이 그 동물에 대한 더 상세한 정보와 함께 후기(Afterword)에 제공된다. 본문은 전체 집단의 유아들에게 읽어주기에 적당한 반면, 부가적인 정보는 관심을 나타내는 유아들이 도서 영역이나 소집단으로 있을 때 이들과 함께 볼 수 있다.

도서물의 형태가 아닌 문자 정보 제공하기

이 장의 중심은 정보 텍스트이지만 문자 정보의 상당한 부분은 도서물 형태가 아닌 형식으로 존재한다. 유아들은 이러한 자료들을 즐기고 또 극화놀이에서 사용하기도 한다. 어떤 자료들은 특정 교실 활동에서 유용하게 활용할 수 있다.

유아의 극화 놀이를 위해 정보적 문자 자료 제공하기

문자 자료들 중에는 유아들이 극화 놀이의 역할을 수행하는 데 스크립트로서 활용되는 것(즉, 소품)도 있다. 식당의 메뉴, 식품점 신문 광고, 예약 수첩, 전화번호부, 주소록 등이 여기에 포함된다. 또 요금소를 통과하거나 주차장에 들어갈 때, 버스나 기차 또는 비행기, 심지어 자동차 여행에 필요한 차표(티켓)도 여기에 포함된다.

교사는 유아들이 놀이에 사용할 수 있는 실제적인 소품(예: 식품점 광고)을 제공하고 또 어떤 것들(예: 식당놀이를 위한 메뉴, 병원놀이를 위한 예약 수첩)은 만들기도 한다. 유아들은 놀이를 위해 직접 만들기 위한 견본으로 문자 자료들(예: 버스표, 과속위반 딱지, 식당 주문서)을 활용할 수 있다.

정보 잡지 제공하기

『Ranger Rick』, 『Big Backyard』와 같은 정보 잡지도 교실과 대출 도서 영역에 비치하고 또 극화 놀이의 소품으로도 사용할 수 있다. 예컨대 병원이나 동물병원 대기실에 읽을 수 있는 자료로서 이러한 잡지들과 건강한 식습관, 이 닦는 방법 또는 애완동물 돌보기에 대한 브로슈어나 소책자들을 비치할 수 있다.

교실에 정보가 담긴 도표 제공하기

교실 벽에 교수를 위한 도표를 붙이거나(Roskos & Neuman 2011) 또는 소집단 활동을 위해 도표를 활용할 수도 있다. 예를 들어 교사 주도 요리 활동에 활용될 요리 방법을 크게 그린 도표는 교사와 유아들이 함께 요리 재료를 찾거나 또는 요리 재료를 준비하는 방법을 찾는 데 도움이 된다. 씨앗이나 구근 심기를 할 때 따라야 할 단계 단계를 그린 도표는 개별 유아나 소집단 유아들이 활동에 참여할 때 유용하게 사용될 수 있다.

자유 선택 활동을 할 때 유아들이 활용할 수 있도록 벽에 붙인 도표

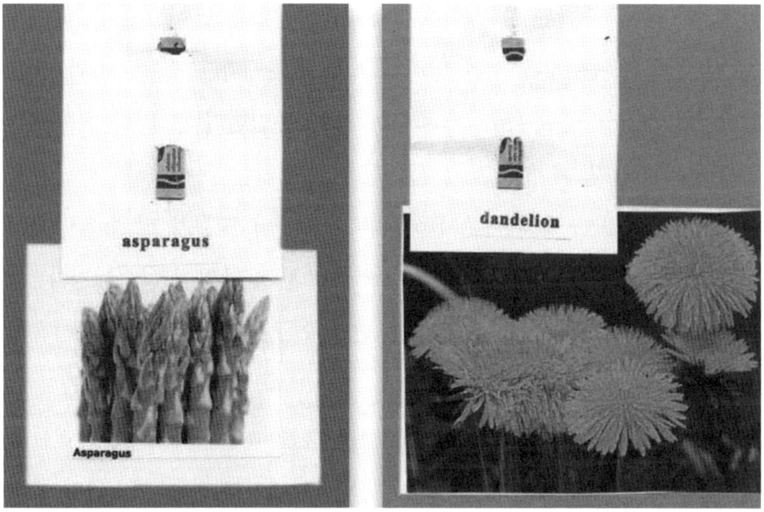

그림 4-3
크레용 색깔의 이름이 왜 그렇게 붙여졌는지 알 수 있도록 한 도표의 일부

의 예로 '색깔'에 대한 단원에서 색깔의 이름을 쓴 글자(예: 아스파라거스)가 보이도록 포스터 게시판에 붙인 크레용 종이싸개(paper crayon wrappings)를 들 수 있다. 각 색깔의 영문 이름이 더 큰 글씨로 각 크레용 싸개 아래에 제시되었고 색깔의 이름을 생각나게 하는 대상의 그림이 이름 아래에 제시되었다. 2개의 예가 그림 4-3에 제시되었는데 하나는 아스파라거스라는 이름의 크레용이며 다른 하나는 민들레라는 이름의 크레용이다.

교실에서 사용된 다른 도표들 중에는 올바른 손세탁 단계를 보여주는 것이 있다. 이것은 지역의 보건 당국을 통해 얻을 수 있으며 화장실과 교실의 세면대 근처에 붙일 수 있다. 또 다른 예로 건강한 음식 그림과 건강하지 않은 음식 그림을 비교하는 도표를 들 수 있다.

달력을 제대로 사용하는 시범 보이기

달력에 제시된 시간(즉, 요일, 주, 달)은 유아들의 이해 능력을 벗어나며, 한 주에 포함된 요일의 이름과 지금이 무슨 달이고 무슨 해인지를 매일 암송하는 것은 시간 낭비라고 한 베니케와 오스트로스키, 캐츠(Beneke, Ostrosky, & Katz 2008)의 주장에 동의한다. 그러나 유아들은 중요한 사건들을 표시하고 그 사건들을 기억하는 목적을 위해 달력을 활용할 수 있다고 생각한다. 유아들은 가족이나 교사가 달력에 약속이나 특별한 상황을 표시하며 사용하는 것을 통해 달력에 친숙해진다. 교사는 이와 유사한 목적을 위해서 또 단원 연구를 위하여 달력을 사용할 수 있다.

나비의 발달에 대한 탐구 단원을 실시하는 동안 유아들이 사건들을 예측하고 기록하도록 돕기 위하여 매달 교실에 게시하는 포스터와 함께 소책자의 형태로 교사의 달력 사용 방법에 대한 설명을 제공한다(박스 4-3 참조).

정보 그림책 읽기에 대한 결론

유아는 정보 그림책에 흥미를 나타내며, 이야기 읽기 시간이나 다양한 맥락에서 발생하는 유아의 질문에 답을 찾기 위해 정보 그림책이 활용될 수 있다. 정보 그림책은 직접적인 경험으로부터 유아가 학습하는 것을 넘어서 유아의 지식 확장을 돕는다. 어릴 때 정보 그림책과의 경험은 유아의 어휘를 증진시킬 뿐만 아니라 교과서에 전형적으로 사용되는 언어구조에 유아를 친숙하게 함으로써 나중에 교과 영역의 교과서를 이해하도록 돕는다.

책의 형태가 아닌 문자 정보에도 유아들은 큰 흥미를 나타낸다. 극화놀이를 할 때 유아들은 잡지나 인쇄물을 사용하고 소집단 활동과 자유선택 활동에서 도표를 사용할 수 있다. 유아들은 또 달력 사용 방법에

박스 4-3

나비의 발달을 기록하기 위한 달력의 활용

교사는 몇 주 전 주문했던 애벌레가 도착한 날짜를 표시하기 위해 모이는 시간(circle time)에 교실 벽에 게시한 그 달의 달력(monthly chart)에 애벌레의 사진을 붙이는 것으로 기록을 시작하였다. 유아들도 애벌레가 교실에 도착할 것을 기대하고 있었다. 교사가 다음에 진행할 단원에 대해 유아들에게 이야기하였고 애벌레를 주문할 때 사용한 주문표를 유아들에게 보여주었기 때문이다. 그때 교사는 나비의 한살이를 살펴보기 위해 정보 그림책을 사용하였다[메리 링(Mary Ling)의 『How They Grow: Butterfly』 참조].

애벌레가 교실에 도착하자 유아들은 애벌레에게 먹이를 주고 그들이 자라는 것을 관찰하였다. 애벌레가 고치를 만들기 시작했을 때, 교사는 고치 안에 부분적으로 들어 있는 애벌레의 그림을 사용하여 달력에 그 날짜를 표시하였다. 바로 그날 모이는 시간에 교사는 애벌레가 나비로 변하는 데에는 시간이 많이 걸릴 것이고 교실 벽에 붙여놓은 이번 달이 다 지나갈 때까지 나비는 나오지 않을 것이라고 유아들에게 말했다.

교사는 소책자 형태로 된 달력을 유아들에게 보여주고 이번 달(5월)이 어디에 있는지 찾았다. 그렇게 한 후 달력에서 다음 달(6월)을 넘겨 달의 이름을 읽고 그 달의 한 날짜에 나비 스티커를 붙여 표시하였다. 교사는 다음 달 이 날짜 정도가 되면 고치에서 나비가 나올 것이라고 유아들에게 말하였다. 벽에 붙여놓은 이번 달 달력이 다음 달 달력으로 바뀌면 나비 그림의 스티커를 새 달력에도 붙여서 유아들이 나비가 나올 때까지 얼마나 많이 기다려야 하는지를 생각할 수 있게 하겠다고 교사는 설명하였다.

한편 교사는 교실의 도서 영역에 소책자 형태의 달력을 두었다. 교사는 이 달력에 유아들의 생일 날짜에 해당 유아의 이름들을 써놓았다. 유아들은 달이 바뀌면 교실 벽에 새로 붙여지는 달력의 이름을 보고, 친구의 생일과 공휴일, 교실을 방문할 손님을 나타내는 표시가 있는지를 확인하는 습관이 있다. 이제 유아들은 1년의 전체 달이 포함된 소책자 형태의 달력을 넘기면서 자기의 생일과 친구들의 생일을 모두 찾을 수 있었다. 또 생일이 여름이라 교실 벽에 붙이는 달력에서는 생일 표시를 볼 수 없는 친구들의 생일도 이 달력에서는 볼 수 있었다.

고치에서 나비가 나왔을 때, 유아들은 며칠 동안 그물로 된 망에 있는 나비들을 관찰하였고 그 다음엔 그물망을 바깥으로 갖고 가서 나비를 놓아주었다. 이 날짜도 벽에 붙인 달력과 도서 영역에 비치한 소책자 형태의 달력에 표시하였다.

가족들도 달력에 생일이나 결혼식, 축제와 같은 특별한 경우나 약속을 표시하여 사용하기 때문에, 유아들은 달력에 대해 어느 정도는 알고 있는 것이 보통이다. 여기서 설명한 것과 같은 교실 경험을 통해 유아들은 달력에 대해 좀 더 많은 것을 학습한다. 소꿉놀이 영역에도 책자 형태의 달력을 비치하면 유아들은 자기 또는 아기를 위한 약속을 표시할 수 있어서 좋아하며, 작은 종이 카드에 1년 12달이 모두 인쇄된 달력이나 지갑 안에 넣고 소꿉놀이 영역에서 어른들 흉내를 낼 때 사용할 작은 크기의 달력들을 좋아한다.

대해 학습할 수 있다.

정보 그림책을 읽은 경험은 독해를 방해하는 연속적인 장애—책에 대한 흥미 부족, 교과 내용 어휘 부족, 내용지식(개념)의 부족, 문자 언어 구조와의 경험 부족—를 예방하도록 한다.

내용지식의 격차는 상당 부분 학업 성취도 격차의 원인이 된다고 유아 문해 전문가가 지적하였다(예: Neuman 2010; Neuman & Celano 2013 참조). 유아 교사들은 이 장에서 제안한 방식으로 정보 그림책을 활용함으로써 유아들의 학업 성취도 격차를 줄이도록 도와야 할 위치에 있다.

유아와 문해 기술 발달 5장

26개월 된 차라(Chara)는 아기 인형을 유모차에 태워주기 위해 장난감 유모차를 밀었다. 냉장고에 붙어 있는 자석 글자 중에서 C를 떼려고 부엌에서 멈추었다. 잠시 그것을 들고 쳐다보다가 아기 인형의 무릎에 살짝 놓고는 다시 유모차를 밀었다.

며칠이 지난 후 놀이터에서 보육 교사가 주머니 속에 있던 분필을 꺼내자, 차라는 "차라", "엄마(mommy)", "노래(music)"라고 말했다. 교사가 그 단어들을 하나씩 보드에 쓰면서 각 알파벳 글자의 이름을 말하는 것을 차라는 주의 깊게 들으며 주시하였다. 차라의 차례가 되자 차라는 자기 이름에 있는 알파벳 이름을 말하면서 짧은 선을 10번 그었다.

28개월 된 차라는 종이에 끄적거리기를 하면서 엄마에게 같이 하자고 말했다. 엄마는 차라의 이름과 "Mommy"를 써주었고 그러자 차라는 그

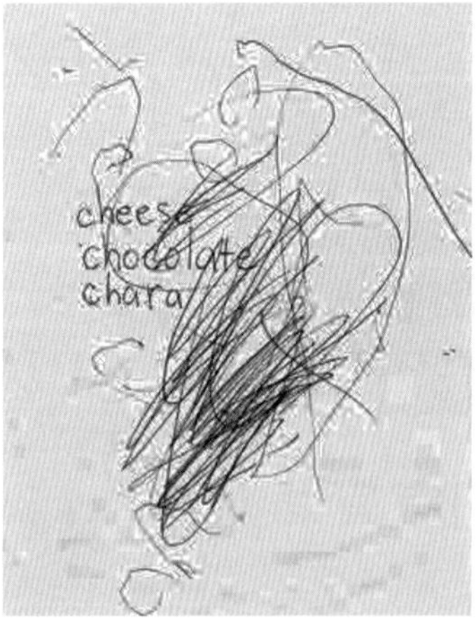

그림 5-1
차라의 엄마가 써준 단어들과 차라가 C를 사용하여 끄적거리기를 한 것

글자 위와 주변에 반복해서 끄적거렸다. 때때로 차라의 엄마는 "치즈", "초콜릿" 같이 친숙한 음식의 이름을 써 주기도 했다[1](그림 5-1).

차라는 33개월에 종잇조각들을 가위로 자르다가 테이블 반대쪽 끄트머리에 놓여 있는 종잇조각에 주목하였다. 그러고는 단호하고 기쁜 목소리로 "T는 트리시아(Tricia)"라고 말했다.

33개월에 차라는 알파벳 대문자들을 많이 알아보았고 이들이 단어를 만들 때 사용된다는 것을 알고 있었다. 또 끄적거리기에 C와 유사한 자국을 습관적으로 포함시켰고(그림 5-2a) 구불거리는 선을 사용하여 수평으로 배열하면서 장보기 목록을 쓰기 시작했다(그림 5-2b).

대다수 유아들은 어린 시기부터 가정에서 문해를 경험하지만 이런 경험의 시작 시점과 빈도, 문해 경험에서의 초점은 가정에 따라 달라진다. 어떤 유아의 가정에서는 문자와 문자의 기능에 특히 초점을 맞추는 다양한 활동을 포함하는 반면, 또 다른 가정에서는 유아가 경험하는 문해의 범위가 제한적이면서 특별한 초점이 없는 일반적인 경험에 그치기도 한다(Purcell-Gates 1996; Taylor & Dorsey-Gaines 1988; Teale 1986).

1장에서 논의한 바와 같이 문자에 초점을 맞춘 경험은 문해 기술 습득에 도움이 되는 반면, 그림책 읽기와 대화는 구어와 내용지식의 발달을 돕는다(Crain-Theoreson & Dale 1992; Hood, Conlon, Andrew 2008; Senechal & LeFevre 2002). 어쨌든 그림책 읽기와 산책(예: 농장, 채소가게, 놀이터), 대화는 차라가 집에서 한 경험의 대부분을 차지한다. 여기에서는 3세가 되기 전에 가정에서 문자에 관련된 기술들을 학습하기

1 차라의 엄마가 치즈(cheese), 초콜릿(chocolate)을 차라(chara)의 이름과 함께 써준 이유는 이 단어들이 차라와 같은 소리 /ch/로 시작하기 때문이다 – 옮긴이.

그림 5-2a
그림 5-2b
C를 사용한 차라의 끄적거리기와 장보기 목록

시작하고(Baghban 1984; Schickedanz 1990) 또 이런 경험에서 즐거움을 느끼는 유아들도 있음을 보여주기 위하여 알파벳과 단어에 대한 차라의 경험이 강조되었다.

이 장에서는 다음과 같은 3가지 분야의 이해 및 기술에 초점을 맞추고자 한다. (1) 알파벳 지식, (2) 음운 인식, (3) 문자의 관례 및 기능. 완전한 알파벳 지식에는 문자 단어의 각 자모음 글자들은 그것을 말로 할 때의 각 소리들을 표상한다는 사실에 대한 이해가 포함되기 때문에 알파벳 지식과 음운 인식은 함께 논의한다. 그 다음에 문자의 개념과 기능에 대해서는 따로 논의하고자 한다.

알파벳 글자 이름에 대한 지식

어린 유아들이 알파벳 글자의 이름을 학습하리라는 것을 기대하지 않았던 때가 있었지만, 이제 연구자들과 유아교육자들은 유아들도 알파벳 글자의 이름을 포함한 모든 것을 학습할 수 있는 놀라운 능력을 가지고 있음을 알고 있다. 유아교육 프로그램에 문해 학습을 포함시키면 다른 중요한 경험이 배제될 것이라는 걱정(Copeland et al. 2012; Milteer,

Ginsburg, & Mulligan 2012)도 존재하지만, 이러한 중요한 경험을 유지하면서 동시에 문해 기술 학습을 포함시키는 것은 가능하고 또 이를 지원할 필요도 있다.

문해가 풍부한 유아교육 프로그램을 실시하는 경우, 그 학년이 끝날 즈음이 되면 전형적인 4세 유아는 최소한 18개에서 19개의 대문자의 이름을 말할 수 있고(U.S. Department of Education 2008) 16개에서 17개의 소문자의 이름을 말할 수 있다(Piasta, Petscher & Justice 2012). 좀 더 연령이 높은 유아들은 실제로 26개 대문자와 26개 소문자를 전부 학습한다(Piasta, Petscher & Justice 2012).

유아들에게 대문자와 마찬가지로 어떤 소문자들은 학습하는 것이 힘들어 보이기도 하지만, 소문자들은 대응되는 대문자들과 모양이 매우 닮았기 때문에(즉, Ff, Tt, Ss, Mm, Yy, Oo, Zz), 많은 경우 소문자는 상대적으로 학습하기 쉽다. 유아들이 나중에 읽게 되는 그림책에 있는 단어들은 대다수 소문자들을 포함하기 때문에 유아교육기관에서 대문자와 소문자를 함께 배우는 것이 좋다.

유아의 이름을 활용하기

알파벳을 가르칠 때 가장 바람직한 알파벳의 순서는 어떤 것인지, 또는 유아들에게 한 번에 하나 또는 두 개의 글자를 가르칠 때 어떤 이점이 있는지에 대해 연구를 통해 밝혀진 것은 없다. 그러나 하나 분명하게 밝혀진 사실은 유아들은 대부분 다른 알파벳 글자들을 학습하기 전에 자기 이름(Justice et al. 2006; Treiman & Broderick 1998; Treiman et al. 2007)과 가족의 이름(Bloodgood 1999)에 있는 첫 번째 글자를 학습한다는 것이다. 예컨대 차라는 자기 이름 'Chara'의 첫 글자인 C와 엄마(Mommy)의 첫 글자인 M, 그리고 이모 트리시아(Tricia)의 첫 글자인

T를 연결시켰다.

유아가 학습하고자 하는 동기는 언제나 최선으로 고려되어야 하기 때문에(Berhenke et al. 2011; Guthrie & Wigfield 2000), 유아 이름의 첫 글자를 활용하여 알파벳 글자 이름을 가르치기 시작하는 것은 바람직하다. 유아 교실에 18명에서 20명의 유아가 있다면 같은 글자로 시작하는 이름들—Justin, Jose, Juanita; David, Danielle—이 있기 때문에, 이보다는 다소 적은 수(13~14개)의 대문자를 사용하여 가르칠 수 있을 것이다.

교사는 유아들에게 한꺼번에 많은 글자를 접하게 하는 것에 대해 걱정할 필요는 없다. 우선, 유아들은 일상적인 환경에서 아주 많은 글자들을 보게 된다. 둘째, 글자의 이름을 정확하게 말하는 것은 글자 식별에 좌우되는데, 이를 위해서는 글자들에 대한 적극적인 비교가 필요하다(Gibson 1975). 유아가 한 주에 하나 또는 2~3개의 글자만을 접하도록 제한한다면 글자들을 비교하고 대조해보는 기회도 감소한다(여러 개의 알파벳 글자를 구분하는 데 여러 글자를 접하는 것이 도움이 되는 사례는 박스 5-1 참조).

물론 유아의 이름을 교실 여기저기에 단지 붙여놓는 것만으로는 충분하지 않다. 유아들이 자기의 이름을 주목하고 개인 사물함이나 출석표에 붙어 있는 이름을 알아보기 시작할 수도 있다. 그러나 알파벳 글자의 이름이 의도적으로 사용되고 일상적으로 분명하게 그 이름이 말하여지지 않는 한, 그들은 알파벳 글자 이름을 학습할 수 없고 문자가 어떻게 기능하는지도 배울 수 없을 것이다(Masonheimer, Drum, & Ehri 1984; Reutzel et al. 2003).

예를 들어 교실의 당번 차트(그림 5-4)의 당번 배정을 확인할 때 교사는 해당 이름을 손가락으로 재빨리 가리키면서 읽기보다는, 유아의 이름에 나오는 첫 번째 글자의 이름을 말하고 손가락으로 그 이름을 밑

박스 5-1

3세 사라의 A와 H 학습

유아원의 아침 일과가 끝나갈 무렵 3세 사라는 흰색 종이 위에 가는 검정 마커로 무엇인가를 집중해서 쓰고 있었다. 먼저 사라는 종이의 왼쪽 상단 면에 어떤 글자의 두 줄을 계속 그었다(그림 5-3). 교생이 이를 지켜보다가, "A와 H를 썼네."라고 말했다. 사라는 교생을 쳐다보았지만 미소를 짓지는 않았다.

사라는 이번에는 종이의 오른쪽 상단에 쓰기를 다시 시작했다. 교생은 잠시 멈추었다가 사라가 쓴 A와 H에 대해 다시 말했다. 사라가 교생을 흘긋 보았는데 이번에는 표정이 좋지 않은 것이 더욱 분명했다.

교생은 사라의 부정적인 반응에 당황스러웠다. 교생은 이 상황에 대해 지도교사에게 의논하였고 지도교사는 "사라는 자기가 쓴 것들을 모두 A라고 생각한 것이 아닐까요?"라고 의문을 던졌다.

다음 날 사라가 알파벳 대문자 퍼즐을 갖고 놀고 있을 때, 사라가 S, R, A를 알고 나머지 다른 글자들—H를 포함하여—은 모른다는 것을 한 교사가 발견했다. 이것은 교생의 말에 대한 사라의 부정적 반응을 설명해주었다. 즉, 오해받은 것에서 나온 것이다.

교사는 H와 다른 글자들의 이름을 말해주었다. 또 H는 꼭대기와 아래 부분이 항상 벌어져 있는 반면 A의 꼭대기는 항상 닫혀 있는데, 이것만 제외하면 H는 사라의 이름 안에 있는 A와 매우 비슷하게 생겼다고 말했다. 그날부터 사라는 A의 꼭지를 모아썼고, 어떤 땐 이렇게 하기 위해 짧은 선을 다시 그어야 할 때도 있었다.

알파벳 글자들 중에는 그 모양이 아주 조금씩 다르게 생긴 것들이 많기 때문에, 글자 하나의 형태를 완전히 안다는 것은 비슷한 다른 글자를 얼마나 아는가에 달려 있다. 중요한 대비점을 포함하는 다른 글자를 알지 못할 때, 유아는 자기가 모르는 글자의 "영역"을 침범하는 방식으로 알고 있는 글자를 변화시킬 수 있다. 사라는 H에 대해 알게 된 것이 매우 기쁜 듯했으며, 자기가 쓴 A는 결코 H와 혼동되지 않도록 확실히 하기를 원했다.

그림 5-3 사라가 쓴 A

유아들은 글자들을 서로 구분 짓는 작은 차이를 찾아낼 수 있다. 사실 생후 3~4개월된 아기들도 선의 형태 및 방향에서 아주 작은 차이를 찾아낼 수 있다(Cohen & Younger 1984; Fantz 1963). 유아들은 글자들을 구분 짓는 글자들 간의 작은 차이에 대해 처음에는 구별하지 못한다. 대다수의 범주에 속하는 대상들을 구분 짓는 차이에 비하면 글자들 사이의 차이는 너무 작은 차이이기 때문이다.

예를 들어, 포크가 몇 갈래로 나뉘어 있든 우리는 그 포크들의 차이가 매우 다양함에도 불구하고 끝이 갈라진 모든 식사 도구를 포크라고 부른다. 그러고는 다른 말을 앞에 붙여서 포크의 서로 다른 종류를 가리킨다(예: 피클용 포크, 샐러드용 포크, 건초용 갈퀴). 이와는 대조적으로 글자 F에 선을 하나 더 그으면 글자 E가 되는 것이다.

아기들은 생후 1년쯤 되면 시각에 근거한 범주 능력이 발달하기 시작한다(Quinn, Eimas, & Rosenkrantz 1993). 따라서 걸음마기나 유아 초기에 알파벳 글자들을 접하면, 그들은 이 세상 대다수 범주화에 적용하는 기대를 갖고 반응한다. 다시 말해 유사한 특성을 지닌 글자들을 하나의 범주로 보고 동일한 글자의 변이들(예: E와 F, O와 Q, M과 W)이라고 생각한다. 그러다가 많은 글자들을 접하게 되면서 각 글자는 각각의 범주로서 글씨체에 따라 모습이 다소 달라질 수 있지만 다른 방식으로 달라질 수 없음을 깨닫게 된다.

줄 칠 수 있다.

교사는 유아가 출석표의 글자에 집중하도록 출석표를 디자인할 수 있다.

이와 유사하게 교사는 점심식사 전에 아이들을 손 씻으러 보내거나 또는 바깥 놀이 나가기 전에 외투를 입으러 보내기 위해(즉, 전이 시간에) 이름 카드를 들고 이름 카드에 적힌 유아들 각각의 이름에서 첫 번째 글자를 가리키면서 글자의 이름을 말할 수 있다. 또는 식사 시간에 당번 유아들이 자리를 찾을 때 (즉, 테이블 위에 유아들의 이름표를 찾을 때), 교사는 유아의 이름을 찾아 그 첫 번째 글자를 가리키면서 그것의 이름을 말하고 글자의 아래를 손가락으로 그으면서 이름을 읽을 수도 있다.

첫 한 달간, 오전 모이는 시간에 당번 차트에 있는 당번의 이름들을 확인해보게 한 후, 교사는 유아

그림 5-4
호세(Jose): 화분 물주기 당번
톰(Tom): 우유 당번
사라(Sara): 물고기 먹이 당번
리사(Lisa):테이블 닦기 당번

들이 도착하기 전에 차트에 이름 카드를 붙여놓고 유아들이 온 다음 그들에게 누가 어떤 일을 해야 하는지 확인해보라고 요청할 수 있다. 이제 유아들은 이름의 첫 번째 글자들에 친숙해져 있으며, 각 이름의 왼쪽에 특히 색칠이 되어 있는 큰 글자(즉 대문자)를 봐야 한다는 것을 알고 있었다.

물론 이름의 첫 번째 글자가 같은 유아들(예: Jose, Jason, Jamilla)은 붙어 있는 이름 속 글자 J가 자기 것인지 아니면 친구의 것인지를 생각하는 데 아마도 도움을 필요로 할 것이다. 사실상 유아들은 어떤 이름 속의 첫 번째 글자를 마치 그 사람의 것으로 대하는 경우가 종종 있다(Ferreiro 1986; McGee & Richgels 1989). 그들은 "K는 케빈(Kevin) 거야.", "D는 다니엘(Danielle) 거야."라고 말한다. 이러한 유아의 반응은 각 글자들이 단지 한 단어에서만 사용되는 것이 아니라 많은 단어 속에서 사용된다는 것을 아직 모른다는 사실을 드러낸다. 유아들에게 당번 차트에 자기 이름이 있는지를 확인해보라고 요구하는 것은 유아가 알파벳 글자의 이름을 학습하도록 돕는 기회를 교사에게 제공할 뿐만 아니라 자기 이름 속에 있는 글자들이 다양한 단어 속에서 사용된다는 유아의 이해를 증진시키기도 한다.

예를 들면 자밀라(Jamilla)가 "선생님, 이거 내 거예요?"라고 물을 때, 교사는 그 이름을 읽어주면서 다음과 같이 설명할 수 있다. "너하고 제이슨(Jason)은 (손가락으로 J를 가리키면서) 둘 다 이름이 J로 시작한단다. 또 너희 이름은 (a를 가리키면서) 둘 다 작은 'a'도 갖고 있어. 그런데 제이슨(Jason) 이름은 'a' 다음에 's'가 오고 네 이름은 'a' 다음에 'm'이 오지. 그래서 오늘 화분에 물 주는 당번은 제이슨(Jason)이라는 것을 우리가 알 수 있어. 아마 너는 내일 당번일 거야."(당번표와 출석표 디자인과 활용은 박스 5-2 참조).

새 학기가 시작된 후 약 두 달 쯤 지난 다음, 교사는 모이는 시간에

박스 5-2

당번표와 출석표를 통한 학습의 최대화

당번표와 출석표의 디자인을 어떻게 하느냐에 따라 알파벳 글자의 학습 기회가 달라진다. 또 이 도표들을 어떻게 활용하느냐에 따라 유아의 학습도 달라진다. 예를 들면, 앞에서 논의한 바와 같이, 그날의 당번이 누구인지 살펴볼 때 교사가 이름의 첫 번째 글자에 특별히 주의를 기울이는 것과 더불어, 당번의 배정을 한 주를 기준으로 할 것이 아니라 하루를 기준으로 배정한다면 유아들이 게시되어 있는 이름에 관심을 기울일 기회를 더 많이 제공할 것이다. 이렇게 이름에 관심을 기울이는 빈도가 많아지면 유아들이 알파벳 글자의 이름을 학습하는 데 도움이 될 것이며 친구들의 이름을 알아보도록 학습하는 것에도 도움이 될 것이다.

많은 유아 교사들이 출석표를 활용하기도 한다. 일반적으로 교사들이 출석표를 만들 때 유아의 이름을 알파벳 순서로 배열한다. 유아는 자기 이름이 적힌 주머니가 출석표의 어디에 있는지를 곧 파악하게 되고, 그런 다음엔 프린트된 자기 이름을 더 이상 살펴보지 않게 된다. 그러나 주머니에 넣을 유아의 이름들을 큰 상자의 뚜껑이나 바구니에 담아서 제공하고 이름들의 배열을 뻔하게 하지 않는다면, 유아들은 자기의 이름을 찾기 위해서 친구들의 이름들도 확인해야만 한다. 매일 이처럼 다양한 방식으로 이름을 제공하면 유아들이 많은 알파벳 글자를 학습하는 데 큰 도움이 될 것이다.

출석표에 붙이는 이름표에는 유아의 이름만 적혀 있어야 한다. 이름표에 그림이 같이 있으면 유아들은 글자를 살펴보지 않기 때문이다(그림 5-5). 교사들 중에는 학기 초에는 이름표에 유아의 사진을 함께 사용하다가 첫 달이 지난 후에 사진을 빼고 이름만 있는 이름표로 교체하는 교사도 있다. 이때쯤이면 유아들은 이름의 첫 번째 글자와 같이 문자의 특성에 근거 하여 자기 이름표를 찾을 수 있기 때문이다.

어떤 교사들은 별도의 당번표를 사용하지 않고 출석표 주머니에 당번을 함께 게시하기도 한다(그림 5-6). 이렇게 하려면 출석표의 각 유아 이름 주머니와 각각의 당번 표시 뒷면에 찍찍이를 작게 잘라 붙여야 한다.

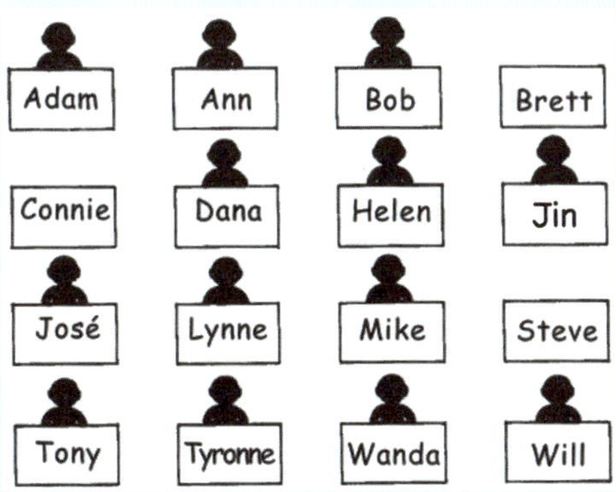

그림 5-5 출석표에 붙이는 이름표

출석표와 당번표를 혼합하면 교실 벽 공간을 더 넓게 쓸 수 있지만 유아들이 문해 기술을 학습하는 데에는 단점이 있다. 즉 유아들은 글자를 자세히 살펴보지 않고도 그들이 당번인지 아닌지를 즉시 알 수 있다. 유아의 이름이 매일매일 모이는 시간과 전이 시간에 문해 활동으로 활용된다면, 매일 출석표와 당번표에서 이름을 확인하는 반복적 기회는 필요하지 않기 때문에, 출석표와 당번표를 혼합해서 사용하는 것도 괜찮으며, 출석표에 걸 이름표를 찾는 것만으로 충분하다고 교사는 결정할 수도 있다.

유아들이 출석표와 당번표의 이름에 관심을 갖고 몰두하는 것은 교사가 함께 상호작용해줄 수 있다면, 유아들이 알파벳 글자와 문자 단어에 대하여 지속적으로 학습할 수 있는 기회를 제공한다. 예를 들어, 유아가 자기 이름표를 알아볼 때 교사는 "그래, 그 이름표 네 거야. 빅토리아(Victoria)라고 써 있지. V—i—c—t—o—r—i—a"(각 글자의 이름을 말하면서 각 글자를 가리킨다)라고 말한다. 또는 교사는 "그래 맞아. 그게 네 이름이지. 올리버(Oliver). 네 이름 중간에 'v'가 있고 빅토리아(Victoria) 이름은 처음에 'v'가 있다는 것을 지난번에 봤어. 우리 반에는 이름에 'v'가 있는 친구는 너희 두 사람뿐이란다."라고 말할 수도 있다.

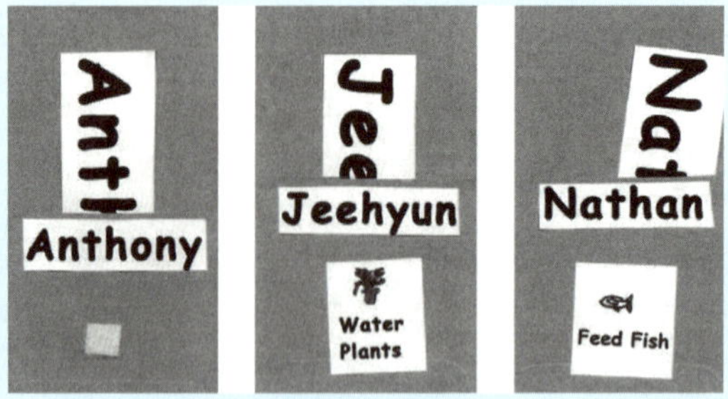

그림 5–6 교실 당번 게시를 위한 출석표 주머니 디자인

이름 게임을 시작할 수도 있다. 대문자 글자가 쓰여진 타일을 한 번에 하나씩 들어 올리고 교사는 다음과 같이 설명한다. "자기 이름이 글자 ◯(예: M 또는 L)로 시작하는 친구는 손을 드세요." 손을 든 유아들을 일일이 확인해줄 때, 교사는 "그래, 캐니에(Kanye), 네 이름은 K로 시작하는구나."라고 말해준다. 자기 이름이 그 글자로 시작하는데도 손을 들지 않는 유아가 있다면, 교사는 유아의 이름 카드를 찾아서 첫 번째 글자를 가리킨다[예: "마누엘(Manuel), 네 이름도 M으로 시작하는구나. 손을 들어야겠네."].

이 즈음해서 한 교사는 유아들이 집에 가지고 갈 책을 나눠주고 유아들의 이름을 활용하여 이에 관련된 소집단 활동(북마크 만들기)을 하였다. 유아들에게 자기 이름에 들어가는 글자의 타일들을 책상 위에 배열하라고 요구하였다. 교사는 각 유아의 이름에 들어가는 알파벳 글자들의 이름을 말해주고 또 손가락으로 가리키면서 유아들이 배열한 것을 확인했다. 그리고 유아의 이름표를 참조하면서 이름 글자들이 정확하게 배열되었는지를 확인해주고 또는 정확하게 다시 배열하도록 도와주었다(이름이 긴 유아들에게는 이런 상황이 자주 일어났다).

그렇게 한 후 각 유아는 색칠된 전단 보드의 좁고 긴 네모 한쪽에 글자들을 풀로 붙였다. 유아들은 북마크의 다른 쪽에 붙이기 위해, 자신의 이름이 관례적으로(첫 번째 글자는 대문자로 다른 글사는 소문자로) 인쇄된 견본도 받았다. 마지막으로 유아들은 책의 앞표지 안쪽에 다음의 명찰을 풀로 붙였고("이 책은 __________의 것이다."), 빈 곳에 자기의 이름을 썼다. 유아가 만든 어떤 형태의 이름도 수용되었고 "난 못해요. 도와주세요."라고 말하는 모든 유아들을 교사가 도와주었다.

그밖의 알파벳 글자 이름 자료들

교사는 학기 초에는 주로 유아 이름의 첫 번째 글자를 사용하지만, 얼마가 지나면 다른 자료들도 소개할 수 있다. 예를 들어 소집단 활동에서 교사는 글자 빙고(letter Bingo), 글자 기억하기(letter Memory), 서로 혼동하기 쉬운 글자들을 포함하는 글자 짝짓기 자료들을 사용할 수도 있다(그림 5-7 참조).

그림 5-7
글자 짝짓기 자료의 예

교사들은 서로 다른 서체로 된 글자들을 짝지어보는 활동 자료로 활용할 수도 있다. 놀이판 한쪽에 몇 개의 글자를 놓고 (예: E, G, H, K), 각 글자에 대응하는 3~4가지 다른 서체의 글자 타일을 짝짓는 것이다.

소집단 활동으로 도입한 후, 이러한 글자 게임과 짝짓기 자료들은 유아들이 자유 선택 활동을 할 때 혼자 사용할 수 있도록 비치한다. 교사는 또 알파벳 퍼즐을 제공한다. 유아가 알파벳 글자들을 구별하기 쉽게 하는 최상의 자료들은 각 글자의 배경 테두리에 별도 공간을 갖고 있다. 이에 비해 알파벳 퍼즐들은 불규칙한 모양 조각들 위에 글자가 쓰여 있다. 이러한 퍼즐을 맞추려면 유아들은 글자의 모양이 아니라 퍼즐 조각의 모양에 주의를 기울여야 한다.

알파벳 퍼즐은 유아들에게 대문자와 소문자를 모두 접하게 해야 하지만 하나의 퍼즐로는 이런 경험을 줄 수 없다. 특히 나이 어린 유아들에게 하나의 퍼즐 안에 52개의 글자들을 모두 맞추게 하는 것은 유아를 압도시킨다. 대문자나 소문자 중 한 가지만을 사용하는 퍼즐이라면 유아들이 다룰 수 있는 경험을 제공한다.

교사는 모이는 시간에 "글자 단서 게임"을 할 수 있다(박스 5-3 참조). 물론 학기 초에도 쓰기를 하는 맥락에서는 글자의 이름이 나올 수 있다. 우리는 7장과 8장에서 글자 이름 지식과 다른 문해 기술을 지원하는 방법에 대해 논의할 것이다. 다음은 유아들이 문자 단어에서 글자들이 하는 역할을 이해하기 위해서는 반드시 습득해야 하는 음운 인식에 대해 살펴보고자 한다.

음운 인식

음운 인식(phonological awareness)이란 소리 낸 단어의 의미는 제쳐 두고 말소리를 추적하고 조작하는 기술을 의미하며, 단어의 소리 구조를 대상으로 하는 일종의 놀이이다. 여기서 우리는 (1) 말소리 단위(speech units), (2) 음운 인식 과제에서 말소리 단위의 조작, (3) 유아기

박스 5-3 글자 단서 게임과 그것이 유아들에게 주는 이점

이 게임은 매우 유사한 2개의 알파벳 글자들이 실제로는 아주 작은 한 부분만 다르다는 사실을 깨닫도록 돕는다. 처음 유아가 알파벳 글자를 배우기 시작할 때, 그동안 강아지류 또는 포크류처럼―"작은 차이는 무시하고 공통된 특성들에 초점을 두는"―사물을 범주로 익혀오던 방식을 알파벳 글자 (예: E/F; T/L; N/Z) 학습에도 적용한다. 다시 말해 유아는 처음에는 E와 F가 2개의 서로 다른 글자가 아니라, 같은 글자(letter)의 서로 다른 2가지 종류라고 생각한다. 포크, 강아지, 고양이, 자동차, 의자 등에 대해 배울 때, 한 종류 안에서는 이렇게 작은 차이보다도 훨씬 더 큰 차이들도 무시해야 한다는 것을 습득했기 때문이다. 특히 이런 게임을 통해 알파벳 글자를 접할 때, 유아들이 글자들 간의 작은 차이에 주목하고 공통된 특성들을 무시해야 함을 깨닫도록 돕는다.

놀이 방법

- 교사는 자신이 어떤 알파벳 글자를 생각하고 있다고 유아들에게 말한다. 한 번에 그 글자의 한 부분만 단서로 써서 보여준다. 예를 들어, 표적 글자가 P라면, 먼저 아래로 길게 선을 그리고 잠시 멈춘 다음 유아에게 그 철자가 무엇일지를 추측하게 한다.
- 유아들은 T, L, 또는 M이라고 생각할 수 있다. 각각의 추측에 대해 "네가 무엇을 생각하고 있는지 알겠어."라고 말하고, T라는 반응에 대해 교사는 "우리가 T를 쓸 때(그것을 쓴다) 먼저 아래로 길게 선을 그리고 그 위에 옆으로 짧게 선을 그리지(그렇게 한다). T는 아래 방향으로 길게 선을 그어야 하기 때문에, 잘 생각했지만, 그것은 선생님이 생각하고 있는 것은 아니야."라고 말한다.
- M과 L이라는 대답에 대해서도 같은 방식으로 반응해줄 수 있다. 그 다음, 두 번째 단서를 준다; "아래로 길게 그은 선 꼭대기에서 이 선은 시작해요. 그리고 이 선은 오른쪽으로 가다가 다시 이렇게 아래로 그은 선의 중간 부분으로 구부러져 되돌아와요. 이때 몇 명의 아이들이 'P'라고 말한다. 그것이 맞다고 확인해준다.

후속 활동

- 유아가 쓴 글자가 여전히 다른 글자와 유사해 보일 때 교사는 계속 진행할 수 있다. 예컨대 P는 R이나 B로 게임을 이어갈 수 있다. "선생님은 이제 P와 아주 비슷하게 생겼지만 P가 아닌 다른 글자를 생각하고 있어요. 선생님은 다른 P를 쓸게요(P를 쓴다). 그리고 여기에 선을 덧붙일 거예요. 선생님은 여기서 대각선 방향으로 작은 선을 더할 거예요(선을 그린다)."라고 교사는 말한다. 유아 한 두 명이 "R이예요."라고 말한다. 새로운 글자 R이 맞다고 확인해주고 P와 R의 유일한 차이는 대각선 방향의 작은 선(손가락으로

가리키며)뿐이라고 말한다.

- 이 게임 후속으로 개념을 강화하는 활동을 생각해보자. 3~4가지의 서로 다른 글씨체를 사용하여 쓴 알파벳 글자 타일을 활용한 짝짓기 게임("기타 알파벳 글자 이름 자료" 부분 참조) 역시 각각의 글자들이 글씨체에 따라 다소 다른 모양을 나타내지만(예: E, E, ϵ, E), 그 차이 때문에 다른 글자로 달라지지는 않는다는 사실을 유아들이 이해하도록 돕는다.

에 가능한 음운 인식, (4) 유아들의 음운 인식을 발달시키도록 돕는 교수 전략에 대하여 논의하고자 한다.

단어의 말소리 단위

음절(syllables)은 단어에서 가장 큰 소리 단위이다(예: ba-by, ba-na-na). 역으로 말해 음절은 2가지의 부분—초두 자음(onset) 단위와 각운(rime) 단위[2]—으로 나뉠 수 있다. 모음 앞에 오는 모든 소리는 음절에서 초두 자음(onset)에 해당된다. 음절의 각운(rime)[3]은 모음과 그것을 뒤따르는 모든 소리를 포함한다. 예컨대 단어 'bed'에서 /b/는 초두 자음, /ed/는 각운이고, 단어 'string'에서 /str/은 초두 자음이고 /ing/은 각운이며, 단어 'tea'에서 /t/는 초두 자음이고 /ea/는 각운이다. 단어는 이보다 더 작은 소리 단위로도 나뉠 수 있는데 이것을 음소(phonemes)라고 한다. 단어 'bed'는 3개의 음소(즉, /b/, /e/, /d/)를 가진다. 단어

2 영어의 경우, 한 음절은 초두 자음(onset)과 각운(rime)으로 구분되지만, 우리말의 경우, 하나의 음절은 초성, 중성, 종성으로 구분된다. 예를 들어 '공'의 경우, 초성 /ㄱ/, 중성 /ㅗ/, 종성 /ㅇ/으로 구분된다 – 옮긴이.

3 영어의 각운(rime)은 한 음절에서 초두 자음을 뺀 모음과 뒤따르는 모든 소리를 가리킨다. 우리말에서 영어의 각운에 해당되는 부분은 중성과 종성을 합한 것이다. 예를 들어 '공'의 경우, 중성 /ㅗ/와 종성 /ㅇ/이 합친 /옹/ 소리가 각운에 해당된다 – 옮긴이.

'plate'는 4개의 음소(즉, /p/, /l/, /a/, /t/)를 가진다.

우리가 다른 사람들과 의사소통할 때에는 의식하지 않지만, 음절과 음절 사이, 또 초두 자음과 각운 사이의 경계에서 말소리는 알아차릴 수 있을 만큼 달라진다. 반면 음소는 명확하게 구분하기 어렵고, 바로 옆 음소들과 만나면서 특정 단어의 소리를 낸다. 당연히 음절과 초두 자음-각운(onset-rime) 단위는 상대적으로 유아들이 알아차리기에 수월한 반면 음소는 그러기 어렵다. 음소 인식(phonemic awareness)은 음운 인식 중에서도 유아들에게 가장 어려운 수준의 것이다. 또한 알파벳 자모음 글자들은 음소 수준의 말소리를 표상하기 때문에, 읽기, 쓰기에 가장 밀접한 관련을 지니고 있다.

음소 대신 음절이나 또는 단어/개념 전체(예: 물, 불, 길)를 표상하는 다른 문자 언어 체계들이 이 세상에 존재한다. 이중언어를 습득하는 유아들 중에는 중국어와 영어, 또는 일본어와 영어같이 말소리가 표상하는 단위가 서로 다른 2가지 문자 언어 체계를 학습해야 하는 경우도 있다. 러시아어와 영어, 히브리어와 영어, 또는 스페인어와 영어 같은 이중언어를 습득해가는 유아들은 문자 언어 체계에서 표상하는 소리의 수준이 서로 동일한 2개의 언어를 학습해가며, 이들은 모두 음소를 표상하기 위해 자모음 글자를 사용하는 언어들이다(서로 다른 쓰기 체계에 대한 논의를 보려면 박스 5-4 참조).

유아들이 의사소통을 위해 언어를 사용할 때, 음소에 대한 의식적인 분석이 필요한 것은 아니다(즉, 유아들은 bat과 bag, 또는 silly와 Willy 같은 단어들을 어렵지 않게 구별한다). 그러나 읽기와 쓰기를 학습할 때에는 소리 단위에 대한 의식적인 인식이 필요하다. 교사는 유아들이 단어 안의 음소를 포함한 서로 다른 소리 단위에 대한 인식을 발달시키도록 다양한 활동에 참여시킨다(유아들 쓰기의 맥락에서 음운 인식을 발달시키도록 돕는 방법에 대한 정보는 8장 참조).

박스 5-4 서로 다른 쓰기 체계는 어떻게 다른가

문자 언어가 없는 어떤 사회를 위해 문자 언어를 만들어야 한다면, 먼저 새로운 쓰기 체계가 표상할 음성 언어의 소리 수준을 결정해야 한다. 우리는 표어문자(logography, 즉 하나의 부호가 개별 단어를 표상하는 체계)나, 음절 체계(syllabary, 하나의 부호가 단어 속 각 음절을 표상하는 체계), 또는 알파벳 체계(하나의 부호가 단어 속 각 음소를 표상하는 체계)로 만들 수 있다.

서로 다른 쓰기 체계의 특성

중국어와 같은 표어문자(logography)에서 부호를 학습하려면 나타내려는 대상이나 행위, 또는 사상을 특정 디자인(문자; character)과 연결시켜야 한다. 표어문자는 부호와 그것의 의미 사이에 개입하는 코드를 지닌 추상적인 체계가 아니라 직접적인 쓰기 체계이다. 이와는 달리, 일본어와 같은 음절 체계에서는 음절들이 다양한 방식으로 결합되어 단어를 구성한다. 음절 체계는 코드에 근거한(code—based) 체계이다. 영어, 러시아어, 스페인어의 쓰기 체계는 알파벳 체계이다—알파벳 자모음 글자(letters)는 단어를 말할 때 그 안에 들어 있는 개별 말소리를 표상한다. 알파벳 체계에서는 자모음 글자들은 다양하게 결합하여 그 언어의 모든 단어를 철자한다.

표어문자는 이해하기는 쉽지만 이것을(예: 한자) 학습하는 유아는 수천 개의 문자(character)를 습득해야 한다(Taylor 1981). 말소리에 근거한 쓰기 체계는 습득해야 할 기본적인 부호의 수가 그보다는 적지만, 말소리에 근거한 모든 쓰기 체계는 추상적이기 때문에(즉 유아는 code를 학습해야 한다) 처음에는 이해하는 것이 더 어렵다. 말 속에서 음소보다는 음절이 헤아리기 더 쉽기 때문에, 음절에 근거한 쓰기 체계는 알파벳 체계에 비하여 학습하기가 더 수월하다. 유아가 말 속에서 음소를 헤아리는 것이 어렵기는 하지만, 음소에 근거한 쓰기 체계는 비교적 적은 수의 부호(즉 알파벳 자모음 글자)에 대한 지식을 필요로 한다는 장점을 갖고 있다.

이중언어 학습자의 음운 인식

만일 영어를 배우는 유아의 모국어(제1언어) 쓰기 체계가 표어문자라면, 알파벳 자모음 글자가 단어가 아닌 개별 말소리를 표상한다는 사실을 이해하는 것이 처음에는 이상할 것이다. 모국어 쓰기 체계가 음절 체계인 유아들에게도 역시 알파벳 쓰기 체계는 이해하기 다소 어려울 것이다.

다행히 영어를 학습하는 유아들에게 이러한 쓰기 체계들 간의 차이들은 끔찍하게 혼란스럽지는 않다. 이들은 아직 자기 모국어의 읽기, 쓰기를 학습하지 않았기 때문이다. 그들은 가정이나 유아교육기관에서 2가지 언어의 읽기와 쓰기를 동시에 학습하는 경우가 종종 있다. 이들은 그저 단순하게 생각한다. "중국말(또는 한국말이나 일본말)은 이렇게 읽고 쓰는 것이고, 영어는 또 이렇게 하는 거야." 유아가 단 하나의 언어를 습득하는 것에 비하여 이중언어 학습의 장점은 유아가 언어 사용에 대해 더욱 더 창조적이고 융통성이 많아지는 것이다(Kakuta & Diaz 1985).

가정에서 사용하는 언어가 알파벳 체계인 유아들은 영어에서 가정 언어로, 또 가정 언어에서 영어로, 음운 인식을 전이할 수 있다(Dickinson et al. 2004). 이들에게 음운 인식 기술은 하나의 언어에서 다른 언어로 쉽게 전이되기 때문에 영어를 사용한 음운 인식 교수만을 필요로 하지 않는다. 아주 최근까지 유치원에 입학하기 이전의 유아들에게는 음운 인식을 가르치지 않았으며, 효과적인 음운 인식 교수의 가장 중요한 변수는 학습 경험의 적절성과 명확성이다(Hammer, Scarpino, & Davison 2011).

유아에게 영어로만이 아니라 유아의 가정 언어로 음운 인식 활동을 제공하는 것이 좋다. 그 이유는 유아에게 영어가 생소할 때는 교사가 음운 인식 활동에 제공하는 생소한 영어 표적 단어들을 쉽사리 잊어버리기 때문이고, 또 이들이 알고 있는 영어 어휘의 수가 적기 때문에 표적 단어와 연결되는 것을 찾기(예: 표적 단어와 같은 소리로 시작하거나 각운이 같은 다른 단어 찾기)가 어렵다(Yesil-Dagli 2011).

유아의 영어 어휘 수가 적다는 사실이 문제가 될 때, 영어를 제2언어로 배우는 유아들은 음운 인식 기술이 부족하기 때문에 음운 인식을 못한다고 생각하면서, 엄청난 시간을 들여 영어로 음운 인식 과제를 하게 하는 것은 잘못된 생각이다. 유아의 제1언어로 몇 가지 음운 인식 과제를 제공하는 동시에, 가능하면 유아의 이름과 교실에서 자주 사용하는 물건의 이름(예: 적목, 싱크, 물감, 퍼즐, 집, 윗도리, 주스, 우유), 또는 이야기 그림책에 나오는 주요 단어들을 활용하는 것이 바람직하다. 교사는 또한 표적 단어의 그림을 활용함으로써 유아들이 그 단어를 쉽게 떠올릴 수 있도록 할 수 있다. 교사는 언제나 유아 교실의 광범위한 맥락을 활용하여 영어 어휘 학습을 도와야 하는 것은 물론이다.

교사는 어떤 크기의 말소리 단위라 해도 유아들이 다양한 방식으로 조작해보도록 요구한다. 예를 들어, 유아들은 교사가 제공하는 소리들을 결합(blending)하여 단어를 만들 수 있다(예: "선생님은 몇 가지 소리를 내려고 해. 우리가 /s/, /n/, /a/, /k/ 소리를 합하면 어떤 단어가 될지 아는 친구는 손을 드세요."). 또는 교사가 제시하는 단어를 음절이나 음소로 분리(즉 나누기)할 수도 있다(예: "baby를 두 부분으로 나누어 말해 보세요."). 아니면 유아들에게 단어의 한 부분을 삭제(delete)하거나 대체(substitute)하도록 요구할 수도 있고(예: "/f/ 소리 없이 fin을 말해

보세요.") 또는 같은 소리로 시작하거나 같은 소리로 끝나는 단어를 만들어(generate) 보라고 요청할 수도 있다(예: "boat /b/…oat와 같은 소리로 시작하는 단어는 무엇이 있을까?").

음운 인식의 습득 과정

유아들은 처음에는 음절 부분을, 그 다음에 초두 자음과 각운 부분을, 맨 나중에는 음소 부분을 헤아릴 수 있다. 그러나 유아의 음운 인식 수준을 평가하는 데에는 소리 단위로 수행하도록 요구받은 조작에 대한 고려도 포함되어야 한다.

결합하기(blending)는 분리하기(segmenting)보다 수월하며 분리하기는 삭제하기(deleting)나 대체하기(substituting)보다 수월하다. 말소리의 삭제나 대체를 요구하는 과제들은 한 가지 이상의 조작을 포함하기 때문에 상당히 어렵다. 예컨대 /s/ 소리 없이 'sand'를 말하라고 요구하면 유아는 처음엔 'sand'에서 /s/ 소리를 분리시키고 다시 이 소리를 삭제한 다음 'and'라고 말해야 한다. 또는 유아에게 자기 이름의 첫소리를 /d/ 소리로 바꿀 것을 요구하면, 유아들은 먼저 자기 이름의 첫소리를 분리, 삭제한 다음 (예: Sue에서 /s/를 분리하고 삭제함) 그 자리에 /d/ 소리를 넣어 말해야 한다(예: due).

첫소리나 끝소리가 같은 단어를 말하는 과제도 역시 몇 가지 단계를 요구한다: (1) 마음속에 표적 단어와 그 단어의 소리 단위를 생각한다(예: "boat처럼 /b/ 소리로 시작하는 다른 단어를 말할 수 있겠니?"), (2) 답이 될 만한 단어를 머릿속으로 찾아본다(예: ball, bib, baby), (3) 머릿속에서 생각한 단어들을 표적 단어와 비교해본다. 음운 과제에서 단어를 생각해서 말하는 과제는 분석하여 인출할 만큼 충분한 어휘를 갖고 있지 않은 나이 어린 유아들과 이제 막 영어를 배우고 있는 유아들에게는 특히 어렵다(박스 5-4 참조).

음운 인식을 시작하는 적절한 방법

운문으로 쓰인 텍스트를 접할 때 유아들은 운문의 리듬감과 각운 및 두운(즉, 같은 소리로 시작하는 단어들)을 강조하는 측면들을 좋아한다. 3장에서 설명했던 것과 같이(박스 3-1 참조), 운문으로 쓰여진 책들은 후렴구, 누적적인 텍스트, 안정적 문장 구조(예: 에릭 칼의『배고픈 애벌레』[4] (pp. 7~8) "월요일, 사과 한 개를 찾아서 먹었습니다…… 화요일, 배를 두 개 먹었습니다…")와 같은 반복적인 특성들로 인하여 유아들이 쉽게 외울 수 있도록 하기 때문에 "예측 가능한 텍스트"로 종종 묘사되기도 한다.

운문을 경험하는 것은 그 자체만으로는 의식적인 음운 인식을 발달시키지 못하지만, 말소리가 두드러지게 강조되고 문장이 음악처럼 흐르기 때문에 유아들이 좋아하는 운문 형태의 언어를 기본적인 경험으로 갖는 것만큼 좋은 것은 없다. 이와 더불어 유아들은 이런 책들을 도서 영역에서 혼자 "읽는 것"을 좋아하고, 이렇게 함으로써 알파벳 지식과 말과 글의 관계에 대한 지식, 문자 지식을 증진시킬 수 있다(박스 5-5 참조). 운문과의 경험은 유아교육 프로그램에서 모이는 시간에 연중 매일 제공될 수 있다.

교사들은 재미있는 말소리에 유아의 주의를 끌기 위하여 언어로 놀이하는 책을 활용할 수 있다. 예를 들어 샐리 서튼(Sally Sutton)의『길을 만들어요』[5]에서 책에 모아놓은 단어들은 건설 중장비가 내는 소리들에 대한 정보를 제공한다. 여기에는 "끼익! 쾅! 찰싹!"(p. 3)과 "철퍽! 철퍼

4 배고픈 애벌레, 에릭 칼 글 · 그림, 이희재 옮김, 더큰, 2007.

5 길을 만들어요, 샐리 서튼 글, 브라이언 러브록 그림, 송주은 옮김, 예림당, 2008.

박스 5-5

예측 가능한 텍스트를 손가락으로 가리키며 읽기

손가락으로 가리키며 읽기(finger point reading)는 유아에게 여러 번 읽어준 책의 텍스트를 유아가 암기한 상태에서 문자로 제시된 책 속의 단어들과 텍스트의 낭독을 짝짓는 것을 수반한다. 암기한 텍스트를 손가락으로 가리키며 읽을 수 있는 유아들은 그렇게 하지 못하는 유아들에 비하여 높은 수준의 알파벳 지식과 음운 인식을 지니고 있다. 이러한 문해 기술을 지니지 못한 유아들은 글자를 손가락으로 가리키며 읽기보다는 책에 있는 문자를 좀 더 전체적으로 사용한다(Ehri & Sweet 1991).

손가락으로 가리키며 읽기는 유아가 문해 기술을 증진시키도록 도울 수 있다. 예를 들어 왼쪽에서 오른쪽으로, 또 위에서 아래로 살피는 것이 보다 자동적으로 되고, 반복적으로 접하는 몇 가지 일상적 단어에 대한 시각적 재인이 증가하며, 단어를 말할 때 얼마나 많은 알파벳 글자들이 그 단어의 말소리를 표상하는지에 대한 정보를 유아들은 통합하게 된다. 어떤 유아들은 손가락으로 가리키며 읽기를 반복해서 사용하다가 실제로 관례적 읽기로 발전하기도 하는데, 그 이유는 아마도 손가락으로 가리키면서 읽는 것은 특정 단어가 텍스트의 어디에 있는지를 찾기 위해 문해 기술들을 통합해야 하고, 또 생소한 텍스트를 읽으려면 이러한 통합이 필요하기 때문일지도 모른다.

요즘 유아 교실에서 문해 기술에 대한 명시적인 교수가 증가하는데, 이는 좀 더 많은 유아들이 친숙한 예측 가능한 그림책을 손가락으로 가리키며 읽도록 한다. 예측 가능한 그림책들은 내러티브나 정보적 텍스트만큼 유아의 어휘 발달을 크게 기여하지도 못하고 또 내러티브에서 요구하는 종류의 추론을 포함하지도 못하지만, 그들 나름의 유용한 특징을 지니고 있다. 예측 가능한 그림책은 유아들에게 언어의 아름다움과 문학적인 언어사용 방식을 경험하게 하고 또 책과 읽기에 대한 유아들의 흥미를 증진시키는 데 기여한다. 더욱이 유아들이 이런 그림책들을 즐겨 읽으면서 음운 인식 기술과 알파벳 지식을 얻는다면, 여기서 제안한 바와 같이, 유아의 문해 기술 발달에도 기여할 수 있다.

덕! 철썩!" (p. 14)이 들어 있다. 필리스 루트(Phyllis Root)의 『One Duck Stuck』에는 "쿵쿵" (p. 5), "살금살금" (p. 17) 같은 단어들이 포함되어 있다. 이러한 단어들은 유아들이 말하면서 놀이하기에 재미있는 단어들이다. 욥과 욥(Yopp & Yopp 2009)은 언어로 놀이하는 영어 및 스페인어 그림책 목록을 제공하고 있다.

교사는 일반적으로 음운 인식 과제로서 처음에는 음절에 대한 결합과 분리를 요구하는 것으로 시작하며, 그 다음에 음절보다 더 작은 소리 단위로 같은 조작을 활용하는 과제로 넘어간다. 보통 삭제하기와 대체하기, 단어 만들기 과제들은 좀 더 이후로 미루어놓는다.

그러나 연구들에 의하면, 유아들이 높은 수준(즉 초두 자음—각운과 음소 과제)의 과제 경험을 통해 교육적인 이득을 볼 수 있기 전에 더 낮은 수준의 인식(즉, 음절 과제)을 마스터해야 할 필요는 없다. 다시 말해서 음운 인식의 습득은 단계적으로 하나 다음에 다른 하나를 획득하는 것이 아니라(Anthony et al. 2003; Lonigan 2006), 준발달적으로 (즉, 여러 기술들이 서로 겹치는 양상으로) 발달되는 것이다.

또한 다양한 해석이 가능했던 초기의 연구들에(Lundberg, Frost, & Petersen 1988) 근거하여 많은 유아교육자들이 가정했던 것처럼, 음절 수준의 과제들을 경험하는 것이 초두 자음, 각운과 음소를 탐지하고 조작하기 위한 기초로서 꼭 필요한 것은 아니라는 사실을 연구자들은 발견하였다(Ukrainetz et al. 2011). 음절은 분명 유아들에게 가장 쉽고 가장 편하게 소리를 합치고 분리할 수 있는 소리 단위이다. 그러나 유아들이 아주 쉽게 탐지하고 조작할 수 있는 소리 단위를 갖고 몇 개월씩 활동하는 것은 불합리하다. 그렇게 하는 것은 오히려 더 작은 소리 단위들을 탐지하고 조작하도록 유아가 발전하는 것을 방해한다는 연구 결과(Ukrainetz et al. 2011)도 있다.

유아들은 의사소통을 위해—의미에 초점을 맞추는—언어를 사용하기 때문에 처음에 소리에만 초점을 맞추는 것은 유아들에게 어려움을 초래하고 따라서 유아 교사는 음절을 조작하는 과제들(예: 결합하고 분리하기)부터 시작해야 한다고 우리는 여전히 생각한다. 예를 들어 케이크(cake)와 같은 소리로 시작하는 다른 단어들을 생각해보라고 할 때, 유아는 "생일"(birthday)이나 "초콜릿"(chocolate)이라고 말하기 쉽다. 이런 대답은 말소리에 초점을 맞춘 반응이 아니라 의미에 대한 반응이다.

이러한 문제에서, 말소리의 큰 단위(즉, 음절)를 사용하는 음운 인식 과제는 단어를 말할 때 나오는 소리들을 갖고 놀 수 있다는 생각을 유아들에게 소개해준다. 그러나 이는 음절로 시작할 때의 유일한 장점이기 때문에, 교사는 더 작은 소리 단위(즉, 초두 자음과 각운, 음소)로 넘어가기 전 한 두 주 동안만 음절 단위를 사용하는 것이 현명하다.

음절 결합하기와 분리하기 과제 유아들의 이름이 음절 인식 과제에 사용된다면, 그 소리 단위는 유아들에게 더 수월하게 이해될 것이고 과제들은 더욱 즐거울 것이다. 예를 들면 모이는 시간이나 전이 시간에 하는 게임으로, 교사는 유아들에게 이름을 일부분만(즉, 음절) 말할 것이니 주의 깊게 들으라고 요구할 수 있다. 그리고 교사는 "선생님이 말하는 것이 만일 자기 이름의 일부분이라고 생각하는 친구는 손을 들고 자기 이름을 '완전하게' 말하세요."라고 설명한다.

교사는 먼저 친숙한 스토리의 주인공 이름이나 교사들의 이름, 또는 결석한 유아들의 이름을 사용하여 시범을 보인다. 이름을 제시할 때 교사는 그 음절 부분을 한 번 말하고 잠시 쉬었다가 반복하기를 2~3번 한다. 이런 식으로 반복하면 유아들은 제시된 음절을 듣고 처리할 기회를 갖게 된다.

이름이 단 하나의 음절인(예: Ben, Sue, Josh) 유아들을 위하여, 놀이를 할 유아의 차례를 정한 다음, 친숙한 물건의(예: cray-on, eas-el, ba-na-na, um-brell-a) 그림 3개를 펼쳐놓고 교사는 이중 하나의 이름을 골라 음절 일부를 분리하여 제시한다. 첫 번째 유아의 차례가 끝나면 다음 차례의 유아를 위하여 이름의 음절을 제시했던 물건의 그림은 치우고 다음 3개의 그림 세트를 제시한다(한 번에 제시하는 그림의 개수는 순서가 된 유아의 인지적 부담이 너무 커지지 않도록 3개가 넘지 않도록 한다).

이와 같은 음절 결합하기 과제를 몇 번 활용한 후, 교사는 각 유아의 이름을 부른 다음 유아들에게 이름의 부분만 말하기(음절 분리하기 과제)를 함께 하자고 요청한다. 모이는 시간을 이용하여 이처럼 교사가 지원하는 과제를 몇 번 한 다음에, 유아들은 차례를 바꿔가며 친구들의 이름을 재미있는 방법으로 부르고 교사에게 누구 이름인지 추측하여 '완전하게' 말하도록 요구할 수도 있다.

유아들은 이름에 들어 있는 음절의 수만큼 손뼉 치거나 음절의 수가 몇 개인지를 교사에게 보고하지 않아도 된다. 유아들은 자기 이름의 '장단(beats)'을 언어적으로 표시하면서(즉, 강세로서) 동시에 머리를 끄덕이며 소리의 분절을 경청하고 말하면 된다. 유아가 얼마나 이해하고 있는지를 파악하기 위해 교사가 유아의 행동을 경청하고 관찰할 때, 과제는 유아들에게 더 어려워지지 않는다. 디지털화된 음운 인식 과제를 사용하면, 게임의 일부로 음소 분리하기를 하면서 유아들에게 음소의 수를 세도록 요구하는 것도 적절하다(즉 제시된 단어에 포함된 음소의 수를 유아가 올바로 셀 때에는 게임을 더 발전시킨다. 이 장 뒷부분에 있는 박스 5-7 참조).

음운 인식 교수의 다음 단계

1~2주 동안 음절 과제를 활용한 후, 교사들은 다음에는 초두 자음, 각운 단위와 음소 단위를 결합하고 분리하는 과제로 나아간다. 이러한 과제들은 모이는 시간과 전이 시간에 전체 대집단 활동으로 활용할 수 있다. 여기서도 교사는 유아들의 이름으로 시작하지만 이제는 첫소리에 집중하는 것이 좋다. 유아들은 "이름의 첫 글자" 활동("이름이 ○로 시작하는 친구는 손을 드세요.")을 통해 자기 이름의 첫 글자가 무엇인지에 대해 이제는 다소 친숙해져 있으며, 첫소리에 집중하는 새로운 게임

을 즐길 수 있다.

교사는 이 게임을 시작하기 전에 오늘은 이름에서 글자가 아니라 소리를 사용할 것이라고 설명해준다(예: "오늘은 선생님이 보여주는 글자를 보는 것이 아니라 선생님이 말하는 친구의 이름에서 첫소리가 무엇인지를 잘 들어야 해"). 교사는 몇 번 연습을 시키는데, 이때 교사의 이름을 활용할 수도 있다. "선생님이 '자기 이름이 /t/ 소리로 시작하는 친구는 손을 드세요'라고 말하면, 타냐(Tanya, 보조 교사) 선생님이 손을 들 거야. 왜냐하면 타냐 선생님 이름이 바로 그 소리로 시작하기 때문이야. 잘 들어봐, /t/—/t/ Tanya." 유아 이름의 첫소리를 제시하며 게임을 시작하기 전에 두 번째 연습을 한다.

각각의 연습에서 교사는 표적이 되는 소리를 2~3번 말하고(예: "자기 이름이 /d/…/d/……/d/ 소리를 내며— 소리로 시작하는 친구는 손을 드세요."), 유아가 손을 들면 상세한 피드백을 준다[예: "맞아, 드본(Devone), 네 이름은 /d/…소리로 시작하지. 드본(Devone)." 또는 "네 이름은 /d/ 소리가 아니라 /t/ 소리로 시작하는데. 타니카(Tanika). 선생님이 곧 /t/ 소리를 말해줄게. 지금은 손을 내리자."]. 자기 이름의 첫소리가 제시되었는데도 유아가 손을 들지 않는다면, 교사는 정보를 주는 피드백을 제공한다; "드본(Devone), 네 이름은 /d/—Devone 소리로 시작하지. 그러니까 너도 손을 들어야겠네."("이름의 첫 글자"와 "이름의 첫소리" 게임을 모두 해본 다음 유아들에게서 나타나는 흥미로운 결과에 대한 논의는 박스 5-6 참조).

"이름의 첫소리" 게임을 3~4주에 걸쳐 여러 번 반복해서 놀이한 다음, 모이는 시간에 다른 과제들을 (매일 하나씩) 활용할 수 있는데, 유아의 이름과 같은 소리로 시작하는 단어가 제시될 수도 있다(예: "너희 중

---

6 영어의 쓰기 체계는 한글과 달리 매우 불규칙하므로 이런 활동이 가능하다 – 옮긴이.

7 하나의 소리를 표상하는 데 사용되는 한 쌍의 글자를 의미한다 – 옮긴이.

박스 5-6 이름의 첫 글자 대 첫소리 게임을 통한 재미있는 학습[6]

음운 인식 과제에서 유아의 이름을 활용할 때, 교사는 영어의 철자법에 대한 흥미로운 정보를 유아들에게 경험하게 한다. 예컨대, 이름의 첫 글자가 같은 유아들은 "이름의 첫 글자" 게임에서 과거에도 그랬던 것처럼 "이름의 첫소리" 게임에서도 같이 손을 들어야 한다고 생각할 수 있다. 그러나 어떤 유아들은 이름의 "첫소리" 게임에서 전과는 다른 친구들과 함께 손을 들어야 한다는 사실을 발견한다. 예를 들어 고든(Gordon)과 구스타프(Gustav)는 "첫 글자" 게임에서 함께 손을 들고 지오바나(Giovanna)도 손을 든다. 그러나 "첫소리" 게임에서 지오바나(Giovanna)는 고든(Gordon)이나 구스타프(Gustav)가 손들 때가 아니라 자밀라(Jamila)가 손들 때 자기도 손을 들어야 한다는 것을 배운다.

교사가 지오바나(Giovanna)에게 자밀라(Jamilla)처럼 /j/ 소리에 손을 들어야 한다고 설명할 때, 고든(Gordon)과 구스타프(Gustav)는 "지오바나(Giovanna)는 자밀라(Jamilla)가 아니라 우리와 같은데요."라고 말할지도 모른다. 그럴 때 교사는 "그래 너희들과 지오바나(Giovanna)는 이름이 같은 글자—G—로 시작하는 것 맞아. 그렇지만 너희 이름은 지오바나(Giovanna)와 다른 소리로 시작한단다. 지오바나(Giovanna)는 /j/ 소리로 시작하거든… /j/iovanna; 너희들 이름은 /g/ 소리로 시작하잖니. /g/…/g/ordon, /g/ustav. 그래서 소리 게임에서는 너희와 지오바나(Giovanna)가 서로 다를 때 손을 들어야 해."라고 멋지게 말할 수 있다.

유아들은 이처럼 규칙적이지 않은 것을 받아들이고 때로는 이런 것들에 상당한 흥미를 느끼기도 한다. 한 예를 들면, 담임 교사가 "쥬디(Judy) 선생님"(이 책의 주 저자)을 반 유아들에게 소개했을 때, 4세 지오바나(Giovanna)는 "선생님은 J인가요? 아니면 G인가요?"라고 물었다. 담임 교사는 크게 미소 지으며 말했다. "지오바나(Giovanna)는 선생님 이름이 J로 시작하는지 아니면 G로 시작하는지를 알고 싶어 해요. 자기 이름은 제이슨(Jason) 이름과 같은 소리로 시작하지만 첫 글자는 제이슨(Jason) 이름과 다르다는 걸 알고 있거든요."

많은 유아들이 영어 철자법의 이런 저런 불규칙성에 흥미를 갖고 있다. 예를 들어, 교사가 "이름의 첫 글자" 게임에서 사용할 알파벳 글자 타일들 중에 한 글자로 된 것들뿐만 아니라 다이어그라프(diagraphs)[7](즉 'ch,' 'sh,' 'th,' 'wh')를 포함시킨다면 유아들은 C가 아닌 Ch로 시작하는 쳔티즈(Chauntise)의 이름과 S가 아닌 Sh로 시작하는 션(Shawn)의 이름, 또 T가 아닌 Th로 시작하는 테오도르(Theodore)의 이름을 배우게 된다.

영어 쓰기의 이러한 간단한 사실을 아는 것은 유아들이 읽기를 학습할 때 도움이 된다. 다이어그라프로 시작하는 이름들이 수용되고 활용되는 교실의 유아들은 the, this, they 등의 단어들을 접할 때 't'에만 집중하는 경향이 적을 것이다. 대신 그들은 'th'를 글자 쌍으로 반응하기 쉬운데, 이런 단어들을 정확하게 읽으려면 이렇게 하는 것이 맞다. 영어의 철자법에 대해 유아들도 받아들일 수 있고 심지어 흥미 있어 하는데, 유아기라고 해서 올바르지 않은 방향으로 유아들을 이끌 이유는 없다.

에 이름이 /b/ /b/ …ball과 같은 소리로 시작하는 친구는 손을 드세요."). 교사는 처음에는 몇 가지 예를 제시한다[예: "milk처럼 /m/ /m/ 소리로 이름이 시작하는 친구는 손을 드세요. 누구 이름이 있을까. 몰리(Molly). 몰리(Molly)는 손을 드세요. /m/ …Molly"]. 유아들이 자기 이름의 첫 번째 소리를 알아볼 때 교사는 상세한 피드백을 제공한다[예: "그래 맞아. 네이던(Nathan), 네 이름은 냅킨(napkin)처럼 /n/ /n/ 소리로 시작하는구나: /n/ /n/ napkin, /n/ /n/ Nathan, 냅킨(napkin)과 네이던(Nathan) 모두 /n/ 소리로 시작하지."].

교사는 또 모이는 시간에 유아들이 음운 인식 과제의 시작점으로 암송하는 동시나, 노래, 예측 가능한 그림책들도 사용할 수 있다. 이들은 대체로 같은 소리로 끝나는 각운이 되는 단어들 및 같은 소리로 시작하는 단어들을 포함하기 때문이다(모이는 시간에 활용할 수 있는 음운 인식 과제의 예를 보려면 표 5-1 참조. 예측 가능한 텍스트에 나오는 단어들을 토대로 한 내용도 일부 포함되어 있다).

영역별 자유 선택 활동 시간에 음운 인식 조작놀이의 활용 유아들에게 음운 인식 기술을 연습할 수 있는 기회를 제공하는 자료들이 영역별 자유 선택 활동을 위해 제공될 수 있다. 이런 조작놀이에 사용되는 기본 자료들에는 여러 벌의 그림 카드가 있다. 그림 5-8에 제시된 사례는 단어의 첫소리에 초점을 맞춘 것이다. 표적이 되는 그림들은 배경 판에 그려져 있으며 그와 짝지어질 타일들에는 표적이 되는 그림의 이름과 같은 소리로 시작하는 사물의 그림들이 그려져 있다.

교사는 그림들이 다른 이런 자료를 여러 세트 마련하여 사용할 수 있다. 음운 인식 과제의 초점은 매번 달라질 수 있다. 예컨대, 학기의 후반부에는 단어의 첫소리가 아닌 끝소리에 초점을 맞출 수도 있다.

이런 조작놀이 자료에 그림으로 제시되는 대상들은 의도한 그대로 유

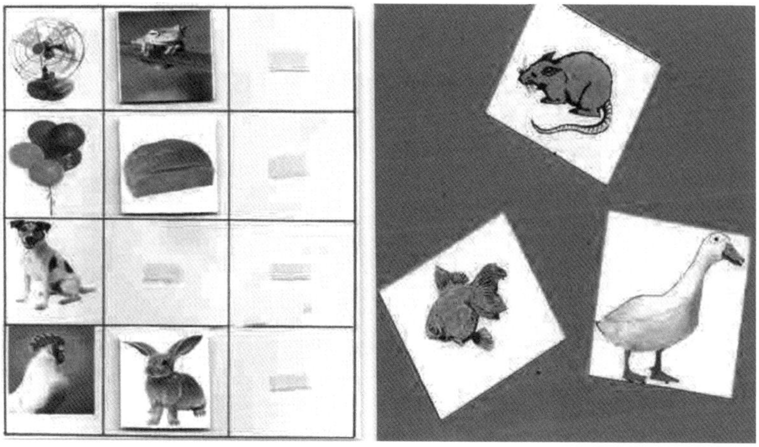

그림 5-8[8] 단어의 첫소리 짝짓기 놀이 사례

아가 이름을 말할 수 있을 만큼 유아들에게 매우 친숙한 대상이어야 한다. 그렇지 않으면 짝짓기를 위해 제공된 그림 타일들을 제대로 쓸 수 없을 것이다. 배경 판이나 그림 타일에 해당 그림의 이름을 문자로 써 놓을 필요는 없다. 그렇게 하면 교사들의 초점이 소리(음운 인식)에서 글자로 바뀔 수 있고 이것은 결코 바람직하지 않다.

오늘날에는 유아들이 알파벳 글자와 소리를 배우도록 돕는 디지털로 된 애플리케이션들이 많이 나와 있다. 그 몇 가지 사례에 대한 논의가 박스 5-7에 제시되어 있다. 저소득 가정의 유아들은 고소득 가정의 유아들에 비하여 컴퓨터와 학습을 돕는 애플리케이션에 대한 접근이 훨씬 제한적이다(Common Sense Media 2011). 유아교육기관에서의 경험은 바람직한 범위 내에서 디지털 경험을 유지하면서도 이러한 '애플리케이션 격차'를 감소시키도록 도울 수 있다(AAP 2011).

음운 인식을 돕는 쓰기의 활용 음운 인식은 쓰기의 맥락에서 도움을

8 첫 번째 그림의 경우, fan(선풍기)와 frog(개구리) 옆에는 같은 소리로 시작하는 fish(물고기) 그림을 붙여야 한다 – 옮긴이.

박스 5-7

문해 기술 습득을 돕기 위한 교육용 테크놀로지 활용[9]

케이틀린 A. 파시가 (Kathleen A. Paciga)

테크놀로지는 유아들의 동기를 유발하고 몰두하게 하며, 태블릿 같은 모바일 기자재들은 휴대가 가능하고 직관적이어서 초기의 문해 환경에 쉽게 포함시킬 수 있다. 이중 선택할 만한 것들이 많으며, 어떤 것들은 TV나 영화의 주인공들과 연관된 것들도 있고 또 그렇지 않은 것들도 있다. 알파벳 글자에 대한 지식과 음운 인식, 발음 중심(phonics) 기술을 돕는 애플리케이션들은 다음을 포함한다.

- **알파벳 글자 지식 애플리케이션**은 유아들이 알파벳 글자를 알아보고 쓰기를 하며 소리(음소)를 글자에 연결시켜보는 연습을 제공한다. 'Elmo Loves ABCs, Starfall ABCs, Dora ABCs Vol 1: Letters & Letter Sounds'는 알파벳 글자 지식에 초점을 맞추고 있다. 유아들은 글자 알아맞히기 게임을 하고, ABC 노래를 들으며, 비디오를 보거나, 각 알파벳 글자가 나타내는 소리로 시작하는 대상의 그림을 색칠한다. 예컨대, 'Elmo Loves ABCs'에서 유아는 z를 클릭하고 손가락으로 z의 윤곽을 따라 그리며, Elmo가 "/z/ /z/ /z/ /z/ zebra는 Z으로 시작하는 단어야."라는 노래를 부르는 것을 본다. 또 숨겨진 그림 게임을 할 수도 있다(즉, 손가락으로 스크린의 풍선을 움직여 zipper, zucchini, zebra를 벗긴다). 다른 알파벳 글자들은 Sesame Street의 동물과 물건들의 비디오를 보여준다(예: R에 대한 비디오로 로켓 흉내를 내는 Murray와 유아). 이 애플리케이션은 유아의 어휘와 내용지식을 확장시켜주면서 전통적인 글자에 대한 탐색을 확대시킬 수 있다.

- **음운 인식 소프트웨어**는 좀 더 연령이 높은 유아들과 유치원 아이들을 위한 것으로 음소 분리하기와 음소의 수세기(예: LeapFrog's Toy Story 3), 끝소리가 같은 단어(예: Dora ABCs Vol 2: Rhyming Words)에 초점을 맞추고 있다. Toy Story 3은 화면에 그림이 수반되면서 말로 제시되는 단어의 음소 수를 세는 보드 게임을 반복한다. 유아는 각 단어에 들어 있는 음소의 수만큼 점을 눌러서 답을 표시한다. 답이 맞으면 유아의 말은 칸의 수만큼 이동한다(예: fish는 디지털 판 게임에서 3칸을 이동한다).

- **기타 애플리케이션**(예: Bob Books Reading Magd Lite, Dora ABCs Vol 3: Read to Read!, Phonics Awareness 1st Grade)에는 파닉스(phonics, 발음 중심의 어학 교수법)는 물론 음운 인식도 포함되어 있는데, 유아들에게 각 알파벳 글자가 내는 대표적인 소리를 듣기 위해 글자들을 누르고, 단어의 철자를 하거나 또는 단어를 알아보기 위해 화면에 있는 글자나 물건을 이동시키라고 요구한다. 'Dora's ABC Vol 3'에

서 유아들은 단어의 처음이나 끝에 올바른 알파벳 글자를 놓거나 또는 연속된 소리들을 듣고 그 소리들이 합쳐서 이루어지는 단어의 올바른 그림을 찾아서, Dora와 Boots가 수련의 잎을 건너가도록 돕는다. 예를 들면, Dora가 "이 단어에 맞는 그림이 무엇일까?"라고 말한 후, 유아는 그 소리들을 합하여 rug를 이동시킨다. 그러면 Dora는 "rug를 hug로 바꿔."라고 하고, 유아에게, "글자 위를 누르면 그것이 내는 소리를 들을 수 있어."라고 말한다. 음운 인식은 분리되었거나 합쳐진 소리들을 글자와 연결시키는 것에 초점을 맞춘다. 예를 들어 결합하기에서는 "단어에 들어 있는 모든 소리를 듣고 그 단어가 무엇인지를 찾으세요. 잘 들어보세요. /s/ /i/ /t/".라고 말한다. 그러면 유아는 단어 sit으로 화면의 bug를 이동시킨다.

- 위의 애플리케이션들이 유아의 문해 기술을 돕는 데 유용하지만, 모든 어린이들이 이러한 테크놀로지에 접근할 수 있는 것은 아니다(Common Sense Media 2011).

받을 수 있으며 쓰기의 맥락에서 각 유아의 발달이 관찰될 수 있다. 음운 인식은 문자에 참조하지 않고도 발달될 수 있는 구어 기술이기는 하지만, 음운 인식 교수를 쓰기에 끼워서 할 때 매우 효과적이라는 사실을 연구들이 지적하고 있다(Ball & Blachman 1991; Ukrainetz et al. 2000). 유아의 음운 인식을 돕기 위한 쓰기의 활용에 대하여 8장에서 논의하고 있다.

교사의 바람직한 피드백

집단에서 1~2명의 유아들은 종종 같은 소리로 끝나거나 시작하는 단어들을 찾아낼 수 있다. 대답을 하지 않는 유아들은 대체로 경청하고 있지만, 아직 그 과제를 어떻게 해야 하는지 이해하지 못하거나 교사가

---

9 수동적으로 정보를 받아들이는 형태의 애플리케이션이나 테크놀로지를 나이가 어린 영, 유아들을 대상으로 활용할 때에는 특히 부모와 교사의 주의와 지도가 요구된다 – 옮긴이.

표 5–1 모임 활동 시간에 이루어지는 첫소리와 끝소리가 같은 단어 활동

활동	피드백	제시
노래, 동시, 예측 가능한 텍스트를 활용한 활동		
노래 부르기, 동시 암송하기, 예측 가능한 텍스트 읽기 등을 흥미에 따라 반복한다.	• 자연스런 리듬을 포착하기 위해 표현을 잘 살려가며 노래를 부르고, 동시를 암송하며, 그림책을 읽는다. • 같은 노래와 동시, 예측 가능한 텍스트를 몇 주, 몇 달 동안 반복한다. • 운문을 학습할 때 함께 유아들의 참여를 격려한다.	• 유아들이 암송하거나 노래 부르거나 또는 함께 읽을 수 있도록 그 속도를 변화시킨다. • 눈을 맞추고 표정을 통해 유아들을 함께 연결시킨다.
교사는 친숙한 전래 동요나 동시, 노래, 예측 가능한 텍스트에서 같은 소리로 시작하는 단어나 같은 소리로 끝나는 단어들을 찾는다.[10]	• 2~3주에 걸쳐 각운이나 동시, 노래 또는 예측 가능한 텍스트를 서너 번씩 활용한 후, 비슷한 소리가 나는 단어들에 대해 이야기한다(예: "동시 '작은 새가 말해요'에서, 'hop'과 'stop'은 모두 'op'로 끝나네–h–op, st–op. 이 두 단어는 같은 소리로 끝나네요."). • 동시에서 끝소리가 같은 단어들을 확인한 후 ('do'와 'flew'), 각 단어의 초두 자음과 각운 부분을 제시한다(즉, d–o와 fl–ew). • 유아들이 친숙해지도록 처음 3~4개월 동안 다양한 동시와 노래, 예측 가능한 텍스트를 사용하여 위와 유사하게 진행한다.	• 동시와 노래에서 끝소리가 같은 단어들을 찾는 것은 재미있다고 말한다. 그리고 다음의 모이는 시간의 활동으로 진행한다. • 교사가 특정 단어를 말한 다음 유아들이 그 단어들을 반복하면, "그래, hop과 stop은 끝소리가 같아요." 라고 말한다.
유아들은 친숙한 전래 동요나 동시, 노래, 예측 가능한 텍스트에서 같은 소리로 시작하는 단어나 같은 소리로 끝나는 단어들을 찾는다.	• 3~4개월이 지난 후 항상 그랬던 것처럼 동시를 암송하거나 노래를 부른다. 그런 다음 교사는 몇 가지 운문들을 다시 암송하면서 유아들에게 같은 소리로 시작하거나 또는 같은 소리로 끝나는 단어들을 찾기 위해 잘 들어보라고 한다. • 유아들에게 같은 소리로 끝나는 단어들(또는 오늘의 과제가 같은 소리로 시작하는 단어들 찾기라면 같은 소리로 시작하는 단어들)이 들리면 손을 들으라고 한다. • 한 아이에게 끝소리가 같은 단어들(또는 오늘의 과제가 같은 소리로 시작하는 단어들에 초점이 있다면 같은 소리로 시작하는 단어들)을 말해보라고 한다. 상세한 피드백을 제공한다.	• "그래 rocks와 박스는 서로 같은 소리로 끝나는 단어들이야. 마지막 소리가 r–ocks와 b–ox가 서로 비슷하네."처럼 상세한 반응을 해준다. • "그래 죠나스, 그 단어 2개는 서로 같은 소리로 끝나지. 잘했어요!" 같은 반응은 피하도록 한다(183쪽 「교사의 바람직한 피드백」 참조).
결합하기와 분리하기 활동		
소리를 결합하여 친숙한 단어들을 만들기 위해 교사는 유아들에게 음소들을 제시한다.[11]	• 소리들을 갖고 새로운 게임을 할 텐데, 선생님이 어떤 대상의 이름을 재미있게—소리의 작은 부분들로—말하면, 지명된 유아는 그것이 무엇인지를 "온전하게" 말하는 것이라고 설명한다. • 연습을 위해 1~2개의 그림 카드를 한 번에 하나씩 활용한다(예: "내가 /d/—/o/—/g/라고 말하면 너희 중 한 사람이 '선생님이 dog이라고 말했어요.'라고 말하는 거야."). • 2~3번 연습한 후, 한 번에 그림 3개를 제시하고 그림에 그려진 대상의 이름을 말한다(예: dog, cat, hat; sock, cup, spoon; gate, coat, three). 그 다음, 3개 대상 중 하나의 이름에 들어 있는 소리들을 제시한다(예: /k/—/a/—/t/; /k/—/a/—/t/). 유아에게 반응하도록 요구한다. 자세한 피드백을 제공한다.	• 유아가 대답하면, 제시된 음소로 구성된 단어를 다시 말해준다("맞아, /k/—/a/—/t/는 단어 'cat'에 들어 있는 소리들이야"). • 만일 유아가 'cat' 대신 'hat' 같은 다른 그림의 이름을 말한다면, "선생님이 다시 한 번 소리를 말해볼게: '/k/—/a/—/t/; /k/—/a/— /t/'. 무엇인지 다시 생각해볼까?

	• 3개의 또 다른 그림들을 준비하여 각 대상의 이름을 말한다. 앞에서 한 것처럼, 그 중 하나의 이름이 갖고 있는 개별 음소들을 제시하고 그에 대한 상세한 피드백을 제공한다. • 3~4개의 그림 세트로 3~4개의 단어가 내는 소리를 제시한다.	
단어를 2개 또는 3개의 쌍으로 제시하고 유아들에게 서로 같은 소리로 끝나거나 같은 소리로 시작하는 단어들을 찾으라고 한다.[12]	• 유아들에게 선생님이 단어 몇 개를 말하면 유아들은 그것들이 같은 소리로 시작하는지 아닌지(또는 그날 과제의 초점에 따라, 같은 소리로 끝나는지 아닌지)를 말해야 한다고 이야기한다. • 한두 가지 예를 든다(예: boat와 girl, 피드백 제공; doll과 dig 피드백 주기). • 단어들을 쌍으로 제시하고 유아들이 답하기를 계속한다. 피드백을 제공한다. • 한두 달 후, 3개의 단어 쌍을 제시하고 이중 같은 소리로 끝나는(그날 과제의 초점에 따라, 같은 소리로 시작하는) 단어 2개가 무엇인지를 유아들에게 묻는다. 3개의 단어를 2번 말해준다. 상세한 피드백을 제공한다.	• "맞아. Boat와 girl은 같은 소리로 시작하지 않지요. Boat는 /b/—boat—로 시작하고 girl은 /g/—girl 소리로 시작해요. 그래, doll과 dig는 모두 d/ 소리로 시작하지." • 유아들의 답이 틀렸을 때(예: top과 boat가 같은 소리로 끝난다고 말할 때), "음…… t–op과 b–oat, 끝소리가 –'op'과 'oat'– 서로 다르게 들리는데. 같은 소리로 끝나는 단어들이 아니야."라고 말한다.
교사는 서로 같은 소리로 시작하거나 끝나는 단어들이 어떤 것들이 있는지를 유아들이 생각해보도록 한다.	• 표적이 되는 단어를 제공하고 유아들에게 이것과 같은 소리로 시작하는(그날 과제의 초점에 따라 같은 소리로 끝나는) 단어들이 무엇이 있는지 생각해보라고 한다. • 몇 가지 예를 제공한다: "Boat, bat, bug는 같은 소리 /b/로 시작해요—/b/oat, /b/at, /b/ug." • 표적 단어를 제공하고 유아들에게 같은 소리로 시작하는 다른 단어들을 생각해 보라고 한다: "sink는 /s/ 소리로 시작해요. /s/ink, /s/ink처럼 /s/ 소리로 시작하는 다른 단어들에는 무엇이 있을까?	• 유아가 아무런 반응을 하지 않을 때 예를 제공한다. 예컨대, "음…… /s/oap는 /s/ink처럼 /s/ 소리로 시작한다고 생각하니?" • 상세한 피드백을 제공한다: "맞아. sun은 sink처럼 /s/로 시작해, /s/ sun."

초점 맞추고 있는 소리의 단위를 탐지하지 못하는 경우가 대부분이다. 때로는 교사들이 "그래 맞아. Rocks는 박스와 같은 소리로 끝나는구나."와 같이 일반적인 코멘트로 유아의 올바른 답에 반응한다. 이와 대조적으로 정보를 주기 위한 피드백은 집단의 모든 유아들에게 옳은 답의 특징을 분명하게 강조한다.

예를 들면, 교사는 "맞아. sand와 sun은 같은 소리 /s/로 시작하지. 그

---

10 우리나라 유아들에게 익숙한 노래(예: 〈리리리 자로 끝나는 말은〉)를 활용하여 같은 음절(리)로 끝나는 단어들을 찾아보는 활동을 한다 – 옮긴이.

11 우리나라 유아들에게 친숙한 1음절 단어(예: 손, 발, 입)를 선택하여 같은 방법으로(예: /ㅅ/—/ㅗ/—/ㄴ/,/ㅂ/—/ㅏ/—/ㄹ/, /ㅇ/—/ㅣ/—/ㅂ/) 활동한다 – 옮긴이.

12 우리나라 유아들에게 친숙한 1음절 단어들을 쌍(예: 소/양, 입/집)으로 제시하고 같은 소리로 끝나는 단어 쌍이 무엇인지 찾아보게 하는 방식으로 활동한다 – 옮긴이.

럼, 이제 선생님이 이 동시를 좀 더 읽어줄 거야. 너희는 선생님이 읽어주는 동시를 잘 듣고 있다가, 선생님이 멈추었을 때, 같은 소리로 시작하는 또 다른 단어를 들었다고 생각하면, 손을 드는 거야."라고 말할 수 있다. 유아들이 옳게 대답할 때, 교사는 "잘했어!" 또는 "너희는 참 열심히 들었구나."같이 내용 없는 칭찬은 피한다. 이런 칭찬은 아무런 정보가 없는 것이기 때문이다. 이와는 반대로 교수적인 언어(instructional language)는 모든 유아들의 학습을 돕는 특정 정보를 제공한다.

음운 인식 과제들은 "퀴즈"나 "테스트"가 아닌 교수학습의 기회이다. "같은 소리로 끝나는 (또는 시작하는) 단어들이 무엇인지 아는 사람?"이나 "같은 소리로 끝나는 단어들을 누가 알고 있을까?"라고 묻는 것은 유아들이 이미 이것을 알고 있어야 함을 암시하는 말일 수 있다. 대신, 이 과제들이 학습의 기회라는 것을 암시하기 위해 교사는 유아들에게 과제에 대한 정보에 역점을 두는 것이 좋다(예: "선생님은 너희가 모두 알고 있는 이 동시를 한 번에 한두 줄씩 암송하려고 해. 선생님이 암송하다가 멈추고, 같은 소리로 시작하는 단어들을 들었는지 너희에게 물어볼 거야. 너희가 들었다고 생각하면 손을 드는 거야.").

문자의 관례와 기능

1장에서 논의한 바와 같이, 문자의 관례(print conventions)란 문자를 조직하고 사용하는 규칙을 말한다. 이러한 규칙은 문자가 어떤 방식으로 책장에 실리는지, 특정 방향으로 읽히는지, 문장에서 빈 공간이 문자화된 단어들을 분리시키는지를 규정한다. 문자의 관례는 또 대문자와 소문자 및 다양한 구두점들의 사용에 대한 규칙을 포함한다.

동시, 노래, 그림책 제목에 밑줄을 그으면서 교사가 유아들에게 표지

표 5—2 제목에 밑줄 긋는 전략

그림책, 동시 또는 노래 차트는 매일 사용되기 때문에, 이들의 제목은 모이는 시간이나 이야기 시간에 문자의 관례를 가르치기 위해 활용될 수 있다. 제목에 밑줄을 그을 때, 효과적인 전략을 사용하고, 유아의 문해 기술이 증가하면서 이러한 전략을 변화시키는 것은 매우 중요하다. 이 표는 밑줄 긋는 기교 및 이것이 유아들에게 특정 문해 기술을 습득하도록 돕는 다양한 효과에 대해 요약하고 있다.	
밑줄 긋는 전략	**효과**
제목 부분을 손으로 '휩쓰는' 몸짓을 나타낸다. 밑줄 긋기는 하지 않는다.	효과가 없음. 교사가 글자를 읽고 있다는 일반적인 생각만을 전달함.
각 단어의 중간 부분을 손가락으로 가리킨다. 밑줄 긋기는 하지 않는다.	효과가 없음. 교사가 글자를 읽고 있다는 일반적인 생각만을 전달함.
각 단어를 읽으면서 왼쪽에서 오른쪽으로 밑줄을 긋는다. 가르치는 상황이 아닐 때, 읽기는 매우 빠르다. 제목에 밑줄을 완전히 긋기 전에 읽기가 끝나거나, 이와는 반대로 제목에 밑줄을 다 그을 때까지 읽기가 끝나지 않는 경우도 있다.	어느 정도 효과적임. 왼쪽에서 오른쪽으로 글자를 따라 가는 시범을 보이는데, 이것은 유아들이 문자의 방향을 배우도록 돕는다. 알파벳 글자에 대한 지식이나 음운 인식이 거의 없는 유아들에게 유용하다(유아교육기관의 학년 초).
성인이 가르치는 상황이 아닐 때 일반적으로 읽는 속도보다 더 늦은 속도로 왼쪽에서 오른쪽으로 각 단어의 밑줄을 긋는다. 밑줄 긋기는 간혹 교사의 말과 줄긋기의 대상인 문자가 연결되지 않는 경우도 있지만,교사의 말과 문자가 대체로 잘 일치된다.	좀 더 효과적임. 유아들로 하여금 밑줄 그어지는 문자를 면밀하게 관찰하게 하며, 교사가 읽는 알파벳 글자들(즉 단어) 사이의 빈칸에 주목하게 한다. 유아교육기관의 학기 중반부에 적절함.
교사의 손가락은 각 단어의 첫 번째 글자가 소리로 바뀌는 동안 첫 글자 아래에 머무른다. 그리고 단어의 나머지 부분이 읽혀지는 동안 나머지 글자들의 밑줄을 긋는다. 밑줄 그어지는 문자와 교사의 말은 거의 완벽하게 일치된다. 두 번째는 제목이 더 유창하게 읽혀지는데, 각 단어의 첫 번째 글자에서 손가락이 머물지 않고 단어에 밑줄 긋는다.	좀 더 효과적임. 유아들이 많은 알파벳 글자들을 알고 어느 정도 음운 인식이 가능해 지는 유아 교육기관의 마지막 3~4개월 동안 활용될 수 있다. 교사가 이런 방법을 활용할 때, 읽기를 하는 유아들도 생긴다. 처음에 의도적으로 읽기를 한 다음, 두 번째 제목 다시 읽기는 유아들이 교사를 따라 제목을 읽는 또 다른 기회를 주며 유아들이 제목의 의미에 집중하도록 돕는다.

판(signs)이나 목록을 읽어줄 때, 유아들과 함께 쓰기를 할 때, 유아들은 글자를 왼쪽에서 오른쪽으로 읽는다는 관례에 대하여 관찰하고 배운다. 제목과 도표에 제시된 정보들도 여러 줄로 된 글자를 읽을 때는 윗줄을 다 읽으면 다시 아래 줄의 왼쪽부터 읽어야 함을 따르는 기회를 제공한다.

교사들이 동시를 암송하거나 노래 부르거나 책을 읽으면서 동시나 노래, 또는 예측 가능한 텍스트의 밑줄을 그을 필요는 없다. 이런 형태의 언어가 주는 아름다움을 유아들은 들어야 한다. 밑줄 긋기는 종종 자연스런 리듬과 흐름을 왜곡시킨다. 교사들이 매일 사용하는 제목들에 밑줄을 긋고 소집단에서 사용하는 도표(예: 씨앗 뿌리기, 요리하기)에서 방향을 강조한다면, 유아들은 문자의 관례를 적절하게 접하게 되는 것이다. 문자가 진행되는 방향 및 말과 글의 신속한 연결(mapping)에 대해 유아들이 학습하도록 돕기 위해 제목, 표지, 목록에 밑줄을 긋는 전략은 표 5－2에서 논의하였다.

문자의 기능(print functions)이란 문자의 다양한 활용을 가리킨다. 문자의 사용에 대한 학습과 더불어 유아들은 문자가 다양한 맥락에서 서로 다르게 배열된다는 사실도 학습한다. 예를 들면, 메뉴의 제목은 정보 그림책의 제목과는 다르고, 도로의 표지판은 목록과 다르며, 음악회나 극장의 프로그램은 철물점의 물감 색상 견본 책자와는 다르다. 전화번호부는 요리책과 다르고 카드는 포스터와 다르며 비행기 표는 식료품 판매점에 줄 서서 받는 번호표와 다르다.

유아들은 가정과 사회에서, 또 교실에서 다양한 목적을 위해 활용되는 문자를 관찰하면서(예: 교실 안의 표지판과 도표들을 관찰하고, 가족이나 친구들에게 줄 카드를 만들고, 교사의 목록에 항목을 추가하고, 극놀이를 위해 문자 소품을 만들고 사용하면서) 문자의 다양한 기능에 대해 친숙해진다(표 5－3 참조).

유아들과 문해 기술에 대한 결론

이 장에서는 유아들의 문해 기술 습득을 돕는 활동 및 교수 전략에 대한 다양한 제안들과 더불어, 나중에 유아들의 성공적인 문해 학습을 위해 중요한 문해 기술에 대하여 개관하였다.

유아교육 프로그램의 균형을 유지하면서 문해 활동에 대한 유아들의

표 5—3 유아 교실에서 문자의 활용

유아들에게 문자의 많은 기능과 형태를 경험하게 하려는 다양한 목적을 위해 유아 교사들은 문자를 활용할 수 있다.	
목록(lists)	
자유 선택 활동 영역의 놀이 차례를 나타내는 순서표	• 유아들은 각 영역의 게시판에 놀이 할 차례를 표시하는 순서표에 자기 이름을 쓴다. • 유아가 "내 차례는 언제예요?"라고 물을 때 교사는 "헬렌이 지금 이젤을 사용하고 있네. 놀이 차례 순서표에 보면 그 옆에 타이런 이름이 있고, 네 이름은 그 다음에 있구나."라고 말해줄 수 있다. • 자기 차례가 되어 놀이를 마친 유아는 자기 이름에 선을 그어 지우고 다음 차례인 유아에게 알려줄 수 있다.
쇼핑 목록	• 간식이나 교실 비품이 떨어지고 있다는 사실을 유아와 교사가 알게 되면 쇼핑 목록에 그 물품을 추가한다. • 유아들은 교사가 제공하는 인쇄된 교실 비품 목록의 단어를 사용하여 비품의 이름을 쓸 수도 있고, 유아들이 글자를 쓰도록 교사가 도울 수도 있다.
현장학습에 필요한 항목의 목록	• 교사는 현장학습에 가지고 갈 물품들의 목록—확인된 출석자 명단, 구급상자, 물병, 컵—을 검토할 수 있다. • 교사의 책임이기는 하지만, 유아들에게 목록을 읽어주면서 각각을 손가락으로 가리키는 것은 유아들에게 필요한 물품을 알려주고 목록이 이런 목적을 위해 활용된다는 사실을 가르친다.
극놀이 영역의 목록—관련 소품들	• 응급 전화번호(예: 경찰서, 병원, 소방서)를 놀이 냉장고에 붙여둔다. • 식료품 상점에서 사올 물품들을 포함한다. 유아들은 쇼핑 가려고 준비할 때 이 목록을 사용할 수 있다. • 병원놀이를 위해 검진 항목(혈압, 체온, 심장, 호흡기 검사, 눈과 귀 검진, 신장과 체중 측정)을 포함한다. • 식료품 상점놀이에서 유아가 집에 가지고 갈 수 있는 식품 상자 목록을 추가한다.
라벨(labels)	
	• 유아의 장에 유아의 이름을 붙인다. 이름의 첫 글자는 대문자, 나머지는 소문자를 사용한다. • 물건을 보관하는 바구니와 선반에 물건의 이름을 써서 붙임으로써 유아들이 물건들을 찾고 정리할 수 있게 한다. • 유아의 미술 작품을 게시판에 게시할 때, 함께 붙이기 위해 유아의 이름을 종이에 쓴다.
표지판(signs)	
	• 각 놀이 영역에서 놀이할 수 있는 최대 인원을 알리고, 도서 영역에는 "조용히", 복도에는 "뛰지 말고 걸으세요."라고 요청하기 위하여 표지판을 사용한다. • 방문객에게 인사하고 환영하며 정보를 제공하기 위한 표지판을 유아들과 함께 만든다(예: "안녕하세요, 후아레스 선생님. 무지개 반은 이쪽입니다."). • 음식점놀이에서 파는 물건(그림 5–9)을, 음식점놀이에서 "오늘의 특별 메뉴"를, 또 병원놀이에서 "접수"를 알리는 표지판을 유아들이 만들도록 돕는다.  그림 5–9 음식점놀이 중인 유아들(우리나라)

놀이 및 놀이 자료에서 문자의 활용	
	• 블록으로 만든 도로 및 고속도로의 표지판 모형들 • 유아가 만든 도로 및 거리의 표지판(예: 돌아서 가시오, 어린이들이 놀고 있어요, 주의) • 블록 쌓기를 위한 시판용 나무 블록(병원, 우체국, 주유소)
	• 동네 주요 장소를 표시하기 위해 유아가 만든 표지판(예: 밀로네 샌드위치, 죠니네 상점, 안나네 빵집) • 쌓기 놀이를 위한 시판 인형들(예: 우편배달부의 가방에는 '우편'이라고 인쇄되어 있다) • 라벨이 붙어 있는 시판 운송수단들 (택시, 경찰차, 소방차, 아이스크림 판매 트럭, 구급차) • 교통표지판 퍼즐
	• 퍼즐 조각에 제목이 묘사된 이야기 그림책과 전래 동요 퍼즐 • 소꿉놀이를 위해 비치된 신문의 식료품 가게 광고와 식품 상자 • 병원놀이를 위해 비치된 유아용 그림책과 잡지, 팸플릿(이 닦기, 좋은 음식 섭취, 안전벨트 매기) • 음식점놀이를 위한 메뉴와 요리사를 위한 요리책(교사가 만든 코팅한 종이) • 기차역이나 공항놀이를 위한 출발 및 도착 시간표, 세계지도, 여행용 소책자

흥미를 키우는 가능한 모든 것을 시행하는 것은 중요하다. 문해 기술을 습득하면서 그 기술을 사용할 기회가 없다면, 유아의 기술 학습은 퇴보하거나 악화될 것이며 문해 기술에 대한 유아의 흥미도 역시 감소될 것이다. 7장과 8장은 놀이와 기타 맥락에서 유아의 발달하는 문해 기술을 활용하는 많은 사례들을 제공하고 있다.

문해 기술은 훗날 유아의 성공적인 문해 학습에 중요하지만, 유아의 장기적 성공은 문해 기술과 언어 및 내용 학습에 달려 있음을 우리는 항상 기억해야 한다(3장과 4장 참조). 유아교육 프로그램은 이들의 적절한 균형을 반드시 고려하여 제공해야 한다.

2부

쓰기의 기초 세우기

6장 쓰기의 구성 요소

읽기의 기초를 형성하는 이해력과 기술은 대부분 쓰기 학습에서도 요구된다. 이와 함께 몇 가지 부가적 지식과 능력이 쓰기에 작용한다. 그 중에서도 어린 시기에는 쓰기를 하기 위한 소근육 운동 기술을 갖추는 것이 큰 과제라 할 수 있다.

이 장에서는 쓰기에 포함된 두 가지 주요 과정인 아이디어 생성과 조직(짓기), 그리고 구성된 의미의 표상에 대해 살펴본다. 각 과정에는 몇 가지 이해와 기술들이 포함된다. 또한 청소년기에 이르기까지의 쓰기 발달 단계를 설명하고 유아원, 유치원, 초등학교 저학년에서의 쓰기 관련 주요 문제에 대해 논한다. 예를 들어, 철자 쓰기 기술과 의미 구성 간의 균형 유지하기, 그리기와 말하기에서 쓰기로 적응하는 시기, 쓰기에 관심을 기울이는 적절한 양의 시간 등에 대해 제시한다.

메시지 창조하기

글 쓰는 사람은 의사소통하고자 하는 메시지에 대해 생각하며, 때로는 글을 쓰기 전에 말로 표현한다. 쓰기 과정에서 이 의미 창조 부분을 짓기라 부른다.

짓기는 글 쓰는 사람이 자신이 지닌 내용지식(즉, 물리적, 생물학적, 사회적 세계에 대한 지식), 다른 장르에 대한 이해(예: 픽션, 논픽션, 실험보고서, 편지, 메모, 게시), 그리고 언어적, 인지적 기술로 끌어내어 이루어진다. 계획은 짓기 과정의 일부이며, 흔히 경험이 많은 사람은 글짓기를 시작하기 전에 먼저 전체적인 윤곽을 작성한다.

글짓기에 포함된 도전 정도는 일부 메시지와 그 목적에 달려 있다. 예를 들어, 다가오는 만남에 대해 친구에게 짧은 메모 쓰기가 짧은 이야기나 설득력 있는 수필 쓰기보다 쉽다. 메시지가 아주 복잡할 경우(예: 이야기, 수필, 신문 칼럼 등) 글 쓰는 사람은 보통 의도한 것을 표현하기 위해 메시지를 여러 번 다듬는다. 이렇게 초고를 다듬는 과정이 수정이다.

수정할 때, 글 쓰는 사람은 정확성, 타당성(예: "세부 사항과 정보가 충분한가?"), 명료성(예: "독자가 내가 의도한 의미를 이해할까?"), 그리고 매력(예: "의도한 독자가 이 글을 좋아할까?") 등을 검토한다. 숙련된 글 쓰는 사람이 글을 수정할 경우, 의미, 문장 구조, 철자 등과 같은 다양한 문제를 살피는 복잡한 과정을 밟는다. 문제가 발견되면 그 문제는 정정되어야 한다. 전문적 성인 작가에게 중요한 점은 자신이 쓴 초고에 담겨 있는 의미를 평가하는 기술이다. 이러한 평가에서 작가는 독자가 본문을 이해하기 위해 사용하는 기술의 일부를 그대로 적용할 수 있어야 한다(Hayes, 2000).

메시지 표상하기

글 쓰는 사람이 메시지를 구성하면, 어떤 방법으로든 그 메시지를 표상해야 한다. 어린이집이나 유치원에 다니는 몇몇 3, 4, 5세 유아나 성인들에게 표상이란 단어 쓰기 형식을 취하는 것이며, 표상하려면 특정 단어들의 철자를 쓰기 위해 상징(예: 자모음 또는 음설)을 만들어내고 배열하는 방법을 알아야 한다. 통사론적 지식과 문법적 지식과 같은 언어적 기술은 글 쓰는 사람으로 하여금 단어들을 문장으로 배열하도록 안내한다. 초등학교 아동은 단어를 관례적 규칙을 적용하여 종이나 화이트보드에 쓰고, 구두점을 사용하는 것이 기대된다. 관례적 규칙 적용의 예를 들면, 왼쪽에서 오른쪽으로, 윗줄에서 아랫줄로 자모음 글자를 적절히 사용하여 쓰는 것을 들 수 있다.

초기 쓰기를 시작한 어린 유아는(예: 어린이집이나 유치원에 다니는 3, 4, 5세 유아) 자신이 바른 철자법을 적용하여 썼는지 확인하지는 않는다(Adams 1990). 자신이 쓴 단어를 유의하여 검토해보아야 단어에 대한 관례적 철자법 인식을 할 수 있게 되는데, 유아는 아직 읽을 줄 모르므로 쓴 것을 읽어보거나, 쓴 단어를 유의하여 검토하지 않는다. 몇몇 유아가 쓴 철자의 경우 비관례적인 쓰기일지라도 유아가 쓴 철자에 그 언어의 기본 철자 규칙을 아는 것이 나타난다.

한 유아가 유치원 후기에 친구에게 쓴 짧은 편지(그림 6-1)를 예로 살펴보면 Dear 글자 중앙에 두 개의 같은 모음 글자를 배치한 것을 볼 수 있다(Deer). 이 두 모음은 몇몇 단어 맥락에서는 영어의 긴장 모음(tense vowel)[1] 음소에 대한 표상으로 받아들일 수 있지만, 실제 유아가 표상하고자 하는 단어의 철자로는 잘못 표기한 것이다. 이와 비슷한

1 긴장 모음이란 이완 모음에 대비되는 모음으로, 일반적으로 모음을 발음할 때와는 달리 긴장해서 발음한다 – 옮긴이.

그림 6–1
유아가 친구에게 쓴 짧은 편지

예로 이 유아는 'feeling'에 문법적 형태소로 'ng' 앞에 모음을 배치하면서 'i'가 아닌 잘못된 철자 'feeleang'로 표기하였다. 특히 이 아이는 자신이 제시하려는 특정 단어 맥락에서 단어의 표준 철자가 아니지만, 같은 소리를 제시하는 몇몇 단어(예: peat)에서 사용되는 긴장 모음 두 글자를 사용하였다.

마찬가지로, 'better'를 쓰면서 't'자를 2개 쓰는 대신 하나만 표기하였다. 이 아이는 't'와 'r' 사이에 'e'를 포함하여 각 음절에 모음이 있어야 한다는 것에 대한 이해가 있음을 암시하였다. 만일 이 아이가 특정 영어 철자 규칙을 모른다면, 단어 끝이 자음 'tr'로 된 것을 본 적이 없고 항상 자음들 사이에 다른 유형의 글자(모음)가 배치되어 있는 것만 보았다고 볼 수도 있다. 어떤 글자를 사용해야 할지 추측했을 수도 있다. I, you, are, love와 같은 단어는 항상 철자가 정확하였다. 이는 유아들은, 특히 읽기를 할 때와 같이, 글자를 자주 접하는 기회를 가지면 많은 표준 철자를 익힐 수 있다는 것을 나타내준다.

쓰기 발달 단계

쓰기 발달은 크게 세 단계로 진전되며 (1) 출현(시작), (2) 초기 관례적 쓰기, (3) 더 원숙한 관례적 쓰기, 순서로 나타난다. 쓰기 기술 발달은 상당한 시간을 요한다. 각 단계는 대체적 흐름의 제시이고 명확히 정해진 단계는 아니다. 또한 각 단계 내에서도 다양한 발달 양상을 볼 수 있다.

쓰기 출현

쓰기 출현 단계는 1세경 시작되어 유치원과 초등학교 1학년(그림 6-2)에 이르기까지 계속된다. 물론 걸음마기 유아와 유아원 유아의 초기 쓰기, 유아원 유아와 5세 유치원 유아, 5세 유치원 유아와 초등학교 1학년 유아의 쓰기는 그 차이가 비교가 되지 않을 정도로 상당히 크다. 예를 들어, 초기 출현 단계에서는 영아나 걸음마기 유아는 메시지를 표상하기보다는 자신의 목적에 따라 자국(마크)만 남기거나 자국 만들기 탐색이나 도구 탐색이 이루어진다. 이와 대조적으로, 어린이집이나 유치원에 다니는 3~4세나 5세 유아의 경우 물체나 사건을 표상하기 위해 그림을 그리거나 그림에 라벨 표시하기, 이름 쓰기, 장보기 목록 작성하기, 친구에게 메모 쓰기, 블록 조형물에 표시하기 등을 위해 끄적거리기나 유사단어 쓰기(즉, 실제 단어가 아닌 단어처럼 보이는 자모음 연결줄)를 한다. 1학년 유아의 경우 유치원에 다니는 5세 유아보다 단어의 철자를 정확히 쓰고, 관례적 철자에 더욱 가깝게 발명적 철자를 사용하며(그림 6-2c 와 6-2d 참조), 띄어쓰기로 단어들을 구분하여 쓸 수 있다(그림 6-2d 참조).

초기 쓰기 단계의 어린 유아와 그보다 조금 더 나이를 먹은 유아 간의 주된 차이는 창조하는 메시지의 복잡성 정도이다. 비록 걸음마기 유아도 끄적거리기 쓰기로 메시지를 창조한 글을 명칭으로 제시하지만 명칭 이외에 별로 제시하는 내용이 없다. 그러나 4세경이면 유아는 특별한 의도를 나타내기 위한 쓰기를 시도하며, 의도한 의미를 전달할 수 있도록 세부적 묘사를 한다. 비록 자신이 전달하고자 하는 의미를 구어를 사용하여 표현하기도 하지만 자신의 메시지를 전달할 수 있도록 몇 개의 끄적거리기나 유사단어 쓰기를 첨부하며, 때로는 성인이 유아가 말하는 것을 받아써주기도 한다.

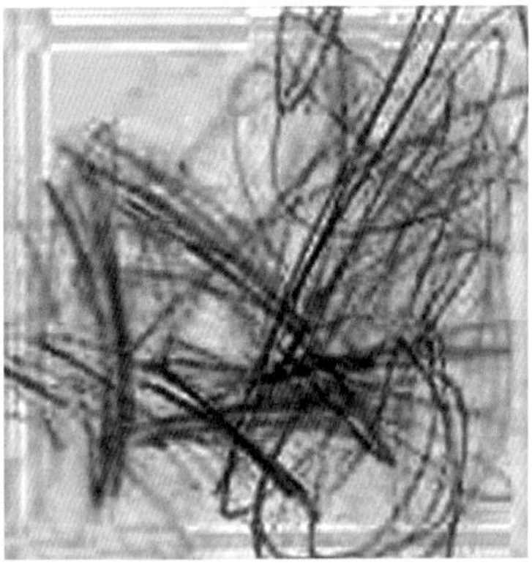

그림 6-2a 유아의 끄적거리기(17개월)

그림 6-2b 그림에 사인한 이름(4세)

그림 6-2c 쓰기가 포함된 그림(단어 사이의 띄어쓰기 관례가 적용 안 됨)

그림 6-2d 초등학교 1학년 아동이 아버지에게 쓴 감사의 글(단어 사이의 띄어쓰기 관례가 적용됨)

쓰기의 출현 단계는 아래의 하위 세 단계로 나누어 생각할 수 있다.

1. **표상 이전 단계** 자국 표시들이 메시지를 전달하려는 의도가 없이 이루어진다(7장 참조)

2. **복합적 상징 체계를 갖춘 의도적 표상** 자국이 의미를 전달한다. 끄적거리기나 유사 글자는 의미 표상을 위한 것이다. 그러나 유아는 그림이나 자신의 쓰기가 표현하고자 하는 의미를 충분히 나타내지 못하기 때문에 많은 의미를 말로 제시한다(8장 참조).

3. **더욱 균형적 상징 체계가 적용된 의도적 표상** 유아의 그림이 의미

를 보다 충실히 전달한다. 쓰기를 의도한 자국은 쓴 형태가 좀 더 글자와 유사하고 발명적 철자로 쓴 단어들은 흔히 읽을 수 있다. 아직은 나이든 3, 4, 5세 유아로 하여금 그리거나 쓴 것에 대해 말해보도록 하는 것이 중요하다. 이 시기에는 그리기와 쓰기만으로 의미를 충분히 전달하기 힘들기 때문이다. 유치원 후기에 이르면, 많은 유아들이 단순한 쓰기만으로 표상할 수 있다(예: "사랑해."라고 표시하거나 끄적거리기, 또는 유사단어를 사용하여 식료품 명세서 쓰기, 8장 참조).

초기 관례적 쓰기

유치원에서 초등학교 3학년에 이르는 동안 유아의 쓰기와 그리기는 거의 대부분 의도적이다(즉, 의도적 의미를 전달한다). 또한 유치원 5세 유아와 초등학교 아동은 3~4세 유아보다 복잡한 메시지를 창작한다. 그리고 장르들(예: 이야기와 정보문)을 구분하는 특징을 사용하기 시작한다(Duke & Kays 1998). 초등학교 1학년의 경우, 3, 4, 5세 어린이집과 유치원에 다니는 유아와 비교해, 쓰기 내용에 대해 좀 더 생각하기 시작하고, 흔히 익숙한 책에 제시된 문장 형태와 내용을 사용한다(Dahl & Freppon 1995).

하지만, 초등학교 1학년 아동의 쓰기는 아직 자연발생적이다. 다시 말하면, 이들은 시작 전에 충분한 계획을 하지 않는다(Graves 1981). 이들은 쓰기 전에 쓰려고 하는 것에 대해 약간 말하며, 쓰고 그리는 과정에서 생각을 말한다(Cioffi 1984). 메시지가 여러 아이디어를 포함할 경우, 초등학교 1학년 아동은 아이디어가 생각나는 그 순간에 각각 구성하여 제시한다(즉, 첨가한다). 이들은 새로운 아이디어를 생각할 때 총체적으로 고려하여 변경하지는 못한다.

초등학교 1학년 아동은 자모음 글자는 잘 형성할 수 있다. 쓰기 기술

박스 6-1 우리나라 3, 4, 5세 유아의 단계별 쓰기의 예

끄적거리기

아기라고 쓴 것(24개월)

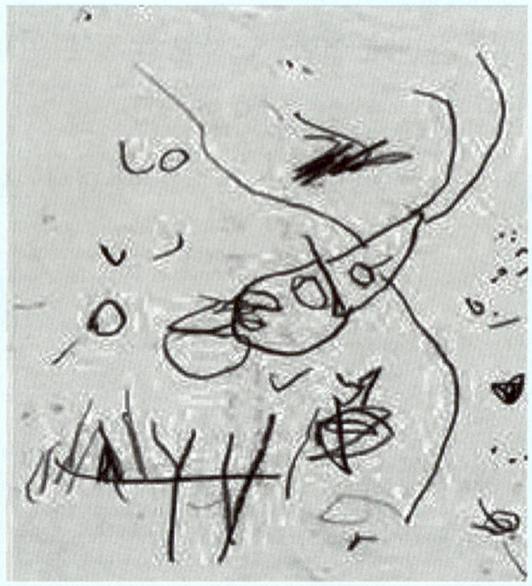

토끼 그림과 토끼 글자 쓴 것(49개월)

이름 쓰기

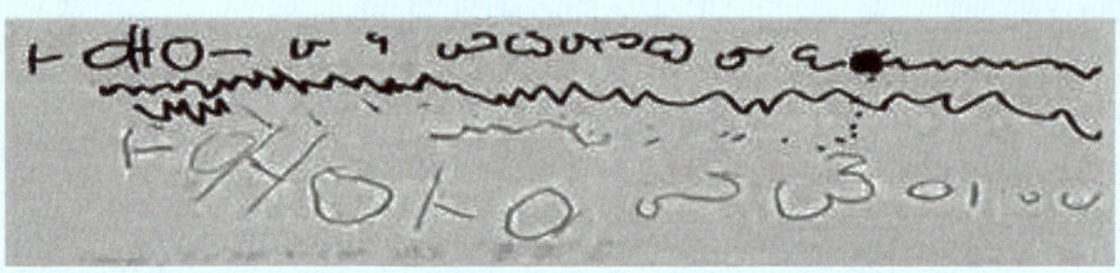

자기 이름(송은솔), 오빠, 엄마, 아빠, 할머니, 삼촌 이름 쓴 것(48개월)

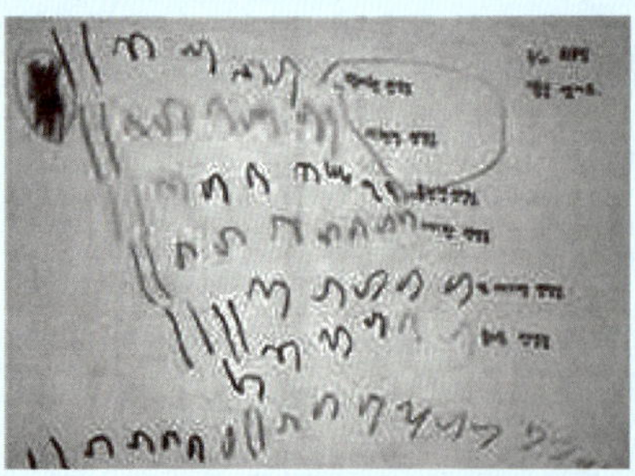

선생님 이름 쓴 것(49개월)

자기 이름(최아영), 아빠, 엄마, 언니라고 쓴 것(41개월)

자기 이름(김유녕) 쓴 것(4세)

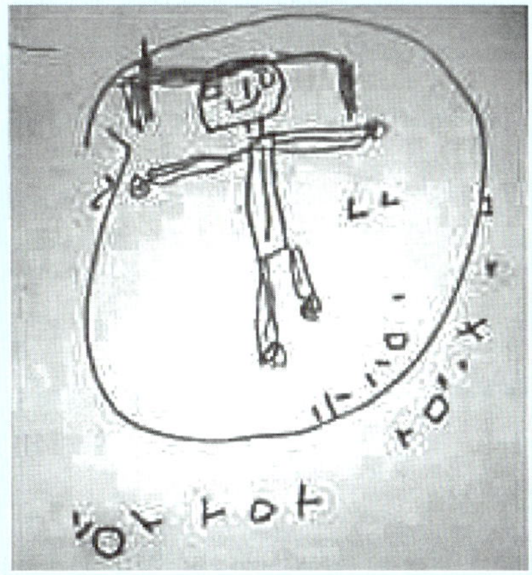

'엄마 아빠 사랑해요. 낳아주셔서 감사합니다.'라고 쓴 것(3세)

사자와 멍멍이 그림과 사자 글자 쓴 것(57개월)

편지 쓴 것(75개월)

은 초등학교 다니는 동안 증가하고 자동화된다(즉, 아동은 글자 자체에 대해 생각하지 않고도 자동적으로 글자를 형성할 수 있다). 초등학교 1학년과 2학년 아동은 철자 쓰기 기술이 상당히 발달되어 있으며 구두점에 대한 지식이 있고, 영어권 아동의 경우 대문자와 소문자의 적절한 사용을 할 수 있다. 이러한 기본 능력은 대부분 읽기를 통해 이루어진다.

유아가 이와 같은 쓰기 기술을 습득함에 따라, 이들은 무엇을 쓸 것인가에 대해 생각하기 위해 시간과 에너지를 좀 더 바칠 수 있다. 그러나 초등학교 1학년과 2학년 아동이 글로 써서 창작하는 상당한 기술을 지녔다 할지라도 이들은 여전히 자신이 표현하려는 의미를 표상하기 위해 그림 그리기를 활용할 수 있다. 특히, 유치원과 초등학교 1학년 유아들은 자신이 표현하려는 의미를 소통하기 위해 아직도 말로 표현하는 것이 필요하다.

보다 원숙한 관례적 쓰기

언어 기술, 지식, 철자 쓰기, 다른 전문 기술이 증가함에 따라 글 쓰는 사람의 메시지는 길이와 깊이가 증가하고 메시지를 전달하기 위해 사용하는 단어의 전문성이 증가한다. 사실상 적절한 어휘 습득은 읽기에서와 마찬가지로 쓰기를 위해서도 중요하다(Johnson 2000). 쓰기를 위한 바람직한 교육적 지원에 어휘 발달이 포함된다(Kelley et al. 2010). 예를 들어, 초등학교 2학년 아동과 자기소개 원고의 초고를 검토할 때, 한 상위 수준 어휘가 모든 의미를 표현할 수 있는 곳에 여러 단어들이 사용되었을 경우, 교사가 단어 사용에 대해 토의할 수 있다. 예를 들어 교사가 다음과 같이 지도할 수 있다. "여기에 네가 '나는 배구, 농구, 하키보다 축구를 좋아한다. 나는 어떤 다른 스포츠보다 축구를 좋아한다.'라고 말했어. 두 번째 문장에 '축구는 내가 가장 좋아하는 스포츠다.'라고 표현하면 그것으로 '어떤 다른 스포츠보다'라는 말도 포함되는 표현이 돼."

학교 교육으로 쓰기가 점차 발달되어감에 따라 아동은 점차적으로 복잡한 관계를 표현하는 문장을 만들 수 있게 되고, 보다 명확하고 응집성 있게 쓰게 된다. 또한 아동은 특정 의도 대상에 대해 좀 더 생각하게 되고, 점차적으로 다양한 목적을 위해 글을 쓰는 기술이 발달한다. 아동의 쓰기는 교사와 또래친구로부터 도움이 되는 피드백을 받을 경우

향상된다.

효과적인 유아기 교육 실천하기

불행하게도, 연구에 의하면 미국의 고등학교 학생들의 대부분이 숙련된 글쓰기를 하지 못하는 것으로 보고되고 있다(Achieve, Inc. 2005; Persky, Daane, & Jin 2003; Salahu-Din, Persky, & Miller 2008). 미국 교육에서의 한 실책은 『미국읽기전문위원회의 보고』(National Reading Panel 2000) 출판에 기인한다. 그동안의 쓰기 연구가 읽기 기술 발달에서의 효과를 명확히 나타내주지 못했고, 전문위원회의 보고에서 읽기 발달을 지지하는 전략으로 쓰기를 추천하지 않았기 때문에, 학교 교육에서 체계적인 언어 교육을 시도하기는 하였으나 쓰기는 흔히 소홀히 하였다. 쓰기를 포함한 영어 교육에서 공통적 주정부 기준(National Governors Association Center for Best Practices, Council of Chief State School Officers 2010)이 몇몇 주를 제외한 모든 주에서 채택되어 앞으로 아동의 글쓰기에서 진전이 있을 것으로 보인다.

유아교육 교사는 유아들이 좋은 시작을 할 수 있도록 돕기 위해 다양한 방법을 적용할 수 있다. 이 책에서는 몇 가지 피해야 할 책략과 함께 도울 수 있는 방법을 제시하였다. 7장과 8장에서 특별한 쓰기 관련 정보와 전략을 논하였다.

책 읽어주기

영아기에 시작하여 유아에게 책 읽어주기는 언어 발달을 돕고 다른 유형의 문어적 이야기에 익숙해지게 한다. 또한 책을 통해 사람과 자연 세계에 대해 많은 것을 알게 한다. 특히 성인이 유아에게 책에 제시된 사람과 자연 세계에 대한 대화에 참여하게 할 때 그 효과가 크다.

글쓰기의 다양한 목적에 접하기

다양한 목적을 위해 쓰기가 활용되는 것을 보는 것이 유아에게 도움이 된다(예: 메뉴, 목록, 표시, 인사장, 이야기, 시, 라벨). 소꿉놀이(예: 식품 목록 작성하기, 아기 봐주는 사람에게 메모 남기기), 블록 영역에서의 놀이(예: 빌딩과 거리 표시), 쓰기 영역에서 결석한 친구에게 카드 쓰기 또는 교사를 위해 그림 그리기, 메모 쓰기 등 여러 목적을 위해 끄적거리기, 유사 글자 쓰기, 단어 쓰기를 활용할 수 있다(8장 그림 8-5 참조).

이러한 목적을 위한 쓰기는 유아의 쓰기 수준(예를 들면, 끄적거리기, 유사 글자 쓰기, 유사단어 쓰기)이 어떻든 간에 유아의 쓰기 활동에 큰 동기유발이 된다. 만일 우리가 유아의 쓰기를 자모음 글자나 이름 쓰기와 같은 정해진 과제로 한정한다면, 유아의 쓰기에 대한 동기 부여를 억압하고 학습 기회를 심각하게 제한하게 된다.

어린 시절에 자국 만들기 경험 제공하기

초기 자국 만들기 경험이 유아가 의미를 부여하는 그림 창조와 끄적거리기 쓰기로 이끈다. 유아가 표현한 표상의 물리적 형태가 다른 사람이 그 의미를 파악할 수 없는 형태이기 때문에 유아는 말로 의미를 표현한다. 유아가 쓴 초기 자국은 성인이 그 의미에 대해 유아와 대화할 수 있는 기회를 제공한다.

유아가 쓴 글과 그린 것에 대해 유아와 이야기하기

성인이 유아와 그들이 그린 것과 쓴 것에 대해 이야기를 나누면, 유아는 구어에 대한 학습이 이루어지면서 동시에 메시지 창조 방법도 학습할 수 있게 된다(예: 세부 사항을 얼마나 포함해야 하는지, 메시지는 어떻게 조직하는지 등). 성인이 유아에게 좀 더 말하도록 일깨워주는 것은 유아의 내러티브 기술의 발달을 돕는다(Peterson & McCabe 1994).

의미에 초점 두기

3~4세 유아는 자모음 글자를 형성하는 방법, 글자와 소리 연결하기, 다양한 활자체 사용을 배우기 시작한다. 그러나 장기적으로 볼 때 유아기에 의미에는 별 주의가 주어지지 않은 채 부호에 기초하며, 쓰기 기술에 주로 초점이 맞추어지는 것은 유아에게 별로 유익하지 않다. 교사는 부호 관련 기술이나 필기 기술에 초점을 두기보다는 의미나 쓴 것에 대해 의사소통을 하는 것에 초점을 맞추는 것이 중요하다.

의미 표상을 위한 유아의 접근 이해하기

다이손(Dyson 2000)과 게니쉬와 다이손(Genishi & Dyson 2009)의 연구 보고에 따르면, 초등학교 1학년과 2학년을 포함하여 유아들은 의미를 전달하기 위해 잘 쓸 수 있기 이전에 이미 의미 전달을 위한 정착된 방법을 사용하고 있다. 예를 들면 이들은 가장 놀이에 참여하고, 그림을 그리고, 몸짓으로 표현하며 말한다. 물론 유아는 의미를 전달하기 위해 쓰기 대신에 이러한 유형의 표현을 하는 것이 좀 더 편하다. 손으로 쓰기나 철자법을 지켜 쓰는 기술이 발달하려면 많은 시간이 필요하지만 유아는 일찍부터 복합적 의미를 표현하려는 노력을 한다. 이 시기에는 의미가 통하는 것을 중요시하므로, 아이디어를 쓰기로 좁게 한정하여 표상하거나 모든 그림에 쓰기를 포함하는 데 초점을 두지는 않는다. 예를 들어 한 3세 아이는 녹색 모자를 쓴 숙녀의 그림을 아주 세밀하게 그리고 나서 쓰기를 첨부하지는 않았지만, 그린 것에 대해 말로 많은 이야기를 표현하였다. 선생님은 아이의 말로 표현한 해설을 받아들였고, 그림에 쓰기로 내용을 나타내도록 요구하지는 않았다(그림 6–3 참조).

유아 교사의 과제는 유아가 가장 놀이, 그림 그리기, 말하기를 통해 의미를 소통하는 기술을 유지하고 양성하면서 의사소통을 위해 쓰기 유형을 사용하는 기술을 습득하도록 돕는 것이다. 그러려면, 의미를 표상하고 전달하는 다양한 수단을 사용할 수 있는 자유를 주고, 얼마 동안은 쓰기가 유아의 의미 소통 수단이 되더라도 받아들여야 한다.

시작 단계에서, 교사는 유아에게 무엇을 그린 것인지 그에 대한 라벨을 요청하고(예: "무엇을 그린 거지?"), 그 다음에 "내가 써줄게."라고 말하고 유아가 말한 것(예: "새의 둥지입니다.")을 써주는 것 이상의 도움을 제공할 수 있다. '말한 것을 써서 표시할 수 있다'는 것에 대한 학습은, 교사가 단지 몇 가지 라벨만 이끌어낼 경우, 큰 틀에서 고려할 때 유아에게는 쉬운 일이다. 만일 유아에게 처음에 "네가 그린 그림에 대해 얘기해주겠니?"하고 요청하면 유아는 "새둥지예요."라고 대답할 것이고, 다시 좀 더 정보를 얻으려면 "새둥지를 어디서 본 적이 있니?" 하고 좀 더 말하도록 자극할 수 있다. 유아가 관심을 보여 대화가 좀 더 진행

그림 6–3
"녹색 모자와 물방울 같은 눈과 코, 입을 가진 숙녀를 그린 거야."

되도록 하려면 유아의 대답에 이어 반응을 얻을 수 있는 질문을 할 수 있다.

장기적인 측면에서 유아를 위해서는 유아가 제시하고자 하는 의미에 대해 이야기를 나누고, 쓰기에 대해서는 별로 걱정하지 않는 것이 바람직하다. 또한 유아에게 복잡한 의미 쓰기를 기대하기보다는 교사가 메시지를 써주는 것이 오히려 바람직하다. 유아가 독립적으로 쓰기를 실행하는 시기와 장소가 있겠지만, 너무 일찍 독립적으로 쓰기를 실행하도록 재촉하는 것은 유아로 하여금 생각하고 말하고 싶은 마음이 일어나지 않게 만든다. 스스로 써서 표상하는 것이 당황스럽기 때문이다.

유아의 쓰기에 대한 결론

유아 교사는 가장놀이, 블록 쌓기, 그림 그리기, 핑거 페인팅(물감 그림 그리기), 쓰기 등의 기회를 충분히 제공하여 유아를 위해 다양한 상징화와 의사소통 기회를 열어둘 수 있다. 특히, 유치원에서 초등학교 6학년까지의 영어 교육에 대한 공통적 주 정부 기준(National Governors Association Center for Best Practices, Council of Chief State School Officers 2010)에서는 유치원 수준의 쓰기 기준으로 그림 그리기와 유아의 메시지 받아 써주기의 중요성을 인정하고 있다. 유아원 교사는 유아에게 적절하게 적용할 수 있다.

좋은 유아교육 프로그램은 초기에는 의미의 발달과 의미의 표상을 위한 복합 상징 전략(예: 그림 그리기, 말하기, 쓰기)의 사용 간에 균형을 갖추는 프로그램이다. 유아의 쓰기 능력을 길러주려면, 교사와 부모는 많은 기회와 충분한 시간을 제공하고, 다양한 방법으로 상호작용하고 도와주어야 한다. 7장과 8장에는 유아 교사와 부모가 어떻게 도와줄 수 있는지에 대한 많은 예를 제시할 것이다.

영아와 걸음마기 유아의 쓰기 자극 7장

아담이 12개월 되었을 때, 아담의 엄마가 자국을 물로 닦아낼 수 있는 무독성 검정색 마커를 아담에게 건네주자 아담은 마커 끝을 유아용 의자 위에 연결된 트레이에 깔아놓은 종이 위에 대었다. 그러고는 약 5분 동안 마커로 자국(Mark)을 만들고 점검하였는데, 잉크 점들을 보고는 놀라는 것처럼 보였다. 마커의 다른 끝을 보려고 두 번이나 마커를 돌렸다. 종이에 아무런 자국이 나타나지 않은 것을 보고는 다시 또 다른 끝을 사용하였다. 그 뒤 아담은 갈색 크레용으로 몇 개의 자국을 만들었다. 아담의 엄마는 아담이 마커를 깨물까봐 가까이서 관찰했지만 그러지는 않았다. 아마도 자신이 만든 시각적 이미지가 아담의 시각적 주의를 끈 것으로 보인다(그림 7-1a 참조).

종이에 자국을 만들기 전에, 아담은 유아용 식탁 의자 위의 트레이에

그림 7-1a
아담이 종이에 그은 자국들
그림 7-1b
알렉스가 손가락 그림 물감으로 만든 자국들

7-1a

7-1b

놓여 있는 완두콩과 당근 퓨레에 손가락으로 자국을 만들었다. 10개월 된 알렉스도 물로 씻을 수 있는 오렌지 색 물감으로 손가락 그림 그리기를 통해 유사한 경험을 하였다(그림 7-1b).

초기 자국 만들기 경험의 이론적 설명

많은 성인이 아주 어린 유아와 책을 공유하고 있으며 많은 연구들이 그 효과에 초점을 두고 이루어졌다. 하지만 자국 만들기 경험은 어린 유아에게는 자주 제공되지는 않으며 이에 대한 연구도 아주 드물다(Rowe 2008).

유아의 예술 작품에 대한 고전적 책(Kellogg & O' Dell 1967)에는 이 책에서 제시하는 표본보다 한 살 더 많은 2세와 3세 샘플부터 다루고 있다. 허쉬-파섹(Hirsh-Pasek)과 골린코프(Golinkoff) 등 언어 연구자들의 최근 책에서는 10개월 정도의 어린 영아들의 물감 그림이나 기타 그림을 포함하고 있다(Celebrate the Scribble, 2007).

전통적으로 놀이 자료를 홍보하는 책들은 3세 이전의 유아들을 위해 물감 붓, 마커, 또는 크레용을 거의 소개하지 않았다. 유아의 선 긋는 운동 기술이 아직 발달 단계에 있고 이들은 이 자료들을 표상을 위해 사용하지 않기 때문이다(예: Hughes 1999). 그러나 우리가 말하는 것을 영아가 이해할 수 없을 때에도 우리는 영아에게 말을 한다. 언어 이해와 언어 기술은 이와 같은 경험에서 출현한다는 것을 알기 때문이다. 같은 원리가 자국 만들기에도 적용된다. 더군다나, 걸음마기 유아의 소근육 운동 기술은 도구로 자국 만들기를 충분히 할 수 있고, 이 과정을 통해 배울 수 있을 정도로 발달되어 있다. 도구 사용에서 움직임과 그 효과에 대한 학습은 영아와 걸음마기 유아가 어떤 것을 표상하기 위하여 자국을 만들기를 하기 이전에 가능하다.

대부분의 영아는 첫 번째 돌이 되기 몇 달 전에 이미 식사를 하며 숟가락을 탐색하기 시작한다(Gesell & Ilg 1937). 비록 숙련된 숟가락 사용은 몇 달 후에야 가능하지만, 영아는 숟가락질의 효과를 알기 시작하며 좀더 숙련되기 위해 끊임없이 시도한다(Connolly & Dalgleish 1989). 자국 만들기는 다른 물체 탐색과는 달리 영구한 시각적 효과를 창조하기 때문에 독특한 학습 기회를 제공한다.

이 장에서는 10개월 또는 12개월에서 30개월까지의 유아의 자국 만들기에 초점을 두었다. 물리적 자국 만들기(예: 종이에 나타내는 것)나 선과 디자인이 아이디어를 표상할 수 있다는(즉, 의미를 전달할 수 있다는) 통찰력의 출현을 나타내는 순서에 따라 기록하였다. 이러한 주된 초점에 더하여, 이 장에는 영아와 걸음마기 유아기 동안 일어나는 막대한 학습에 대한 정보를 포함하였다. 이러한 학습은 앞으로 이루어질 그리기와 쓰기의 내용에 영향을 주는 인지적, 정서적, 언어적 기초를 이룬다.

물체에 대한 영아의 행위와 자국 만들기 도구의 사용

초기의 자국 만들기는 운동적, 시각적, 촉각적 즐거움이며, 영아는 자신의 움직임의 효과에 대해서도 고려할 수 있다. 실제로, 신체적 행위와 사고는 어린 유아 안에서 밀접하게 얽혀 있다(Bartlett 1958).

그러나 우리가 아주 어린 유아의 자국 만들기 행동을 묘사하기 전에 우리는 영아가 물체와 그 속성에 대해 주의를 기울이는지를 알아보고 반응에서 자신의 행동을 다양화하는가를 예증하기 위하여, 물리적 물체 조작으로 유아가 습득하는 학습에 대한 몇몇 연구를 요약하였다. 이러한 정보는 유아가 자국 만들기에 부여하는 지식과 기술에 대한 몇몇 배경을 제공하며, 아울러 유아기 학습에 자국 만들기가 제공하는 공헌이 무엇인가에 대해 제시해준다.

영아와 걸음마기 유아의 경험 과정에 나타나는 행동

생후 첫 해의 상당 부분, 영아는 물체를 다루고 물체가 제공하는 피드백에 반응하여 자신의 행동을 적용한다. 몇 가지 예를 제시하면 다음과 같다.

4개월 입에 넣을 수 있는 물체는(즉, 크기가 입에 맞음) 대부분 입에 가져간다. 물체가 입에 넣을 크기가 아닐 경우 물체를 입에 덜 가져간다(Rochat 1989).

6개월 울퉁불퉁한 물체는 만져서 느끼고 입으로는 덜 가져간다. 그리고 매끄러운 물체인 경우 그 반대 행동이 일어난다(Ruff 1984). 소리를 내지 않는 물체는 좀 더 입으로 가져가고, 소리를 내는 물체는 입으로 덜 가져간다.

6개월 표면의 특징으로 물체에 행위를 적용하기 시작한다. 푹신하거나 액체로 된 표면보다는 덮개가 없는 반반한 테이블 위를 두드린다(Bourgeois et al. 2005; Palmer 1989). 그리고 카페트 위에서보다는 반반한 마루에서 좀 더 두드린다(Morgante & Keen 2008).

8개월 또는 9개월 단단한 물체를 좀 더 두드리며 약하게 짜고, 유연한 물체를 좀 더 세게 쥐어짜고 덜 두드린다(Bushnell & Bou-dreau, 1993).

6개월에서 12개월 쥐고 있는 물체를 입에 넣는 횟수가 줄어들고, 좀 더 바라보거나 조작한다(Rochat 1989).

자국 만들기가 학습을 위한 새로운 상황을 제공한다

영아와 걸음마기 유아는 자국 만들기 도구와 물질에 대해 많은 것을 학습한다. 예를 들면, 크레용은 연필이나 마커, 또는 펜보다 힘을 더 가해야 하고, 마커는 닿은 꼭지 부분만 축축한 자국을 남긴다는 것을 알게 된다. 이와 대조적으로, 분필은 건조하고 종이에 문질러 도포하며, 손에 가루를 남긴다는 것을 알게 된다. 영아와 걸음마기 유아는 붓은 물감에 담궈두어야 하며 붓을 들어올리면 물감이 붓에서 떨어지게 된다는 것을 알게 된다. 뿐만 아니라 이 물감 붓도 자국 만들기 도구의 일부로 간주한다.

물론 걸음마기 유아가 연필이나 펜을 들고 주변을 걷도록 두면, 연필이나 펜으로 스스로에게 상처를 입힐 수 있다. 또한 그대로 내버려두면 벽이나 가구에 낙서를 할 수도 있다. 이러한 이유 때문에 성인은 안전한 상황을 제공하고 영아와 걸음마기 유아가 자국 만들기 도구로 탐색할 때 지도해야 한다. 이렇게 함으로써 유아는 탐색을 시작할 수 있다.

초기 자국 만들기 단계

초기 자국 만들기 단계는 명확히 구분되어지지는 않으며, 영아나 걸음마기 유아가 새로운 행동을 언제 습득하는가를 대략적으로 보여준다. 처음 두 단계는 어떠한 표상도 없이 탐색만 포함한다. 영아와 걸음마기 유아는 자신이 이룬 것에 매료되고 즐거워하는 시기이다. 세 번째 단계는 표상 행동을 포함한다. 하지만 아직 어떤 특정한 것을 창안하려는 의도로 종이에 접근하지는 않는다. 여전히 자국을 만든 다음에 만든 자국에 의미를 부여한다.

1단계: 긋는 대로 우연히 나타나는 단계

10개월에서 12개월 사이와 18개월에서 20개월 사이에 유아의 표정은 마치 손가락이 남긴 것에 놀라거나 두려움을 느끼는 것처럼 본 것에 경이로움을 표시한다. 탐색을 하면서 여러 자국을 만들고 가까이서 바라본다.

차라가 부엌 식탁 앞에 앉아 어머니가 사용한 펜과 노트를 달라고 한 뒤, 그 펜과 노트를 사용하여 자국을 남기고 있다.

리비(Livi, 12개월), 아담(Adam, 14개월), 차라(Chara, 14개월)가 만든 초기 자국의 예는 그림 7-2에 제시하였다. 리비는 선이 그어진 종이에 자국을 만들었다(그림 7-2a). 아담은 볼펜과 연필, 붉은색 크레용을 사용하였고(그림 7-2b) 차라는 유아용 의자에 앉아 다른 색의 여러 마커를 사용하였다(그림 7-2c).

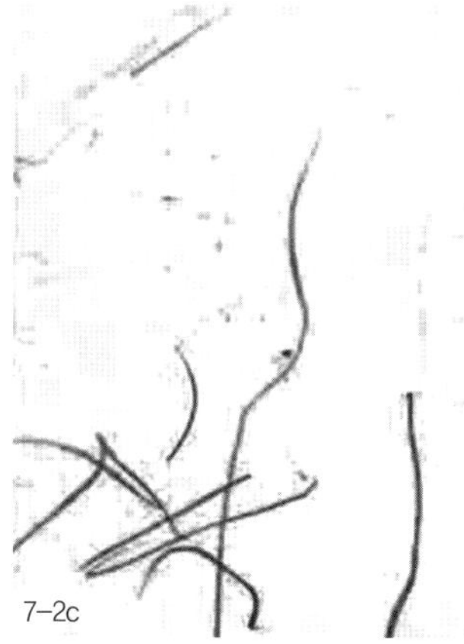

그림 7-2a
리비가 만든 자국들
그림 7-2b
아담이 만든 자국들
그림 7-2c
차라가 만든 자국들

유아는 자국 만들기를 좋아하며, 흔히 다른 사람이 갖고 있는 종이나 펜, 연필을 달라고 한다. 성인이 영아의 시야 내에서 글을 쓰면 영아가 자료를 달라고 하므로 영아가 보는 앞에서 글을 쓰는 것이 어렵다.

2단계: 자국을 통제하고 대조하는 단계

자국 만들기 탐색을 시작하고 몇 개월 동안 유아는 특정한 자국을 반복하여 만들고, 때로는 같은 그림 내에서 다른 종류의 자국과 대조한다. 이러한 행동은 1세경부터 나타나는데, 자주 자국을 만드는 아이들에게서는 일찍 16개월이나 17개월경에도 볼 수 있지만, 대부분 20개월에서 24개월 이전에 볼 수 있다.

16개월에 차라는 종이에 다른 끄적거리기와 분리하여 점으로 된 영역(그림 7-3a)을 창안하였다. 그 후 28개월에 이 여아는 종이 한쪽에 자유분방하게 끄적거리고 C와 같은 자국을 끄적거리기와 분리하여 창안하였다. 때로는 차라의 단어 쓰기 요청에 반응하여, 그녀의 어머니가 C로 시작하는 차라의 이름과 다른 단어를 쓰고는(그림 7-3b) 그 글자 이름을 말하였다. 이러한 행동이 차라가 끄적거리기를 할 때 C자를 만

그림 7–3
차라가 16개월과 28개월에 만든 자극들

드는 데 대한 홍미를 자극한 것으로 보인다(그림 7－3c).

그레이댄은 22개월경 화이트보드/칠판 이젤에 통제된 자국을 만들기 시작하였다. 때로는 특정한 형태를 마음에 두고 보드 면에 접근하기도 하였다. 한번은 자국에 “나선형(스파이럴)”이라고 명칭을 붙였고(그림 7－4a) 또 다른 자국에는 “둥글게, 둥글게”(왼편 아래쪽 자국)라고 하다가 “점, 점, 점, 점”(그림 7－4b) 하며 자국의 명칭을 제시하였다.

홍미롭게도, 미술가인 그레이댄의 아버지는 가끔 아들을 위해 그림을 그렸고, 그리면서 형태를 보여주고 이름을 제시하였다. 어린이집 교사인 차라의 어머니는 단어를 써주면서 차라를 위해 글자들의 이름을 제시하였다. 아이들은 부모에게서 특정 형태를 깨우치게 된다. 그 결과 그레이댄은 선 형태를 만들어 명칭을 붙였고 차라는 C 글자들을 만들어내

그림 7–4
그레이댄이 만든 나선과 다른 자국들

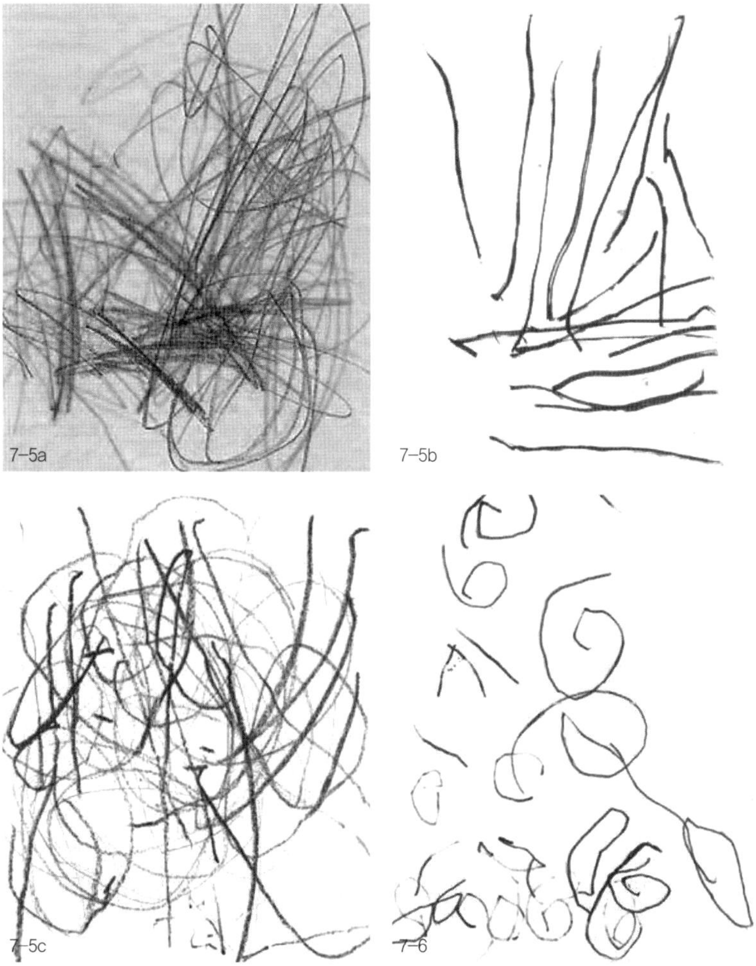

그림 7-5a
아담이 16개월에 그은 대조되는 선들
그림 7-5b
아담이 그은 강한 수직선들(22개월)
그림 7-5c
아담이 그은 선들(21개월)
그림 7-6
아담이 쓴 G 글자들(20개월)

고 명칭을 붙였다.

아담이 만든 여러 개의 대조되는 선 자국이 그림 7-5에 제시되었다. 첫 번째와 두 번째 예에서(그림 7-5a와 그림 7-5b) 보면, 아담은 원형, 똑바르게 앞뒤로 그은 선들, 수직과 수평선 등의 대조적 선들을 각기 구별하였다. 그림 7-5b에 제시된 탐색 자료는 그가 두 종류의 자국을 비교하는 시도를 한 것이 보인다.

그러나 이때 아담은 대조적 선들을 효과로 활용하였다. 예를 들어 그는 첫날에는 원형의 끄적거리기를 연필로 만들고, 그 다음에 이 위에 빨간색 크레용으로 원형의 자국을 첨가하였다. 마지막에, 여러 개의 강한 빨간색 수직선을 끄적거린 자국들 위에 그렸다(그림 7-5c).

20개월에 아담은 처음 우연히 창안한 특별한 자국을 의도적으로 반복하여 여러 개의 원형 자국을 만들었다(그림 7-6). 아담은 이 모양의 이름이 지(G)라는 것을 냉장고 위와 자신의 접시 가장자리에 써 있는 글자 이름을 물어서 알고 있었다. 아담이 G와 같은 디자인을 포착하고 놀란 것처럼 "지(G)"라고 말했다. 그 다음 두 번이나 " 또 다른 지, 또 다른 지"라고 자신이 'G'자를 알고 포착한 것을 알렸다.

24개월에 그림 그리기를 하는 동안, 시드니는 큰 빨간색으로 자연스럽게 흘려 원형 자국을 만들고, 그 다음, 파란색 마커로 작은 모양들(몇몇 폐쇄된 곡선과 뒤집어놓은 곡선)을 첨가하였다. 그 다음, 그녀는 종이 중앙 왼쪽에 S자를 처음 만들었다(그림 7-7a). 3개월 후에 시드니는 끄적거린 것들과 분명한 원형 자국을 분리하였다(그림 7-7b). 그녀는 깔끔한 원형 형태는 O이며 사촌의 이름 Owen의 첫 번째 글자라고 말했다.

그림 7-7a
시드니가 만든 S글자
(24개월)
그림 7-7b
시드니가 만든 O글자
(27개월)

유아는 자국을 긋는 도구에 대한 탐색을 계속하면서 자신이 만드는 자국을 조절한다. 이미 유아가 우연히 만든 형태를 반복할 때(예: 아담이 쓴 G자들), 또는 계획적으로 여러 개의 특정 자국을 만들 때(예: 그

7-7a

7-7b

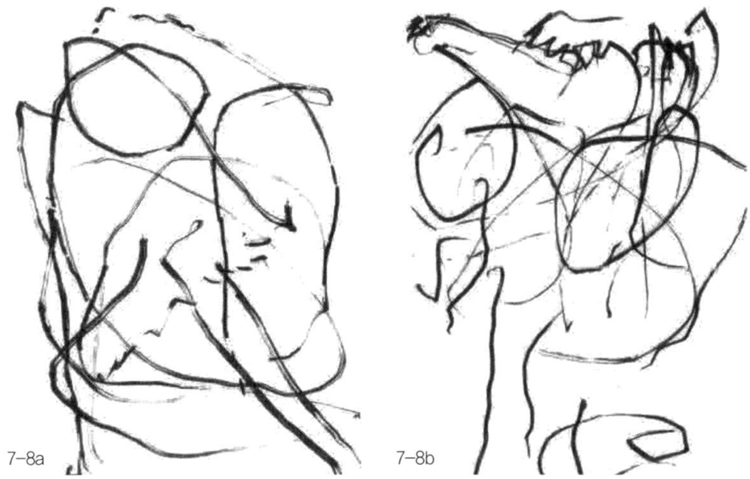

7-8a 7-8b

그림 7-8a
의미를 부여한 아담의 그림
그림 7-8b
의미를 부여하지 않은 아담의 그림

레이댄이 그은 나선형, 시드니가 그은 O자들) 조절과 의도를 지닌 자국 만들기는 시작된 것이라 할 수 있다. 이 경우에 유아는 특정한 형태를 창안하기 위해 자신의 움직임에 적응한다. 확실히 영아와 걸음마기 유아는 비범한 학습자들이다.

3단계: 자국에 의미 부여하기

20개월에서 24개월 사이에 시작하여 걸음마기 유아는 자신이 만든 자국에 의미를 부여한다. 처음에는 임의의 자국이 모인 것에 불과했지만 우연히 친근한 물체를 닮은 형태가 되었을 때 보이는 현상이다. 이러한 행동은 몇 달은 드물게 나타나지만, 그 뒤로 증가한다.

22개월에 그림을 그리면서 아담은 "남자…… 입과 눈!"이라고 표현하였다(그림 7-8a). 그의 놀라는 표정이 특별히 의도하여 그린 것은 아니라는 것을 알 수 있다. 사실 그는 바로 전에 다른 그림을 완성하였다(그림 7-8b). 그 그림이 "남자, 입, 그리고 눈"과 비슷한 자국과 모양이 포함되어 있지만 그는 이 그림에 의미를 부여하지 않았다. 명백히, 그가

그림 7-9
아담이 그린 뱀
그림 7-10
리비가 그린 바위가
첨가된 화산

이전 그림(그림 7-8b)에 자국을 만들 때는 마음에 어떤 것도 상기하지 않은 상태였으나, 두 번째 그림(그림 7-8a)에 자국을 배치할 때는 어떤 것을 상기하면서 만든 것이다.

또한 아담은 때로는 물감 그림에 이름을 부여한다(그림 7-9). 그러나 이 현상은 이 그림 그리기를 한 후 여러 달이 지나서야 나타난 행동이다. 아마도 물감이 유아로 하여금 큰 색깔 점을 만들게 하고, 붓이 사용된 부분은 넓게 자리 잡아, 섬세한 모양이나 디자인은 별로 만들 수 없기 때문으로 보인다. 이에 대한 구체적 연구는 발견하지 못했으나 마커, 크레용, 펜, 연필로 그리기가 물감으로 그리기보다 의미 부여를 좀 더 야기하는 것이 아닌가 하는 생각이 든다. 그리고 물감으로 그리기를 할 때 성인이 "이것에 대해 나한테 얘기해주렴." 하고 말해주기를 바라는 경우가 더 많지 않은가도 싶다.

걸음마기 유아는 간혹 어떤 것을 상기시키는 세부 사항을 그리기에 포함한다. 이는 자신의 끄적거리기와 마음에 둔 물체 간의 유사성을 높이기 위한 것으로 보인다. 예를 들어, 31개월 된 리비는 자신의 끄적거리기에서 화산 같은 모양을 보고는 산의 오른쪽과 아래 밑 부분에 바위를 첨부하였다(그림 7－10).

27개월에 특별한 의도 없이 몇 개의 수직선과 곡선을 만든 후, 시드니는 종이를 바라보면서 "이것은 X라고 쓴 것이고, 이것은 무지개야."(그림 7－11a)라고 말했다. 그 다음 두 번째 종이에는 의도적으로 같은 종류의 선 그리기를 반복하였다. 선 그리기를 마치고 그녀는 엄마에게 "이것은 X라고 쓴 것이고, 이것은 무지개를 또 그린 거야."(그림 7－11b)라고 말했다. 그녀의 끄적거리기 그림에서 의미 있는 물체를 찾아낸 후에, 시드니는 각각의 끄적거리기에서 우연히 형태가 병합되기를 기다릴 필요 없이 바로 원하는 형태로 끄적일 수 있다는 것을 인식하였다.

흥미롭게도 시드니의 부모님이 최근에 읽어준 색에 관한 책 속에는 무지개 그림이 포함되어 있었다. 또한 그녀가 냉장고 위나 다른 상황에서 글자 놀이를 할 때에 X와 다른 글자 이름을 말해준 적이 있었다.

이 연령쯤 되면, 유아는 가장 놀이에서 어떤 것을 표상하기 위하여 물체를 사용하기 시작한다. 물체를 선택할 때에 표상하려는 것과 거의 닮지 않은 것이라도 감내한다. 2세 이전의 유아는 대체물을 사용하지 않

그림 7-11a/그림 7-11b
시드니가 X와 무지개를 소개한 후 다시 반복해서 그린 것

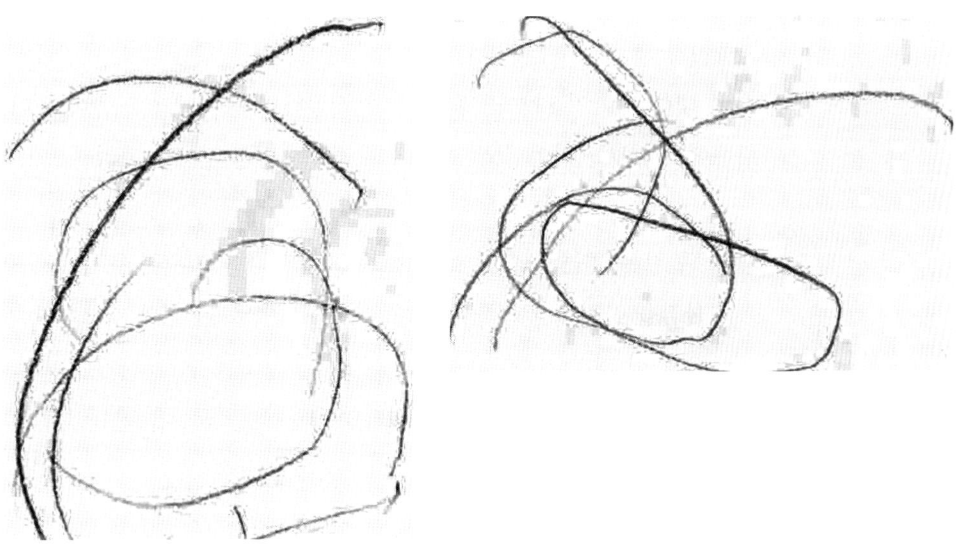

으나 실물에 가까운 복제물이나 유사한 자질을 갖춘 다른 물체는 사용한다(가장 놀이 발달과 쓰기와의 연결에 대한 정보는 박스 7-1 참조).

이렇게 정신적 융통성이 발휘되면서, 다시 말해 그리기는 사진과 달리 실제적일 필요는 없다는 새로운 통찰력이 생기고 바로 몇 달 전의 자국 조직에서 보다 많은 것을 보는 것이 가능해진다. 성인이 유아의 그림과 핑거 페인팅에 관심을 보이고 코멘트하거나 질문(예: "네가 그린 것에 대해 말해줄 수 있니?" 또는 "음, 무엇을 만들었니?" 등과 같은 질문)을 하는 것에 의한 사회적 영향도 있을 수 있다.

탐구를 위한 어떤 접근(예: 그것에 대해 나한테 얘기해줄 수 있니?)은 다른 접근(무엇을 만들었니?)에 비해 요구사항이 크지 않다. 세 번째 접근은 "네 물감 그림의 중앙에 있는 이 큰 푸른 무늬는 우리가 오리를 찾아갔던 곳의 연못을 생각나게 하는구나."와 같이 해석을 공유하는 것이다. 이 경우에, 자국이 의미를 전달할 수 있으며 사람들이 유아의 그림을 해석하는 경향이 있다는 것을 성인이 제시해준다. 그렇다고, 성인의 해석이 유아가 의도한 의미라는 것을 제안하거나, 유아가 그림을 그릴 때 항상 특별한 것을 표현해야만 한다는 것을 제안하는 것은 아니다.

유아가 크레용이나 연필로 그리거나 물감으로 그림을 그릴 때 어른이 이에 대해 이야기 나누는 것은 항상 적절하며 유아에게 도움이 된다. 다음에 제시하는 바와 같은 어른이 제공하는 많은 정보를 고려해보자.

- "물감은 먹는 음식이 아니지. 우리는 물감을 먹지는 않아(유아가 물감을 문지르던 손가락을 핥았다). 물감을 보니 네가 식탁에서 먹은 죽이 생각났니?"
- "오! 여기에 (손가락으로 지적하면서) 새로운 색깔을 만들었네. 빨간색과 파란색을 섞었구나. 보라색이 되었네."
- "물감을 붓으로 이렇게 살짝 두드려 칠해야지(시범을 보인다). 그

박스 7-1

유아의 가장 놀이 행동 이정표

유아는 12개월경 가장을 시작한다. 가장은 초기에는 아주 단순하나, 2~3세에 이르기까지 극적으로 변화한다. 가장 놀이는 물체 대체(object substitution)가 요구된다. 즉, 한 물체에 대한 의미의 속성을 다른 것으로 대치하여 사용할 수 있어야 한다(예: 막대기를 낚싯대로 사용하기, 또는 입방체를 컵으로 사용하기 등). 이러한 활동은 상징(표상) 활동으로, 유아가 종이에 있는 자국에 의미를 부여하는 것과 유사하다.

가장이 사회극으로 되면(예: 어떤 사람이 되어 가장하고 맡은 역할과 놀이에 참여한 다른 사람의 역할과 조화하는 것), 다른 사람의 생각이 무엇인지를 살필 수 있어야 한다(예: 다른 사람이 알고 있는 것, 느끼는 것, 목표들이 무엇인지 생각할 수 있어야 한다). 이러한 고려는 이야기 이해나 이야기 창조시 요구되는 고려사항이기도 하다.

가장 놀이 이정표는 영아, 걸음마기, 3~4세 유아원 시기에 이르는 동안 가장 놀이에서의 주된 전환이 무엇인지를 제시해준다.

- **10개월 이전** 아직 가장이 나타나지 않는 시기이다(Fenson et al. 1976). 물체를 분리해서 다루고, 기능적으로 다루지 않는다(예: 냄비 뚜껑으로 마루를 두드리고, 입에 대고, 냄비 뚜껑을 손으로 치면서도 냄비 위에 뚜껑을 올려놓지는 않는다).

- **10~12개월** 물체를 의미 있게 사용한다(예: 냄비 위에 뚜껑을 올려놓고, 컵받침 접시에 컵을 놓고, 대접에 숟가락을 놓는다). 그러나 가장은 하지 않는다(예: 숟가락으로 음식을 한 입 떠먹는 체하거나 음식을 섞는 것처럼 대접을 휘젓는 체하지 않는다, Bretherton 1984; Fenson et al. 1976).

- **12~13개월** 단순한 가장을 한다. 자신의 일상적 행동을 흉내 낸다(예: 잠자는 체하거나, 빈 컵에서 물을 따라 마시는 시늉을 한다). 가장에 다른 사람을 포함시키지는 않으며, 가장에 사용되는 자료는 실물이거나 복제품이어야 한다(McCune-Nicolich 1981).

- **13~15개월** 다른 사람을 향해 놀이 행동을 지휘하기 시작한다(예: 부모나 인형에게 음식을 먹여주는 체한다; 인형이 잠자고 있는 체한다, Fein 1984; Fenson & Ramsay 1980).

- **20~24개월** 여러 두드러진 행동을 연결된 시리즈로 제시한다(예: 인형에게 음식을 먹여주고, 인형을 유모차에 태워 밀고 다니고, 인형을 침대에 눕힌다). 복제품이 아닌 물체라도 비슷한 특징이 있는 물체

이면 가장에 사용한다. 실제 생활에서 직접 행한 행동이 아니라도 다른 사람이 행하는 것을 관찰한 행동을 하기 시작한다(예: 냄비에 요리하는 체하거나, 인형에게 책을 읽어 주는 체한다). 인형을 살아 있는 캐릭터처럼 다룬다(예: 인형에게 말하고, 인형 손에 숟가락을 쥐어준다, Fenson 1984; Fenson & Ramsay 1980).

- **26~30개월** 가장하려는 물체와 닮은 점이 없는 물체를 사용하기 시작한다(예: 물을 담을 수 있는 움푹한 구멍과 같은 컵의 근본적 특성을 전혀 갖추지 않은 입방체 같은 물체도 컵으로 사용하기 시작한다, Fein 1975).

- **30개월** 다른 사람인 것처럼 가장한다. 목소리로 자신이 가장하려고 하는 역할을 암시하거나 말로 역할을 말한다(예: "나는 엘모의 엄마야.", Dunn 1998).

- **30개월** 자신과 인형이 출현하는 것과 같은, 두 인물로 된 극을 다룬다(예: 걸음마기 유아는 아빠이고, 인형은 아가인 경우에서처럼, 유아는 양쪽을 모두 "배역"으로 등장하게 한다, Goncu 1998). 배역으로 좀 더 많은 말을 사용하여 역할극을 진행하며(예: 인형 아가에게, "맛있게 먹자", "이젠 잠자러 가야지"), 다른 사람에게 그들이 어떤 역할을 하는지 설명한다(예: "나는 엄마야.", "나는 쇼핑하러 가려고 해.", Fenson 1984).

- **30~38개월** 극놀이에서의 자신의 역할과 다른 참여자의 역할 간에 조정하는 것을 배운다(Bretherton 1984; Goncu 1998).

- **48개월** 다른 물체를 대치하여 사용할 때 특정 알려진 기능이 있는 물체를 사용하기를 주장하기는 하나, 놀이에서 불특정 물체를 사용하는 융통성이 점차 증가한다(Ungerer et al. 1981).

렇게 세게 쳐서 칠하면 물감이 얼굴에 튀게 돼. 물감이 눈에 들어가지 않게 해야지."

- "네 손을 이렇게 대면 네 손자국이 만들어져."(손을 종이의 빈 공간에 대면서 시범을 보인다).

위에 제시된 예와 같은 코멘트는 유아에게 반응을 강요하는 느낌이 들지 않게 하므로 부당한 요구를 받는다는 느낌도 들지 않을 것이다. 그 결과, 이와 같은 자료 사용에 대한 코멘트는 유아 자신의 행동을 중지시키지 않으면서, 단순히 유아에게 "안 돼! 그만 해!"라고 말하는 것 이상의 행동 변화 동기를 부여한다.

자국 만들기 경험에 접근할 기회 제공하기

유아는 가정이나 집단 환경에서 자국 만드는 경험을 할 수 있도록 분위기가 조성되면 자국을 만들어낼 수 있다. 이번에는, 영아나 걸음마기 유아가 특정 자료나 설비를 사용한 초기 자국을 만드는 다양한 효과적인 전략을 소개하려고 한다.

유아용 식탁에서의 기회

영아가 손가락으로 자국 만드는 최초의 기회는 어린이용 식탁 의자에 앉아 식탁 트레이에 놓인 식사나 간식을 즐기면서 이루어진다. 허쉬-파섹(Hirsh-Pasek)과 골린코프(Golinkoff)가 『Celebrate the Scribble』에서 "유아용 식탁 트레이는 캔버스가 되고 유아의 음식은 물감이 된다…… 이 트레이 위에서 감각적 느낌 즉, 고도의 과학 기술이 아니라 진정한 인간의 감촉을 이용하는 경험이 이루어진다."(2007, 8)라고 제시한 대목에 유의할 만하다. 이 언어 연구자들은 "아이들이 어질러 놓은 것을 치우려고 서두르지 않도록 하자. 으깬 감자를 이용한 놀이에서도 가능성이 나타날 수 있다."고 권고하고 있다.

우리는 보육 교사가 한 번에 한 명 이상의 아이를 돌보아야 하기 때

문에, 가정에서 유아가 유아용 식탁에서 식사하고 놀이할 때와 같이 여유 있게 돌보기는 힘들지만 서두르지 말고 영아가 탐색할 수 있는 기회를 제공해야 한다는 것에 동의한다. 부드러운 음식을 영아가 탐색하면서 얻는 이득을 고려하여 집단 돌봄 상황에서도 유아용 식탁 주위에 한 명의 보육교사를 배치하여 탐색 기회를 제공하도록 한다,

12개월과 14개월 사이의 영아는 손가락으로 물감 그림 그리기(핑거페인팅)와 마커 사용하기를 즐긴다. 약간의 그림물감을 테이블 위 각각의 유아 앞에 직접 놓아주고 그것으로 자국을 만들 수 있도록 준비한다. 가능하면 이젤 위의 종이에 자국을 만들 수도 있다. 영아는 그림 물감을 만지고 주변에 문지르고, 때로는 그림 물감으로 손가락 자국 만드는 것 자체를, 부모는 이와 같은 과정을 보는 것을 즐길 수 있다.

항상 마커를 제공할 때는 뚜껑은 따로 보관해 뚜껑 없이 제공한다. 뚜껑을 그대로 두어 영아가 뚜껑을 삼켜 질식하게 되는 위험을 막기 위해서이다. 마스킹 테이프를 사용하여 종이를 테이블에 안정되게 고정시켜놓도록 한다.

이젤 사용 기회

2세경 유아는 걸음마기 유아에게 적합한 크기의 이젤에 서서 물감으로 그림 그리기를 한다. 2~3개의 컵에 적은 양의 물감을 넣고 컵마다 각각 붓을 세워놓거나 또는 하나의 붓만을 제공한다. 걸음마기 유아는 컵마다 붓이 놓여 있어도 처음 잡은 붓을 다른 색 컵에 그대로 넣어 사용하는 경향이 있기 때문이다.

보육 교사는 걸음마기 유아가 물감을 느껴보기 위해 물감을 마실 수도 있다는 것을 예상하고 있어야 한다. 모두 걸음마기 유아의 탐색의 일부분이다. 특별한 굵직한 붓이 필요하지는 않다. 걸음마기 유아는 가는 붓도 잘 잡을 수 있다. 그러나 걸음마기 유아가 다루기에는 손잡이가 짧은 붓이 용이하므로 손잡이가 긴 붓보다 짧은 붓을 선택하는 것이 좋다.

유아는 이젤에서 손가락 그림 그리기 놀이를 할 수 있다. 이젤용 종이가 아닌 손가락 그림 그리기용 종이를 제공한다. 또는 큰 종이를 플라스틱을 입히는 기계에 돌려 플라스틱을 입히고 이젤에 놓아 손가락 그림 그리기 표면을 만든다. 그리고 물감을 컵에 담아 이젤 함에 놓는다. 유아는 이 컵에 손가락을 넣어 물감을 묻혀 이젤에 물감 자국을 만들며 탐색한다.

유아가 플라스틱을 입힌 종이 합판에 손가락 그림 그리기로 탐색을 끝내면 보육 교사가 이젤용 종이를 사용하여 유아가 만든 손가락 그림 그리기 흔적을 눌러서 찍어낸다. 그 다음, 플라스틱을 입힌 종이 합판을 닦아주어 다음 아이가 사용할 수 있도록 한다. 손가락 그림 그리기 작업을 끝낸 유아가 싱크대에서 손을 씻으면 보육 교사가 작업복을 벗겨준다.

손가락 그림 그리기를 위한 물놀이 테이블과 다른 장소들

걸음마기 유아는 물놀이를 위해 디자인한 투명 플라스틱 물통 안에서 손가락 그림 그리기를 탐색할 수 있다. 물통을 씻을 때 더욱 쉽게 용액으로 만들 수 있는 젤 타입의 물감이 가장 적합하다. 물통에 2~3개의 색깔을 각각 소량을 넣어주어 유아가 바닥이나 옆면에 문질러 바르는 놀이를 할 수도 있다.

받침대로 세운 모래놀이 상자와 물놀이 통은 유아가 손가락 그림 그리기에 좋은 장소가 된다. 트레이에 트레이 색과 대조적인 색의 그림 물감을 놓아 트레이 표면 위에서 그림 물감의 색이 드러나게 한다.

활동 테이블에서의 기회

걸음마기 영아 교실에 있는 쓰기/그림 그리기 영역의 선반에 연필, 마커, 크레용은 두지 않는다. 이 시기 영아가 손에 이러한 물품을 쥐고 걷는 것은 안전하지 않기 때문이다. 그 대신 활동을 제공할 때마다 이러한 자료를 테이블에 준비해놓고 성인이 활동하는 장소에서 계속하여 감독하도록 한다.

또한 걸음마기 유아를 위해서는 일반 교실에서 일반적으로 제공하는 것처럼 자국 만들기 도구를 플라스틱 통에 세트로 두기보다는 테이블마다 작은 트레이에 몇 개씩만 제공하도록 한다. 걸음마기 영아는 컵이나 통을 통째로 뒤집어엎지 않고 마커나 크레용을 하나씩 꺼내기가 어렵기 때문이다.

이들은 도구 하나를 꺼내기보다는 도구를 모두 쏟아낸다. 걸음마기 영아는 세트가 아닌 2~3개의 마커, 크레용. 또는 색연필만 필요로 한다.

연필이나 색연필은 길이가 짧고 심이 무뎌야 한다. 손에 들고 사용하는 연필깎이로 심을 짧게 깎고 종이에 앞뒤로 그어 심을 무디게 한다. 심의 지름이 큰 크레용이나 땅딸막한 크레용은 가는 심 크레용처럼 걸음마기 영아가 자국을 낼 때 가하는 팔의 힘에 의해 쉽게 부러지지 않는다. 영아는 마커의 뚜껑을 벗기거나 다시 끼우지 못하며, 뚜껑을 삼켜 질식할 위험도 있으므로 두껍거나 가는 심으로 된 마커는 모두 뚜껑 없이 놓아야 한다. 테크노로지에 접근이 가능하다면, 발달에 적절한 스크린을 이용할 수 있는데 그러면 질식 위험 없이 자국 만드는 경험을 체험할 수 있다(박스 7−2 참조).

마스킹 테이프로 종이의 위와 아래를 고정시키면 걸음마기 영아가 종이 위에 그리는 동안 그대로 붙어 있을 것이다. 조금 더 월령이 높은 걸음마기 영아는 한 손으로 그리는 동안 다른 한 손으로 종이를 안정시키는 방법을 안다. 걸음마기 영아가 자국 만들기를 끝냈을 때 보육 교사는 걸음마기 영아의 이름을 영아가 지켜보는 가운데 각각의 글자 이름을 말하면서 써줄 수 있다.

메시지 내용 형성 과정: 영아와 걸음마기 유아의 마음 들여다보기

영아와 걸음마기 유아는 물리적, 자연적, 생물학적, 사회적 세계에 대해 학습하기에 바쁘다. 예를 들어, 유아는 어떻게 사물이 물리적 세계에서 행동하는가에 대해, 느낌과 의도에 대해, 그리고 생물과 무생물의 차이에 대한 지식을 습득한다. 유아는 다른 사람과 의사소통하는 것과 흉내를 내며 놀이하는 것도 배운다. 우리가 설명했던 이러한 초기 자국 만들기 시기 후, 유아는 그리고 쓰는 것에 기초하여 점점 더 전진하게 되고 다른 사람들에게 자신이 만든 자국에 대해 보다 많은 언어를 사용하여 말한다.

지금 비록 생애 초기 2~3년 동안 유아가 배우는 모든 것에 대한 논의에서 타당성을 제시할 수는 없으나, 독자들에게 영아와 걸음마기 유아가 이 세상에 대한 물리적 행위뿐만 아니라 주변에서 이루어지는 것에 대하여 관찰하고 생각하기에 얼마나 바쁜가에 대한 의식을 할 수 있

박스 7-2

테크놀로지와 자국 만들기

캐이틀린 파시가(Cathleen A. Paciga)

오늘날 사회에서 유아 디지털 문해(digital literacy)의 발달이 요구된다. 물리적 환경이 탐색을 허락하면 어린 연령에 디지털 도구(예: 평판, 컴퓨터, 내비게이션 시스템)에 대해 알기 시작한다(Labbo et al. 1996; Rokos et al. 2011). 성인은 유아의 활동을 감독하면서 상호작용으로 받혀준다(Labo 2009; Turbill 2001).

2장에서 언급한 바와 같이, 미국소아과학회(AAP)와 미국유아교육협회(NAEYC)는 2세 이하 영아의 경우 모든 스크린 매체 사용을 장려하지 않는다. 아울러 2세 이상 유아의 경우 하루에 1~2시간 정도만 스크린 매체 접근을 추천한다(AAP 2011; NAEYC & Fred Rogers Center for Early Learning and Children's Media 2012). 이러한 배려는 스크린을 바탕으로 한 테크놀로지의 독립적 사용과 관련 있다. 이 글에서는 12개월에서 24개월 영아를 위한 몇 가지 예를 제시하였다. 영아는 모든 사례에서 전형적 자국 만들기 경험에서와 마찬가지로 성인과 경험을 공유한다. 이러한 과정에서 기술적 언어가 풍부해질 수 있기 때문이다(NAEYC 2009; Takeuchi 2011; Takeuchi & Stevens 2011).

다음은 디지털 자국 만들기 장치와 몇 가지 스크린상의 커뮤니케이션과 함께한 실기 경험에 대해 논한 것이다.

디지털 자국 만들기: 컴퓨터 장치와 소프트웨어

물감이나 다른 자국 만들기 자료가 없거나 사용이 불가능할 경우, 애플과 안드로이드 모바일 장치로 이용할 수 있는 많은 프로그램이 가정과 영유아 교육기관에서 쓰기에 적절하다(Shuler 2009; 2012). 몇몇 테크놀로지 장치는 전통적 자국 만들기 경험을 적용하였다. 다시 말하면, 유아는 핑거 페인팅을 하듯이 그릴 수 있으며, 종이나 테이블 위가 아닌 스크린 위에 그리는 점에 차이가 있다.

테크놀로지 장치의 이점으로 (1) 쓰기 도구가 크레용이나 분필처럼 부러지지 않음(예: 손가락), (2) 마커 뚜껑이나 크레용의 부서진 조각을 삼키어 일어날 수 있는 질식 위험 없음, (3) 물감 사용시 사용 후 필수적인 청소 요구가 없음, (4) 유아가 만든 자국을 저장하고 지구상의 공동사회와 공유할 수 있음 등을 들 수 있다. 물론 유아는 스크린에 기초한 자국 만들기 경험에서 다양한 자료(예: 물감, 분필, 마르지 않은 잉크)에 대해 학습할 수가 없기 때문에 이와 같은 테크놀로지 장치에 기초한 경험은 전통적 자국 만들기 경험에 대한 보조적 경험으로 제공되어야 한다. 내 딸 애니(Annie)가 12개월에서 24개월 사이에 아이패드(iPAD) 위에 이룬 디지털 자국 만들기 경험은 펜, 연필, 마커, 물감을 모의적으로 활용하는 다양한 전자그림 그리기로 이루어지는 공간경험을 보여주고 있다.

- **낙서 친구(두들 버디, Doodle Buddy)**는 자유롭게 적용하는 프로그램으로 유아가 핑거 페인팅, 스탬프(소리 효과도 포함되어 있음), 빈 캔버스 또는 다양한 배경(선택 구매)에 타이핑하기 등이 가능하다. 여러 색깔과 자국 만들기 도구들(예: 분필, 붓, 반짝이, 얼룩, 지우개)과 도구 굵기의 교환이 가능하다. 18개월에 애니와 나는 스탬프 찍기와 선 긋기를 탐색했다. 애니는 캔버스에 스탬프를 찍으면서 물 스탬프 찌을 때 들리는 소리 효과와 우는 얼굴과 함께 나타나는 우는 소리 효과를 즐겼다. 나는 노란색을 사용하여 손가락으로 소용돌이를 그리고(마커 사용 형식으로) 애니에게 마커 색깔늘 선택하도록 장려히였다. 애니는 보라색을 선택하고는 "애니(Annie)"라고 말했다. 나는 "오! 애니(Annie)라고 쓰고 싶니? 오케이. 에이-엔-앤-아이-이. 애니(A-N-N-I-E. Annie)." 내가 글자를 말할 때 애니는 자신의 이름을 손가락으로 썼다(보라색 선으로). 아울러 함께 보라색 글자 상자에 있는 글자로 타이핑하기 탐색을 하였다.

- **매직 마커 HD(Magic Marker HD)**는 두들 버디 앱(Doodle Buddy App) 접근과 유사하다(예: 스탬프, 도구 크기 선택). 이외에도 스탬프 상단을 자르기 도구로 사용하고 성인이 흰색이나 검정색 그리기 캔버스 뒤에 배경 사진을 끼워넣을 수 있다. 따라서 걸음마기 영아가 캔버스에 스탬프 도구를 끌면, 그 조각이 잘려나가 배경 이미지가 나타난다. 애니가 23개월 되었을 때 이 앱을 사용하였다. 애니는 놓인 상태와 오려낸 그림의 크기, 특히 개구리를 탐색하였다. 예를 들어, 애니는 오려낸 그림의 크기를 작은 것에서 큰 것으로 전환하기 위해 스크린의 왼쪽에 있는 탭 키를 사용하였다. 그리고, 선택한 잘라낸 그림의 방향을 바꾸기 위해(머리를 위로, 아래로, 옆으로 향하도록 하기) 잘라낸 그림 선택 표시 오른쪽에 있는 탭 키를 사용하였다. 배경으로는 자신의 강아지 그림을 선정하였다.

- **크레이올라의 칼라 스튜디오 HD(Crayola's Color Studio HD, 무료 버전)**는 자국 만들기 도구들과 색깔들을 포함하고 있으며 전통적 컴퓨터 프로그램과 유사한 도구 바(tool bar) 아이콘을 이용한다. 마이크로소프트 워드나 구글 크롬과 인터넷 브라우저와 같은 프로그램과 응용 프로그램에서 사용된 "새 문서(new document)", "취소(undo)", "새로 고침(redo)", "세팅(settings)" 버튼 등은 유아에게 이러한 심볼의 의미를 식별하고, 심볼이 과제를 수행하는 데 어떠한 역할을 하는지 이해하도록 도움을 주는 초기 경험을 제공한다. 19개월에 애니는 아이패드를 가져와서 "동그라미 그려줘."라고 말했다. 나는 프로그램에 접근하기 위해 패스코드를 입력하였다. 프로그램을 찾기 위해 스크린을 여니, 애니가 프로그램을 열고 마커와 빨간색을 선정하여 동그라미를 그렸다.[1] 내가 할머니에게 그림과 함께 보낼 이메일 메시지를 구성해주었다.

---

1 우리나라 유아의 경우 아이패드나 스마트폰에 그림을 그리거나 글씨를 쓸 때 이와 비슷한 행동을 보인다(233쪽 참조) – 옮긴이.

스크린에 나타내어 자국 만들기와 관련 경험을 함께하기

모바일 장치와 컴퓨터는 다양한 청중과 디지털 자국이나 프린트 자국을 공유하고 의견을 나눌 수 있도록 해준다. 공유는 가정이나 유아교육 상황에서 적절하다. 위에 설명한 모든 자국 만들기 소프트웨어는 자국을 스크린상에 띄우고 이메일로 그림을 공유할 수 있다. 애니와 내가 함께 했던 언어가 풍부한 메시지 창조 경험은 애니의 메시지 창조를 지원하였다. 모든 이러한 활동이 언어가 풍부하고, 모델이 되는 묘사였고, 애니로 하여금 스크린에서 본 것을 설명하는 기회를 제공하였다.

- 직장에 있는 애니 아빠나 할머니에게 이메일을 보낼 때, 나는 애니와 메시지에 대해 이야기하면서 애니가 그린 것에 대한 코멘트를 덧붙였다. 메일을 받은 사람들은 애니를 볼 때 애니가 만든 자국에 대해 이야기해주었다. 이러한 대화는 이 장에서 설명한 전통적 자국 창조 상황에서 이루어지는 대화와 유사하다. 19개월 당시 애니가 만든"동그라미"에 대해 이메일 메시지를 작성할 때 우리는 다음과 같이 썼다. "할머니께. 내가 4개의 동그라미를 그렸어요. 할머니가 좋아하기 바라요. 사랑해요. 애니." 할머니가 답하셨다. "애니야, 참 아름다운 보라색과 빨간색 동그라미구나! 내가 볼 수 있도록 보내줘서 고맙다. 사랑한다. 할머니."

- 애니는 가끔 자신과 다른 사람들을 컴퓨터의 스크린, 디지털 카메라, 모바일 폰을 통해 본다(사진과 비디오 이미지). 병원 대기실에서 기다리는 동안 모바일 폰의 디지털 사진과 비디오를 상하 좌우로 움직이면서 사람을 확인하고 그들이 하는 것에 대해 말하면서 본다. 이는 앨범에 담긴 종이 사진을 검토할 때와 비슷한 경험이다. 유아교육기관에서 교사가 흥미 영역 활동이나 자유놀이 동안 일어난 사항에 대한 디지털 사진을 검토할 수도 있다. 이러한 사진들은 유아교육기관의 경험과 연결하여 토의할 수 있는 자료로 제공하면 부모, 가족 등과 공유할 수도 있다.

- 애니는 가끔 온라인 대화 상대방으로 사랑하는 사람을 만났다[예: 아이패드의 스카이프(Skype) 또는 애플의 페이스 타임(FaceTime)]. 한 대화에서 애니는 웹 카메라에 종이를 들어 자신이 종이에 만든 자국을 공유하였다.
- 때로는, 애니는 빈 컴퓨터 스크린을 바라보며 "유모! 유모! 전화."라고 말했다. 이러한 행동은 애니가 다른 사람과 언어적 의사소통이 컴퓨터의 한 용도라는 것을 이해하고 있다는 것을 제시한다.

- 우리는 애니의 목소리를 녹음하였고 다음에 모바일 장치에서 들려오는 소리를 들을 수 있도록 하였다. 여러 전자책 프로그램(2장 참조)은 녹음 기능을 가지고 있다. 예를 들어 우리는 거울에 아이의 이미지

를 넣기 위해 아이패드 카메라를 활용한 전자책 『Pat the Bunny』을 사용하였다. 그 다음, 초기 읽기 경험을 되풀이하면서, 그리고 "이 책장을 읽어봐." 또는 "여기에 무슨 일이 일어났지?"라고 애니의 참여를 장려하면서, 그 책장의 내용을 이야기했다. 마찬가지로, 'Don't Let the Pigeon Run This App!'의 경우, 유아에게 비둘기에 대한 자신의 이야기를 짓도록 허락한다. 버스드라이버는 유아에게 다양한 선택(예: 간식, 악취 나는 물건, 비둘기가 달리기를 원하지 않는 것, 수, 게임)에서 하나를 선정하게 하거나 거대한 녹음 버튼을 눌러 이야기 요점을 말하게 한다. 이야기 요점을 신댁하고 녹음한 후, 이른이나 나이 든 형제들이 아이를 위해 아이의 선택/녹음을 활용하여 이야기를 소리 내어 읽어줄 수 있다.

이러한 앱(apps)이 자국 만들기 지원에 유용하지만 모든 유아들이 이 테크놀로지에 접근 가능하지는 않다(Common Sense Media 2011).

아이패드나 스마트폰에 그림 그리기와 글자 쓰기

우리나라 유아의 경우, 최근 이와 같이 테크놀로지를 활용하여 그림을 그리고 글을 쓰면서 자신의 생각을 말하고 글자를 익히는 아이들을 많이 볼 수 있다.

- 다음은 5세된 유아가 U-PAD LITE 어플에 그림을 그린 것이다. 그림을 그리면서 유아가 엄마에게 "사람을 그릴 때는 얇은 선으로 바꿔서 그려야 해요. 왜냐하면 사람 머리를 작게 그려야 하는데 굵은 선으로 그리면 머리가 커져서 사람이 집보다 더 커져 버려요." "내 머리가 곱슬머리라 곱슬머리 그릴래요." "햇볕이 따뜻하고 풀밭에 예쁜 꽃들이 많이 폈어요. 아빠 어깨에 있는 건 모자예요. 햇볕이 따가울 때 쓰면 좋아요."라고 말하면서 '엄마', '아빠'라고 글자를 썼다(그림 나-1)

그림 나-1 U-PAD LITE에 그린 그림과 글자

- 다음 날 이 아이는 다시 U-PAD LITE에 다음과 같은 또 다른 그림을 그려주었다(그림 나-2, 그림 나-3). 그림에 대한 아이의 설명은 다음과 같다.

  "돼지는 우리에 살고 아저씨가 키워요. 토끼는 우리에 살고 아줌마가 키워요. 토끼는 씨앗을 좋아해서 심었는데 싹이 났어요. 돼지는 꿀꿀꿀 하고 말했고, 우리를 지키는 아저씨는 돼지의 말을 알아듣고 밖에 나가고 싶어 해서 내보내주었고 토끼는 아줌마가 산책 나가자고 내보내줘서 꽃이 핀 풀밭에서 돼지와 토끼가 만났어요. 아줌마와 아저씨는 멀리서 돼지와 토끼가 잘 노는지 보고 있어요.

그림 나-2 U-PAD LITE 사용 장면

그림 나-3 U-PAD LITE에 완성된 그림

- 60개월 된 여아인 수아는 스마트 폰의 Note 메모장에 자신의 이름과 오빠라는 글자를 쓰고, 그 다음에는 꽃을 그리고 자신의 이름이라고 하면서 영어 A를 제시하였다(그림 나-4)

그림 나-4 스마트폰 Note에 그린 그림과 글자(60개월 여아)

도록 도와줄 수는 있다. 우리는 어린 유아가 초기 자국 만들기나 언어적 표현을 형성하는 모든 지식에 대한 증거를 볼 수는 없다. 하지만 후에 3~4세 유아나 더 나이를 먹은 유아가 그리거나 물감칠을 하는 그림의 내용에서, 그리고 유아가 이야기나 정보적 기사를 말하고 쓰는 것에서 파악할 수 있다. 여기서는 영아와 걸음마기 유아기 동안에 자국 만들기 이상의 쓰기에 공헌한, 학습의 원동력이 되는 지식의 습득에 대해 논하려고 한다.

물리적 대상의 행동에 대한 지식

생후 첫 해 동안 영아는 물리적 세계에서 대상의 행동을 지배하는 몇 가지 규칙을 배운다. 예를 들어 7개월경 영아는 테이블의 가장자리 끝으로 밀면 상자가 테이블에서 떨어져 나간다는 것을 예상한다. 실험실 상황에서 연구자들이 숨겨진 소도구를 사용하여 이 위치에 있는 상자들이 떨어지지 않도록 하였을 때, 영아들은 이러한 불가능한 사건을 오랫동안 바라보았다. 이들은 물체가 정상적으로는 이와 같은 상태로 있을 수 없다는 것을 알기 때문이다(Ballargeon, Needhm, & DeVos 1992). 이 연령의 영아는 공이 경사진 판 아래가 아니라 위로 굴러갈 때 놀라움(예: 오래 바라본다)을 나타냈다(Kim & Spelke 1992). 아울러 물체가 눈에 보이지 않는 공기압 작용으로 공중에서 움직이다가 멈추고 지탱해 주는 것이 보이지 않는데도 그곳에 그대로 머물러 있을 때도 놀라움을 나타내었다(Spelke, Phillips & Woodward 1995).

첫 1년 사이에, 영아는 물리적 세계의 원인과 결과에 대해서도 배운다. 예를 들어, 다른 물체가 와서 충돌했을 때 물체가 어떠한 반응을 보이는가를 안다. 영아가 아직 말을 하지 않기 때문에, 연구자들은 이들이 얼마나 오랫동안 바라보는지에 따라 영아가 알고 생각하는 것을 추정하여야 한다(예: 놀랐거나 혼란스러울 때 좀 더 오랫동안 바라본다). 영아가 이해하는 것들에 대해 제시하면 다음과 같다.

6개월 어떤 물체가 다른 물체와 충돌했는데 움직이지 않을 때 놀란다(즉, 오랫동안 바라본다).

8개월 충돌하는 물체가 작을 때보다 클 때 물체는 더욱 길게 멀리 이동한다는 것을 안다(Baillargeon 1995; Kotovsky & Baillargeon 1994; 1998; 2000).

9개월 크고 폭이 가는 물체가 쳤을 때 움직이지 않아도 놀라움을 나타내지 않는다. 영아는 기어 다니면서 탐색에 의해 책상과 의자 다리나 난간과 층계 사이의 기둥 같은 크고 가는 물체는 부착되어 있고 밀거나, 끌거나, 부딪혔을 때 움직이지 않는다는 것을 안다(Wang, Kaufman, & Baillargeon 2003).

10개월 부착되지 않은 물체가 쳤을 때 움직이지 않아도 놀라지 않는다. 이리저리 기어 다니면서 영아는 선반에서 책을 뽑아내고, 무거운 잡지 바구니를 밀려고 시도하고, 다양한 쟁반과 팬을 조작하였다. 이러한 경험에서 영아는 어떤 품목은 움직이기 어렵고 무거우며, 어떤 품목은 움직이기 쉽고 가볍다는 것을 알게 되었다(Wang, Kaufman, & Baillargeon 2003).

이젤에 물감으로 그림을 그리는 걸음마기 유아들이 붓을 아무 데나 두지 않고 컵이나 이젤 트레이에 놓는 것은 보통 볼 수 있는 일이다. 아울러 물감을 가득 묻힌 붓을 이젤 프레임 위가 아닌 종이 위에 문지르고 또 문질러 구멍이 뚫려도 놀라지 않았다. 3~4세 유아들이 물체의 관계와 행위에 대해 표상할 때 이들은 다음과 같은 코멘트를 할 수 있을 만큼 이해하고 있었다. "(자신이 물감으로 그린 그림을 지적하면서) 공이 벽에 부딪혔어. 그 다음 (아래로 굽은 쪽을 지적하며) 여기에 떨어졌어. 창문을 맞히지는 않았어요. 내 동생 공은 한 번 창문을 맞혔어요."

사물의 종류

11개월경, 영아는 사물의 여러 종류와 연결된 몇 가지 특정 행동과 기능을 안다. 예를 들어, 이들은 장난감 사람을 동물 위에 태우기보다는 여러 종류의 탈 것에 태워주는 경향이 있다. 역으로, 연구자들이 모델을 보이는 것을 본 후, 탈것을 침대에 눕히기보다는 어떤 종류이든 동물을 침대에 눕히는 경향이 있다(Mandler & McDonough 1998; McDonough & Mandler 1998).

7개월과 9개월 사이에, 영아는 영화에서 배우가 걷기, 점프하기, 구부리기 등과 같은 행동을 하는 것을 보면서 이 행동들을 구분할 수 있다. 분명히 이들은 행동마다의 독특한 자질을 인지하고 사람들이 행동을 약간 다르게 수행하더라도 그 행동을 구분하였다(Pulverman et al. 2006). 후에, 그림 그리기와 물감을 칠할 때 3~4세 유아와 그 이상의 유아는 초기 이해에 근거하여 성인이 각 행동에 대해 특정한 용어로 연결해주면, 그 용어를 말하면서 각 행동의 정확한 용어(걷다, 구부리다, 점프하다)를 사용하여 이러한 행동이 표현되도록 사람을 그린다.

영아는 또한 생물과 무생물 대상을 일찍부터 구분한다. 예를 들어, 2개월경 이들은 인형보다는 살아 있는 사람에게 소리를 내고 미소를 짓는다(Legerstee 1992; Legerstee, Corter, & Kienapple 1990). 6개월경, 영아는 사람들이 생물과 무생물에 대해 다르게 행동한다는 것을 인식하기 시작한다(Legerstee 1991). 아울러 이 두 범주에 속한 것들은 다르게 행동한다는 것을 안다.

예를 들어, 7개월 된 영아는 움직이는 사람보다 간혹 움직이는 공이나 의자를 좀 더 오래 바라본다. 무생물의 경우, 이렇게 움직이지 않아야 한다는 것을 알기 때문이다(Poulin-Dubois & Shultz 1990; Speike, Phillips, & Woodward 1995). 마찬가지로, 16개월 된 영아는 영화에서 개나 사람이 층계를 오르거나 블록을 뛰어넘을 때 놀라지 않는다. 그러나 영화에서 자동차나 버스가 벽을 뛰어넘는 것을 보면 놀란다(예: 좀 더 오래 바라본다, Poulin-Dubois & Forbes 2006).

더 월령이 높은 영아는 인간에게는 의도가 있다고 생각한다(Myowa-Yamakoshi et al. 2011). 예를 들어, 한 연구에서, 컵 옆에 구슬을 놓는 행동을 하는 인간 모델이나 기계적 모델을 18개월 된 영아가 보았다. 구슬 놓기 차례가 되었을 때 인간 모델을 본 걸음마기 영아는 컵 안에 구슬을 넣었다. 반면에 기계적 모델을 본 걸음마기 영아는 관찰한 대로 테이블 위에 구슬을 놓았다(Meltzoff 1995). 걸음마기 유아는 인간 모델이 구슬을 컵 안에 넣으려고 했는데 실패한 것으로 간주했다.

사물의 전형적인 행동에 대한 지식이 유아로 하여금 후에 그림 그리기나 물감 칠하기에서 전형적인 행동에 위배함으로써 여러 형태의 그리기에서 약간 재미있는 것을 창조할 수 있게 한다. 무생물체에 대비한 생물체에 대한 지식은 3~4세 유아와 그 이상의 유아가 실제 세계에 대해 잘못된 정보를 가지지 않고 꾸며낸 이야기를 올바로 감상할 수 있도록 해준다.

의사소통 체계 세우기: 정서적 표현과 감정, 정서적 이해, 공감

쓰기는 의사소통 수단의 하나이다. 즉, 쓰기는 상징적 표상을 사용한 아이디어와 정보의 표현이다. 여기서는 아주 어린 유아가 어떻게 기본 의사소통 기술을 발달시키는가에 대해 생각해보려고 한다. 기본 의사소통 기술로서의 쓰기는 3~4세경에는 초기 쓰기로, 그리고 후에는 관례적 쓰기로 표현하게 되며 메시지 창조의 기초가 된다.

신생아는 배고프거나 불안정할 때 울며 양육자의 머리나 눈을 응시한다. 이 부위의 밝음과 어두움의 대조가 주의를 끌기 때문이다. 성인

표 7-1 사회적 상호작용과 언어적 의사소통의 전형적 이정표

연 령	이정표
3개월	성인과 미소, 목소리 내기, 응시하기, 다른 반응으로 대하기 시작한다. 엄마의 목소리의 고저, 크기, 음의 길이를 모방하고 반복하기 시작한다. 이러한 방법으로 엄마와 의사소통하고 연결 짓는다(Gartier & Devouche 2011).
6개월	다른 사람의 머리와 눈의 움직임을 눈으로 좇기 시작한다. 그러나 특정 대상이 아닌 일반적 방향으로 본다. 그리고 중간 매개체에 주의가 쏠리게 된다(Butterworth & Jarrett 1991).
7개월	엄마가 자신을 향해 멈추면 항상 일관성 있게 반응한다. 그리고 차례가 되었을 때 다른 행동(예: 하품하기, 미소 짓기, 트림하기)보다 목소리를 낸다(Snow 1977). 자신을 바라보는 친근한 사람과 인사하기 위해 목소리로 표현한다(Kaye & Fogel 1980).
9~11개월	물체가 시야에 있고, 다른 사람이 그 물체를 응시하면서 손으로 지적하면, 그 응시하는 대상의 위치를 가리킨다(Corkum & Moore 1995).
12개월	시야에 가까이 있지 않은 대상에 대해 보다 확실히 가리키는 곳을 따라가며 응시한다(Florn et al. 2004). 자신의 문화 안에서 전형적 대화의 상호작용 유형을 교체할 수 있다(Broerse & Elias 1994). 몇 개의 단어를 이해하고 말하기 시작한다.
18~20개월	기초 문장을 형성하기 위하여 단어를 병합한다. 표현적 어휘가 급속히 증가하기 시작한다.
24~36개월	통사론적 기술과 문법적 기술이 꾸준히 증가한다. 대화 파트너에게 경청하고 있음을 표시하기 위하여 기술적으로 응시한다(예: 한결같은 방법으로 화자를 바라본다). 차례대로 말하기 시작하면 눈길을 돌리어, 상대방이 듣고 있는가를 확인하기 위하여 돌아본다(Rutter & Durkin 1987). 다른 사람에게 말할 때는 일관성 있게 반응하고 언어적 상호작용을 제안한다. 자신과 다른 사람의 관계에서 감정의 원인과 다른 사람의 정신 상태에 대하여 말하기를 할 수 있다. 가장놀이에서 정신 상태 용어를 사용한다(Bretherton & Beeghly 1982; Bretherton & Munn 1987).

은 영아의 얼굴 응시를 자신에 대한 관심으로 해석하고 반응한다(Kaye 1982). 1개월과 2개월 사이에 영아는 자신에게 미소를 짓고 말을 거는 사람에게 사회적으로 미소 지어주기 시작한다. 그리고 사람의 눈을 더 많이 응시하기 시작한다(Brazelton et al. 1975; Stern et al. 1975). 3개월경, 영아는 양육자와의 상호작용을 조절하기 위하여 미소 짓고 응시하며, 쿠잉 소리를 낸다. 3개월에서 36개월 사이의 상호작용과 언어 발달의 이정표가 표 7-1로 제시되었다.

정서적 표현과 감정 영아와 걸음마기 유아는 정서와 사회적 행동에

대해서 배운다. 영아는 태어나는 순간부터 정서를 표현한다. 그리고 성인은 바로 영아가 행복한지, 슬픈지, 또는 화가 났는지, 슬픈지를 말할 수 있다. 2개월이나 3개월 무렵, 영아는 자신에게 사람들이 말하거나 미소를 지으면 많이 웃는다. 그러나 슬픈 얼굴을 대할 때는 웃지 않는다(Termine & Izard 1988). 4개월경 영아는 소리 내어 웃는다(Sroufe & Wunsch 1972). 6개월경 영아는 반응이 없는 엄마에게 노여움과 슬픔을 보이며(Weinberg & Tronick 1996), 낯선 사람을 경계한다(Lewis & Rosenblum 1974). 18개월과 24개월 사이에, 걸음마기 유아는 정서적 표현과 감정의 레퍼토리에 죄의식, 어리둥절함, 부끄럼 등과 같은 좀 더 복잡하고, 자아 의식적이며, 정서적 측면이 더해진다(Lewis et al. 1989). 자부심(pride)은 좀 더 후에 28개월경 표현된다(Lewis, Alessandri, & Sullivan 1992).

정서를 경험하고 표현하는 데 더해, 영아는 점차 다른 사람에게서 다른 정서를 신호하는 얼굴 표정을 구별하는 것을 배운다. 7개월이나 8개월에 영아는 행복, 슬픔, 두려움, 노여움, 놀람과 같은 표현을 구별하는 것을 배운다(Barrera & Maurer 1981; Bornstein et al. 2011; LaBarbera et al.; Nelson, More, & Leavitt 1979; Young-Browne, Rosenfeld, & Horwitz 1977).

18개월과 30개월 사이에 걸음마기 유아는 많은 정서와 감정적인 행동에 대한 어휘를 형성하고 이에 대해 말한다. 이러한 단어에 '행복하다', '슬프다', '우습다', '화내다', '불쾌하다', '울다', '웃다', '놀라다', '겁먹다' 등이 포함된다(Bretherton & Beeghly 1982; Dunn, Bretherton, & Munn 1987).

정서적 이해 비록 7개월 또는 8개월 영아가 다른 얼굴 표정을 구별하는 시각적 정보를 사용하지만, 표현된 정서의 의미를 이해하지는 못한다. 10개월경, 영아는 사회적 관계(social referencing)를 참조하므로, 친근한 양육자와 낯선 사람이나 새로운 놀이감과 같은 관심 있는 것 사이에서 시선이 오간다(Source et al. 1985; Valsh & Sriano 2004). 예를 들어, 만일 아빠가 낯선 사람에게 미소를 띠우면, 영아는 아빠가 얼굴을 찡그리거나 걱정할 때보다 낯선 사람에게 접근할 것이다. 비록 이 연령의 영아가 자신의 행동을 안내하기 위해 다른 사람의 얼굴 표정이 암시하는 정서적 정보를 이용하나, 18개월경까지는 다른 사람의 행동을 얼굴 표정만으로 예상할 수는 없다(Repacholi & Gopnik 1997).

공감의 발달 실험실 상황에서 1개월에서 9개월 사이의 영아는 다른 영아의 울음소리 녹음을 들으면 운다(Geangu et al. 2010). 그러나 엄마와 다른 영아들과 함께하는 자연적 상황에서는 6개월 된 영아는 또래 영아가 울 때에 거의 울지 않는다. 그 대신 영아는 우는 영아를 손으로 접촉하려고 시도한다. 자연적 상황에서 영아는 울음이 오랜 시간 계속될 때는 고통스러워하고 관심 보이기를 멈춘다(Hay, Nash, & Pederson 1981).

6개월과 12개월 사이에, 영아는 다른 사람의 고통에 감정과 관심을 가지고 반응하고, 다른 사람의 행동을 방해하기보다는 도와주려고 하지만, 아직 괴로워하는 사람을 위로하려고 시도하거나(예: 괴로워하는 사람을 토닥거려 주거나 위로의 말을 하기) 도움을 주지는 않는다. 16개월경이면, 상대 영아의 괴로움이 오래 계속되거나 강도가 아주 심하지만 않다면, 이러한 친사회적 행동은 아주 분명하다. 상대 영아의 괴로움이 계속되거나 심할 경우, 걸음마기 유아는 쉽게 괴로워하게 되고 친사회적으로 행동하기 힘들게 된다. 개인차가 있지만, 어떤 유아는 괴로워하는 다른 사람을 관찰할 때 쉽게 괴로움에 빠지게 된다(Roth-Hanania, Davidov, & Waxler 2011; Ungerer et al. 1990).

정서적 이해에 대한 연구가 제시하는 바에 의하면, 18개월경의 걸음마기 유아는 사람마다 같은 일에 대해 다른 감정을 가질 수 있다는 것을 인식하기 시작한다. 이러한 이해는 계속 발달하며, 그 결과, 이야기 주인공을 이해하는 상태나 주인공들 사이의 갈등에 대한 이해도 달라진다. 이러한 성향은 유아의 쓰기와 그리기에도 나타나기 시작한다.

초기 자국 만들기에 대한 결론

우리가 알고 있는 바와 같이, 초기의 자국은 종이에 우연히 형성된 것이지 계획한 것이 아니다. 그러나 얼마 안 되어, 걸음마기 유아는 우연히 나타난 자국이 주의를 끌어 자국을 반복하여 그으면서 약간의 통제를 가하기 시작한다. 이러한 행동이 초기 자국 만들기에서 두 번째 단계로의 전환 징조이다. 얼마 후, 또 다른 새로운 변화가 시작된다. 가드너(Gardner)가 설명한 바와 같이, "유아는 선과 형태에 대한 어휘, 즉 그래픽 언어에 대한 기초를 형성한다. 즉, 언어의 소리에서 시작하여, 이 소리가 의미와 연결되어 참조 단위를 형성한다(1980, 11)." 자국이 의미를 표상한다는 아이디어의 출현은 초기 자국 만들기의 두 번째에서 세 번째 단계로의 전환이다.

영, 유아교육기관에서, 교사는 영, 유아가 그림 그리기나 물감 칠하기에 몰두하는 모습을 찍은 사진과 함께 이들이 만든 자국을 게시판에 게시하여 부모나 다른 가족 구성원이 볼 수 있도록 할 수 있다. 이러한 경험을 가정에서 제공하지 않았을 경우, 이에 고무되어 유사한 경험을 제공하는 가정도 생길 수 있을 것이다. 한편, 어떤 부모는 다양한 이유로 가정에서 자국 만들기 경험을 제공하지 않기로 결정할 수도 있다. 하지만 부모들은 이러한 경험을 유아에게 제공하는 노력을 기울이는 교사에게 고맙게 생각할 것이다.

이미 지적한 바와 같이, 어린 영아와 걸음마기 유아는 분주한 학습자로서, 사람은 목표와 의도를 지니고 있다는 것, 그리고 상황이 바람직한 목표를 달성하기 위한 능력 발휘를 방해한다는 것에 대한 이해를 습득한다. 이러한 지식은 걸음마기 유아와 유아원 유아에게 인간과 동물들은 무생물체와 다르게 행동한다는 것을 터득하게 해준다. 또한 유머 생성이나 사실이 아닌 허구적 이야기를 창작하기 위하여 실제 세계에서 특정한 행동 방법과 다른 행동도 나타날 수 있다.

영아와 걸음마기 유아의 얼굴 표현에 대한 이해도 다루었다. 걸음마기 영아는 때로는 유아들이나 성인의 얼굴 표현에 상당한 관심을 보이고 성인이 책을 읽어줄 때에 등장인물의 느낌에 대해 적절한 어휘를 사용하여 말해줄 수 있다. 때로는 3~4세 유아의 초기의 표상 그림 그리기나 물감 칠하기에서도 느낌이 나타난다는 것을 볼 수 있다(8장 차라의 예 참조).

초기 책 읽기 경험과 이후 읽기에서의 성공 사이에 유의미한 상관관계를 보인다는 연구 결과(2장 참조)는 걸음마기 유아를 위한 책이 이들이 습득하기 시작한 지식과 이해와 관련된 것을 포함하고 있기 때문이다. 성인이 책을 함께 읽고 읽은 내용에 대해 걸음마기 유아와 이야기를 나눌 때는 요구되는 언어뿐만 아니라 유아의 지식도 함께 강화된다. 우리는 어린 시절에도 책 읽어주기, 그리기와 쓰기 기회 제공하기, '행한 것에 대해 말하기'가 서로 맞물려 발전시킨다는 점을 알 수 있다.

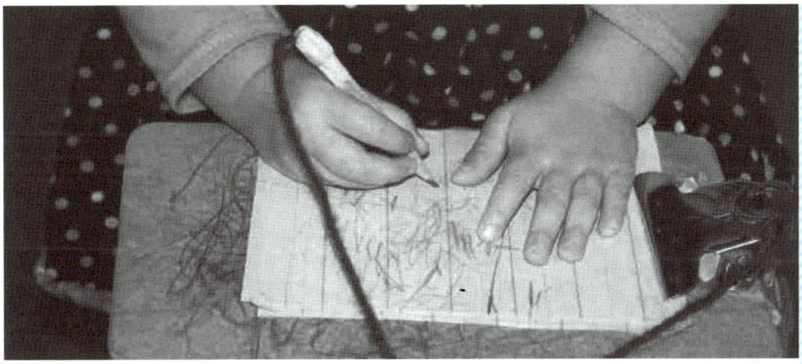

유아원 시기의 쓰기 8장

차라는 현재 34개월 된 유아로, 손가락 그림 그리기로 두 개의 짧은 수직선을 만들었다. 그러고는 위를 올려다보며, "두 다리야."라고 말했다. 다리 위에 수평선을 그리고는 다시 위를 올려다보며, "입이야."라고 알려주었다. 다음에, 차라는 활 모양을 닮은 작은 곡선을 만들었다. "슬퍼하고 있어."라고 설명했다. 응시를 멈추기 전에 차라는 "머리 그려야지."라고 덧붙여 말했다. 차라는 다시 손가락 그림 그리기로 되돌아가서 두 입술 주위에 동그라미를 그렸다. "왜 슬프지?" 하고 어른이 물었다. 차라는 위를 올려다보면서, "이것이 슬펐으면 해요."라고 말했다. 그 다음, 물감을 선 위에 문질러서 선들이 사라지게 했다. 그러고는 다시 위를 올려다보며 미소를 짓고는 다시 내려다보면서 "물감이 더 필요해."라고 말했다. 물감을 채운 뒤, 차라는 계속 물감을 손에 문지르고, 물감이 가득 묻은 손바닥으로 팔 위 아래를 문지르고, 종이 위에 물감을 발랐다.

3세경에 차라는 사람 몸의 부분별 이름과 그 위치를 알고 있었고, 여러 느낌에 맞는 표정도 알고 있었다. 또한 차라의 구어 발달 수준은 대화에 참여하기에 적정하였다. 아울러 자신의 문화권 내에서 대화하는 상대방의 경청 상태를 파악하고, 대화의 시작과 끝을 파악하여 대응하려면 상대방을 응시하며 대화해야 한다는 것도 파악하고 있었다. 얼마 안 있어 유아원 원아가 될 차라는 이제 다양한 면에 대한 풍부한 지식을 갖추었고, 자국 만들기의 긴 세월(34개월까지 거의 2년간의 경험)을 보냈기에 마음에 있는 것을 그릴 자세가 되어 있었으며, 그린 것에 대해 모두 말할 준비도 되어 있는 상태였다.

이 장에서는, 자국 만들기와 표상 기술에 대한 논의가 7장에 이어 계속된다. 3~4세 유아가 그림 만들기(즉, 그리기 또는 핑거 페인팅)와 자신의 의미를 표현하기 위한 쓰기 자국을 어떻게 결합하는가에 대해 생각해보려고 한다. 아울러 3~4세 유아의 쓰기와 그리기 활용, 이들의 그림의 복잡성과 내용, 그리고 이러한 활동에 대한 흥미에 대해서도 다루었다.

이 장은 유아의 연령에 따라 네 단계로 조직하였다. (1) 30개월에서 36개월, (2) 3세에서 4세, (3) 4세에서 5세, (4) 5세에서 5세 9개월. 네 번째 단계는 유치원에 다니면서 5세가 된 유아도 포함한다.[1]

각 단계의 예에 제시된 어린이의 연령은 해당 연령 범위 내에 속하지만, 이러한 연령 범위는 대체적인 경향성의 제시일 뿐이다. 7장에서 논의한 바와 같이 영아나 걸음마기 유아를 위한 자국 만들기 경험 제공은 아주 어린 유아에게 책 읽어주기와 같이 일반적인 것은 아니다. 따라서 언어와 어휘에서 책 읽기를 포함한 다양한 언어 경험이 양적, 질적으로

1 미국의 경우, 3~4세 유아는 유아원 원아이고, 5세 유아는 초등학교 k학년 학생이다. 우리나라의 경우 3, 4, 5세 모두 유치원 또는 어린이집에 다닌다 – 옮긴이.

다를 경우 나타나는 것보다 다양한 쓰기와 그리기 행동이 나타나는 연령에 더 큰 차이가 나타나는 것을 볼 수 있을 것이다.

각 읽기와 그리기 단계에서, 우리는 유아가 하는 것에 대한 일반적 실태를 제공하고, 이를 물리적 자국 만들기(예: 글자 쓰기와 그림 그리기), 단어 창조, 의미 구성과 같은 세 가지 측면의 학습과 연결하였다. 전반적으로 기술 습득과 흥미를 지원하는 조건에 대해 설명하였다.

단계 1: 쓰기가 쓰기로 보이기 시작하고 쓴 것을 말하는 단계

7장에서 차라와 시드니는 끄적거리기 단계의 그림에 유사 글자 형태를 포함하였다. 그라이댄은 나선, 원과 원, 점, 점, 점 자국을 만들었다. 그러나 차라와 시드니가 모두 C와 S가 자신의 이름에 있는 글자라는 것을 알고 있기는 하지만 둘 다 "저건 내 이름 글자야." 또는 "저기에 내 이름 글자가 있네……."라고 말하지 않았다. 마찬가지로 그라이댄은 나선을 만든 후에 "이거는 바람개비야."라고 말하지 않았다. 글자와 나선은 이름으로 구분되는 단순한 묘사이다. 잘해야 글자를 사람과 연결지어 생각하는 것이다(예: "O는 Owen 이름이야." "C는 Chara 이름이고," "T는 Tricia 이름이야.").

이러한 자국 만들기 행동은 초기 가장 놀이에서 유아가 사물을 "역할"로 연관시키는 것이 아니라 기능적으로 연관시키는 것과 공통점이 있다. 역할 가장(예: 요리하는 엄마 또는 아빠, 아기에게 먹을 것을 주는 아빠)은 28개월에서 30개월경 나타난다(7장 박스 7-1 참조). 자모음 형태와 다른 디자인의 상징적 사용을 향한 유사한 변형은 30개월경의 그리기와 쓰기 행동에서 나타난다. 유아가 아직 사람과 다른 물품뿐만 아니라 여러 선과 자모음 글자를 그림으로 표현하기는 하지만(그림 8−1), 이들은 이제는 선과 개별 자국을 쓰기로서 사용한다(예: 자국이 어떤 내용을 "말한다."). 이제는 탐색적 자국 만들기 결과 생긴 색칠이나 그림이 마음에 어떤 특별한 것을 생각하게 하여 의미를 부여하기보다는, 어떤 특정한 것을 그리겠다는 착상을 먼저 하고 그린다. 마침내 유아는 쓴 것과 그린 것을 아주 일관성 있게 구분하고 자신의 쓰기 자국을 단계적으로 조직한다.

쓰는 사람의 역할 시작하기

32개월 된 차라는 꾸불꾸불한 선을 사용하여 식료품 목록을 썼다(그림 8−2a). 써내려가면서, 차라는 엄마에게 써달라고 요청하면 엄마가 차라의 종이에 단어를 쓰고 품목을 적어주던 행동을 흉내 내면서 식품 품목 이름을 말하였다(예: 계란, 우유, 감자, 비트, 5장의 그림 5−1 참조). 35개월경 차라는 자신이 선물로 받기를 원한 품목을 엄마에게 말하여 적은 목록에 생일 파티에 초대한 사람의 이름을 첨부하였다(차라의 엄마 설명에 의하면 몇몇 사람이 차라가 좋아하는 것이 무엇인지 물었다고 한다). 자신의 손님 목록을 만들기 위해, 차라는 개별적 글자 같은 자국을 일렬로 정렬시켰다(그림 8−2b).

그림 8–1
아담이 쓴 글자 A와 사람 그림(34개월)

34개월경에 차라는 때때로 어떤 의미를 전달할 의도 없이(즉, 목록을 만들거나 누구에게 메모를 쓰려는 생각 없이) 마치 연습하듯이 자모음 글자(관례적 형태가 아닌 유사한 형태로 쓴 글자)를 썼다. 물론, 차라가 쓴 대부분의 글자가 관례적 형태에 근접하지는 못했다. 그

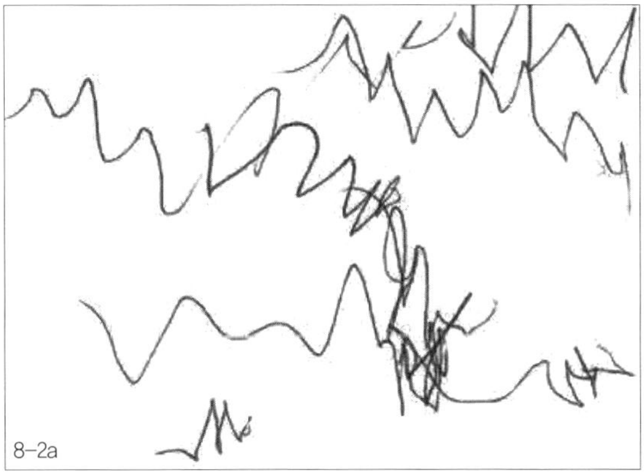
8-2a

8-2b

8-3

그림 8-2a/그림 8-2b
차라의 식료품과 생일 파티 리스트
그림 8-3 차라의 글자 연습

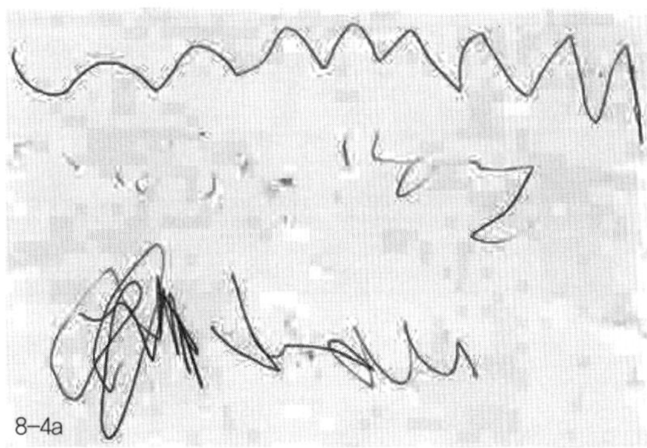
8-4a

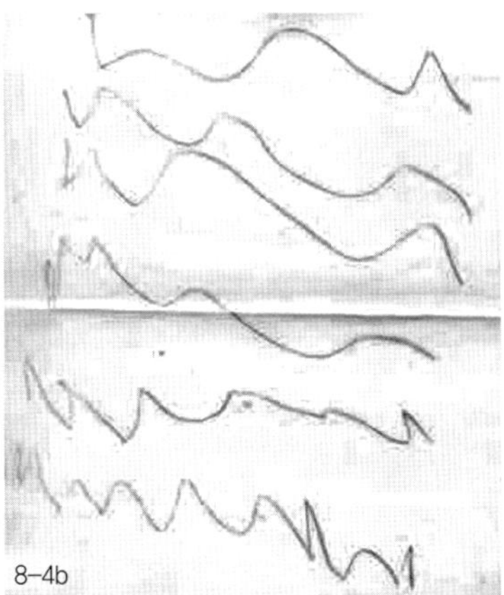
8-4b

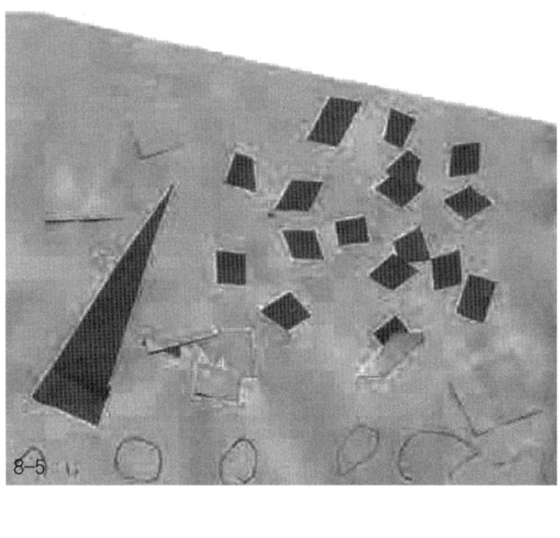
8-5

그림 8-4a/그림 8-4b
아담의 아버지날 카드 봉투와 아빠께 쓴 편지
그림 8-5 아래 부분에 이름을 사인한 차라의 카드

림 8-3에 제시된 표본에서, 차라는 처음에 세 개의 C자를 "C, C, C"라고 말하면서 썼다. 그 다음에 차라는 부가적 자국을 그으면서 "H, I, J, K"라고 말하였다.

아담은 엄마의 요청에 반응하여 아버지날 카드 봉투에 아빠의 이름을 쓰기 위해 구불구불한 선을 사용하였다(그림 8-4a). 며칠 후, 그는 "아빠에게 부치는 편지"(그림 8-4b)를 쓰기 위해 스스로 쓰는 사람의 역할을 하였다.

쓰기와 그리기를 구분하고, 줄에 맞추어 쓰기

식료품 목록, 생일 파티 리스트, 아빠에게 쓴 편지에서 차라와 아담은 쓰기만을 사용하였다. 실제, 꾸불꾸불한 선 또는 개개의 자국들을 선상에 모아 정리하였다. 이 시기의 자국 만들기에서는 대부분 그림(또는 장식)과 쓰기를 구분하여 사용하였다. 예를 들어, 차라는 유사 글자 자국들(외관상 이름으로 보임)을, 자신이 가지고 있는 종이 장식품 위에 쓰지 않고, 친구에게 보내는 카드에 추가했다(그림 8-5). 차라의 엄마는 최근 밸런타인데이에 메시지를 써서 장식품과 쓰기를 구분하는 모델을 보였다.

아담, 모니카, 줄리엣도 쓰기와 그림 자국을 구분하였다. 아담은 자신의 끄적거린 단어들(251쪽 위쪽)이 "엄마, 사랑해요. 아빠, 아빠도 사람해요."(그림 8-6a) 라고 쓴 것이라고 말했다. 모니카는 "이게 내 그림이구요, 내 이름, 단어들이에요." (그림 8-6b) 라고 설명하였다. 줄리엣은 종이의 아래쪽 모서리의 꾸불꾸불한 선을 지적하면서 "내 이름."이라고 말하고, 끄적거리기 덩어리(그림 8-6c)를 향해 몸짓을 하면서 "내 그림이야."라고 말했다.

대부분의 유아들이 3세경에는 쓰기와 그림 자국을 구별하지만, 몇몇

그림 8-6a/그림 8-6b/그림 8-6c
아담, 모니카, 줄리엣은 그림에서 쓰기를 구별했다.

유아는 아직 구분하지 않는다. 예를 들어, 타일러는 3세 5개월에 블록 영역의 종이에 자신의 이름을 썼으며, 성인이 보기에는 그림이라고 생각할 정도로 끄적거리기가 뒤죽박죽이 되도록 가득 썼다(그림 8-7). 타일러는 유아원에 들어오기 이전에는 자국 만들기 경험이 별로 없었다. 그러나 유아원에 들어온 후 타일러는 블록 영역에서 일상적으로 사인을 만드는 친구들과 상당한 시간을 보냈었다. 또한 학급 집단 활동시 교사가 쓰면서 설명하는 것을 관찰하였다.

유아원에서 자국 만들기 도구와 관찰 모델을 접하면서 타일러는 쓰기로 의도한 자국은 그림 자국과 다르게 조직된다는 것을 파악하였다. 여러 달 후(3년 8개월 되었을 때), 타일러는 이름을 쓰기 위해 개별 자국을 사용하여 일렬로 늘어놓기 시작하였다. 몇 달 후 그가 만든 자국은

그림 8-7
타일러의 이름을 상징하는 비선형 자국

이름 글자들과 약간 비슷하였다.

그림에 의미 표상하기

3~4세 유아원에 다니는 유아들은 대부분의 경우 자신들이 만드는 자국에 의미를 부여하지 않고 자유롭게 물감으로 칠하거나 그리기를 계속하지만, 걸음마기 유아보다는 의미를 부여하는 경향이 있다. 분명히 이 시기 유아는 사람들이 주로 의미를 부여하기 위하여 자국을 사용한다는 것을 인식한다. 예를 들어, 어느 날 물감으로 칠하기를 한 차라에게 성인이 그것에 대해 말해달라고 요청하였다. 차라는 이것은 "태양과 모든 세계야." (그림 8−8a), 그리고 이쪽 것은 "시원하고, 부드럽고, 철벅거리는 진흙탕 발자국이야."(그림 8−8b) 라고 말했다.

8–8a

8–8b

그림 8-8a/그림 8-8b
차라가 자신의 물감 페인팅에 부여한 의미

차라가 그림 8-8을 설명하면서 사용한 단어는 좋아하는 책『Rain』(Manya Stojic)에서 따서 사용한 것이다. 책의 내용에 비가 멈췄을 때, 코뿔소가 비는 느낄 수 없지만 "시원하고, 부드럽고, 철벅거리는 진흙탕에 누울 수 있어."(p. 20)라는 글이 있었다. 차라는 이 말들을 좋아했고 책을 읽으면서 때로는 이 부분을 반복해서 읽었다. 흥미롭게도, 차라의 엄마도 꼬리표에 메시지를 쓸 때 책에 있는 글을 사용하는 모델을 보였었다. 아마도 차라가 물감칠 자국 명명을 위해 책에 있는 어구를 사용하는 아이디어는 엄마가 보여준 본보기에서 영감을 얻은 것이라 생각된다.

차라는 자신이 만든 자유 형태 그림에 여러 의미를 부여하였다. 이 형태들은 어떤 것도 특별히 닮은 부분이 없었기 때문이다. 그러나 한 물체가 그 물체와 닮지 않은 다른 물체로 대체하여 사용하는 극놀이에서처럼, 유아는 그림에 단 한 가지라도 그 대상을 닮았다고 생각되는 힌트가 있는 경우(예: 몇 개의 갈색 점), "시원하고, 부드럽고, 철벅거리는 진흙탕" 또는 "태양과 모든 세계"라고 말할 수 있다. 이와 같이 어떤 것에서나 기꺼이 특정한 유사성을 보려고 하는 경향은 4세에는 줄어든다

8–9a

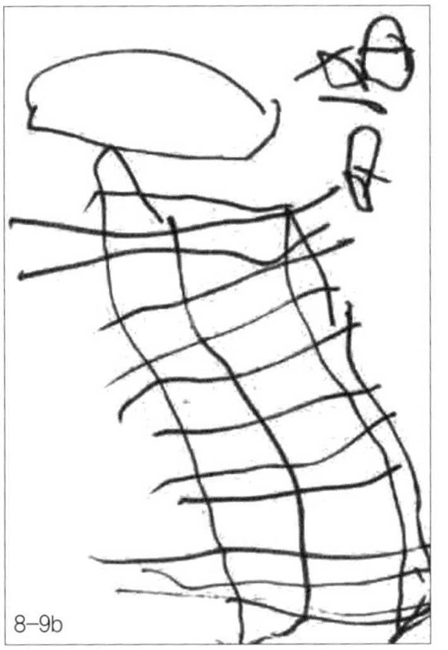
8–9b

그림 8–9a
아담이 그린 사람(35개월)
그림 8–9b
리비가 그린 집(35개월)

(7장 박스 7-1 참조). 그러나 유아원의 어린 유아는 약간의 유사성을 보여주는 단서가 있는 것을 좋아한다.

때때로, 유아는 이미 만든 자국에 의미를 부여하기보다는 의도적으로 그리려고 하는 것을 정한다. 이러한 새로운 행동은 계획할 수 있는 능력을 포함한 인지적 능력의 성장을 나타내준다. 각각 단일 품목을 묘사한 두 가지 예를 그림 8-9a와 8-9b에서 보여준다.

단계 1: 요약

3세경 유아는 쓰는 사람으로서 역할하기 시작한다. 그리고 꾸불꾸불한 선과 개별 글자 같은 짧고 불규칙한 곡선을 일직선으로 정렬하여 쓰기 시작한다. 많은 아이들이 이때 그림 자국과 쓰기 자국을 구분하기 시작한다. 때로는 자신의 이름 쓰기를 시도하지만, 실제 글자와 닮은 자국을 항상 만들어내지는 못한다.

탐색으로 시작한 그림에 의미를 부여하기도 하고, 그림을 의도적으로 그리기 시작한다. 때로는 친근한 책에서 얻은 정보와 장면이 그리기와 물감 칠하기에 영향을 준다.

쓰기와 그리기 기술은 이 시기에도 유아들 간에 차이가 있다. 유아들의 경험에 차이가 있기 때문이다. 쓰기 자국에 대비하여 그림 자국의 조직에 대한 지식 등 유아의 이해를 측정하기 위해서는 다양한 상황에서 유아가 만든 자국 표본을 표집해야 하며, 각 자국을 만들 때의 유아의 의도를 고려하여야 한다. 이러한 사항들이 유아의 행동에 영향을 주기 때문이다. 예를 들어 유아원 교사가 아담의 이해를 평가하려고 한다면, 여러 자료들 가운데 그림 8-1과 8-6에서 보여준 예를 고려하는 것이 바람직하다.

유아의 경험 내력도 측정에 따른 결론을 내릴 때 고려되어야 한다.

예를 들어, 타일러는 유아원에 들어가기 이전에 자국 만들기 경험이 전혀 없었으니, 그의 쓰기 수준이 아담이나 차라와 다른 것은 당연한 결과이다. 하지만, 접근, 수용, 지지로 이 아이의 쓰기는 자연스럽게 발달했다. 유아의 쓰기 측정에 관심 있는 독자는 저서 『Writing in Preschool』(Schickedanz & Casbergue 2009)의 6장을 참고할 수 있다.

단계 2: 이름 쓰기, 유사단어 쓰기, 상세히 표현한 그림 그리기

3~4세 사이의 기간 동안, 유아는 자신의 이름과 다른 단어 쓰기 시도에 흥미를 가진다. 그리고 그림 그리기와 물감 칠하기에 보다 세부적인 사항을 포함한다. 또한 성인과 자신이 쓴 것과 그린 것에 관해 의견을 주고받을 때 유아가 말할 거리가 많다.

자신의 이름 쓰기

32개월에서 45개월에 이르기까지의 아담의 이름 쓰기 표본이 그림 8-10에 제시되어 있다. 처음 표본에서는 한 개의 자국이 A와 유사하다. 그러나 다른 자국들은 그의 이름자의 어떤 글자와도 닮지 않았다. 33개월에 아담은 "골대" 안에 작은 동그라미를 사용하여 내부를 조각하여 일종의 M자를 만들어 포함시켰다(그림 8-10b).

41개월에 A자와 M자가 잘 구별되게 썼고, D는 원의 왼쪽에 선을 그어 평평하게 하였다(그림 8-10c와 8-10d). 아담은 이 글자들의 관례적 형태가 어떠한지를 알았고, 실험을 통해 좀 더 나은 형태를 만들어내었다. 그러나 이 시점에서는 D 글자 왼쪽 편을 어떻게 똑바르게 할지

그림 8-10a
그림 8-10b
그림 8-10c
그림 8-10d
그림 8-10e
그림 8-10f
아담의 이름 쓰기 전개

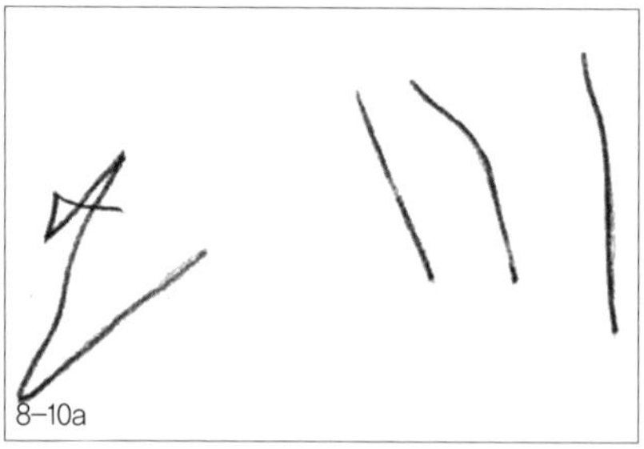

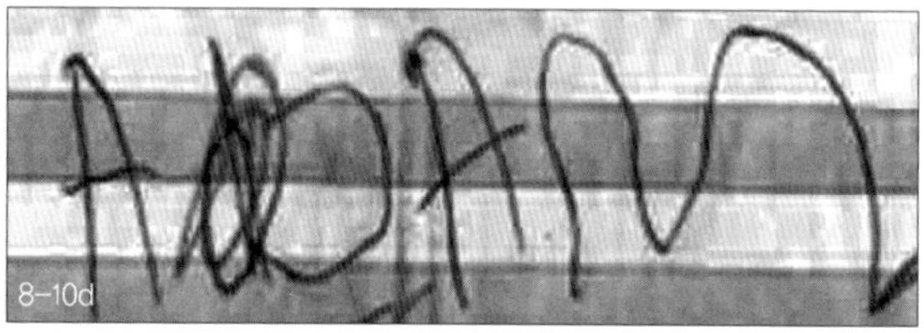

생각해낼 수가 없었다. 43개월에 아담은 이 문제를 해결했다. 엄마가 제공한 시범 기회가 도움이 된 것 같다(예: "D의 똑바른 옆면을 만드는 다른 방법이 있어."). 엄마는 왼쪽에 똑바른 수직선으로 시작하여 오른쪽에 곡선을 첨부하는 것과 같은, 두 개의 구분되는 글자 획을 사용하는 모델을 보여줬다.

유아들은 글자들을 써진 상태로 보기 때문에, 대부분의 글자가 하나의 획이 아닌 두 개나 그 이상의 획이 사용되어 구성된다는 것을 인식하지 못한다. 때로는 실제 글자에 사용된 획의 수보다 더 많은 획을 상상한다(예: T의 위선을 하나의 계속된 선이 아닌 두 개의 짧은 수평선으로 적용한다). 5장에서 설명한 자모음 단서 게임은 유아원에 다니는 유아들이 많은 글자들이 여러 개의 선 분절로 구성되어 있다는 것을 인식하고, 어떤 글자들은 유아가 처음 생각했던 것보다 적은 수의 획으로 구성되어 있다는 것을 인식하도록 돕는다.

그림 8-11
오드리의 편지

몇몇 유아들은 얼마 동안은 자신의 이름 글자들의 위치 보유에 만족한다. 예를 들어, 3세 오드리(Audrey)는 유아원에서 자신의 이름을 사인할 때 "A-U-D-R-E-Y"라고 말로 하면서 6개의 동그라미를 썼다(그림 8-11). R과 Y가 쓰기 어렵기 때문에 장소 보유 형태의 쓰기를 하였다. 유아원에 들어왔을 때, 오드리는 중국어 문자는 친근했지만 영어 글자는 알지 못했다. 그러나 몇 개월 내에 오드리가 쓴 글자는 아주 잘 알아볼 수 있는 단계로 발전되었다.

단어에 대한 관심

3~4세 사이에 유아들은 흔히 자신의 이름 이외의 단어에 관심을 갖게 된다. 이 시기 유아들이 관심 갖는 단어에는 형제의 이름, 유아원 친구들의 이름, 부모와 조부모에 대한 호칭(예: 엄마, 할머니, 아빠, 할아버지)이 포함된다. 유아들은 이러한 단어들을 그대로 베끼거나 성인이 구술해서 받아쓰게 한 글자를 쓴다. 39개월에 아담은 생일 카드 봉투에 엄마가 각각의 글자를 불러주는 대로 "Daddy"라고 썼다(그림 8-12a). 4 개월 후에 아담은 밸런타인 카드 봉투에 아버지가 글자들을 불러주는

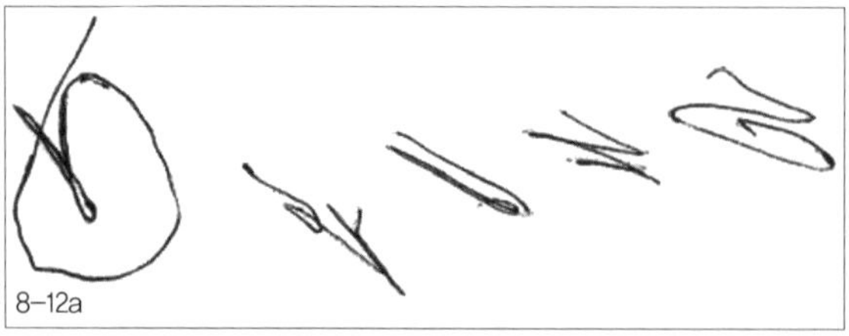

8-12a

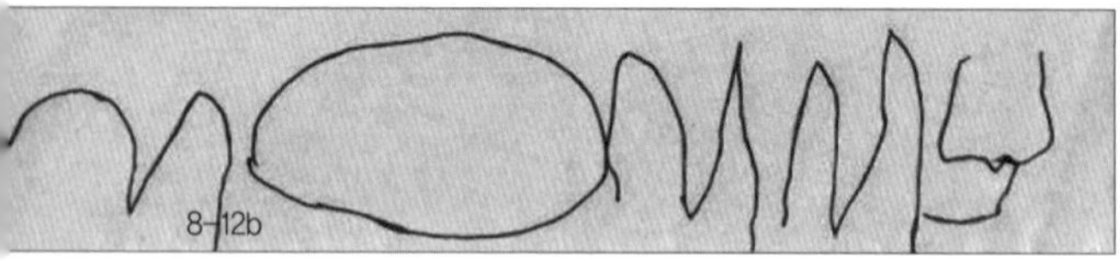

8-12b

8-13

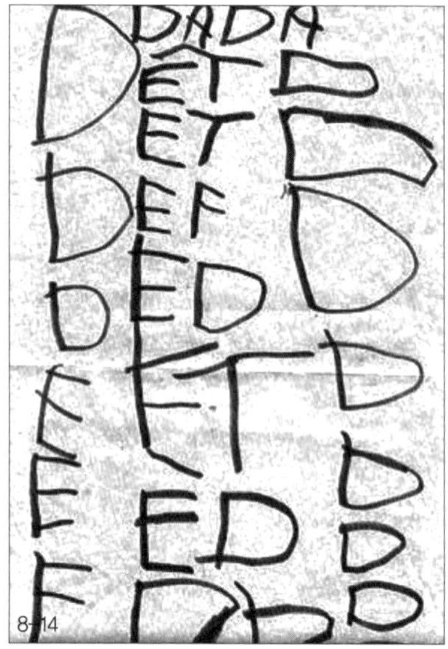

8-14

그림 8-12a
그림 8-12b
아담의 Daddy와 Mommy 단어 쓰기
그림 8-13
아담이 엄마의 종이에 있는 글자를 그대로 베껴 TIGER라고 쓴 것(44개월)
그림 8-14
아담이 쓴 유사단어들의 목록(43개월)

대로 "Mommy"라고 썼다(그림 8−12b).

조금 나이가 들면 유아는 친근한 사물의 이름 철자에 관심을 갖는다. 예를 들어, 어느 날, 엄마(저자)와 유치원에 있을 때 아담은 교실을 보고 싶어 했다. 칠판을 보고는 엄마에게 자신이 불러주는 단어를 써달라고 요청했다. 엄마가 cat, tiger, dragon, picture, 그밖에도 다른 단어들을 썼고 아담이 종이에 그 단어들을 그대로 베껴 썼다(그림 8−13). 1개월 후, 집에서, 아담은 또다시 단어 게임을 하자고 했다. 이전에 한 것처럼, 아담이 단어들을 불러주고 엄마가 단어들을 쓴 것을 보고 아담이 베껴 썼다.

때로는 3세 아이는 유사단어를 창작한다. 유사단어란 단어같이 보이지만 단어가 아닌 글자 열이다. 유사 글자는 유아들이 환경에서 단어를 관찰하여 얻은 시각적 정보에 기초한다. 그러나 시각적 정보만으로는 글자가 어떻게 선정되었는지에 대한 정보를 충분히 알 수 없다(표 8−1 참조).

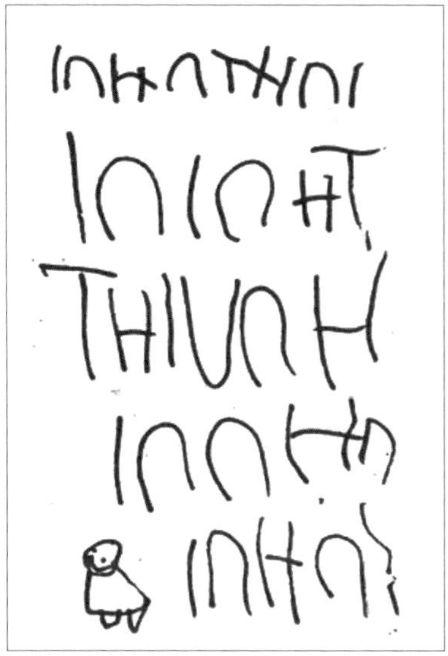

그림 8-15a
쥬리아나가 쓴 식료품 (47개월)
그림 8-15b
제니퍼가 쓴 목록(38개월, 유사단어)

3세 7개월에 아담은 아는 단어(DADA)를 쓰기 시작하였고, 그 다음이 글자와 다른 글자들(E, F, T)을 이용하여 여러 유사 글자들을 창조하였다(그림 8-14).

쥬리아나는 소꿉놀이 영역 놀이에서 유사단어 식료품 목록을 만들었다(그림 8-15a). 그리고 제니퍼는 백지로 이루어진 책장을 채우기 위하여 유사단어를 사용하였다(그림 8-15b).

좀 더 상세해진 그림

3세와 4세 사이에 유아의 그림은 더욱 상세해진다. 그리고 그림이 단순한 단일 물체를 표현하기보다는 이벤트나 상황을 나타내었다. 예를 들어, 37개월에 리비는 여러 사람을 그리고는 "이 사람들은 서커스 보러 간 우리 가족이야."(그림 8-16a)라고 말했다(가족이 최근에 서커스 구경을 갔었다). 42개월에 아담은 "유리로 장식한 동굴과 그 안에 들어가 있는 엄마, 아빠, 누나"를 그렸다(그림 8-16b).

그림 8–16a
그림 8–16b
이야기를 말해주는 상세한 그림

때로는 유아가 아직도 단일 품목을 그리지만, 어렸을 때 그린 그림보다 더 많은 세부 사항을 포함하지 않을 수도 있다(그림 8－17에 제시된 아담이 그린 "수염 달린 사람" 참조).

아이가 흥미를 가지면 모든 그림은 유아와 이야기 나누는 기회를 제공한다. 이 과정에서 언어 발달이 이루어지고, 지식이 확장되며, 내러티브와 해설적 기술이 연마된다. 이러한 대화는 유아의 짓기 기술에도 영향을 준다(Peterson, Jesso, & McCabe 1999). 유아가 그린 것을 유아와 함께 이야기 나누기에 대해서는 박스 8－1에서 좀 더 논의하였다.

그림 8–17
사람 그리기에서의
세부적 묘사

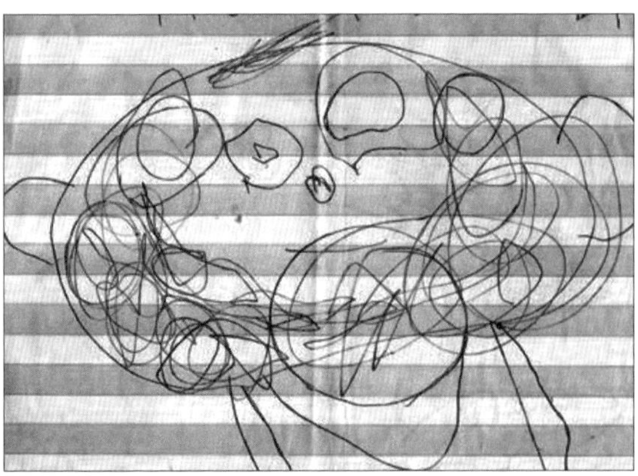

2단계 요약

3~4세 유아는 글자를 좀 더 인식하며 특히 자신의 이름에 있는 글자를 인식한다. 아울러 이름이나 아는 글자를 관례적 형태에 가깝게 쓴다. 유아에 따라 소근육 기술의 차이나 글자 형태에 대한 친근성

박스 8-1 유아와 그들이 그린 그림에 대해 이야기하기

유아와 함께 읽을 때, 우리는 책에 대해 이야기 나누는 것이 책을 읽는 것만큼 중요하다는 것을 안다. 유아가 그린 것에 대해 함께 이야기 나누는 것의 효과에 대한 특별한 연구는 아직 없지만 우리는 부모가 유아의 바로 전 경험에 대해 이야기 나누는 것에 대한 연구(Peterson, Jesse, & McCabe 1999)와 다양한 상황에서의 교사-유아 간 이야기 나누기 효과(예: Dickinson & Porche 2011)에서 알려진 것을 적용할 수 있다. 일반적으로 연구들은 유아의 언어 발달을 지원하는 이야기 나누기의 다양한 특징을 강조하였다.

- 교사가 정보를 주고 질문하는 것으로 대화를 확장하고 지속한다.
- 교사가 일반적 어휘를 사용하기보다는 보다 정교한 어휘 즉, 상위 수준의 단어를 사용한다.
- 교사가 유아의 진술에서 사실에 대한 부정확한 점이 있으면 정정해준다(예: "그것은 빗자루가 아니라 휘젓는 기구야. 물건을 섞는 데 쓰는 기구란다. 바닥을 쓸지는 않아. 빗자루는 털이 달렸지만 이 휘젓는 기구는 철망이 달려 있어.")

서커스에 함께 간 가족에 대해 집에서 그린 리비의 그림은 리비가 자신의 개인적 내러티브를 말하도록 돕는 데 사용될 수 있다. 이 대화의 풍부함에 대해 고려해보자.

엄마: 그래. 우리가 지난주에 서커스에 갔었지? 어떻게 그곳에 갔었지?
리비: 긴 시간 동안 차를 타고 갔었지.
엄마: 그래. 보스턴에 이르기까지 긴 거리를 운전해야 했어. 참 먼 거리였지.
아빠: 차를 주차한 후에 서커스 하는 곳까지 기차를 타야만 했지. 그렇지?
리비: 하늘이 사라졌어.
아빠: 그래. 지하철을 탔었지. 그래서 나무나 빌딩을 볼 수 없었어. 한참 동안 하늘도 볼 수 없었지.
엄마: 서커스에서 어떤 동물이 제일 좋았니?
리비: 나는 코끼리가 좋아요. 사람들이 코끼리 위에 타고 가요.
엄마: 그래. 코끼리가 사람들을 등의자에 앉히고 이동했었지. 그랬지? 다른 동물 중에 좋아하는 동물은 없었니?

결핍 등에 의해 쓰기 기술에 차이를 보인다.

이 시기에 유아는 단어 쓰기에도 관심을 가지고 단어처럼 보이는 글자 줄을 창조한다. 물론 이 시기 유아는 단어를 만들기 위해 글자가(알파벳이) 어떻게 선정되는지에 대한 이해가 없다(표 8-1 참조).

유아의 그림은 좀 더 세부적 요소를 포함하게 되며 성인과의 대화에 훌륭한 시작점을 제공한다.

단계 3: 쓰기와 그리기가 완성기에 이르는 단계

3단계는 4세와 5세에 이르는 동안 제시되는데, 이 시기 유아는 좀 더 빈번하게 쓰며 이전보다 관례적 글자에 가까운 글자를 창조한다. 그리고 특정 글자들이 다른 단어의 철자로 선택되는 이유를 이해하기 시작한다. 이 시기에는 인지적 능력을 좀 더 갖추게 되어 다양하게 그릴 거리를 추출할 수 있는, 더욱 폭 넓은 경험을 하게 되기 때문에 좀 더 복잡한 구성의 그리기가 나타난다.

이 장에 제시되는 표본들은 단일언어, 이중언어, 삼중언어를 사용하는 다양한 집단의 유아에게서 제시된 것들이다. 몇몇 발달 문제가 있는 유아들의 쓰기 표본도 포함하였다. 여러 유아들에 대해서 여러 달에 걸쳐 다른 상황에서 이루어진 다양한 쓰기와 그리기 표본을 제시하여 논의하였다. 하나나 두 개의 표본이 제시된 유아도 있다.

다양한 목적을 위해 쓰기 활용하기

트레이시(Tracey)가 4세 6개월 되었을 때 엄마에게 물감으로 그림을 그려 선물하기로 결정하였다. 트레이시는 선물에 달 꼬리표(라벨)가 필요했다(그림 8－18a). 트레이시는 이름과 LOVE라는 단어를 쓸 줄 알았다(LOVE라는 단어를 써달라고 여러 번 요청했던 적이 있기 때문이다). 하지만, 트레이시는 대부분의 4세 유아들처럼 자신이 고른 작은 종이의 제한된 공간 사용을 미리 계획하지는 못하였다. 자신의 이름 글자에 포함된 T, R, A, C를 쓰고 나서야 공간이 부족하다는 것을 깨닫고 아주 날씬한 모양으로 E를 썼다. 이렇게 조절했지만 Y의 윗부분을 써내려갈 충분한 공간이 없었다. 이 문제를 해결하기 위하여 바로 위 공간의 LOVE 옆에 Y를 쓰면서 아래 부분을 길게 늘어뜨려 자신의 이름 글자와 연결시켰다.

어느 날 도서관 건물을 쌓아올린 후, 안젤리나는 표시를 하고 싶어 했다. library(도서관)의 철자 쓰기를 도와달라고 요청받은 교사는 단어에 있는 소리음을 구분하여 소리 내면서 각 소리를 표상하는 글자를 받아써주었다. 안젤리나가 R을 쓰자 종이의 끝에 이르렀고, 이때 교사가 "아래쪽으로 내려가 L 밑에 A를 쓰면 돼."라고 조언을 하였다. 그러나 "둘은 함께 있는 거야."(즉, 단어에 뒤이어 제시되는 글자들은 물리적으로 가깝게 위치해야 한다)라고 설명하면서 안젤리나는 A는 R 다음에 있어야 된다고 주장하였다. 안젤리나는 아직 인쇄체로 쓰거나 읽을 때 왼쪽으로 이동해서 그 다음 오른쪽으로 진행한다는 것에 대해 알지 못하였다(그림 8－18b).

그림 8–18a
트레이시가 쓴 선물 라벨
그림 8–18b
안젤리나가 쓴 도서관

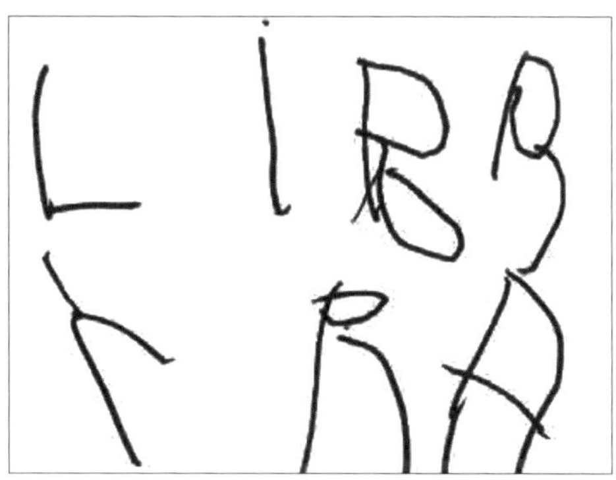

트레이시와 안젤리나는 많은 다른 목적을 위해 썼고, 션(Sean)도 그랬다. 예를 들어, 션이 식료품 목록을 쓸 때 식품 상자에서 처음 2개의 품목명을 베껴 썼고(soup, juice), 다른 단어들을 만들어냈다(milk, bread, 그림 8-19a). 또한 그림에 자신의 이름을 썼고(그림 8-19b), 블록으로 자동차의 번호판을 만들었으며(그림 8-19c), 피자 주문서를 썼다(그림 8-19d).[2]

---

2 우리나라 유아들도 활동을 진행하면서 이와 유사한 다양한 쓰기 활동을 전개한다. 다음에 제시한 쓰기 표본들은 활동과 연결하여 유아들이 쓴 결과물이다.

플라스틱 자모음 컷에 맞추어 이름 또는 글자 쓰기(4세)

초대권 표 만들기(5세)

졸업식 초대장(6세)

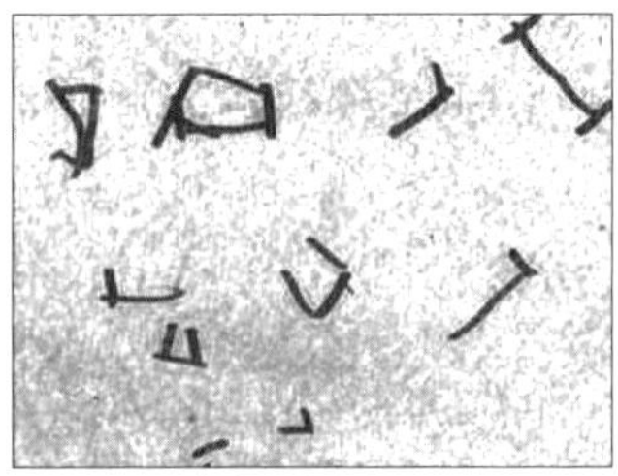

최명아 선생님 너무 사랑해요.
최명아 선생님에게. 김해율 올림(3세)

아는 글자 쓰기(3세)

그림 8-19
션(Sean)의 쓰기와 그리기 표본(4세 6개월에서 4세 9개월까지)
그림 8-19a
소꿉놀이에서 만든 식료품 목록
그림 8-19b
그림에 사인한 것
그림 8-19c
블록으로 만든 자동차 번호판
그림 8-19d
식당놀이에서 사용한 피자(페페로니) 주문서

어느 날 그는 친구와 협력하여 책을 만들었다. 먼저 그림을 그리고는 교사에게 자신들의 이야기를 듣고 단어 쓰기를 도와달라고 요청하였다. 교사가 몇몇 단어를 써줬고 다른 글자들은 철자를 도와주면서 유아들이 쓰도록 하였다. 그림 8－19e는 표지이고 그림 8－19f와 8－19g는 『고양이와 심술궂은 개The Cat and the Mean Dog』 이야기의 두 페이지를 제시한 것이다.

가브리엘라 역시 목적을 위해 쓰기를 하였다. 예를 들어, 자신의 애칭인 Gabi를 유사 필기체로 쓰거나(그림 8－20a) 장식하고 이상한 글자를 첨가하고는 소문자 I를 과잉 사용하여 꽃장식을 한 것 같았다(그림 8－20b). 그녀는 학급에 새 식구가 된 두 마리의 게르빌루스 쥐의 이름

그림 8-19e
책표지
그림 8-19f
고양이집 그림이 있는 책장
그림 8-19g
"That is the cat's house."(쪽수 포함)

8-19e

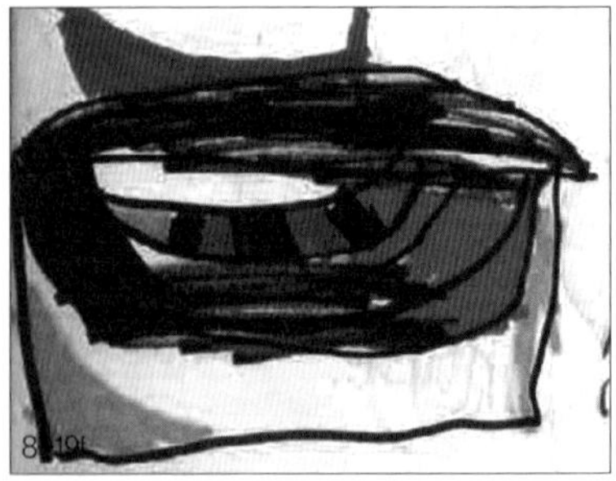
8-19f

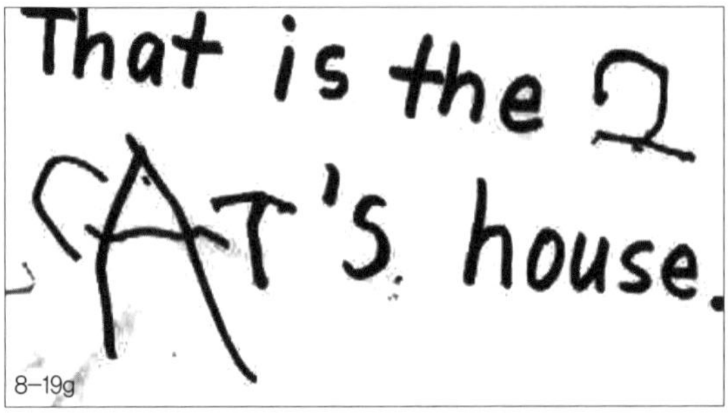

8-19g

도 썼다(Brownie와 Pinky). 교사가 단어에 있는 소리를 생각하여 단어를 썼다. 가비는 Brownie에 있는 /n/을 나타내는 글자를 쓰지 않았다는 것을 인식했는데, N이 아닌 M을 글자 사이에 끼어넣었다(그림 8-20a). Pinky를 쓸 때도 마찬가지로 자그마한 종이에 공간이 없자 K를 다른 글

그림 8-20
가비가 4살 되었을 때 유아원에서 쓴 것
그림 8-20c
필기체 쓰기(4세 4개월)
그림 8-20a
쓰기로 꾸민 형태(4세 5개월)
그림 8-20b
제안한 동물의 이름 Brownie(4세 6개월)
그림 8-20d
제안한 동물의 이름 Pinky(4세 6개월)

8-20a

8-20b

8-20c

8-20d

8-20e

8-20f

그림 8-20e
가비가 쓴 표지 Danger, Alligator(4세 8개월)
그림 8-20f
가비가 쓴 블록 영역 표지 No Pets(4세 8개월)

자들 옆에 위치하게 썼다(약간 t자처럼 보인다). 그녀는 K를 Pinky의 마지막 두 음을(/k/ /e/) 표상하기 위하여 사용하였다. 이름에 포함된 K가 두 개의 소리를 포함하므로, 4세 유아로서는 아주 센스가 있는 행동이라 할 수 있다(그림 8-20d).

가비는 블록 놀이에서 "Danger, Alligators"(DNG LGAT)라는 사인을 썼고 "No Pets"(NO PATS) 표시도 말하면서 썼다(그림 8-20e와 8-20f). 철자 쓰기를 도와달라는 가비의 요청에 교사는 단어에 포함된 소리를 나누어 말해줬고 가비가 각 단어의 소리를 표상하는 글자를 선정하여 썼다.

그림 8-21
할머니에게 쓴 편지를 담은 마이크의 책(4세 7개월)

그림 8-22a
아담이 샐리에게 쓴 편지(4세 6개월)
그림 8-22b
아담이 엄마에게 쓴 메모(4세 11개월)
그림 8-22c
아담이 유아원에서 즐기는 노래. 교사가 오늘의 노래로 게시해 놓은 노래 곡명을 베껴 쓴 것(4세 8개월)
그림 8-22d
아담이 동물들이 거실 소파에 접근하지 않도록 남겨논 메모. 이름 "Roo"를 기반으로 유사 단어들이 사용되었다.

마이크가 쓴 것들은 그림 8-21에 제시되었다. 마이크가 1쪽과 3쪽에는 유사단어를 썼지만(그림 8-21a와 그림 8-21c), 2쪽에는 2개의 실제 단어를 썼다(그림 8-21b, 그는 DEAR와 OMAMA 쓰기를 집에서 할머니에게 배웠다). 아는 글자 쓰기 외에는 책의 나머지 부분을 끝내기 위해 유사단어 쓰기를 하였다(그림 8-21).

어느 날 유아원에서 아담은 좋아하는 실습생 교사에게 편지를 쓰고(그림 8-22a) 엄마에게 메모를 썼다(그림 8-22b). 다른 날에는 유아원에 있는 노래 목록에서 좋아하는 노래의 제목 "Head, Shoulders, Knees and Toes"를 베껴 썼다(그림 8-22c). 집에서 가장 놀이를 하면서 그는 소파 위 동물들에게 소파에 가까이 하지 말라는 표지를 남겨놓았다(그림 8-22d).

다음의 예들은 유아원 아이들이 담임 교사에게 보낸 편지 모음이다. 이 편지는 교사에게 저자가 보낸 책을 읽어준 후 유아들에게 감사 편지

그림 8-23a
그림 8-23b
그림 8-23c
그림 8-23d
그림 8-23e
그림 8-23f
그림 8-23g
4세 유아들이 쥬디 교사에게 쓴 감사 편지

쓰기를 제안해 쓰여진 것이다. 몇몇 유아는 그림을 그리고 유사 단어를 썼다(그림 8－23a와 8－23b). 한 아이는 종이를 글자와 유사 글자로 채웠다(그림 8－23c). 또 다른 아이는 단어만 썼으며, 교사의 도움을 받아 실제 단어를 썼다(그림 8－23d).

유아들의 연령 범위는 가까스로 4세가 된 아이들(그림 8－23e, 8－

23f, 8－23g)에서 5세가 지난 아이들이었다. 기술의 수준이 어떠하든 교사는 모든 아이들의 감사 편지[3]를 받아들였다.

단어 만들기

4세 유아는 흔히 페이지를 채우기 위해(그림 8－21), 여러 가지 단어 메시지를 쓰기 위해(예: 아담이 그림 8－22d에서 동물들에게 경고하는 글을 쓰는 경우), 또는 가장놀이에서 가공품을 창작할 때 유사 단어들을 사용한다. 모든 상황에서, 유아는 자신이 쓴 글이 어떤 내용을 전달하려고 하는 것인지 흥미 있어 하는 교사나 또래 친구에게 말하면 메시지가 전달된다는 것을 알고 있다.

유아원의 유아들의 경우 유사 단어가 다른 전략을 사용하여 쓰는 단어들과 함께 존재한다. 예를 들어, 4세아 엘라는 블록 영역에 있는 가장놀이 모래상자에서 한 번에 두 명만 놀 수 있으므로, 모의 단어를 사용하여 대기자 등록 명단을 만들었다(그림 8－24a). 이름 하나(Coco)를 빼고는 명단에 제시된 이름들은 모두 창안하여 쓴 유사 단어들(가장한 유아의 이름)이다. 흥미롭게도 엘라는 이 시기에 유사 단어 접근 이상의 능력을 지니고 있었다. 예를 들어, 이 명단을 만든 후 몇 달 지나 그녀는 블록으로 미로 게임을 만들고 이 게임을 선전하는 포스터를 만들었다. 그녀는 단어의 소리를 분절하는 소리로 광고용 철자를 생성하였다

3 우리나라 유아들(5세)에게 다양한 상황에서 감사 편지를 제안하여 쓴 편지의 예들은 다음과 같다.

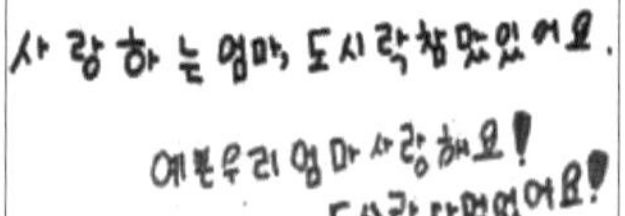

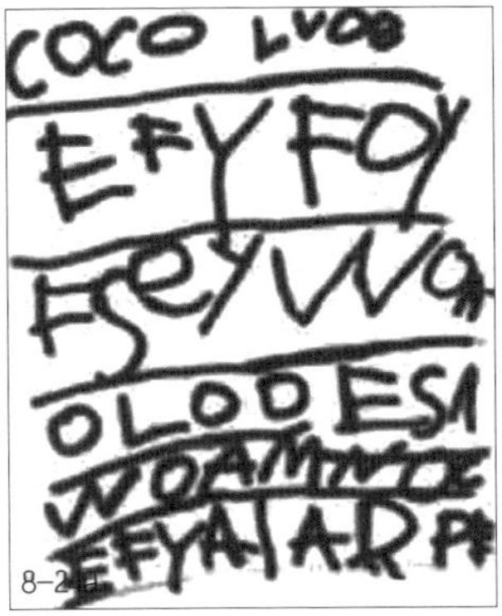
8-24a

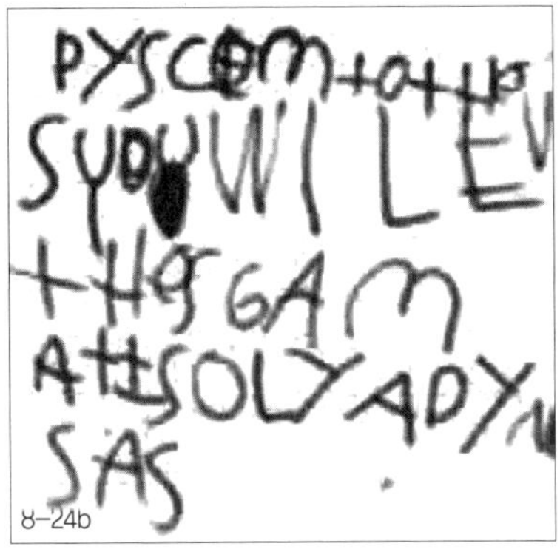
8-24b

8-24c

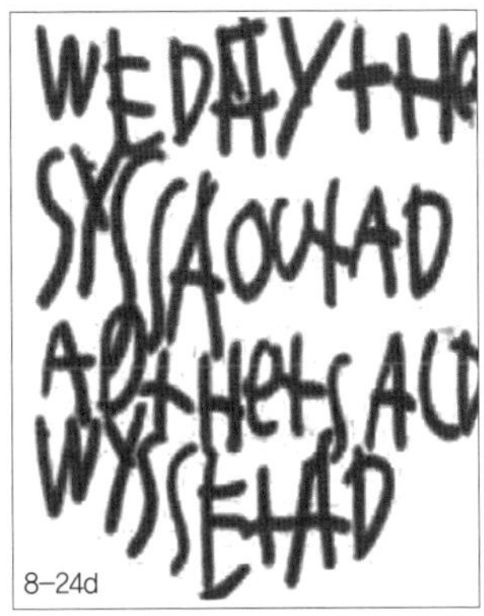
8-24d

4세 엘라의 단어 창조
그림 8-24a
블록 영역의 모래상자 놀이 순서표(4세 5개월)
그림 8-24b
포스터(4세 10개월)
그림 8-24c
블록 영역 미로 게임을 보도록 교사에게 요청하는 메모(4세 10개월)
그림 8-24d
"요정" 책의 첫 페이지

("……영역을 방문해주세요.", 그림 8－24b). 포스터를 만든 후, 그녀는 선생님께 방문해달라는 메모를 썼다("방문해주세요.", 그림 8－24c).

그와 동시에, 엘라는 요정에 대한 긴 책을 만들었다(종이를 반으로 접은 것을 여러 개 스테이플러로 묶어 만들었다, 그림 8－24d). 그녀는 첫 장에는 발명적 철자를 사용하였고("One day the fairies went out and they saw a toad"), 두 번째 장에는 몇몇 발명적 철자를 사용하였다. 셋째 장에서는 유사단어를 썼다. 4쪽부터 24쪽까지는 끄적거리기 쓰기를 사용하였다. 단어의 철자를 생성하거나 유사단어상의 특정 글자 쓰기까지 그녀가 마음으로 생각한 긴 책을 만드는 것은 상당한 작업이었다.

대부분의 학습에서 그러하듯, 유아는 언제나 몇몇 단어 창조 전략에

표 8-1 3~4세 유아의 단어 창조 가설

유아는 단어를 창조하기 위해 쓰기 체계에 대한 이해에 기초하여 다양한 전략을 사용한다. 이러한 아이디어는 서로 영향을 주기 때문에 유아의 가설 패턴은 다른 유아들과 아주 비슷하다. 그러나 유아들의 경험이 다르기 때문에 다양한 차이가 있다. 성인이 유아의 가설을 이해하면, 유아의 이해가 향상될 수 있는 방법으로 상호작용할 수 있다. 단어 만들기에 대한 많은 지식을 습득하고 초등학교에 들어갈 경우 정보가 많은 성인과의 상호작용에서 상당한 이득을 얻을 수 있다(Durkin 1965; Read 1975).

유아의 가설	유아의 추론과 전략	유아의 이해 향상
단어는 표상하려는 것과 물리적인 관계가 있다.	• 단어는 표상하려는 물체의 물리적 외관의 모습을 표현한다. • 단어는 큰 물체의 경우 많은 자국으로 표상되고 작은 물체의 경우 적은 수의 자국으로 표상된다(Ferreiro & Teberosky 1982; Papandropoulos & Sinclair 1974). 예를 들어, 메뚜기(grasshopper)의 경우 3개의 물결 기호로, 그리고 소(cow)는 7개의 물결 기호로 나타냈다.	• 유아의 이름을 사용하여 유아의 생각과 대조되는 상황을 제공한다. 유아는 키가 큰 아이의 이름이 여러 글자로 표상되거나 키가 작은 아이의 이름이 소수의 글자로 표상되지는 않는다는 것을 알게 된다. • 책의 그림 아래에 있는 라벨을 읽거나 밑줄을 긋는다.
각각의 단어는 변하지 않으며 정해진 글자 순서로 되어 있다.	• 글자가 어떤 순서로든 나열되어 있으면 단어이다. • 각각의 단어는 자신만의 글자들을 가지고 있다(예: 유아는 영어의 26개 철자를 알지는 못한다). 유아는 때로는 자신의 이름의 첫 글자로 시작하는 단어를 보면 "저건 내 이름이야!"라고 말한다.	• 같은 글자가 여러 다른 단어들에 나타난다는 것을 유아가 알도록 돕는다. 예를 들어, "그래, 후아니타(Juanita)야. 네 이름은 J로 시작해. 호세(Jose)의 이름도 마찬가지야. 네 이름 중간에 's'는 없어. 'n'과 't' 있지?"
글자 줄은 시각적 규칙에 기초한다.	• 모든 글자 줄이(예: 모의 단어) 특정 규칙을 따를 때 유아는 단어로 간주한다. (a) 하나의 글자가 여러 개 있는 것이 아니라 다양한 글자들로 되어 있다(Lavine 1977), (b) 단어 줄은 길지도 짧지도 않다(예: 4개와 7개 사이의 문자를 가짐), (c) 같은 글자가 다른 "단어"에 재사용될 때 글자의 정해진 순서가 있다(예: eat와 tea는 2개의 다른 단어이고 같은 글자를 가졌지만 모의 단어들 ADMA, DDAA, DMMA는 유아에게 다른 단어로 간주되었다, Clay 1975; Lavine 1977).	• 유아가 쓴 글자가 무엇이라고 쓰여 있는지 물으면 유사 단어 들을 소리 내어 발음해준다. 이는 글자가 구어에서의 소리를 표상한다는 것을 실제로 설명해주는 것이다. 그리고 모든 글자의 집합이 실제 단어는 아니라는 것을 나타내준다. • 유아는 더욱 철자를 물을 것이고 쓰는 척할 때를 제외하고는 유사단어를 창조하는 것이 줄어들 것이다(그림 8-23과 8-24 참조).
유아는 글자들의 소리를 큰 단위로 파악하고 연결 짓는다.	• 처음에는 언어의 큰 단위(즉 음절)만 파악한다. • 글자가 전체 음절을 표상하기 위해 사용된다. 예를 들어, 그림 8-10에 제시된 바와 같이 아담은 자신의 이름 Adam을 D 대신 O를 사용하여 AO로 썼다. 이 두 글자에 대해 말해달라고 하자 A를 지적하면서 "A-"라고 말하고 O를 지적하면서 "-dam"이라고 말했다.	• 유아가 이름과 환경 내에 쓰여 있는 다른 단어들을 보는 일이 계속되면서 이와 같은 가설은 사라지게 된다. 유아는 점차 음절 단위를 한 글자로 표기하는 것이 바르게 보이지 않는 것이라는 것을 인식하게 된다. • 유아들에게 음운 인식 기술을 좀 더 획득하도록 돕는 것이 이러한 접근을 포기하는 데 도움이 되었다(5장 참조).

유아의 가설	유아의 추론과 전략	유아의 이해 향상
음소에 기초한 철자	• 글자 이름을 알면서 유아는 단어를 말로 표현한 소리와 이름에 그 소리를 포함한 글자를 짝짓는다. • 유아는 처음으로 말로 표현한 단어에서 첫소리를 나눌 수 있게 된다. 점차로 단어에서 더 많은 소리를 나눌 수 있게 된다. • 유아가 단어의 분리된 첫소리를 글자 이름과 연결시킬 수 없으면 어른에게 소리를 어떻게 철자로 나타내는지 묻는다. 아담도 "cheese"의 소리를 물어본 후 썼다(그림 8-26 참조). • 유아는 점차적으로 끝소리와 중간 소리를 나누는 방법을 알 수 있게 된다. 그러나 유아원 시기 유아는 항상 많은 도움을 필요로 한다.	• 유아가 글자를 쓸 수 있도록 단어를 소리 내어 읽어준다. 이렇게 하는 것이 음소 인식의 발달을 돕는다(Ball & Blachman 1991; Ukrainetz et al. 2000). • 유아에게 글자는 말로 표현된 단어를 분절하는 소리들을 쓰기 위해 사용된다고 말해준다. • 후에 유아를 위해 소리들을 따로 분리해놓고 유아에게 그 소리를 쓰기 위하여 사용하는 글자를 선정하도록 장려한다. • 유아가 기술을 습득함에 따라 유아에게 말로 표현된 단어의 소리를 분리해보도록 고무한다. 또한 필요에 따라 단어의 중간 소리와 끝소리 내는 것을 도와준다.

는 능숙하지만 다른 단어들의 파악은 약하다. 파악이 힘든 부족한 면의 단어 참조 전략은 친근한 면보다 더 많은 노력이 필요하므로(Siegler & Alibali 2005), 유아는 쓸 글자가 적을 경우 약한 면의 단어 참조 전략을 사용하고 많은 것을 써야 할 때는 첫 장 쓰기에만 이 전략을 사용한다. 유아는 끄적거리기 쓰기를 할 때처럼 빠른 속도로 글자를 형성할 수 있을 때 끄적거리기 쓰기 전략을 사용하지 않고 단어 창조 전략을 사용한다(표 8−1 참조).

때로는 유아가 철자 쓰기 상황을 만들 수도 있다(Read 1975). 예를 들어 45개월 되었을 때 아담은 집에서 엄마에게 자신이 보고 쓸 수 있게 불러주는 단어를 써달라고 요청하였다. 엄마가 cat의 철자를 c-a-t라 쓰자, 그는 그것을 베껴 썼고(그림 8−25a), 다른 종이에 베껴 쓴 것(그림 8−25a)을 보지 않고 cat이라고 다시 썼다(그림 8−25b). 다시 쓰면서 그는 cat의 첫 글자를 C가 아니라 K로 썼다((그림 8−25b).

아마도 엄마가 이 단어나 다른 단어들을 아담을 위해 써주기 전에 한 첫소리의 분절이 영향을 미친 것으로 보인다(예: "오케이, cat. /k/-at; 우리는 cat의 첫소리를 쓸 때는 C를 사용해."). 아담은 첫소리 /k/ 소리를 글자 K의 이름과 연결시키고는, 왜 엄마가 C를 사용했는지 이상하게 생

그림 8-25a
그림 8-25b
엄마에게 받아쓰게 하여 다시 베껴쓴 단어들(45개월)

각하였다(다시 말하면, 이 소리는 C의 이름에는 없기 때문이다). 다시 쓰게 된 것도 "이번에는 바르게 써야지." 하는 생각을 했기 때문일 것이다.

이 사건 이후, 아담은 약 1년 동안 음소에 기초한 철자 쓰기를 반영하지 않았다. 대신에 음절에 기초한 철자 쓰기를 하였고, 철자를 물었으며, 때로는 유사단어를 사용하였다. 가끔, 그가 단어의 철자를 물으면, 유아원 교사는 단어를 분절하여 소리를 내주고 그에 맞는 글자를 짝지어주었다. 때로는 아담이 그 소리들과 함께 갈 글자를 선정하였다(박스 8-2 참조).

그림 8-26
피넛과 치즈 크래커가 포함된 아담의 식료품 목록

4세 8개월에, 식료품 목록에 피넛과 치즈 크래커를 포함시킬 때(그림 8-26), 아담은 처음으로 'peanuts'의 'PE를 썼다. 그리고 나서 "다음에 뭐야?" 하고 물었다. 엄마가 "A"라고 답했고, 그 다음에 "N"을 말하기 전에 /n/을 구분하였다. 아담은 'peanuts' 글자를 T와 S를 스스로 써서 끝냈다. 또 'cheese'를 쓰기 전에 아담은 /ch/를 어떻게 쓰느냐고 물었다. 엄마

박스 8-2

유아가 철자를 만들어내는 방법

유아가 음소에 기초하여 철자를 만들어낼 때(예: cat를 KAT으로, Sally를 SALE로 쓰는 것), 성인은 흔히 왜 그렇게 쓰는지에 대해 궁금하게 생각한다. 발명적 철자 쓰기는 유아원 시기 유아들이 구어 사용시 내리는 결정과 유사하게 실제로 규칙에 근거한 결정이다. 예를 들어 비록 아주 어린 유아가 "I went……(내가 갔었어……)." 그리고 "I ran……(내가 달려갔어……)."라고 말하지만 몇달 후 이들이 "I goed……" 또는 "I runned……"라고 말하기 시작할 것이다(Fenson et al 1994).

이러한 실수는 유아가 대부분의 동사의 과거형이 형태소 ed를 사용한다는 것을 알게 된 이후 일어나는 것으로 이러한 일반적 규칙을 비규칙적 동사에 적용하기 때문에 일어나는 현상이다. 이러한 행동을 과잉규칙화라고 하며 유아가 성인이 불규칙적 과거형 동사(예: ran, taught, sent)를 사용하는 것을 반복적으로 듣게 되면서 점차적으로 사라지게 된다.

유아가 철자를 만들어내기 위해 어떤 규칙을 사용하는가

철자 쓰기 결정에서 부정확하지만 유아가 심사숙고하는 생각의 기초에 대해 이 장에서 다루었다.

단지 들리는 소리만 기호화하기

이는 자모음 쓰기 체계에서 철자 쓰기를 위한 일반적 규칙이다. 자모음(즉, 형태소)이 말로 표현된 단어에서 음소를 기호화하기 때문이다. 영어에서 문제는 많은 철자가 말로 표현된 단어로 듣는 특정 소리로 표상하지 않는 글자를 포함하고 있다는 것이다(예: cake, knot, eat). 유아들이 이러한 사실을 인식하지 않을 때, 이 단어들에 대해 각각 KAK, NT, ET로 철자를 쓸 것이다.

글자의 이름에 소리가 포함되어 있는 글자 사용하기

단어 철자 쓰기를 할 때 유아는 말로 표현된 단어에서 감지할 수 있는 소리나 성인이 철자 쓰기를 돕기 위해 소리들을 분리시켜줄 때 들리는 소리에 글자 이름에 있는 소리를 짝짓는다. 많은 소리들이 글자에 그 소리가 포함된 글자들로 쓰여진다(예: B/b/; D/d/; M/m/; T/t/). 예를 들어, 아담은 cat(KAT)의 처음과 마지막 소리를 철자로 쓸 때 이 접근을 사용하였다.

글자 이름 짝짓기는 많은 자음 음소들뿐만 아니라 성인이 철자 쓰기를 도우면서 소리들을 분리시켜줄 때 들리는 긴장 모음 음소에도 적용된다(예: eat, Ethan). 문제는 이완 모음 음소들은 같은 글자로 철자를 제시하지만(예: set, tell, every), 글자 이름이 이러한 소리를 포함하지는 않는다. 이 소리들을 철자로 쓰기 위해, 유아는 음성학적 자질이 그들이 들은 모음 소리에 가장 밀접하게 맞는 글자 이름을 찾는다. pen과 mess

의 가운데 모음 음소를 위해 유아는 글자 A(예를 들어, pen은 pan으로, mess는 mass로)를 사용한다. 만일 독자가 A와 E의 이름과 pen이나 mess의 이완 모음 음소의 이름을 말해보면, E보다는 A에 가깝다는 것을 느낄 수 있을 것이다(Read 1975).

몇몇 소리는 어떤 글자의 이름에도 포함되지 않는다. 예를 들어, W("duh-bl-u"), H("aich"), Y("wi-e")를 들 수 있다. 유아는 때로는 이 글자들을 단어 철자 쓰기에 틀리게 사용한다. 이들의 이름에 있는 소리가 잘못 인도하기 때문이다(예: dog를 WG로, wind를 YD로, chicken을 HKN으로 인도).

영어 철자는 또한 복잡하다. 몇몇 글자는 하나보다 더 많은 소리를 표상한다(예: city와 candy의 C; yes와 mommy의 Y). 그리고 다른 글자들이 같은 소리를 표상할 수 있다. 예를 들어, C와 K가 /k/소리를 쓰기 위해 사용된다(예: candy와 kitten). PH와 F는 /f/소리를 쓰기 위해 사용되고(예: phone과 funny), Ch와 Sh는 /sh/ 소리를 쓰기 위해 사용된다(예: Chariene과 Sharon). 단어 cricket를 살펴보면, 처음과 중간에 같은 소리가 2개의 다른 철자로 쓰여 있다.

글자의 소리는 문맥에 따라 다른 소리로 표상된다

유아는 같은 글자가 약간 다른 단어 문맥에서 다른 소리로 표상되기 때문에 또 다른 철자 오류를 범한다. 예를 들어, /t/ 소리는 /r/ 소리가 뒤따를 때(예: truck, train, try 의 /t/) 파찰음의 자질을 갖게 된다(즉, 소리를 말할 때 공기를 서서히 방출한다). time, talk, tomato에서와 같이 /t/ 다음에 /r/이 뒤따르지 않을 때는 파찰음은 내지 않는다. 따라서 유아는 truck을 CHK로 쓰지 않도록 배워야 한다(다시 말하면, 'ch'소리는 cherry 또는 chicken에서 듣는 첫소리에서의 파찰음을 표상한다). 유아는 말의 파찰음 자질을 무시하는 것을 배우고 단어에서 /t/ 소리 뒤에 /r/ 소리가 뒤따를 때 /t/ 소리의 부가적 자질에 초점을 두는 것을 배워야 한다.

유아가 관례적 철자를 사용할 수 있도록 도와주기

유아는 이야기책 표지에서 관례적 철자에 접하고 교실에 있는 표시, 라벨, 차트를 보는 기회를 통해 점차 관례적 철자 쓰기가 가능해진다. 지금까지 학습에서 생각해본 것의 목록을 받아써주는 집단 상황에서의 쓰기도 도움이 될 수 있다. 이러한 상황에서 유아는 교사가 단어를 구성된 소리로 분절하고 이 소리를 표상할 글자를 선정하고 약간 이례적인 철자에 대해서 코멘트하는 것 등을 통해 배운다.

예를 들어, 유아가 "나는 거미가 8개의 다리를 가지고 있다는 것을 알았다."라고 받아써달라고 한 상황을 생각해볼 수 있다. 교사가 "그래. 내가 우리 목록에 거미(spiders)를 첨가할게. Spiders—/s/piders; spiders의 첫소리 /s/ 소리를 쓰려면 S를 사용해." 계속해서 교사는 다시 spiders라고 말하고 다음 음소를 떼어놓는다(즉, s.../p/...iders). "spiders에서 다음 소리는 /p/야. /p/ 소리를 쓰려면 P를 사용해." 마지막 음소 옆에는 "Spid…er…s. /r/ 소리가 들리는구나. 하지만 E를 먼저 쓸 거야. 이 단어에서는 R 전에 E가 오기 때문이지." 마지막 소리를 분리한 후 교사는 "spiders에서 마지막 소리는 /z/야. 이 소리를 Z로 쓴다고 생각할 수도 있겠지만 S로 써."

유아가 스스로 철자 쓰기를 할 때 교사는 그들의 질문에 이들의 생각을 존중하면서 솔직히 말한다. 예를 들어, 만일 유아가 KT라고 쓴 후, "cat를 이렇게 쓰면 되어요?" 하고 물으면 교사는 "내가 읽을 수는 있구나. cat 은 /k/소리로 시작하고 많은 단어에서 /k/ 소리는 K로 써. 그렇지만 어른들은 cat의 첫소리는 K가 아니라 C로 써. 참 까다롭지?" 만일 유아가 "왜요?"라고 물으면 정직하게 말해준다. "나도 잘 모르겠구나. 누군가가 이렇게 cat을 쓰도록 결정했어. 그리고 모두가 이렇게 쓰고 있어. 중간 글자는 A로 쓰지. 네가 원하면 이 글자를 쓸 수 있어. 만일 유아가 "이대로 둘래요." 라고 말하면 교사는 "그래도 좋아. 그래도 다음에 cat를 쓸 때 글자 C-A-T 라고 쓰고 싶을 수도 있어."라고 말할 수 있다.

유아의 흥미나 단어의 음소에 대한 관심을 초기 철자 교정을 강조하면서 핀잔을 주어 억눌러서는 안 되지만 유아가 자신의 철자만 인정하는 것도 안 된다. 많은 유아의 글자들이 영어 음절의 적법한 글자 순서를 따르지 못하고 있기 때문이다(예: chicken을 CHKN으로, cake을 KK로, bake를 BK로, kitten을 KTN으로 제시하는 등). 이러한 철자들을 반복적으로 보는 것이 유아의 훗날 철자 쓰기에 영향을 줄 수 있기 때문에, 유아가 창조적 철자 쓰기 시기에 관례적 철자를 자주 접하는 것이 중요하다. 교사는 집단적으로 단어의 철자를 안내하는 상황에서는 유아의 현재의 가설을 바로 세우는 설명을 해야만 한다.

가 C와 H가 함께 사용된다고 말했다. 아담은 'ch'를 쓰고 다음에 E로 소리를 표상하였고 그 다음에 S를 썼다. 'crackers'를 쓰기 위해 CRA를 쓴 후 그는 그 다음에 C를 쓸까 K를 쓸가를 물었다. 엄마가 어떤 것이든 쓸 수 있다고 말했다. 이렇게 조언할 당시에는 아담이 한 번에 사용할 글자들에 대해 지나치게 신경을 쓰는 것을 원하지 않았기 때문이다(지금 조언을 한다면 엄마는 이 단어에 있는 소리를 쓰려면 두 글자를 함께 사용할 수 있다는 것을 말해줄 것이다). 아담은 "난 둘 다 쓸래."라고 말했다. C와 K를 쓴 후, 그는 crackers 쓰기를 마치기 위해 RS를 썼다.

티나, 라니아, 케이트(4세 유아들)는 한 단어나 두 단어, 이따금 그 이상의 단어를 쓸 때 철자를 생성하였다. 극놀이 영역에서 인형을 가지고 놀이하면서, 티나는 Flower라는 이름을 가진 아이가 그림을 그리고 그림에 자신의 이름을 쓸 필요가 있는 상황을 가정하였다. 티나가 Flower 라고 철자 쓰기를 도와달라고 요청했을 때, 교사는 그 단어를 천천히 각각 소리를 떼어서 말해주었다. 티나는 자신이 들은 소리들을 표상하기 위해 FLR이라고 썼다(그림 8－27a).

비슷한 시기에 티나와 여러 명의 학급 아이들이 식품 운반차를 운영하는 사람을 인터뷰하여 어떤 음식을 팔았는지 알아보았다. 유아는 식품 운반차에서 음식을 파는 아주머니가 알려준 음식 이름을 교사가 다시 소리를 떼어서 각 음식 이름 글자를 천천히 소리내어 말해주는 대로 자그만 공책에 썼다. 티나는 음식 단어에서 각 소리를 쓰기 위해 글자를 선정하여 hot dogs(HOIDG), fruit(FROT), muffins(MFNS), soup(SOOO), salad(SLD), juice(JOC)를 썼다(그림 8－27b).

몇 달 지난 후, 티나는 뱀(snake; boa)을 그리고 BOA라고 썼다. 그녀는 단어의 첫소리(/b/)를 구분하여 B를 배치하였다. 그녀는 단어의 두 번째 소리를 O로 배치하였다. BOA의 끝소리는 짝지을 글자 이름이 없다. 그러나 티나는 자신의 이름의 끝소리이기 때문에 A를 어떻게 표상할지를 알고 있었다(그림 8－27c).

라니아(4세 10개월)는 자신의 힘으로 블록을 쌓아 만든 빌딩에 KASAL SAV(Castle Save)라고 쓴 라벨을 달았다(그림 8－27d). 케이트(4세 10개월)는 집에서 치커디(박새) 노래(chickadee song)의 구절을 혼자 힘으로 썼다(그림 8－27e). 라니아와 케이트는 둘 다 단어의 소리에 적응되어 있다. 아마도 둘 다 하나의 언어보다 더 많은 언어에 대한 지식을 갖고 있기 때문일 것이다. 라니아는 삼중언어, 케이트는 이중언어를 사용하고 있다. 이 글들을 쓸 때, 이들은 영어 집중 교육 유아원에서 두 번째 학년을 마쳤을 때였다.

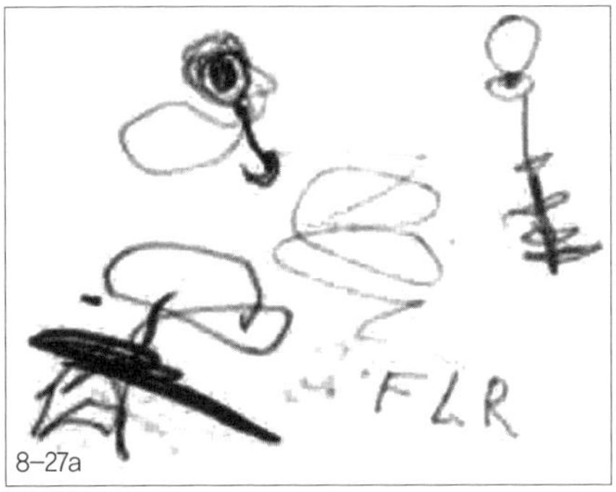

그림 8–27a
가상적 아동으로서 티나의 "FLOWER" 사인(4세 6개월)
그림 8–27b
티나가 쓴 식품운반차 음식 목록(4세 6개월)

그림 8–27c
티나가 쓴 "BOA"(4세 10개월)
그림 8–27d
라니아가 쓴 "Castle Save"(4세 10개월)
그림 8–27e
케이트가 집에서 쓴 Chikadee 노래(4세 10개월)

자모음 글자 구성

글자 구성 기술은 4세와 5세 사이에 상당히 변한다. 또한 경험의 차이 등 다양한 이유로 유아마다 글자 구성 기술에 차이가 있다. 이에 더하여 몇몇 자모음 글자는 어떤 유아원 시기 유아들이라도 쓰기가 어렵다(박스 8–3 참조). 이러한 글자에는 그림 8–28에서 보는 바와 같이 R, k, B, Y를 포함한다. 유아원 시기 유아는 글자들의 크기를 동일하게 하고 균형을 바로잡는 데 어려움이 있다. 예를 들어, 엘리오트는 소문자 "l"은 아주 길게 쓰고 't'의 가로선은 관례적 선보다 약간 낮게 긋는다(그림 8–28). 흥미롭게도 유아는 수평선을 수직선에 얼마든지 끼워넣어도 글자 E와 다른 글자 간에 혼돈되지 않는다고 인식하는 것처럼 보인다.

박스 8-3

유아가 글자 모양을 배우도록 도와주기

비록 유아원 시기가 쓰기에서의 형식적 레슨을 위한 적절한 시기는 아니지만 교사는 유아가 몇 가지 기술이 발달하도록 돕는 것으로 유아를 도와줄 수 있다.

좋은 시각적 이미지

유아는 글자를 보는 기회와 글자를 서로 대조해보는 기회를 통해 각 글자의 형태에 대한 정보를 얻는다. 다양한 자료를 사용하여 자모음 글자 짝짓기(5장 참조), 자모음 퍼즐 놀이하기는 각 글자 모양의 학습을 돕는다. 몇몇 짝짓기 자료는 세트에 고도로 혼돈스러운 글자를 사용해야 하고(예: E/F, G/C, B/R, O/Q, N/K), 모든 자모음 퍼즐은 단어를 스탬프로 찍어서 여러 개로 잘라 모양을 끼워 맞추는 직소 퍼즐 형태가 아니라 각각의 글자 모양을 위한 공간이 있어 글자나 단어를 형성할 수 있어야 한다.

선의 구분

글자를 바라보고 비교해보는 것은 각 글자의 전반적 디자인에 대한 정보를 제공한다. 그러나 글자의 선 구분에 대한 정보까지 제공하지는 않는다. 많은 유아들이 E의 수평선을 제외하고는 모든 글자를 만들기에 하나의 계속적 선만을 사용한다. 이것이 유아들이 E를 보는 방법이다. 그러나 E는 실제로 4개의 선으로 구성되어 있다. 긴 수직선이 왼쪽에 있고 3개의 수평선이 이 수직선에서 오른쪽으로 갈라져 나온다.

유아들이 글자가 써지는 것을 관찰할 때에 유아는 글자를 형성하기 위해 사용한 선들에 대한 정보를 얻는다. 교사는 학교 시작 한두 달 후 일주일에 한 번씩 알파벳 단서 게임 놀이를 하면서 시범을 보일 수 있다(박스 5-3 참조). 각 게임 시간마다 하나나 두 글자에 초점을 두고 5분에서 6분을 넘지 않도록 한다.

글자를 형성하는 선들의 순서와 방향

글자를 형성하는 선을 그리는 순서와 방향은 이미 형성된 글자를 보는 것으로 인식되어질 수 없고, 모델 글자에 화살표나 숫자 표시 선으로 표시한 연습 용지를 보고서도 쉽게 파악할 수 없다. 최선의 학습은 시범을 보는 것이다. 알파벳 단서 게임이 도움이 되고, 학급 전체 활동으로 견학 후 감사 편지를 쓰거나 경험 차트를 만들 때 교사가 글자 형성 시범을 보이는 것도 도움이 된다.

교사가 몇몇 글자의 형성을 그 글자를 쓰면서 아주 명확히 설명한다. 그 해 후반에 교사가 "자. B를 쓰려면 어떤 선을 처음에 만들어야 하지? 그래. 긴 세로선을 그어야 해. 이렇게 위로 그을까(공중에 손가락을 움직이며 묻는다).? 아니면 이렇게 아래로 그을까?

교사는 쓰기 영역에서, 유아가 쓰기에 도움을 요청할 때, 다양한 활동에서 개별적으로 시범을 보인다. 어린 유아원 시기 유아들은 디자인이 단순히 의도한 글자와 비슷하면 행복해하지만, 4세 유아들은 글자가 관례적으로 바르게 제시되기를 원하기 때문에 "저요, K라고 똑바로 쓸 수가 없어요. 써주세요!"라고 말하기도 한다. 교사는 상황에서 판단에 따라 글자 쓰는 방법을 보여주거나 써줄 수 있다.

시범을 보일 때는 유아가 쓰고 있는 종이를 사용하기보다는 별도의 종이를 사용한다. 글자를 선에 따라 착착 쓰면서 그 행동을 설명해준다. 예를 들어, 글자 R을 쓰기 위해, 교사는 "R을 쓰려면 긴 수직선을 이렇게 그어야 해. 그다음 다시 위로 가서 이렇게 바깥쪽으로 가다가 다시 중간 쪽으로 되돌아오는 굽은 선을 만들어야 해. 그 다음에는 이어서 아래쪽으로 사선을 바깥쪽으로 그어……" 글자를 쓴 후에 다시 반복하여 써준다. 유아가 교사의 시범을 본 후에 유아가 쓰며 이번에는 한 번에 선 하나씩 만든다. 유아의 쓰기는 완전하지는 않겠지만, 시범은 유아에게 원하는 글자로 보이도록 글자를 만들려면 어떻게 진행해야 할지에 대한 아이디어를 제공한다.

회피할 자료

점선으로 된 글자와 글자 스텐실로는 유아가 필법을 배울 수 없고 글자를 만드는 방향과 순서를 배울 수 없어 도움이 되지 않는다. 글자 쓰기 연습을 위해 모델 글자 연습 용지와 줄쳐진 종이는 별로 쓸모가 없으며, 쓰기를 지루한 잡일로 생각하게 될 위험이 있다.

벽에 붙이는 큰 차트는 유아들이 쓰기를 원할 때에 편지 쓰기를 안내하는 자료로는 편리하지 않다. 작은 개별적 쓰기 안내 자료는 쓰기 영역뿐만 아니라 블록 영역, 이젤, 실외 놀이, 유아가 이 자료를 필요로 하는 다른 영역으로 가져가 사용하기에 좋은 자료이다. 교사가 이들 중 하나를 개별 유아를 위한 시범시 참고자료로 사용하면, 몇몇 유아들은 이 자료를 사용하는 방법을 알게 될 것이다.

'Robert'에서의 E는 관례적 E와 다른 방식으로 배열되어 있으나(즉, 수평선이 수직선에 높이 덩어리로 뭉쳐 있다), 2개가 아닌 3개의 선으로 그어져 F가 아닌 E임을 나타내준다.

몇몇 유아는 5세 정도 되면 그림 8-29에서 보듯이 소문자를 포함한 글자 구성 기술이 매우 좋아진다. 처음 사용하게 된 언어가 영어가 아닌 유아들은 유아원에 처음 들어갔을 때 영어 알파벳 글자들을 잘 알지 못한다. 물론 영어 알파벳 글자들을 구성하려고 처음 시도할 때 약간 서투르다.

그림 8–28 유아원 유아의 쓰기에서 글자 구성과 스케일의 예

블록 영역 놀이를 위해 레스토랑 사인을 원하는 이중언어 사용 유아가 만든 몇 가지 표본이 그림 8–30a와 8–30b에 제시되어 있다. 그는 교사에게 철자 쓰기 도움을 요청했고 알지 못하는 글자는 써달라고 요청하였다(예: G). 나머지는 스스로 썼고 블록 구조에 사인을 테이프로 붙였다. 놀이에서는 제작한 소품이 꼭 실제적이지 않아도 된다는 것이다. 유아가 그들의 아직 읽을 줄 모르기 때문에 유아원 또래친구에게

그림 8-29
4세 유아에게서 볼 수 있는 높은 수준의 글자 구성 기술
그림 8-29a
4세 8개월
그림 8-29b
4세 10개월
그림 8-29c
4세 10개월
그림 8-29d
4세 10개월

자신의 사인을 말로 해줄 수 있기 때문이다.

모는 유아원 유아들은 소근육 운동 기술이 아직 발달하고 있기 때문에 이것이 유아의 쓰기에 영향을 미친다(박스 8－4 참조). 소근육 운동 문제가 있는 경우 글자를 구성하는 데 상당한 어려움이 있다. 그러나 만일 교사가 유아의 노력을 받아들이고 존중하면, 유아는 대부분의 다른 유아들처럼 그림을 그리고 쓸 수 있다. 아주 현저한 근육 운동 지체가 있는 한 유아가 자신의 개가 누워 있는 흥미 있는 그림을 그리고 거기에 자신의 이름을 썼다(유사단어, 그림 8－30c와 8－30d). 그해 말에 그녀는 학교 교장에게 꽃을 심기 위해 정원을 방문하도록 해준 것에 고마움을 표시하기 위해 많은 분홍색 물감으로 감사장을 만들었다. 그녀는 "For Judy"라고 자신이 그린 그림 위에 썼다(그림 8－30e).

몇몇 유아는 특별한 보조와 명시적인 도움을 필요로 하며, 이러한 유아들은 보조와 도움을 충분히 받았다. 그러나 가장 중요한 것은 유아들

그림 8-30a
English 레스토랑을 위한 English 사인(4세 4개월)
그림 8-30b
일식 레스토랑을 위한 Japanese 사인(4세 4개월)
그림 8-30c
엎드려 있는 개의 그림(4세 7개월)
그림 8-30d
개의 이름(유사단어, 4세 7개월)
그림 8-30e
쥬디에게 감사 메모(4세 11개월)

이 영역별 활동 시간이나 놀이와 쓰기 영역에서 그리기와 쓰기를 자신이 원하는 대로 자유롭게 할 수 있어야 한다는 점이다. 의미 있는 쓰기 경험을 하는 것이 유아로 하여금 쓰기에 관심을 가지게 하고 동기 유발을 할 뿐만 아니라 쓰기에 대해 학습할 많은 기회를 제공한다. 더욱이 쓰기에서 겪는 신체적 어려움은 유아들이 아이디어를 생성하고, 물리적 자국이나 쓰기가 충분한 의미를 전달하기 못할 때 이를 언어적으로 설명하는 데 장벽이 되지 않는다.

보다 복잡한 그림들

유아들이 수성 펜이나 물감으로 그리는 몇몇 그림은 총체적 이야기를 말해주거나 표면적 이야기를 지니고 있다. 예를 들어 한 아이가 보트 그림을 그리고는 다음과 같이 설명하였다. "어느 날 우리는 보트에 탔는데 구름이 끼고 비가 왔어요. 우리는 부두로 되돌아갔어요. 그러고

박스 8-4

소근육 운동 발달

소근육 운동 발달이란 물체를 조작하기 위한 손가락 사용 기술을 의미한다. 소근육 운동 기술이 성숙하는 과정에서는 유아의 사물 쥐기는 상당히 미숙하다(Carlson & Cunningham 1990). 이러한 미숙한 사물 쥐기로 인해 작은 글자로 쓰기보다는 큰 글자로 쓰기를 하게 되고 쓰기 창작물이나 선 연결의 정확도도 결여된다. 유아의 소근육 기술이 완전하세 성숙되기 이전에는 유아가 긋는 선들은 약간 꾸불꾸불하고 교차 선도 다른 선을 넘어 긋게 된다.

유아는 처음 쥐기는 쓰고 그릴 도구를 잡기 위해 사용하고, 위쪽 팔의 근육은 팔 전체와 손을 움직이기 위하여 사용한다. 유아는 성숙한 잡기에 이르기 이전에 이처럼 팔 전체를 사용한 경직된 손가락 잡기를 하는데, 이때 집게손가락과 가운데손가락, 엄지손가락을 사용한다. 성숙된 사물 잡기를 할 때는 쓰기나 그리기 도구의 심에 무게가 덜 실리도록 손의 가장자리를 테이블에 고정시켜 손가락의 움직임이 유연하게 된다.

유아의 소근육 운동 발달은 상당히 다르고, 성숙에 의해 영향을 받는다. 몇몇 유아는 3세에 원숙한 손가락 집기를 하지만 5세나 6세에 이르기까지 원숙한 손가락 집기를 하지 못하는 유아들도 있다. 현저한 소근육 운동 기술과 다른 운동 기술면에서 현저한 지연을 보이는 유아는 소근육 운동 기술 발달의 다른 궤도를 밟게 된다.

소근육 운동 기술에 문제를 가진 몇몇 유아는 직업적 전문 치료사의 도움을 필요로 한다. 흔히, 이러한 전문 치료사는 학급 교사에게 도움이 되는 제안을 한다. 예를 들어, 이들은 수직으로 펼쳐진 표면(예: 이젤) 제공을 추천하거나 테이블 전체에 큰 종이를 깔아둘 것을 추천할 것이다. 이러한 환경 조절은 소근육 운동 기술에 문제가 있는 유아가 쓰기와 그리기 도구 사용을 위해 팔의 대근육을 사용할 수 있게 하고, 쓰기를 위한 큰 표면을 제공하므로 유아가 큰 자국을 만들어도 적응할 수 있다.

개별 유아에게 적절한 다른 조절도 있을 수 있고, 소근육 운동 기술의 문제를 가진 유아들이 글자를 만드는 실험을 할 수 있으며, 그들의 선 구분과 그리는 순서에 대한 것을 실험할 수 있다. 다행스럽게도, 성인이 유아가 만드는 자국을 받아들여주기만 한다면 쓰기와 그리기를 즐기기 위해 소근육 운동 기술이 많이 요구되는 것은 아니다.

나서 다시 출항했어요"(그림 8-31a). 공원에서의 장면을 그린 다른 아이는 "이거는 엄마, 나, 그리고 우리 개예요. 우리 개가 '멍, 멍. 멍' 하고 짖었어요. 내가 개를 쓰다듬어주려고 하고 있어요."(그림 8-31b).

유아원을 다니는 유아의 부모와 교사는 유아의 내용지식 습득을 지원

8-31a

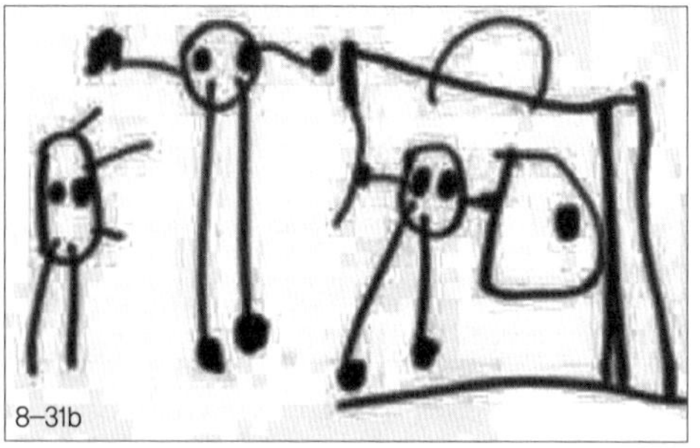

8-31b

그림 8-31a
그림 8-31b
이야기를 말하는 그림
(4세 11개월)

하기 위해 공학을 사용하고, 유아에게 이야기와 정보 글을 쓰고 말하는 새로운 방법과 정보를 제공하며, 단어 창조 지식을 길러줄 수 있다. 적절한 적용의 예는 박스 8-5에 잘 나와 있다.

단계 3 요약

의사소통과 즐거움을 위하여 쓰기와 그리기를 하는 것은 4세와 5세 유아에게 흔히 있는 일이다. 만일 성인이 이들의 노력에 대해 반응하면서 받아들여주고, 신경을 써주고, 도움을 주며, 많은 기회를 제공할 경우, 바로 유아들이 하는 일이나 기술은 한 해 동안 꾸준하게 증가한다. 특히 유아원 교사가 유아의 아이디어와 개념에 진정으로 반응하고 문해 기술 학습을 지원하는 형태로 도움을 줄 경우 유아에게 많은 도움이 된다(예: 단어의 소리를 구분해주거나, 글자를 개별 소리에 연결하거나, 글자의 특별한 자질에 유의하여 알려주는 것).

유아의 학습과 관심의 진정성을 유아에게 알려주고자 부모와 교사는 유아가 쓴 것과 그린 것에 빠른 칭찬으로 반응하지 않도록 주의해야 한다(예: "잘했어," "착한 아이구나," 또는 "굉장하구나!"). 왜냐하면 이러한 언어는 내용을 포함하지 않기 때문에, 자주 사용하면 유아가 성인으로부터 듣는 언어에 다양성이 없게 된다. 유아와 사용한 언어의 다양성

박스 8-5

유아원 시기 유아와 메시지 구성, 테크놀로지

케이틀린 파시가(Kathleen A. Paciga)

박스 7-2(7장 참조)에서 걸음마기 유아를 위한 발달에 적절한 디지털 마크 도구에 대한 정보를 제공하였다. 유아원 시기 유아는 특별히 교육과정에 통합하여 성인의 지원하에 사용될 경우, 테크놀로지에 대한 지식을 넓힐 수 있다. 여기에 제시된 예는 유아의 사람과 사물에 대한 지식에 바탕을 둔 컴퓨터, 태블릿, 스마트폰의 상호작용적 적용의 예로서 이로부터 자극 만들기와 쓰기 내용이 발생하게 된다. 예는 그림 8-1(자신이 그린 그림에 대해 이야기하는 유아)과 박스 8-2(단어 창조 전략/철자 쓰기) 에서의 내용을 발전시킨 것이다.

메시지 창조를 위한 내용을 형성하는 앱(Apps)

이러한 실제적 경험이 사람과 사물의 특성과 행동에 대한 지식이 발달하도록 돕는다. 잘 디자인된 상호작용적 앱은 유아의 내용지식에 기초하고 인간 또는 동물의 욕구와 정서를 반영하는 인물이 포함된다. 물론, 유아의 상호작용은 언어가 풍부한 성인과의 대화를 동반해야 한다.

- Toca Boca의 앱(수상 받은 앱)은 전통적 극놀이 탐색을 보완하고 확대하는 쾌활한 기회를 제공한다. 예를 들어, Toca Doctor HD에서는 유아들이 가시를 없애주거나, 상처를 닦아주고 밴드를 붙여주거나, 부러진 다리를 고정시켜 주는 방식으로 돌보아주고 있다.

- Leap Frog's Leapster Explorer 또는 Leap Pad Pet Pad(기계 장치에 장전한 게임)에서는 애완동물이 실제 동물처럼 음식을 받아먹고, 목욕하고, 즐겁게 환대받고, 토닥거리며 귀여움을 받기도 한다. 유아가 디지털 애완동물을 탐색하고 놀이하면, 어른이 실제 애완동물 돌보기로 연결해줄 수 있다.

비록 유아에게는 대부분 동물과 사람과의 실제 경험이 필요하지만, 가상의 경험을 통해 전통적으로 책들이 해온 것처럼 유아의 실제 경험을 연장할 수 있다. 또는 실제 생활에서 유아에게 제공할 수 없는(예: 알레르기가 있는 유아는 애완동물을 키울 수 없다) 경험 기회를 제공할 수 있다. 전통적 책의 경우와 마찬가지로 성인과의 상호작용이 유아의 학습에 중요하다.

21세기에 메시지 작성하기

많은 저자와 읽고 쓸 수 있는 어른들은 최근에 이전에는 상상도 못했던 방법으로 테크놀로지를 사용하고 있다. 예를 들어, 오늘날 어른들은 문자로 쓴 메시지와 기록 메시지 안에 자신들이 어렸을 때와는 아주 다른 청각적, 시각적 구성 요소를 사용한다. 유아원과 유치원 연령 유아들과 메시지 구성시 탐색해볼 수 있는 선택 사항들로 다음을 고려해볼 수 있다.

- Puppet Pals HD는 이야기 말하기를 지지한다. 이 외에도 그 디렉터 패스로(앱 내에서의 구입) 배역 인형이나 무대장치로 유아가 자신의 사진을 사용할 수 있다. 예를 들어 교사나 유아가 견학시 포함되었던 이벤트와 사람의 모습을 스냅 촬영하여 이들을 Puppet Pals에 끌어들일 수 있다.

- Toontastic으로 유아는 무대를 선정하거나 그리고 등장인물을 삽입하고(그림이나 메뉴에서 선정), 에니메이션 시작 버튼을 누르고, 스크린상에 인물들을 움직이면서 이야기를 말한다. Toontastic은 유아의 목소리와 인물들의 움직임을 재생하여 보여준다. 유아들이 음악을 추가하고 가족이나 전 세계 친구들과 공유할 수 있다. 성인의 도움으로 유아들이 창안하여 스크린으로 띄운 만화에서 해적이 문어를 던져서 상어의 주의를 다른 곳으로 돌리고 스쿠버 다이버가 배에 올라갈 수 있도록 함으로서 스쿠버 다이버를 구할 수도 있다.

- Show Me **상호작용적 화이트보드**는 스크린상에 그리기 캔버스를 제공하여 그림을 넣을 수 있으며 손으로 쓴 단어 또는 이미지를 삽입하고 그림에 대해 말할 수 있다. 그림 그린 것과 구술 설명은 저장될 수 있고 Show Me 서버로 공유할 수 있다. 예를 들어, Jerry Pallota와 Van Wallach 저 Snakes: Long, Longer, Longest를 들은 후 유아원 유아는 더 긴 것과 더 짧은 것을 보여주기 위해 스크린에 그림을 그리고 그에 대한 설명을 녹음하였다. 그리기를 하는 동안, 그는 "이거는 크고 뚱뚱해. 아나콘다야. 뱀이 왔어요. 까맣고 아주 작아요. 눈, 입, 눈. 그리고 돼지. 먹어버렸어요." 교사는 그리기가 끝난 후 유아의 이야기를 다시 반복하게 하기보다는 그림이 전개되는 대로 관람하고 이야기를 들었다.

- Dragon Dictation **프로그램**에서는 구술해서 받아 쓴 메시지를, 다른 기록물에 넣거나 메일로 보내기 전에, 기록하고 편집할 수 있다. 유아원 교사는 유아 저자와 함께 Show Me 녹음을 듣고, 설명한 것에 관하여 보다 조리 있고, 생각이 연결되며, 완전한 문장이 될 수 있도록 논의하고, 구두로 개작하고 확장할 수 있다(Dragon Dictation은 명확한 표현에 민감하다).

테크놀로지로 단어 창조를 지원

- 쇼핑 앱은 극놀이 영역에 때때로 준비되어 있는 식료품 상점 광고물처럼 유아로 하여금 쇼핑 목록 품목을 철자로 쓰는 데 도움이 된다. 유아는 또한 주간 세일 품목을 보고, 구입할 품목을 선정하여 이를 쇼핑 목록에 추가하고 종이에 연필로 적는 목록에 품목 이름을 베껴 쓰기 위하여 Kroger Co., 또는 다른 시료품 상점 앱에 접근할 수도 있다.

- 글자 지식과 음운 인식에 초점을 둔 많은 앱들이 있다. 이에 대해 5장 박스 5-7에서 논의하였다.

• 우리나라 유아들의 경우, 부모가 'Yahoo 꾸러기' 'NAVER 주니어'에 접속하여 뽀로로, 키즈 짱, 동물농장, 닌텐도 등의 프로그램을 보여주고 이야기 내용을 말하거나 꾸며 만들기를 안내할 수 있다.

결핍은 대화를 통해 접하는 어휘와 내용을 제한하여 유아의 언어 발달에 부정적 영향을 미친다(Pan et al. 2005).

유아원 교실에서는 문해 기술면에서 교사 안내에 의한 가르침이 필요하다. 그러므로 이를 위한 시간을 가져야 한다. 또한 유아원 유아는 놀이에서 특별한 목적을 가지고(예: 편지, 메모, 사인, 목록 만들기 등) 쓰기를 할 필요도 있다. 숙련된 교사는 유아가 자신의 목표를 달성하도록 도우면서 문해 지도를 할 수 있다(박스 8-6 참조).

단계 4: 모든 면에서 좀 더 발전된 양상을 보이는 단계

5세에서 5세 9개월에 이르는 기간 동안에, 유아의 쓰기와 그리기는 현저히 변화한다. 특히 쓰기와 그리기 경험이 많은 유아의 경우 더욱

박스 8-6

교사의 참여로 극놀이 영역에서 이야기 창조 기술 증진시키기

극놀이는 시나리오에는 적혀 있지 않지만 쓰기의 중요한 측면인 짓기를 포함한다. 유아의 극놀이는 교사가 유아의 문해 관련 기술뿐만 아니라 이야기 창조 능력을 지원하는 놀라운 기회를 제공한다. 여기에 그 예를 제공하면 다음과 같다(Schickedanz 1999, 54).

어느 날, 두 유아가 블록 영역에서 보트를 쌓아 만든 후 한 유아가 소리쳤다. 배 안에 올라와요. 물 속에 상어가 있어요!" 이 소리를 들은 교사가 "오, 저런. 수영하는 사람들에게 경고하는 표시를 만들어놓아야 하겠구나. 흔히 안전하지 않을 때 해변에 경고 표시를 세워놓거든. '수영하면 위험해요. 상어가 물에 우글거리는 지역입니다!"

아이들이 배에서 뛰쳐 나와 쓰기 자료와 테이프를 자료함에서 가지고 왔고, 한 남자 아이가 BVOVOHR이라고 썼다. 그는 또 2개의 그림을 그려넣었고 그 다음 그 아래에 다른 글자들을 썼다(TOPBIV, 그림 8-35). 그 다음에 테이프를 한 조각 잘라서 배에 경고 표시를 테이프로 붙이기 시작했다..다른 친구들은 경고 표시가 제자리에 놓이도록 붙잡아주고 있었다.

그림 8-35
블록 영역에 놓인 상어가 우글거린다는 경고 표시

그 시점에서, 교사가 걱정스러운 목소리로 "만일 바다에 가서 사람들이 이 경고 표시를 보지 못하면 어떡하지? 그러면 사람들이 조심해야 한다는 것을 알 수 없잖아." 하고 물었다. 이 남자아이들이 잠깐 멈추어 생각하고는 블록 선반에 경고 표시를 가지고 가서 한쪽 끝에 붙였다. "참 좋은 생각을 했구나.""이제는 모든 사람들이 어디서든 그 경고 표시를 볼 수 있겠구나." 하고 교사가 말했다.

교사는 유아의 부모에게 귀가시 오늘 일어났던 일에 대해 이야기해줄 수도 있다. 교사가 다음과 같이 말해줄 수 있다. " 아이에게 블록 영역에서 쌓은 배와 상어 주의 경고 표시 만든 것에 대해 물어보세요." 또한 교사는 도서 영역에 상어에 관한 책을 비치하고 유아들에게 읽기를 장려할 수 있다. 만일 유아가 책을 읽어보고 상어에 대해 좀 더 알게 되면, 교사는 유아들에게 아는 것에 대해 책을 써보기를 원하는지 물을 수 있다.

교사는 극놀이 영역에 쓰기와 관련한 다양한 측면의 지원을 하는 기회를 제공할 수 있다. 다음에 극놀이 상황, 쓰기 자료, 교사가 지원해줄 수 있는 기회 등을 제시하였다.

의사의 진료실 놀이

- 의사 진료 중, 의사 부재 중, 금연, 문 열음/닫음 등과 같은 유아가 만든 표시
- 메시지 패드, 약속 기록(모조 컴퓨터 스크린과 키보드), 접수 계원을 위한 연필
- 의사가 채워넣는 환자 차트
- 기록하는 동안 사용하는 건강 기록부 클립보드
- 사무실 접수 계원이 써넣는 예약 카드를 위한 색인 카드(사분의 일로 자른 크기)
- 의사가 써넣는 빈 처방전

식료품 상점 놀이

- 식료품 목록을 적을 메시지 패드와 연필
- 백화점을 위한 유아들이 만든 라벨: 우유 판매점, 농산물, 제과점, 등
- 유아들이 상점 이름을 쓴 갈색 종이 백
- 유아들이 만든 상점 영업 시간 표시

레스토랑 놀이

- 유아가 특별한 메뉴를 쓰고 붙일 수 있는 자석 글자와 자석 판
- 위에 ㅇㅇ레스토랑이라고 쓴, 유아가 만든 식탁 매트
- 주문을 받기 위해서 식사 시중을 드는 종업원이 사용할 노트와 연필
- 유아가 만든 '영업 중'과 '휴업 중' 표시
- 유아가 만든 영업 시간 표시

우체국 놀이

- 유아가 만든 영업 시간 표시
- 유아가 편지를 쓸 수 있도록 쓰기 영역이나 극놀이 용품으로 제공하는 문방구류와 봉투
- 유아가 만든 놀이용 돈
- 편지 배달을 위하여 유아들이 우체국이라고 쓰고 극놀이 영역 근처에 놓아둔 종이 상자

교통수단 놀이

- 유아들이 만든 종이 티켓
- 도착과 출발 시간을 표시한 포스터
- 유아가 만든 놀이용 돈

달라진 양상이 나타난다. 영아 시기나 걸음마기 시기에 자국 만들기 경험이 없는 유아도 유아원 시기 동안 풍부한 기회와 지원이 있을 경우 만회할 수있다. 쓰기와 그리기의 경험 없이 유치원에 들어간 유아는 이를 만회하려면 상당한 어려움을 겪게 된다. 초기 쓰기와 그리기 경험에서 유아가 습득하는 지식은 구두 언어 기술(예: 자신이 그린 것과 물감을 칠한 것에 대해 이야기하기)뿐만 아니라 음운 인식, 그리고 글자와 소리 연결 등과 같은 부호 관련 기술을 포함한다.

여기서는 유치원에 들어가기 전에 그리기와 쓰기를 별로 하지 않은 유아에 대한 예는 들지 않는다. 대신에 2세 초부터 또는 3세에 우수한 유아원에서 많은 경험을 한 유아가 이 연령에 할 수 있는 것에 대한 예를 들고자 한다.

그림 8-36a에 제시된 처음 표본은 블록 영역에서 제이크와 친구가 조직한 핼러윈 인형 쇼를 선전하기 위한 표시이다. 제이크는 9월에 학기가 시작할 때 막 5세가 되었고 교사의 철자 도움을 얻어 이 표시를 쓸 때는 5세 3개월이었다. 두 번째 표본은 제이크가 밸런타인데이 카드를 위해 만든 우체통에 대해 유아원 원장에게 알리기 위해 5세 7개월에 쓴 것이다.

그림 8-36에 있는 다음 5개의 그림은 유아원 시기 동안 5세가 된 두 여아들이 만든 알파벳 책의 표지와 몇 장의 책장을 보여준다(그림 8-36c, 8-36d, 8-36e, 8-36f와 8-36g). 이들은 학급 알파벳 책 만들기

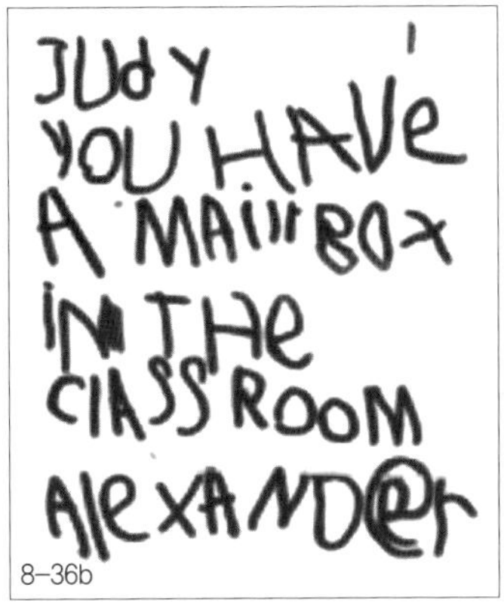

그림 8-36
5세 유아들의 쓰기와 그리기의 예
그림 8-36a
블록 영역에 비치한 핼로윈 인형쇼 선전 표시(5세 3개월)
그림 8-36b
쥬디에게 우편함에 대해 알리는 편지(5세 7개월)

몇 주 전에 자신의 알파벳 책 만들기 아이디어를 냈었다.

이들은 모든 그림을 그리고 모든 단어들을 썼다. 때로는 교실의 도서실에서 알파벳 책을 펼쳐보았고, 때로는 교사의 도움을 요청하였다. 거의 한 주가 걸렸다. 한 아이는 집에서 러시아 말을 썼고 유아원에서 영어를 제2언어로 배웠다. 그녀의 친구는 집에서 쓰는 언어가 영어였고 어휘를 포함하여 구어 기술을 좀 더 갖고 있었으며, 각 편지에 수반될 그림으로 그릴 물건을 제안하였다. 여아들은 음운 인식 기술이나 알파벳 글자 쓰기 기술에서 거의 같은 수준이었다. 책은 쓰기와 그리기가 중요하다는 것을 보여주고, 어떻게 유아에게 이러한 측면을 지원해주는 방법을 알려주며, 유아의 학습, 특히 언어 학습에서 친구의 중요성과 힘을 이해하는 훌륭한 교사가 무엇을 할 수 있는지를 보여준다(Tabors 2008).

갓 5세가 된 한 아이는 이 수집물의 마지막 예를 썼다(그림 8−36h). 이 아이의 가족이 한국의 집으로 여행할 계획을 세웠을 때 이 아이는 할머니에게 혼자의 힘으로 메모를 썼다. “안녕, 할머니. 우리는 미국을 떠날 거예요.GAMA. WE WILL BE LEVING AMARAC.” 이 아이 가족은 집에서 주로 한국말을 했고, 2년 동안 다닌 영어 집중 교육 유아원에서

그림 8-36c
그림 8-36d
그림 8-36e
그림 8-36f
그림 8-36g
알파벳 책의 책장
그림 8-36h
"Hi, Grandma we will be leaving America."(5세 2개월)

영어를 배웠다(박스 8-7 참조).

5세와 5세 9개월 사이에 유치원에 다니는 유아도 가정이나 방과 후 종일반 프로그램에서 부가적 쓰기 경험으로 이득을 얻을 수 있다. 예를 들어 아담은 유치원 시기에 성 그림과 개를 데리고 말 위에 탄 남자 그림을(그림 8-36i 와 8-36j) 각각 11월과 1월에 오후 가정 어린이집을 다니면서 그렸다. 오전에만 다니는 유치원에서 보내는 시간은 짧았고 많은 쓰기 활동은 정해진 주제나 주안점을 둔 그리기와 쓰기를 포함하였다.

유치원은 유아원보다 쓰기와 관련하여 더욱 특정한 과제를 포함하고 있으며, 손으로 쓰기와 부호 관련 기술에 좀 더 관심을 둔다. 집에서 그리기와 쓰기 기회 또는 방과 후 프로그램은 유치원에서의 쓰기 기술 발달을 지원하는 동시에 유아의 높은 수준의 동기 유발을 유지하는 데 도움이 된다.

유아원 시기의 쓰기에 대한 결론

유아원 시기 동안 유아의 알파벳 글자는 좀 더 관례적 형태에 근접하게 된다. 또한 유아는 음운 인식의 발달로 지식을 갖게 되어, 글자들이 단어를 만드는 데 어떻게 사용되는지에 대한 약간의 이해도 발달한다. 유아는 음성학적 인식의 발달이 글자가 말로 표현된 단어에서 나는 소리를 표상하는 기능을 한다는 통찰력과 결합하여(즉, 알파벳 원리) 조금 더 나이를 먹은 유아원 시기 유아들은 철자를 발명하기 시작한다.

유아원 유아들의 그리기와 물감으로 그림 그리기에서 실물과 표현하려는 행동이 비슷하게 표현되기 시작하고 내용도 좀 더 복잡하게 전개된다. 유아들이 그림이나 쓰기로 아직 모든 것을 말할 수 없기 때문에 성인이 언어로 이러한 의미를 관계 짓도록 일러주는 것이 아주 중요하다(박스 8-1 참조).

모든 측면의 발달과 마찬가지로 유아의 쓰기와 그리기에서 보이는 행

그림 8-36i
아담이 집에서 그린 기사가 있는 성(5세 4개월).
그림 8-36j
어린이집 오후 프로그램에서 그린 그림(5세 6개월)

박스 8-7

영어 학습자인 유아원 유아의 발명적 철자 기술

개별 쓰기 표본을 논의하면서 주목한 바와 같이 몇몇 유아는 이중언어 사용자이거나 삼중언어 사용자이다. 체계적 연구를 수행하지는 않았지만, 여러 해 살펴본 바로는 하나 이상의 언어를 사용하는 유아가 단일 언어를 쓰는 또래보다 높은 수준의 음운 인식이 발달한 것처럼 보였다. 특히 이들은 독립적으로 음운에 기초하여 절자를 쓰는 발달된 기술이 엿보였다(예: "castle save"를 Kasal Sav로 씀). 가끔 그 이유에 대해 궁금하게 생각했다.

8장에서 우리가 지적했듯이 많은 표본이 영어가 교육 언어인 학급에서 수집된 것이고 대부분의 발명적 철자를 사용한 표본이 유아원의 두 번째 해 마지막에 쓴 자료이다. 이에 더하여, 표본을 추출한 모든 교실에서 교사는 유아가 도움을 요청할 때 단어의 철자를 비계설정하였다(예: 단어를 음운으로 구분하여 소리를 그 소리가 표상하는 글자와 연결해주었다). 유아도 최근 견학에 관련하여 어떤 것을 받아쓰거나 교실 자원봉사자나 다른 손님에게 감사를 담은 메모 내용을 받아쓸 때처럼 집단 상황에서 단어를 쓸 때는 철자를 같은 방법으로 소리 내어 말하였다.

교실에서는 성인과 유아, 유아들 간에 다양한 놀이 상황에서 높은 수준의 언어적 상호작용이 이루어지며, 내용과 어휘를 포함한 구어가 풍부한 교육과정을 제공하였다. 3장에서 보듯이(박스 3-7 참조), 유아는 연관된 정보 없이 단순히 물체와 행동의 단순한 라벨을 가르치는 상황과 비교할 때 단어에 대한 정보를 제공받을 때보다 어휘를 잘 배울 수 있다.

마지막으로, 5장에서 논의했듯이 어휘의 크기는 음운 인식 기술과 관련이 있다. 이 관계의 본질에 대한 하나의 가정은, 많은 어휘를 지녔을 경우 전체적인 소리 특성들에 기초하여 더 작은 소리 단위로 분절하여 축적된 단어의 재조직을 유도한다.

사회적 상황, 교실의 교육과정과 교육에서 놓치지 말아야 할 주안점은 자기 스스로 음운에 기초한 철자를 만들 때, 유아원 시기 유아들의 기술이 증가하는 경향을 보인다는 것이다. 그러나 이것이 이중언어나 삼중언어를 쓰는 유아가 단일 언어를 사용하는 또래보다 높은 기술 발달이 이루어지는 이유를 설명하지는 않는다. 이중언어 구사 능력이 뇌에 미치는 영향에 대한 최근 연구는 이에 대한 몇 가지 정보를 제공한다.

연구자들은 제2언어 학습이 실제 뇌의 청각 체계를 변화시킨다는 것을 발견하였다(Krizman et al 2012). 특히 2개의 언어를 배우는 것이 유아로 하여금 소리에 조금 더 주의를 집중하게 하는 것처럼 보인다. 2개나 3개의 언어로 혼돈되는 대신, 연구자들은 뇌의 유연성이 이중언어 사용자들에게 보다 효율적이고 유연한 청각 체계 발달을 허락하고, 이것이 보다 높은 청각적 주의를 이끈다고 봤다.

이와 같은 새로운 연구를 읽은 뒤, 우리는 많은 이중언어와 삼중언어 사용 유아들이 요청한 단어를 말하고 음소로 분절해달라고 요청하면서, 그리고 소리를 쓰기 위해 필요한 글자가 이름으로 제시될 때 교사의 입을 빤히 지켜보았던 것을 회상하였다. 반면에 단일 언어를 사용하는 유아는 교사의 입을 바라보지 않는 경향이 있었다. 아마도 이들은 단순히 단어를 듣고 기억할 수 있기 때문일 수도 있고, 교사가 이름을 말한 글자를 더욱 쉽고 정확히 이해할 수 있기 때문일 것이다. 반면에, 이중언어 사용 유아들은 때로는 명확히 하기 위하며 글자 이름을 체크하였다(우리가 "N"이라고 말했을 때 "M"도 확인).

단일 언어 사용자는 영어 어휘에 아주 친근하기 때문에 교사의 교육적 도움에 주의를 덜 기울일 수 있고, 그것에서 끌어내는 사항도 적을 수 있다. 장기적으로는, 교사의 입을 바라보고 이름을 말해주는 글자에 주의를 기울여 듣는 것이(예: 자신이 들은 것을 분명히 하도록 확인하는 것) 좀 더 이중언어 사용 유아들의 음운 인식 기술을 끌어올려주었다고 본다.

또한 교사가 이중언어 사용 유아들에게 철자에 대해 도움을 줄 때는 이들이 보다 명확하게 해줘야 한다고 생각하기 때문에 좀 더 명확히 설명하고 보다 반복적으로 정보를 제공하는 것이 아닌가 하는 생각도 든다. 아니면, 단순히 교사가 유아들이 보다 주의를 집중할 때(예: 자주 교사를 바라보거나 교사의 입을 빤히 지켜보는 상황) 더 많은 정보를 제공하는 반응을 보이기 때문일 수도 있다.

생각은 자료를 체계적으로 수집하여 나온 생각이라기보다는 우리의 경험을 반영한 것이다. 새로운 연구로 제1언어가 영어일 경우, 만일 이들에게 쌍방향의 이중언어 프로그램에서 이루어지는 것처럼 제2언어를 학습할 기회를 유아원 시기에 제공한다면 음운 인식에 어떤 이득이 있을지 알고 싶다.

동은 아주 다르다. 하트와 리즈리(Hart & Risley 1995)의 연구에서 3세 전에 구두로 표현된 언어를 가장 많이 듣는 유아와 가장 적게 듣는 유아 간에는 3세를 기준으로 3,000만 개의 단어가 차이가 난다고 보고하였다. 자국 만들기에서의 기회 차이 범위를 알 수는 없지만, 유아원에 들어오는 3세 유아의 경우 몇몇 유아는 2년간의 자국 만들기 경험이 있는 반면 전혀 경험 없이 유아원에 들어오는 유아도 있다. 유아원 교사는 유아의 자국 만들기 행동과 흥미에 상당한 차이가 있다는 것을 예상해야 한다. 그러나 유아의 기술이 낮은 수

준일 경우, 그렇게 타고난 아이로 규정짓지는 말아야 한다(즉 선천적인 능력 차이로 생각하지 않아야 한다). 만일 유아원 교사가 모든 유아의 쓰기를 교육하고 지원해준다면, 처음 시작 단계에서 이들의 흥미나 기술 정도가 어떠했든지 간에, 모든 유아는 이 영역에 대한 학습의 기회를 얻고 성취도를 높일 수 있을 것이다.

참고문헌

• 이 책에 활용, 참조된 도서

AAP (American Academy of Pediatrics). 2001. "Policy Statement: Children, Adolescents, and Television." *Pediatrics* 101 (2): 423-36.

AAP (American Academy of Pediatrics). 2011. "Policy Statement: Media Use by Children Younger Than 2 Years." *Pediatrics* 128 (5): 1040-45.

Achieve, Inc. 2005. "Rising to the Challenge: Are High School Graduates Prepared for College and Work? A Study of Recent High School Graduates, College Instructors, and Employers." Washington, DC: Author.

Adams, M.J. 1990. *Beginning to Read: Thinking and Learning about Print*. Cambridge, MA: MIT Press.

Anthony, J.L., C.J. Lonigan, K. Driscoll, B.M. Phillips, & S.R. Burgess. 2003. "Preschool Phonological Sensitivity: A Quasi-Parallel Progression of Word Structure Units and Cognitive Operations." *Reading Research Quarterly* 38 (4): 470-87.

Applebee, A.N. 1978. *The Child's Concept of Story: Ages Two to Seventeen*. Chicago: University of Chicago Press.

Armbruster, B.M., M. Lehr, & J. Osborn. 2003. *A Child Becomes a Reader*. Portsmouth, NH: RMC Research Corporation.

Baghban, M. 1984. *Our Daughter Learns to Read and Write: A Case Study from Birth to Three*. Newark, DE: International Reading Association.

Baillargeon, R. 1995. "A Model of Physical Reasoning in Infancy." In *Advances in*

Psychological Science, Vol. 9, eds. C. Rovee-Collier & L.P. Lipsitt, 305-71. Norwood, NJ: Ablex.

Baillargeon, R., A. Needham, & J. DeVos. 1992. "The Development of Young Infants' Intuitions about Support." *Early Development and Parenting* 1 (2): 69-78.

Ball, E.W., & B.A. Blachman. 1991. "Does Phoneme Awareness Training in Kindergarten Make a Difference in Early Word Recognition and Developmental Spelling?" *Reading Research Quarterly* 26 (1): 49-66.

Barrera, M.E., & D. Maurer. 1981. "The Perception of Facial Expressions by the Three-Month-Old." *Child Development* 52 (1): 203-06.

Bartlett, F. 1958. *Thinking: An Experimental and Social Study*. London: Allen & Unwin.

Beals, D. 2001. "Eating and Reading: Links between Family Conversations with Preschoolers and Later Language and Literacy." In *Beginning Literacy with Language: Young Children Learning at Home and School*, eds. D.K. Dickinson & P.O. Tabors, 75-92. Baltimore: Brookes.

Beck, I.L., & M.G. McKeown. 2001. "Text Talk: Capturing the Benefits of Read-Aloud Experiences for Young Children." *The Reading Teacher* 55 (1): 10-20.

Beck, I., M. McKeown, & L. Kucan. 2002. *Bringing Words to Life: Robust Vocabulary Instruction*. New York: Guilford.

Bell, M.A., & C.D. Wolfe. 2004. "Emotion and Cognition: An Intricately Bound Developmental Process." *Child Development* 75 (2): 366-70.

Beneke, S.J., M.M. Ostrosky, & L.G. Katz. 2008. "Calendar Time for Young Children: Good Intentions Gone Awry." *Young Children* 63 (3): 12-16.

Benson, M.S. 1997. "Psychological Causation and Goal-Based Episodes: Low-Income Children's Emerging Narrative Skills." *Early Childhood Research Quarterly* 12 (4): 439-457.

Berhenke, A., A.L. Miller, E. Brown, E., R. Seifer, & S. Dickstein. 2011. "Observed Emotional and Behavioral Indicators of Motivation Predict School Readiness in Head Start Graduates." *Early Childhood Research Quarterly* 26 (4): 430-41.

Best, R.M., R.G. Floyd, & D.S. McNamara. 2008. "Differential Competencies Contributing to Children's Comprehension of Narratives and Expository Texts." *Reading Psychology* 29 (2): 137-64.

Biemiller, A., & C. Boote. 2006. "An Effective Method for Building Meaning Vocabulary in Primary Grades." *Journal of Educational Psychology* 98 (1): 44-57.

Birckmayer, J., A. Kennedy, & A. Stonehouse. 2008. *From Lullabies to Literature: Stories in the Lives of Infants and Toddlers*. Washington, DC: NAEYC; Castle Hill, Australia: Pademelon Press.

Blair, C. 2002. "Integrating Cognition and Emotion in a Neurobiological Conceptualization of Children's Functioning at School Entry." *American Psychologist* 57 (2): 111-27.

Blake, J., S. Macdonald, L. Bayrami, V. Agosta, & A. Milian. 2006. "Book Reading Styles in Dual-Parent and Single-Mother Families." *British Journal of Educational Psychology* 76 (3): 501-15.

Bloodgood, J.W. 1999. "What's in a Name? Children's Name Writing and Literacy Acquisition." *Reading Research Quarterly* 34 (3): 342-67.

Bloom, K. 1977. "Patterning of Infant Vocal Behavior." *Journal of Experimental Child Psychology* 23(3): 367-77.

Booth, A.E. 2009. "Causal Supports for Early Word Learning." *Child Development* 80 (4): 1234-50.

Bornstein, M.H., M.E. Arterberry, C. Mash, & N. Manian. 2011. "Discrimination of Facial Expressions by 5-Month-Old Infants of Nondepressed and Clinically Depressed Mothers." *Infant Behavior & Development* 34 (1): 100-106.

Bourgeois, K.S., A.W. Khawar, S.A. Neal, & J.J. Lockman. 2005. "Infant Manual Exploration of Objects, Surfaces, and Their Interrelations." *Infancy* 8 (3): 233-52.

Brazelton, T.B., E. Tronick, L. Adamson, H. Als, & S. Weise. 1975. "Early Mother-Infant Reciprocity." In *Parent-Infant Interaction* (Ciba Foundation Symposium. No. 33). Amsterdam: Elsevier.

Bretherton, I. 1984. "Representing the Social World in Symbolic Play." In *Symbolic Play: The Development of Social Understanding*, ed. I. Bretherton, 3-41. New York: Academic Press.

Bretherton, I., & M. Beeghly. 1982. "Talking about Internal States: The Acquisition of an Explicit Theory of Mind." *Developmental Psychology* 18 (6): 906-21.

Britto, P.R., J. Brooks-Gunn, & T.M. Griffin. 2006. "Maternal Reading and Teaching Patterns: Associations with School Readiness in Low-Income African American Families." *Reading Research Quarterly* 41 (1): 68-89.

Broerse, J., & G. Elias. 1994. "Changes in the Content and Timing of Mothers' Talk to Infants." *British Journal of Developmental Psychology* 12 (1): 131-45.

Brooks, R., & A.N. Meltzoff. 2008. "Infant Gaze Following and Pointing Predict Accelerated Vocabulary Growth through Two Years of Age: A Longitudinal, Growth Curve Modeling Study." *Journal of Child Language* 35 (1): 207-20.

Brown, R. 1973. *A First Language: The Early Stages*. Cambridge, MA: Harvard University Press.

Bryant, G.A., & H.C. Barrett. 2007. "Recognizing Intentions in Infant-Directed Speech: Evidence for Universals." *Psychological Science* 18 (8): 746-51.

Bus, A., M.H. van IJzendoorn, & A.D. Pellegrini. 1995. "Joint Book Reading Makes for Success in Learning to Read: A Meta-Analysis on Intergenerational Transmission of Literacy." *Review of Educational Research* 65 (1): 1-21.

Bushnell, E.W., & J.P. Boudreau. 1993. "Motor Development and the Mind: The Potential Role of Motor Abilities as a Determinant of Aspects of Perceptual Development." *Child Development* 64(4): 1005-21.

Butterworth, G.E., & N. Jarrett. 1991. "What Minds Have in Common in Space: Spatial Mechanisms Serving Joint Visual Attention in Infancy." *British Journal of Developmental Psychology* 9 (1): 55-72.

Campos, J., C. Frankel, & L. Camras. 2004. "On the Nature of Emotional Regulation." *Child Development* 75 (2): 377-94.

Carlson, K., & J.L. Cunningham. 1990. "Effects of Pencil Diameter on the Grapho-Motor Skills of Preschoolers." *Early Childhood Research Quarterly* 5: 279-93

Carey, S. 1978. "The Child as Word Learner." In *Linguistic Theory and Psychological Reality*, eds. M. Halle, J. Bresnan, & G.A. Miller, 359-73. Cambridge, MA: MIT Press.

Carey, S. 1985. *Conceptual Change in Childhood*. Cambridge, MA: MIT Press.

Caswell, L.J., & N.K. Duke. 1998. "Non-Narrative as a Catalyst for Literacy Development." *Language Arts* 75 (2): 108-17.

Chall, J.S., & V.A. Jacobs. 2003. "Poor Children's Fourth-Grade Slump." *American Educator* 27 (1): 14-15, 44.

Christ, T., & X.C. Wang. 2012. "Supporting Preschoolers' Vocabulary Learning: Using a Decision-Making Model to Select Appropriate Words and Methods." *Young Children* 67 (2): 74-80.

Cioffi, G. 1984. "Observing Composing Behaviors of Primary-Age Children: The Interaction of Oral and Written Language." In *New Directions in Composition Research*, eds. R. Beach & L.S. Bridwell, 171-90. New York: Guilford.

Clay, M.M. 1975. *What Did I Write?* Auckland, New Zealand: Heinemann.

Cohen, L.B., & B.A. Younger. 1984. "Infant Perception of Angular Relations." *Infant Behavior & Development* 7 (1): 37-47.

Cole, P.M., S.E. Martin, & T.A. Dennis. 2004. "Emotion Regulation as a Scientific Construct: Methodological Challenges and Directions for Child Development Research. *Child Development* 74 (2): 317-33.

Collins, M.F. 2004. "ELL Preschoolers' English Vocabulary Acquisition and Story Comprehension from Storybook Reading." (Unpublished doctoral dissertation.) Boston University, Boston, MA.

Collins, M.F. 2010. "ELL Preschoolers' English Vocabulary Acquisition from Storybook Reading." *Early Childhood Research Quarterly* 25 (1): 84-97. doi:10.1016/j.ecresq.2009.07.009.

Collins, M.F. 2011. "Supporting Vocabulary and Comprehension in Young Children: Multiple Goals for Storybook Reading." Paper presented at the annual conference of the Literacy Research Association, Jacksonville, FL.

Colonnesi, C., G.J.J.M. Stams, I. Koster, & M.J. Noom. 2010. "The Relation between Pointing and Language Development: A Meta-Analysis." *Developmental Review* 30 (4): 352-66.

Common Sense Media. 2011. "Zero to Eight: Children's Media Use in America." A Common Sense Media Research Study. Retrieved from www.commonsensemedia.org/research/zero-eight-childrens-media-use-america/key-finding-4%3A-tv-dominates-young-child-media-time.

Condon, S. 1979. "Neonatal Entrainment and Enculturation." In *Before Speech: The Beginning of Interpersonal Communication*, ed. M. Bullowa, 131-48. Cambridge: Cambridge University Press.

Connolly, K., & M. Dalgleish. 1989. "The Emergence of Tool-Using Skill in Infancy." *Developmental Psychology* 25 (6): 894-912.

Cooper, R.P., & R.N. Aslin. 1990. "Preference for Infant-Directed Speech in the First Month after Birth." *Child Development* 61 (5): 1584-95.

Copeland, K.A., S. Sherman, C.A. Kendeigh, H.J. Kalkwarf, & B.E. Saelens. 2012. "Societal Values and Policies May Curtail Preschool Children's Physical Activity in Child Care Centers." *Pediatrics* 129 (2): 265-74.

Copple, C., ed. 2012. *Growing Minds: Building Strong Cognitive Foundations in Early Childhood*. Washington, DC: NAEYC.

Copple, C., & S. Bredekamp, eds. 2009. *Developmentally Appropriate Practice in Early Childhood Programs Serving Children from Birth through Age 8*. 3rd. ed. Washington, DC: NAEYC.

Correia, M.P. 2011. "Fiction vs. Informational Texts: Which Will Kindergartners Choose?" *Young Children* 66 (6): 100-104.

Corkum, V., & C. Moore. 1995. "Development of Joint Visual Attention in Infants." In *Joint Attention: Its Origins and Role in Development*, eds. C. Moore & P. Dunham, 61-83. Hillsdale, NJ: Erlbaum.

Council of Chief State School Officers. 2012. "Framework for English Language Proficiency Development Standards Corresponding to the Common Core State Standards and the Next Generation Science Standards." Washington, DC: Author.

Coyne, M., D.B. McCoach, S. Loftus, R. Zipoli, & S. Kapp. 2009. "Direct Vocabulary Instruction in Kindergarten: Teaching for Breadth vs. Depth." *Elementary School*

Journal 110 (1): 1-18.

Crain-Thoreson, C., & P.S. Dale. 1992. "Do Early Talkers Become Early Readers? Linguistic Precocity, Preschool Language, and Emergent Literacy." *Developmental Psychology* 28 (3): 521-429.

Crosson, A.C., & N.K. Lesaux. 2010. "Revisiting Assumptions about the Relationship of Fluent Reading to Comprehension: Spanish Speakers' Text-Reading Fluency in English." *Reading and Writing* 23 (5): 475-94.

Cunningham, A., & J. Zibulsky. 2011. "Tell Me a Story: Examining the Benefits of Shared Reading." In *Handbook of Early Literacy Research*, Vol. 3, eds. S.B. Neuman & D.K. Dickinson, 396-411. New York: Guilford.

Dahl, K., & P. Freppon. 1995. "A Comparison of Inner-City Children's Interpretations of Reading and Writing Instruction in the Early Grades in Skills-Based and Whole Language Classrooms." *Reading Research Quarterly* 31 (1): 50-74.

De Jong, M.T., & A.G. Bus. 2002. "Quality of Book-Reading Matters for Emergent Readers: An Experiment with the Same Book in a Regular or Electronic Format." *Journal of Educational Psychology* 94 (1): 145-55.

De Jong, M.T., & A.G. Bus. 2004. "The Efficacy of Electronic Books in Fostering Kindergarten Children's Emergent Story Understanding." *Reading Research Quarterly* 39 (4): 378-93.

Deckner, D.F., L.B. Adamson, & R. Bakeman. 2006. "Child and Maternal Contributions to Shared Reading: Effects on Language and Literacy Development." *Journal of Applied Developmental Psychology* 27 (1): 31-41.

DeLoache, J.S., & O.A.P. DeMendoza. 1987. "Joint Picturebook Interactions of Mothers and 1-Year-Old Children." *British Journal of Developmental Psychology* 5 (2): 111-23.

Dickinson, D.K., R.M. Golinkoff, & K. Hirsh-Pasek. 2010. "Speaking Out for Language: Why Language Is Central to Reading Development." *Educational Researcher* 39 (4): 305-15.

Dickinson, D.K., A. McCabe, N. Clark-Chiarelli, & A. Wolf. 2004. "Cross-Language Transfer of Phonological Awareness in Low-Income Spanish and English Bilingual Children."

Applied Psycholinguistics 25 (3): 323-47.

Dickinson, D.K., & M.V. Porche. 2011. "Relation between Language Experiences in Preschool Classrooms and Children's Kindergarten and Fourth-Grade Language and Reading Abilities." *Child Development* 82 (3): 870-86.

Dickinson, D.K., & M.W. Smith. 1994. "Long-Term Effects of Preschool Teachers' Book Readings on Low-Income Children's Vocabulary and Story Comprehension." *Reading Research Quarterly* 29 (2): 105-22.

Duke, N. 2000. "3.6 Minutes per Day: The Scarcity of Informational Texts in First Grade." *Reading Research Quarterly* 35 (2): 202-24.

Duke, N.K. 2004. "The Case for Informational Text." *Educational Leadership* 61 (6): 40-44.

Duke, N.K., & V.S. Bennett-Armistead, with A. Huxley, M. Johnson, D. McLurkin, E. Roberts, C. Rosen, & E. Vogel. 2003. *Reading and Writing Informational Text in the Primary Grades: Research-Based Practices*. New York: Scholastic.

Duke, N.K., & J. Carlisle. 2011. "The Development of Comprehension." In *Handbook of Reading Research*, Vol. IV, eds. M.L. Kamil, P.D. Pearson, E.B. Moje, & P.P. Afflerbach, 199-228. New York: Routledge.

Duke, N.K., & J. Kays. 1998. "'Can I Say Once upon a Time?': Kindergarten Children Developing Knowledge of Information Book Language." *Early Childhood Research Quarterly* 13 (2): 295-318.

Duke, N.K., K.L. Roberts, R.R. Norman, N.M. Martin, J.A. Knight, P.M. Morsink, & S.L. Calkins. 2010. "What We've Been Learning about Children's Visual Literacy and What It Might Mean for Assessment and Instruction." Paper presented at the annual meeting of the International Reading Association.

Dunn, J. 1998. "Young Children's Understanding of Other People: Evidence from Observation within the Family." In *Cultural Worlds of Early Childhood*, eds. Woodhead, D. Faulkner, & K. Littleton, 101-16. New York: The Open University.

Dunn, J., I. Bretherton, & P. Munn. 1987. "Conversations about Feeling States between Mothers and Their Young Children." *Developmental Psychology* 23 (1): 132-39.

Durkin, D. 1966. *Children Who Read Early: Two Longitudinal Studies*. New York: Teachers College Press.

Dyson, A.H. 2000. "Writing and the Sea of Voices: Oral Language in, around, and about Writing." In *Perspectives on Writing: Research, Theory, and Practice*, eds. R. Indrisano & James Squire, 45-65. Newark, DE: International Reading Association.

Ehri, L.C., & J. Sweet. 1991. "Fingerpoint-Reading of Memorized Text: What Enables Beginners to Process the Print?" *Reading Research Quarterly* 26 (4): 443-62.

Elley, W.B. 1989. "Vocabulary Acquisition from Listening to Stories." *Reading Research Quarterly* 24 (2): 174-87. doi:10.2307/747863.

Fang, Z. 2008. "Going beyond the Fab Five: Helping Students Cope with the Unique Linguistic Challenges of Expository Reading in Intermediate Grades." *Journal of Adolescent & Adult Literacy* 51 (6): 476-87.

Fantozzi, V.B. 2012. "Exploring Elephant Seals in New Jersey: Preschoolers Use Collaborative Multimedia Albums." *Young Children* 67 (3): 42-49.

Fantz, R.L. 1963. "Pattern Vision in Newborn Infants." Science 140 (3564): 296-97.

Fein, G.G. 1975. "A Transformational Analysis of Pretending." *Developmental Psychology* 11 (3): 291-96.

Fein, G.G. 1984. "The Self-Building Potential of Make-Believe Play, or 'I Got a Fish, All by Myself.'" In *Child's Play: Developmental and Applied*, eds. T.D. Yawkey & A.D. Pellegrini, 125-42. Hillsdale, NJ: Lawrence Erlbaum.

Fenson, L. 1984. "Developmental Trends for Action and Speech in Pretend Play." In *Symbolic Play: The Development of Social Understanding*, ed. I. Bretherton, 249-70. New York: Academic Press.

Fenson, L., & D.S. Ramsay. 1980. "Decentration and Integration of the Child's Play in the Second Year." *Child Development* 51 (1): 171-78.

Fenson, L., P.S. Dale, J.S. Reznick, E. Bates, D.J. Thal, & S.J. Pethick. 1994. "Variability in Early Communicative Development." *Monographs of the Society for Research in Child Development* 59 (5): Serial No. 242.

Fenson, L., J. Kagan, R. Kearsley, & P. Zelazo. 1976. "The Developmental Progression of

Manipulative Play in the First Two Years." *Child Development* 47 (1): 232-36.

Fernald, A., & T. Simon. 1984. "Expanded Intonation Contours in Mothers' Speech to Newborns." *Developmental Psychology* 10 (1): 104-13.

Ferreiro, E. 1986. "The Interplay between Information and Assimilation in Beginning Literacy." In *Emergent Literacy: Writing and Reading*, eds. W.H. Teale & E. Sulzby, 15-49. Norwood, NJH: Ablex.

Ferreiro, E., & A. Teberosky. 1982. *Literacy before Schooling*. Translated by K.G. Castro. Portsmouth, NH: Heinemann.

Fisch, S.M., J.S. Shulman, A. Akerman, & G.A. Levin. 2002. "Reading between the Pixels: Parent-Child Interaction While Reading Online Storybooks." *Early Education and Development* 12 (4): 435-51.

Fivush, R. 1991. "The Social Construction of Personal Narratives." *Merrill-Palmer Quarterly* 37 (1): 59-81.

Fletcher, K.L., & B. Jean-Francois. 1998. "Spontaneous Responses to Repeated Reading in Young Children from At Risk Backgrounds." E*arly Childhood Development and Care* 146 (1): 53-68.

Fletcher, K.L., A. Perez, C. Hooper, & A.H. Claussen. 2005. "Responsiveness and Attention during Picture-Book Reading in 18-Month-Old to 24-Month-Old Toddlers At Risk." *Early Child Development & Care* 175 (1): 63-83.

Fletcher, K.L., & E. Reese. 2005. "Picture Book Reading with Young Children: A Conceptual Framework." *Developmental Review* 25 (1): 64-103.

Flom, R., G.O. Deak, C.G. Phill, & A.D. Pick. 2004. "Nine-Month-Olds' Shared Visual Attention as a Function of Gesture and Object Location." *Infant Behavior & Research* 27 (1): 181-94.

Gambrell, L.B. 2011. "Seven Rules of Engagement: What's Most Important to Know about Motivation to Read." *The Reading Teacher* 65 (3): 172-82.

Gardner, H. 1980. *Artful Scribbles: The Significance of Children's Drawings*. New York: Basic Books.

Geangu, E., O. Benga, D. Stahl, & T. Striano. 2010. "Contagious Crying beyond the First

Days of Life." *Infant Behavior and Development* 33 (3): 279-88.

Gelman, R., & K. Brenneman. 2004. "Science Learning Pathways for Young Children." *Early Childhood Research Quarterly* 19 (1): 150-58.

Gelman, S.A., & J.D. Coley. 1990. "The Importance of Knowing a Dodo Is a Bird: Categories and Inferences in 2-Year-Old Children." *Developmental Psychology* 26 (5): 796-804.

Genishi, C., & A.H. Dyson. 2009. *Children, Language, and Literacy: Diverse Learners in Diverse Times*. New York: Teachers College Press; Washington, DC: NAEYC.

Gesell, A., & F.L. Ilg. 1937. *Feeding Behavior of Infants*. Philadelphia: Lippincott.

Gibson, E. J. 1975. "Theory-Based Research on Reading and Its Implications for Instruction." In *Toward a Literate Society*, eds. J.B. Carroll & J.S. Chall, 288-321. New York: McGraw-Hill.

Gola, A.A.H. 2012. "Mental Verb Input for Promoting Children's Theory of Mind: A Training Study. *Cognitive Development* 27 (1): 64-76.

Goncu, A. 1998. "Development of Intersubjectivity in Social Play." In *Cultural Worlds of Early Childhood*, eds. M. Woodhead, D. Faulkner, & K. Littleton, 117-32. New York: The Open University.

Graham, S., & D. Perin. 2007. "A Meta-Analysis of Writing Instruction for Adolescent Students." *Journal of Educational Psychology* 99 (3): 445-76.

Gratier, M., & E. Devouche. 2011. "Imitation and Repetition of Prosodic Contour in Vocal Interaction at 3 Months." *Developmental Psychology* 47 (1): 67-76.

Graves, D. 1981. "A Case Study Observing the Development of Primary Children's Composing, Spelling, and Motor Behavior during the Writing Process." (Final report, NIE Grant No. G-78-0174. ED 218-653.) Durham, NH: University of New Hampshire.

Grieser, D.L. & P.K. Kuhl. 1988. "Maternal Speech to Infants in a Tonal Language: Support for Universal Prosodic Features in Motherese. *Developmental Psychology* 24 (1): 14-20.

Guthrie, J.T., W.D. Schafer, & C. Huang. 2001. "Benefits of Opportunity to Read and Balanced Reading Instruction for Reading Achievement and Engagement: A Policy

Analysis of State NAEP in Maryland." *Journal of Educational Research* 94 (3): 145-62.

Guthrie, J.T., & A. Wigfield. 2000. "Engagement and Motivation in Reading." In *Handbook of Reading Research*, Vol. III, eds. M.L. Kamil, P.B. Mosenthal, P.D. Pearson, & R. Barr, 403-22. New York: Lawrence Erlbaum.

Hakuta, K., & R. Diaz. 1985. "The Relationship between Degree of Bilingualism and Cognitive Ability: A Critical Discussion and Some New Longitudinal Data." In *Children's Language*, Vol. 5, ed. K.E. Nelson, 319-44. Hillsdale, NJ: Erlbaum.

Hamlin, J.K., K. Wynn, & P. Bloom. 2007. "Social Evaluations by Preverbal Infants." *Nature* 450 (7169): 557-60.

Hammer, C.S., S. Scarpino, & M.D. Davison. 2011. "Beginning with Language: Spanish-English Bilingual Preschoolers' Early Literacy Development." In *Handbook of Early Literacy Research*, Vol. 3, eds. S.B. Neuman & D.K. Dickinson, 118-35. New York: Guilford.

Hart, B., & T.R. Risley. 1995. *Meaningful Differences in the Everyday Experience of Young American Children*. Baltimore: Brookes.

Hay, D.F., F. Nash, & J. Pederson. 1981. "Responses of Six-Month-Olds to the Distress of Their Peers." *Child Development* 52 (3): 1071-75.

Hayes, J.R. 2000. "A New Framework for Understanding Cognition and Affect in Writing." In *Perspectives on Writing: Research, Theory, and Practice*, eds. R. Indrisano & J.R. Squire, 6-41. Newark, DE: International Reading Association.

Hayes, J.R., L.S. Flowers, K.A. Schriver, J. Stratman, & L. Carey. 1987. "Cognitive Processes in Revision." In *Advances in Applied Psycholinguistics: Volume 2, Reading, Writing, and Language Learning*, ed. S. Rosenberg, 176-240. New York: Cambridge University Press.

Heath, S.B. 1983. *Ways with Words: Language, Life, and Work in Communities and Classrooms*. New York: Cambridge University Press.

Hepburn, E., B. Egan, & N. Flynn. 2010. "Vocabulary Acquisition in Young Children: The Role of the Story." *Journal of Early Childhood Literacy* 10 (2): 159-82.

Hirsh-Pasek, K., & R.M. Golinkoff. 2007. *Celebrate the Scribble: Appreciating Children's*

Art. Easton, PA: Crayola Beginnings Press.

Holland, J.W. 2008. "Reading Aloud with Infants: The Controversy, the Myth, and a Case Study." *Early Childhood Education Journal* 35 (4): 383-85.

Hollich, G.J., K. Hirsh-Pasek, R. Golinkoff, R.J. Brand, E. Brown, H.L. Chung, E. Hennon, C. Rocroi, & L. Bloom. 2000. "Breaking the Language Barrier: An Emergentist Coalition Model for the Origins of Word Learning." *Monographs of the Society for Research in Child Development* 65 (3): 1-135.

Hood, M., E. Conlon, & G. Andrews. 2008. "Preschool Home Literacy Practices and Children's Literacy Development: A Longitudinal Analysis." *Journal of Educational Psychology* 100 (2): 252-71.

Horner, S.L. 2004. "Observational Learning during Shared Book Reading: The Effects on Preschoolers' Attention to Print and Letter Knowledge." *Reading Psychology* 25 (3): 167-88. doi: 10.1080/027027109084714.

Hughes, F.P. 1999. *Children, Play, and Development*. 3rd ed. Boston: Allyn & Bacon.

Huttenlocher, J., W. Haight, A. Bryk, M. Seltzer, & T. Lyons. 1991. "Early Vocabulary Growth: Relation to Language Input and Gender." *Developmental Psychology* 27 (2): 236-48.

Johnson, D.D. 2000. "Just the Right Word: Vocabulary and Writing." In *Perspectives on Writing: Research, Theory, and Practice*, eds. R. Indrisano & J.R. Squire, 162-86. Newark, DE: The International Reading Association.

Johnson, M.H., S. Dziurawiec, H. Ellis, & J. Morton. 1991. "Newborns' Preferential Tracking of Face-Like Stimuli and Its Subsequent Decline." *Cognition* 40 (1-2): 1-19.

Juel, C. 1988. "Learning to Read and Write: A Longitudinal Study of 54 Children from First through Fourth Grade." *Journal of Educational Psychology* 80 (4): 437-47.

Justice, L.M., & H.L. Ezell. 2002. "Use of Storybook Reading to Increase Print Awareness in At-Risk Children. *American Journal of Speech-Language Pathology* 11 (1): 17-29.

Justice, L.M., J. Meier, & S. Walpole. 2005. "Learning New Words from Storybooks: An Efficacy Study with At-Risk Kindergartners." *Language, Speech, and Hearing Services in Schools* 36 (1): 17-32.

Justice, L.M., K. Pence, R. Bowles, & A.K. Wiggins. 2006. "An Investigation of Four Hypotheses Concerning the Order by Which 4-Year-Old Children Learn the Alphabet Letters." *Early Childhood Research Quarterly* 21 (3): 374-89.

Justice, L.M., Y. Petscher, C. Schatschgneider, & A. Mashburn. 2011. "Peer Effects in Preschool Classrooms: Classmates' Abilities Are Associated with Children's Language Growth." *Child Development* 82 (6): 1768-77.

Karniol, R. 1989. "The Role of Manual Manipulation Stages in the Infant's Acquisition of Perceived Control over Objects." *Developmental Review* 9 (3): 205-33.

Karrass, J., & J.M. Braungart-Rieker. 2005. "Effects of Shared Parent-Infant Book Reading on Early Language Acquisition." *Journal of Applied Developmental Psychology: An International Lifespan Journal* 26 (2): 133-48.

Karweit, N., & B. Wasik. 1996. "The Effects of Story Reading Programs on Literacy and Language Development of Disadvantaged Preschoolers." *Journal of Education for Students Placed at Risk* 1 (4): 319-48.

Kaye, K. 1982. *The Mental and Social Life of Babies: How Parents Create Persons*. Chicago: University of Chicago Press.

Kaye, K., & A. Fogel. 1980. "The Temporal Structure of Face-to-Face Communication between Mothers and Infants." *Developmental Psychology* 16 (5): 454-64.

Kelley, J.G., N.K. Lesaux, M.J. Kieffer, & S.E. Faller. 2010. "Effective Academic Vocabulary Instruction in the Urban Middle School." *The Reading Teacher* 64 (1): 5-14.

Kellogg, R., & S. O'Dell. 1967. *The Psychology of Children's Art*. New York: Random House Publications.

Kim, J.E., & J. Anderson. 2008. "Mother-Child Shared Reading with Print and Digital Texts." *Journal of Early Childhood Literacy* 8 (2): 213-45.

Kim, K., & E.S. Spelke. 1992. "Infants' Sensitivity to Effects of Gravity on Visible Object Motion." *Journal of Experimental Psychology: Human Perception and Performance* 18 (3): 385-93.

Kotovsky, L., & R. Baillargeon. 1994. "Calibration-Based Reasoning about Collision Events in 11-Month-Old Infants." *Cognition* 51 (2): 107-29.

Kotovsky, L., & R. Baillargeon. 1998. "The Development of Calibration-Based Reasoning about Collision Events in Young Infants." *Cognition* 67 (3): 311-51.

Kotovsky, L., & R. Baillargeon. 2000. "Reasoning about Collision Events Involving Inert Objects in 7.5-Month-Old Young Infants." *Developmental Science* 3 (3): 344-59.

Krashen, S.D. 1985. *The Input Hypothesis: Issues and Implications*. London: Longman.

Krashen, S.D. 2003. *Explorations in Language Acquisition and Use*. Portsmouth, NH: Heinemann.

Krizman, J., V. Marian, A. Shook, E. Skoe, & N. Krause. 2012. "Subcortical Encoding of Sound Is Enhanced in Bilinguals and Relates to Executive Function Advantages." *Proceedings of the National Academy of Sciences* 109 (20): 7877-81. doi: 10.1073/pnas.120575109.

LaBarbera, J.D., C.E. Izard, P. Vietze, & S.A. Parisi. 1976. "Four- and Six-Month-Old Infants' Visual Response to Joy, Anger and Neutral Expressions." *Child Development* 47 (2): 535-38.

Labbo, L.D. 2009. "'Let's Do the Computer Story Again, Nana': A Case Study of How a 2-Year-Old and His Grandmother Shared Thinking Spaces during Multiple Readings of an Electronic Story." In *Multimedia and Literacy Development: Improving Achievement for Young Learners*, eds. A.G. Bus & S.B. Neuman, 196-210. New York: Routledge.

Labbo, L.D. 1996. "Computers Real and Make-Believe: Providing Opportunities for Literacy Development in an Early Childhood Sociodramatic Play Center." *Instructional Resource* No. 26 (pp. Report ED396254. 396225).

Labbo, L.D., & M.R. Kuhn. 2000. "Weaving Chains of Affect and Cognition: A Young Child's Understanding of CD-ROM Talking Books." *Journal of Literacy Research* 32 (2): 187-210.

LaBerge, D., & S.J. Samuels. 1974. "Toward a Theory of Automatic Information Processing in Reading." *Cognitive Psychology* 6 (2): 293-323.

Landry, S.H., K.E. Smith, P.R. Swank, M.A. Assel, & S. Vellet. 2001. "Does Early Responsive Parenting Have a Special Importance for Children's Development or Is Consistency across Early Childhood Necessary?" *Developmental Psychology* 37 (3):

387-403.

Lavine, L. 1977. "Differentiation of Letter-Like Forms in Prereading Children." *Developmental Psychology* 13 (2): 89-94.

Lee, Y., J. Lee, M. Han, & J.A. Schickedanz. 2011. "Narratives, the Classroom Book Environment, and Teacher Attitudes toward Literacy Practices in Korea and the United States." *Early Education and Development* 22 (2): 234-55.

Legerstee, M. 1991. "Changes in the Quality of Infant Sounds as a Function of Social and Nonsocial Stimulation." *First Language* 11 (33): 327-43.

Legerstee, M. 1992. "A Review of the Animate-Inanimate Distinction in Infancy: Implications for Models of Social and Cognitive Knowing." *Early Development and Parenting* 1 (1): 59-67.

Legerstee, M., C. Corter, & K. Kienapple. 1990. "Hand, Arm, and Facial Actions of Young Infants to a Social and Nonsocial Stimulus." *Child Development* 61 (3): 774-84.

Lesaux, N.K., & M.J. Kieffer. 2010. "Exploring Sources of Reading Comprehension Difficulties among Language Minority Learners and Their Classmates in Early Adolescence." *American Educational Research Journal* 47 (3): 596-632.

Leung, C.B. 2008. "Preschoolers' Acquisition of Scientific Vocabulary through Repeated Read-Aloud Events, Retellings, and Hands-On Science Activities." *Reading Psychology* 29 (2): 165-93.

Lewis, M., S.M. Alessandri, & M.W. Sullivan. 1992. "Differences in Shame and Pride as a Function of Children's Gender and Task Difficulty." *Child Development* 63 (3): 630-38.

Lewis, M., & L. Rosenblum. 1974. *The Origins of Fear*. New York: Wiley.

Lewis, M., M.W. Sullivan, C. Stanger, & M. Weiss. 1989. "Self Development and Self-Conscious Emotions." *Child Development* 60 (1): 146-56.

Lieven, E.V.M. 1994. "Crosslinguistic and Crosscultural Aspects of Language Addressed to Children." In *Input and Interaction in Language Acquisition*, eds. C. Gallaway & B. J. Richards, 56-73. Cambridge: Cambridge University Press.

Liu, H.M., F.M. Tsao, & P.K. Kuhl. 2007. "Acoustic Analysis of Lexical Tone in Mandarin

Infant-Directed Speech." *Developmental Psychology* 43 (4): 912-17.

Lonigan, C.J. 2006. "Conceptualizing Phonological Processing Skills in Preschoolers." In *Handbook of Early Literacy Research*, Vol. 2, eds. D.K. Dickinson & S.B. Neuman, 77-89. New York: Guilford.

Lundberg, I., J. Frost, & O. Petersen. 1988. "Effects of an Extensive Program for Stimulating Phonological Awareness in Preschool Children." *Reading Research Quarterly* 23 (3): 263-84.

Makin, L. 2006. "Literacy 8-12 Months: What Are Babies Learning?" *Early Years: An International Journal of Research and Development* 26 (3): 267-77.

Mandler, J.M., & L. McDonough. 1998. "Studies in Inductive Inference in Infancy." *Cognitive Psychology* 37 (1): 60-80.

Martin, L.E. 1998. "Early Book Reading: How Mothers Deviate from Printed Text for Young Children." *Reading Research and Instruction* 37 (2): 137-60.

Martinez, M., & N. Roser. 1985. "Read It Again: The Value of Repeated Readings during Storytime. *The Reading Teacher* 40 (5): 444-51.

Martinez, M.G., & W.H. Teale. 1989. "Children's Book Selections in a Kindergarten Classroom Library." Unpublished raw data. (Cited in J.S. Fractor, M.C. Woodruff, M.G. Martinez, & W.H. Teale. 1993. "Let's Not Miss Opportunities to Promote Voluntary Reading: Classroom Libraries in the Elementary School." *The Reading Teacher* 46 (6): 476-84.)

Mashburn, A., L.M. Justice, J.T. Downer, & R.C. Pianta. 2009. "Peer Effects on Children's Language Achievement during Pre-Kindergarten." *Child Development* 80 (3): 686-702.

Masonheimer, P.E., P.A. Drum, & L.C. Ehri. 1984. "Does Environmental Print Identification Lead Children into Word Reading?" *Journal of Reading Behavior* 16 (4): 257-71.

McArthur, D., L.B. Adamson, & D.F. Deckner. 2005. "As Stories Become Familiar: Mother-Child Conversations during Shared Reading." *Merrill Palmer Quarterly: Journal of Developmental Psychology* 51 (4): 389-411.

McCune-Nicolich, I. 1981. "Toward Symbolic Functioning: Structure of Early Pretend Games and Potential Parallels with Language." *Child Development* 52 (3): 785-97.

McDonough, L., & J.M. Mandler. 1998. "Inductive Generalization in 9- and 11-Month-Olds." *Developmental Science* 1 (2): 227-32.

McGee, L., & D.J. Richgels. 1989. "'K is Kristen's': Learning the Alphabet from a Child's Perspective." *The Reading Teacher* 39 (2): 216-25.

McGee, L., & J.A. Schickedanz. 2007. "Repeated Interactive Read-Alouds in Preschool and Kindergarten." *The Reading Teacher* 60 (8): 742-51.

Meltzoff, A.N. 1995. "Understanding the Intentions of Others: Re-enactment of Intended Acts by 18-Month-Old Children." *Developmental Psychology* 31 (5): 838-50.

Mercer, N. 1995. *The Guided Construction of Knowledge Talk amongst Teachers and Learners*. Clevedon, Avon, England: Multilingual Matters.

Metsala, J.L. 1997. "An Examination of Word Frequency and Neighborhood Density in the Development of Spoken-Word Recognition." *Memory & Cognition* 25 (1): 47-56.

Metsala, J.L. 1999. "Young Children's Phonological Awareness and Nonword Repetition as a Function of Vocabulary Development." *Journal of Educational Psychology* 91 (1): 3-19.

Metsala, J.L., & A.C. Walley. 1998. "Spoken Vocabulary Growth and the Segmental Restructuring of Lexical Representations: Precursors to Phonemic Awareness and Early Reading Ability." In *Word Recognition in Beginning Literacy*, eds. J.L. Metsala & L.C. Ehri, 89-120. Hillsdale, NJ: Erlbaum.

Mills, C.M., J.H. Danovitch, M.G. Grant, & F.B. Elashi. 2012. "Little Pitchers Use Their Big Ears: Preschoolers Solve Problems by Listening to Others Ask Questions." *Child Development* 83 (2): 568-80.

Milteer, K.R. Ginsburg, & D.A. Mulligan. 2012. "The Importance of Play in Promoting Healthy Child Development and Maintaining Strong Parent-Child Bond: Focus on Children in Poverty." *Pediatrics* 129 (1): 204-13.

Morgante, J.D., & R. Keen. 2008. "Vision and Action: The Effect of Visual Feedback on Infants' Exploratory Behaviors." *Infant Behavior and Development* 31 (4): 729-33.

Morris, A.S., J.S. Silk, M.D. Morris, & L. Steinberg. 2011. "The Influence of Mother-Child Emotion Regulation Strategies on Children's Expression of Anger and Sadness."

Developmental Psychology 47 (1): 213-25.

Morrow, L. 1985. "Reading and Retelling Stories: Strategies for Emergent Readers." *The Reading Teacher* 38 (9): 870-75.

Myowa-Yamakoshi, M., Y. Kawakita, M. Okanda, & H. Takeshita. 2011. "Visual Experience Influences 12-Month-Old Infants' Perception of Goal-Directed Actions of Others." *Developmental Psychology* 47 (4): 1042-49.

NAEYC. 2009. "Developmentally Appropriate Practice in Early Childhood Programs Serving Children from Birth through Age 8." Position statement. Washington, DC: Author.

NAEYC & Fred Rogers Center for Early Learning and Children's Media. 2012. "Technology and Interactive Media as Tools in Early Childhood Programs Serving Children from Birth through Age 8." Joint position statement. Washington, DC: NAEYC; Latrobe, PA: Fred Rogers for Early Learning at Saint Vincent College.

Nagell, K. 1995. "Joint Attention and Gestural and Verbal Communication in 9- to 15-Month-Olds." Paper presented at the Bienniel Meeting of the Society for Resarch in Child Development, Indianapolis, IN.

Nagy, W.E., R.C. Anderson, & P.A. Herman. 1987. "Learning Words from Context during Normal Reading." *American Educational Research Journal* 24 (2): 237-70.

Nagy, W., & E.H. Hiebert. 2011. "Toward a Theory of Word Selection." In *Handbook of Reading Research*, Vol. IV, eds. M.L. Kamil, P.D. Pearson, E.B. Moje, & P.P. Afflerbach, 388-404. New York: Routledge.

Nagy, W., & D. Townsend. 2012. "Words as Tools: Learning Academic Vocabulary as Language Acquisition." *Reading Research Quarterly* 47 (1): 91-108.

National Governors Association Center for Best Practices, Council of Chief State School Officers. 2010. "Common Core State Standard (English Language Arts)." Washington, DC: Authors. Retrieved from www.corestandards.org/the-standards.

National Reading Panel. 2000. "Report of the National Reading Panel." Washington, DC: National Institute for Literacy.

NCES (National Center for Education Statistics). 2011. "NAEP 2011 Trends in

Academic Progress: The Nation's Report Card." Retrieved from http://nces.ed.gov/nationsreportcard/pdf/main2011/2012457.pdf.

NELP (National Early Literacy Panel). 2008. "Developing Early Literacy: Report of the National Early Literacy Panel." Washington, DC: National Institute for Literacy. Retrieved from http://www.nifl.gov/earlychildhood/NELP/NELPreport.html.

NICHD (National Institute of Child Development) Early Child Care Research Network. 2005. "Pathways to Reading: The Role of Oral Language in the Transition to Reading." *Developmental Psychology* 41 (2): 428-42.

Nelson, C.A., P.A. Morse, & L.A. Leavitt. 1979. "Recognition of Facial Expressions by Seven-Month-Old Infants." *Child Development* 50 (4): 1239-42.

Nelson, D.G.K., K.A. O'Neil, & Y.M. Asher. 2008. "A Mutually Facilitative Relationship between Learning Names and Learning Concepts in Preschool Children: The Case of Artifacts." *Journal of Cognition and Development* 9 (2): 171-93.

Neuman, S.B. 2010. "Lessons from My Mother: Reflections on the National Early Literacy Panel Report." *Educational Researcher* 39 (4): 301-04.

Neuman, S.B., & D.C. Celano. 2013. *Giving Our Children a Fighting Chance: Poverty, Literacy, and the Development of Informational Capital*. New York: Teachers College Press.

Ninio, A., & J. Bruner. 1978. "The Achievement and Antecedents of Labelling." *Journal of Child Language* 5 (1): 1-15.

Ninio, A., & P. Wheeler. 1984. "Functions of Speech in Mother-Infant Interaction." In *The Origins and Growth of Communication*, eds. L. Feagans, G.J. Garvey, & R. Golinkoff, 196-207. Norwood, NJ: Ablex.

Ortiz, C., R.M. Stowe, & D.H. Arnold. 2001. "Parental Influence on Child Interest in Shared Picture Book Reading." *Early Childhood Research Quarterly* 16 (2): 263-81.

Ouellette, G.P. 2006. "What's Meaning Got to Do with It: The Role of Vocabulary in Word Reading and Reading Comprehension." *Journal of Educational Psychology* 98 (3): 554-66.

Paciga, K.A., J.L. Hoffman, & W.H. Teale. 2011. "The National Early Literacy Panel and

Preschool Literacy Instruction: Green Lights, Caution Lights, and Red Lights." *Young Children* 66 (6): 50-57.

Palmer, C.F. 1989. "The Discriminating Nature of Infants' Exploratory Actions." *Developmental Psychology* 25 (6): 885-93.

Pan, B.A., M.L. Rowe, J.D. Singer, & C.E. Snow. 2005. "Maternal Correlates of Growth in Toddler Vocabulary Production in Low-Income Families." *Child Development* 76 (4): 763-82.

Papandropoulos, I., & H. Sinclair. 1974. "What's a Word? Experimental Study of Children's Ideas on Grammar." *Human Development* 17 (2): 241-258.

Paratore, J.R., C.M. Cassano, & J.A. Schickedanz. 2011. "Supporting Early (and Later) Literacy Development at Home and at School: The Long View." In *Handbook of Reading Research*, Vol. IV, eds. M.L. Kamil, P.D. Pearson, E.B. Moje, & P.P Afflerbach, 106-35. New York: Routledge.

Paris, A.H., & S.G. Paris. 2003. "Assessing Narrative Comprehension in Young Children." *Reading Research Quarterly* 38 (1): 36-76.

Penuel, W.R., S. Pasnik, L. Bates, E. Townsend, L.P. Gallagher, C. Llorente, & N. Hupert. 2009. *Preschool Teachers Can Use a Media-Rich Curriculum to Prepare Low-Income Children for School Success: Results of a Randomized Controlled Trial*. Newton, MA: Education Development Center and SRI.

Persky, H.R., M.C. Daane, & Y. Jin. 2003. The Nation's Report Card: Writing 2002. (NCES 2003-529). U.S. Department of Education. Institute of Education Sciences. National Center for Educational Statistics. Washington, DC: Government Printing Office.

Peterson, C.L., & A. McCabe. 1994. "A Social Interactionist Account of Developing Decontextualized Narrative Skill." *Developmental Psychology* 30 (6) 937-48.

Peterson, C.L., B. Jesso, & A. McCabe. 1999. "Encouraging Narratives in Preschoolers: An Intervention Study." *Journal of Child Language* 26 (1): 49-97.

Phillips, L.B, & S. Twardosz. 2003. "Group Size and Storybook Reading: Two-Year-Old Children's Verbal and Nonverbal Participation with Books." *Early Education & Development* 14 (4): 453-78.

Piasta, S.B., Y. Petscher, & L.M. Justice. 2012. "How Many Letters Should Preschoolers in Public Programs Know? The Diagnostic Efficiency of Various Preschool Letter-Naming Benchmarks for Predicting First-Grade Literacy Achievement." *Journal of Educational Psychology* doi: 10.1037/a0027757.

Pikulski, J.J. 2006. "Fluency: A Developmental and Language Perspective." In *What Research Has to Say about Fluency Instruction*, eds. S.J. Samuels & A.E. Farstrup, 70-93. Newark, DE: International Reading Association.

Pikulski, J.J., & D. Chard. 2005. "Fluency: The Bridge between Decoding and Reading Comprehension." *The Reading Teacher* 58 (6): 510-21.

Pollard-Durodola, S.D., J.E. Gonzalez, D.C. Simmons, M.J. Davis, L. Simmons, & M. Nava-Walichowski. 2011. "Using Knowledge Networks to Develop Preschoolers' Content Vocabulary." *The Reading Teacher* 65 (4): 265-74.

Poulin-Dubois, D., & J.N. Forbes. 2006. "Word, Intention, and Action: A Two-Tiered Model of Action Word Learning." In *Action Meets Word: How Children Learn Verbs*, eds. K. Hirsh-Pasek & R.M. Golinkoff, 262-85. New York: Oxford University Press.

Poulin-Dubois, D., & T.R. Shultz. 1990. "The Infant's Concept of Category: The Distinction between Social and Nonsocial Objects." *Journal of Genetic Psychology* 151 (1): 77-90.

Pulverman, R., K. Hirsh-Pasek, R.M. Golinkoff, S. Pruden, & S.J. Salkind. 2006. "Conceptual Foundations for Verb Learning: Celebrating the Event." In *Action Meets Word: How Children Learn Verbs*, eds. K. Hirsh- Pasek & R.M. Golinkoff, 134-59. New York: Oxford University Press.

Purcell-Gates, V. 1996. "Stories, Coupons, and the TV Guide: Relationships between Home Literacy Experiences and Emergent Literacy Knowledge." *Reading Research Quarterly* 31 (4): 406-28.

Quinn, P.C., P.D. Eimas, & S.L. Rosenkrantz. 1993. "Evidence for Representations of Perceptually Similar Natural Categories by 3-Month-Old and 4-Month-Old Infants." *Perception* 22 (4): 463-75.

Raver, C. 2002. "Emotions Matter: Making the Case for the Role of Young Children's Emotional Development for Early School Readiness." *SRCD Social Policy Report* 16 (3):

3-14.

Read, C. 1975. *Children's Categorization of Speech Sounds in English*. Urbana, IL: National Council of Teachers of English.

Repacholi, B.M., & A. Gopnik. 1997. "Early Reasoning about Desires: Evidence from 14- and 18-Month-Olds." *Developmental Psychology* 33 (1): 12-21.

Reutzel, R., P. Fawson, J. Young, T. Morison, & B. Wilcox. 2003. "Reading Environmental Print: What Is the Role of Concepts about Print in Discriminating Young Readers' Responses?" *Reading Psychology* 24 (2) 123-62.

Richman, W.A., & J. Colombo. 2007. "Joint Book Reading in the Second Year and Vocabulary Outcomes." *Journal of Research in Childhood Education* 21 (3): 242-53.

Roberts, T.A. 2008. "Home Storybook Reading in Primary or Second Language with Preschool Children: Evidence of Equal Effectiveness for Second-Language Vocabulary Acquisition." *Reading Research Quarterly* 43 (2): 103-30.

Rochat, P. 1989. "Object Manipulation and Exploration in 2-to 5-Month-Old Infants." *Developmental Psychology* 25 (6): 871-84.

Roskos, K., K. Burstein, Y. Byeong-Keun, J. Brueck, & C. O'Brien. 2011. "A Formative Study of an E-Book Instructional Model in Early Literacy." *Creative Education* 2 (1): 10-17.

Roskos, K., & S.B. Neuman. 2011. "The Classroom Environment: First, Last, and Always." *The Reading Teacher* 65 (2): 110-14.

Roth-Hanania, R., M. Davidov, & C. Zahn-Waxler. 2011. "Empathy Development from 8-16 Months: Early Signs of Concern for Others." *Infant Behavior and Development* 34 (3): 447-58.

Rowe, D.W. 2008. "Social Contracts for Writing: Negotiating Shared Understandings about Text in the Preschool Years." *Reading Research Quarterly* 44 (1): 66-95.

Ruff, H.A. 1984. "Infants' Manipulative Exploration of Objects: Effects of Age and Object Characteristics." *Developmental Psychology* 20 (1): 9-20.

Rutter, D.R., & K. Durkin. 1987. "Turn-Taking in Mother-Infant Interaction: An Examination of Vocalization and Gaze." *Developmental Psychology* 23 (1): 54-61.

Salahu-Din, D., H. Persky, & J. Miller. 2008. "The Nation's Report Card: Writing 2007." (NCES 2008-468). National Center for Educational Statistics, Institute of Education Sciences, U.S. Department of Education, Washington, DC.

Salapatek, P., & W. Kessen. 1966. "Visual Scanning of Triangles by the Human Newborn." *Journal Of Experimental Child Psychology* 3 (2): 155-67.

Scarborough, H. & W. Dobrich. 1994. "On the Efficacy of Reading to Preschoolers." *Developmental Review* 14 (3): 245-302.

Schickedanz, J.A. 1990. *Adam's Righting Revolutions: One Child's Literacy Development from Infancy through Grade One*. Portsmouth, NH: Heinemann.

Schickedanz, J. 1999. "Setting the Stage for Literacy Events in the Classroom." *Child Care Information Exchange* 123: 53-57.

Schickedanz, J.A., & R.M. Casbergue. 2009. *Writing in Preschool: Learning to Orchestrate Meaning and Marks*. 2nd ed. Newark, DE: The International Reading Association.

Schickedanz, J.A., & M.F. Collins. 2012. "For Young Children, Pictures in Storybooks Are Rarely Worth a Thousand Words." *The Reading Teacher* 65 (8): 539-49.

Schickedanz, J.A., & L.M. McGee. 2010. "The NELP Report on Shared Story Reading Interventions (Chapter 4): Extending the Story." *Educational Researcher* 39 (4): 323-29.

Sénéchal, M. 1997. "The Differential Effect of Storybook Reading on Preschoolers' Acquisition of Expressive and Receptive Vocabulary." *Journal of Child Language* 24 (1): 123-38.

Sénéchal, M., E.H. Cornell, & L.S. Broda. 1995. "Age-Related Changes in the Organization of Parent-Infant Interactions during Picture-Book Reading." *Early Childhood Research Quarterly* 10 (3): 317-37.

Sénéchal, M., & J. LeFevre. 2002. "Parental Involvement in the Development of Children's Reading Skill: A Five-Year Longitudinal Study." *Child Development* 73 (2): 445-60.

Sénéchal, M., G. Ouellette, & D. Rodney. 2006. "The Misunderstood Giant: On the Predictive Value of Early Vocabulary to Future Reading." In *Handbook of Early Literacy Research*, Vol. 2, eds. D.K. Dickinson & S.B. Neuman, 173-82. New York: Guilford.

Serafini, F. 2011. "When Bad Things Happen to Good Books." *The Reading Teacher* 65 (4): 238-41.

Share, D.L. 1999. "Phonological Recoding and Orthographic Learning: A Direct Test of the Self-Teaching Hypothesis." *Journal of Experimental Child Psychology* 72 (1): 95-129.

Shuler, C. 2009. "iLearn: A Content Analysis of the iTunes App Store's Education Section." New York: The Joan Ganz Cooney Center at Sesame Workshop. Retrieved from http://joanganzcooneycenter. org/upload_kits/ilearn_1_.pdf.

Shuler, C. 2012. "iLearn II: An Analysis of the Education Category of the Apple's App Store." New York : The Joan Ganz Cooney Center at Sesame Workshop. Retrieved from http://joanganzcooneycenter. org/upload_kits/ilearnii.pdf.

Siegler, R.S., & M.W. Alibali. 2005. *Children's Thinking*. 4th ed. Upper Saddle River, NJ: Prentice Hall.

Simcock, G., & J.S. DeLoache. 2008. "The Effect of Repetition on Infants' Imitation from Picture Books Varying in Iconicity." *Infancy* 13 (6): 687-97.

Simion, F., V. Macchi Cassia, C. Turati, & E. Valenza. 2001. "The Origins of Face Perception: Specific Versus Non-Specific Mechanisms." *Infant and Child Development* 10 (1-2): 59-65.

Sipe, L.R. 2000. "The Construction of Literary Understanding by First and Second Graders in Oral Response to Picture Storybook Read-Alouds." *Reading Research Quarterly* 35 (2): 252-75.

Smith, C.R. 2001. "Click and Turn the Page: An Exploration of Multiple Storybook Literacy." *Reading Research Quarterly* 36 (2): 152.

Smith, M.W., J.P. Brady, & L. Anastasopoulos. 2008. *Early Language and Literacy Classroom Observation Toolkit*. Baltimore: Brookes Publishing.

Snow, C. 1972. "Mothers' Speech to Children Learning Language." *Child Development* 43 (2): 549-65.

Snow, C.E. 1977. "The Development of Conversation between Mothers and Babies." *Journal of Child Language* 4 (1): 1-22.

Snow, C., W. Barnes, J. Chandler, L. Hemphill, & I. Goodman. 1991. *Unfulfilled Expectations: Home and School Influences on Literacy*. Cambridge, MA: Harvard University Press.

Sorce, J., R. Emde, J. Campos, & M. Klinnert. 1985. "Maternal Emotional Signaling: Its Effect on the Visual-Cliff Behavior of 1-Year-Olds." *Developmental Psychology* 21 (1): 195-200.

Spelke, E.S., A. Phillips, & A.L. Woodward. 1995. "Infants' Knowledge of Objects in Motion and Human Action. In *Causal Cognition: A Multidisciplinary Debate*, eds. A.J. Premack, D. Premack, & D. Sperber, 44-77. Oxford: Clarendon Press.

Sperry, L.L., & D.E. Sperry. 1996. "The Early Development of Narrative Skills." *Cognitive Development* 11 (3): 443-66.

Spira, E.G., S.S. Bracken, & J. Fischel. 2005. "Predicting Improvement after First-Grade Reading Difficulties: The Effects of Oral Language, Emergent Literacy and Behavior Skills." *Developmental Psychology* 41 (1): 225-34.

Sroufe, LA., & J.P. Wunsch. 1972. "The Development of Laughter in the First Year of Life." *Child Development* 43 (4): 1326-44.

Stahl, K.A.D. 2012. "Applying New Visions of Reading Development in Today's Classrooms." *The Reading Teacher* 65 (1): 52-56.

Stein, N.L. 1988. "The Development of Children's Storytelling Skill." In *Child Language: A Reader*, eds. M.B. Franklin & S.S. Barten, 282-98. New York: Oxford University Press.

Stern, D., J. Jaffe, B. Beebe, & S.L. Bennett. 1975. "Vocalizing in Unison and in Alternation: Two Modes of Communication within the Mother-Infant Dyad." *Annals of the New York Academy of Sciences* 263 (1): 89-100.

Stevens, R., & W.R. Penuel. 2010. "Studying and Fostering Learning through Joint Media Engagement." Paper presented at the Principal Investigators Meeting of the National Science Foundation's Science of Learning Centers, Arlington, VA.

Storch, S.A. & G.J. Whitehurst. 2002. "Oral Language and Code-Related Precursors to Reading: Evidence from a Longitudinal Structural Model." *Developmental Psychology* 38 (6): 934-47.

Sulzby, E. 1985. "Children's Emergent Reading of Favorite Storybooks: A Developmental Study." *Reading Research Quarterly* 20 (4): 458-81.

Swain, M. 2005. "The Output Hypothesis: Theory and Research." In *Handbook of Research in Second Language Teaching and Learning*, ed. E. Hinkel, 471-84. Mahwah, NJ: Erlbaum.

Sweet, A.P., & C. Snow. 2002. "Reconceptualizing Reading Comprehension." In *Improving Comprehension Instruction: Rethinking Research*, eds. C.C. Block, L.B. Gambrell, & M. Pressley, 54-79. Newark, DE, International Reading Association.

Tabors, P.O. 2008. *One Child, Two Languages: A Guide for Early Childhood Educators of Children Learning English as a Second Language*. 2nd ed. Baltimore, MD: Brookes.

Takeuchi, L. 2011. *Families Matter: Designing Media for a Digital Age*. New York.

Takeuchi, L., & R. Stevens. 2011. "The New Coviewing: Designing Learning through Joint Media Engagement." New York: Joan Ganz Cooney Center Sesame Workshop and LIFE Center. Retrieved from http://joanganzcooneycenter.org/Reports-32.html.

Taumoepeau, M., & T. Ruffman. 2006. "Mother and Infant Talk about Mental States Relates to Desire Language and Emotional Understanding." *Child Development* 77 (3): 465-81.

Taumoepeau, M., & T. Ruffman. 2008. "Stepping Stones to Others' Minds: Maternal Talk Related to Child Mental Language and Emotion Understanding at 15, 24, and 33 Months." *Child Development* 79 (2): 284-302.

Taylor, D., & C. Dorsey-Gaines. 1988. *Growing Up Literate*. Portsmouth, NH: Heinemann.

Taylor, H. B., J.L. Anthony, R. Aghara, K.E. Smith, & S.H. Landry. 2008. "The Interaction of Early Maternal Responsiveness and Children's Cognitive Abilities on Later Decoding and Reading Comprehension Skills." *Early Education and Development* 19 (1): 188-207.

Taylor, I. 1981. "Writing Systems and Reading." In *Reading Research: Advances in Theory and Practice*, Vol. 2, eds. G.E. MacKinnon & T.G. Waller, 1-51. New York: Academic Press.

Teale, W.H., J.L. Hoffman, & K.A. Paciga. 2010. "Where Is NELP Leading Preschool

Literacy Instruction? Potential Positives and Pitfalls." *Educational Researcher* 39 (4): 311-15.

Teale, W.H. 1986. "Home Background and Children's Literacy Development." In *Emergent Literacy: Writing and Reading*, eds. W.H. Teale & E. Sulzby, 173-206. Norwood, NJ: Ablex.

Teale, W.H., & E. Sulzby, eds. 1986. *Emergent Literacy: Writing and Reading*. Norwood, NJ: Ablex.

Termine, N.T., & C.E. Izard. 1988. "Infants' Responses to Their Mothers' Expressions of Joy and Sadness." *Developmental Psychology* 24 (2): 223-29.

Tomasello, M., & M.J. Farrar. 1986. "Joint Attention and Early Language." *Child Development* 57 (6): 1454-63.

Treiman, R., & V. Broderick. 1998. "What's in a Name: Children's Knowledge about the Letters in Their Own Names." *Journal of Experimental Child Psychology* 70 (2): 97-116.

Treiman, R., J. Cohen, K. Mulqueeny, B. Kessler, & S. Schechtman. 2007. "Young Children's Knowledge about Printed Names." *Child Development* 78 (5): 1458-71.

Turbill, J. 2001. "A Researcher Goes to School: Using Technology in the Kindergarten Literacy Curriculum." *Journal of Early Childhood Literacy* 1 (3): 255-79. doi: 10.1177/14687984010013002. Ukrainetz, T.A., M.H. Cooney, S.K. Dyer, A.J. Kysar, & T.J. Harris. 2000. "An Investigation into

Teaching Phonemic Awareness through Shared Reading and Writing." *Early Childhood Research Quarterly* 15 (2): 331-35.

Ukrainetz, T.A., J.J. Nuspl, K. Wilkerson, & S.R. Beddes. 2011. "The Effects of Syllable Instruction on Phonemic Awareness in Preschoolers." *Early Childhood Research Quarterly* 26 (1): 50-60.

Ungerer, J.A., R. Dolby, W. Brent, B. Barnett, N. Kelk, & V. Lewin. 1990. "The Early Development of Empathy: Self-Regulation and Individual Differences in the First Year." *Motivation and Emotion* 14 (1): 93-106.

Ungerer, J.A., P.R. Zelazo, R.B. Kearsley, & K. O'Leary. 1981. "Developmental Changes in the Representation of Objects in Symbolic Play from 18 to 35 Months of Age." *Child Development* 52 (1): 186-95.

Unsworth, L. 2006. *E-Literature for Children: Enhancing Digital Literacy Learning*. New York: Routledge.

U.S. Department of Education. 2008. *Early Reading First Performance*. Retrieved from www2.ed.gov/programs/earlyreading/performance.html.

Vaish, A., & T. Sriano. 2004. "Is Visual Reference Necessary? Contributions of Facial versus Vocal Cues in 12-Month-Olds' Social Referencing Behavior." *Developmental Science* 7 (3): 261-69.

van Kleeck, A., J. Vander Woude, & L. Hammett. 2006. "Fostering Literal and Inferential Language Skills in Head Start Preschoolers with Language Impairment Using Scripted Book-Sharing Discussions." *American Journal of Speech-Language Pathology* 15 (1): 85-95.

Verhallen, M.J.A.J., A.G. Bus, & M.T. De Jong. 2006. "The Promise of Multimedia Stories for Kindergarten Children at Risk." *Journal of Educational Psychology* 98 (2): 410-19.

Vukelich, C., & J. Christie. 2009. *Building a Foundation for Preschool Literacy*. 2nd ed. Newark, DE: International Reading Association.

Wang, S., L. Kaufman, & R. Baillargeon. 2003. "Should All Stationery Objects Move When Hit? Development of Infants' Causal and Statistical Expectations about Collisions Events." *Infant Behavior & Development* 26 (3): 529-67.

Wasik, B.A., & MA. Bond. 2001. "Beyond the Pages of a Book: Interactive Book Reading and Language Development in Preschool Classrooms." *Journal of Educational Psychology* 93 (2): 243-50.

Weinberg, M.K., & E.Z. Tronick. 1996. "Infant Affective Reactions to the Resumption of Maternal Interaction after the Still-Face." *Child Development* 67 (3): 905-14.

Weizman, Z.O., & C.E. Snow. 2001. "Lexical Input as Related to Children's Vocabulary Acquisition: Effects of Sophisticated Exposure and Support for Meaning." *Developmental Psychology* 37 (2): 265-279.

Werker, J.F., & S. Curtin. 2005. "PRIMIR: A Developmental Framework of Infant Speech

Processing." *Language Learning & Development* 1 (2): 197-234.

Whitehead, M.R. 2002. "Dylan's Routes to Literacy: The First Three Years with Picture Books." *Journal of Early Childhood Literacy* 2 (3): 269-89.

Whitehurst, G. J., F.L. Falco, C.J. Lonigan, J.E. Fischel, B.D. DeBaryshe, M.C. Valdez-Menchaca, & M. Caulfield. 1988. "Accelerating Language Development through Picture Book Reading." *Developmental Psychology* 24 (4): 552-59.

Willingham, D.T. 2009. *Why Don't Students Like School? A Cognitive Scientist Answers Questions about How the Mind Works and What it Means for the Classroom*. San Francisco: Jossey-Bass.

Wong Fillmore, L. 1976. "The Second Time Around: Cognitive and Social Strategies in Second Language Acquisition." Unpublished PhD dissertation, Stanford University.

Wong Fillmore, L. 1991. "Second Language Learning in Children: A Model of Language Learning in Social Context." In *Language Processing in Bilingual Children*, ed. E. Bialystok, 49-69. Cambridge, England: Cambridge University Press.

Wood, D.J., J. Bruner, & G. Ross. 1976. "The Role of Tutoring in Problem Solving." *Journal of Child Psychology and Psychiatry* 17 (2): 89-100.

Yaden, D. B., Jr. 1988. "Understanding Stories through Repeated Read-Alouds: How Many Does It Take?" *The Reading Teacher* 41 (6): 556-61.

Yesil-Dagli, U. 2011. "Predicting ELL Students' Beginning First Grade English Oral Reading Fluency from Initial Kindergarten Vocabulary, Letter Naming, and Phonological Awareness Skills." *Early Childhood Research Quarterly* 26 (1): 15-29.

Yopp, H.K., & R.H. Yopp. 2009. "Phonological Awareness Is Child's Play." *Young Children* 64 (1): 12-21.

Young-Browne, G., H.M. Rosenfeld, & F.D. Horowitz. 1977. "Infant Discrimination of Facial Expressions." *Child Development* 48 (2): 555-62.

Zahn-Waxler, C., M. Radke-Yarrow, E. Wagner, & M. Chapman. 1992. "Development of Concern for Others." *Developmental Psychology* 28 (1): 126-36.

Zambo, D., & C.C. Hansen. 2007. "Love, Language, and Emergent Literacy." *Young Children* 62 (3): 32-37.

• 국내에 번역, 소개된 그림책

니나 라덴 글 · 그림, 살짝 보면 누굴까, 여원미디어(절판)

도널드 크루즈 글 · 그림, 박천주 옮김, 화물열차, 시공주니어, 1997.

돈 프리먼 글 · 그림, 조은수 옮김, 꼬마 곰 코듀로이, 비룡소, 1999.

레오 리오니 글 · 그림, 안찬수 옮김, 물고기는 역시 물고기야, 프뢰벨, 2002.

_____, 이경혜 옮김, 꿈틀꿈틀 자벌레, 파랑새어린이, 2003.

_____, 이명희 옮김, 으뜸 헤엄이, 마루벌, 2008.

로즈마리 웰즈 글 · 그림, 양희진 옮김, 새 옷을 샀어요, 달리, 2006.

마가렛 와이즈 브라운 글, 클레먼트 허드 그림, 이연선 옮김, 잘 자요 달님, 시공주니어, 2007

마리 홀 에츠 글 · 그림, 김서정 옮김, 길베르토와 바람, 프뢰벨, 2003.

마틴 와델 글, 헬렌 옥센베리 그림, 임봉경 옮김, 옛날에 오리 한 마리가 살았는데, 시공주니어, 2001.

민퐁 호 글, 홀리 미드 그림, 윤여림 옮김, 쉿!, 삼성출판사, 2001.

베라 비 윌리엄스 글 · 그림, 노경실 옮김, 또또또 해 주세요, 열린어린이, 2005.

빌 마틴 주니어 글, 에릭 칼 그림, 김세실 옮김, 갈색 곰아, 갈색 곰아, 무엇을 보고 있니?, 더큰, 2007.

사라 질링엄 글, 시미노비치 로레나 그림, 연못에 연못에, 한솔수북, 2010.

산드라 보인튼 글 · 그림, 이상희 옮김, 음매, 매, 라라라!, JDM중앙출판사, 2005.

샐리 서튼 글, 브라이언 러브록 그림, 송주은 옮김, 길을 만들어요, 예림당, 2008.

앤소니 넥스트 글, 아기 발이 좋아해, 한솔교육, 2009.

에릭 칼 글 · 그림, 이희재 옮김, 배고픈 애벌레, 더큰, 2007.

에즈라 잭 키츠 글 · 그림, 공경희 옮김, 꿈꾸는 아이, 주니어랜덤, 2009.

_____, 김소희 옮김, 눈 오는 날, 비룡소, 2007

_____, 김희순 옮김, 휘파람을 불어요, 시공주니어, 1999.

_____, 이진영 옮김, 피터의 의자, 시공주니어, 1996.

에스퍼 슬로보드키나 글 · 그림, 박향주 옮김, 모자 사세요, 시공주니어, 1999.

엘렌 스톨 월시 글 · 그림, 박현주 옮김, 퐁당퐁당 물감놀이, 아가월드, 2000.

엠마 도드 글 · 그림, 아롱다롱 멍멍이의 하루, 어린이왕국, 2002.

짐 아노스키 글 · 그림, 김희정 옮김, 토끼와 빗방울, 킨더랜드, 2005.

잰 브렛 글 · 그림, 김라현 옮김, 문학동네, 2003.

파라 스트라우스 지루 글, 아츠코 모로즈미 그림, 송주은 옮김, 고릴라 한 마리, 예림당, 2008.

찾아보기

저자소개

주디스 쉬케단츠(Judith A. Schickedanz)

Ph. D(University of Illinois at Urbana-Champaign). 보스턴대학교 명예교수로 재직 중이다. 아동 발달, 초기 문해, 유아교육 과정과 교수 · 학습 방법 등의 코스를 담당하였고 보스턴대학교 부속 실험 유아원 원장 및 유아 프로그램 코디네이터를 역임하였다. 'Jumpstart' 자원봉사 프로그램의 진전을 이끌었으며, 최근에는 유아원 시기의 유아의 이야기 이해 연구와 지원에 관심을 기울이고 있다.

저서로 For Young Children, Pictures in Storybooks Are Rarely Worth a Thousand Words(The Reading Teacher, 2012); Increasing the power of Instruction(NAEYC, 2008), Writing in Preschool(International Reading Association, 2009), Understanding Children and Adolescents(Allyn & Bacon, 2000) 등이 있다.

몰리 콜린스(Molly F. Collins)

Ed. D(Boston University). 밴더빌트대학교(Vanderbilt University) 사범대학인 피바디대학(Peabody College) 강사로 재직 중이다. 대학과 대학원 코스에서 인지발달, 언어, 언어학 등을 강의하였고, 유아원 교사들을 위해 언어와 문해에 대한 전문성 개발과정을 마련하였다. 국제읽기협회(IRA) 내의 유아 문해 발달 그룹 대표를 역임하였다. 최근에는 이야기책 읽기 과정에서의 교사의 대화 진단과 유아의 이해 지원에 관련한 연구 프로젝트를 진행하고 있다.

논문으로 "ELL Preschoollers' English Vocabulary Acquisition from Storybook Reading"(Early Childhood Research Quarterly, 2010), "Targeting Oral Language Development in High-Risk Preschoolers"(Head Start Research Journal, 2009), "Sagacious, Sophisticated, and Sedulous: The importance of Discussing 50-Cent Words with Young Children"(Young Children, 2012) 등이 있다.

제시카 호프만(Jessica L. Hoffman)

Ph. D(University of Illinois at Chicago). 오하이오 마이애미대학교(Miami University) 교사교육 조교수

로 재직 중이다. 두 번의 'Early Reading First' 연구 보조금을 받아 유아원 유아와 교사를 대상으로 연구하였다. 국제읽기협회(IRA)의 초기 문해 특별 전문위원회의 일원이기도 하다. 최근에는 유아 교실에서 이루어지는 책 읽어주고 토의하기에 관심을 기울이고 있다.

논문으로 "Constructing Meaning Interactive Literacy Discussions in Kindergarten Read Alouds" (The Reading Teacher, 2011), "Interactive and Constructive Discourse in Informational Text Read Alouds" (Literacy Research Association Yearbook, 2012), "Looking Back and Looking Forward Lessions Learned from Early Reading First"(Childhood Education, 2010) 등이 있다.

크리스티나 카사노(Christina Cassano)

ME. d(University of Maine-orono). 보스턴대학교 박사과정 학생이자 세일럼주립대학(Salem State University) 강사로 재직 중이다. 문해와 언어, 교육연구, 문해 중재 교육 등의 코스를 강의하였다. 유치원 교사를 역임하였고, 연구 보조를 받아 유아 영어 학습자를 대상으로 연구하였다. 학위 논문은 유아원 시기 유아의 어휘와 음운 인식 간의 관계에 초점을 두고 있다. 최근에는 유아원과 유치원에서 이루어지는 과학 분야 문해 발달에 관심을 두고 있다.

논문으로 공저자로 집필한 Handbook of Reading Research, Volume IV(2011)에 게재된 "Supporting Early (and Later) Literacy Development of Home and at School: The Long View", Effects of a Family Literacy Intervention on the Vocabulary and Literacy Growth of Children in Preschool to Grade Two: Final Report to the Nellie Mae Foundation (2010) 등이 있다.

케이틀린 파시가(Kathleen A. Paciga)

Ph. D(University of Illinois at Chicago). 퍼듀대학교(Purdue Unversity-Calmut) 초등학교 문해 교육 분야 조교수로 재직 중이다. 10여 년 이전에 유치원 교사로서 이 분야에 종사하기 시작하였으며, 2개의 'Early Reading First' 프로젝트에서 유아와 교사를 대상으로 연구하였다. 최근에는 연구와 서비스로서 유아 교실에서 테크놀로지의 효과적 통합을 포함하여 초기 문해 교육과 관련하여 여러 가지 측면에 관심을 두고 있다.

논문으로 "The National Early Literacy Panel Report and Classroom Instruction: Green Lights, Caution Lights and Red Lights" (Young Children, 2011), "Examining Student Engagement in Preschool Read Alouds"(58th Year-book of the National Reading Conference, 2009) 등이 있다.

유아기 연령별 읽기 · 쓰기 지도
놀면서 배우는 **읽기**와 **쓰기**

펴낸날 초판 1쇄 2002년 7월 10일
개정신판 1쇄 2014년 10월 6일
지은이 주디스 쉬케단츠 · 몰리 콜린스
옮긴이 이영자 · 이지현
펴낸이 김훈순
펴낸곳 이화여자대학교출판부
주소 서울특별시 서대문구 이화여대길 52(우120-750)
등록 1954년 7월 6일 제9-61호
전화 02) 362-2966(편집), 02) 362-6076(마케팅)
팩스 02) 312-4312
전자우편 press@ewha.ac.kr
홈페이지 www.ewhapress.com
책임편집 이정원
디자인 정혜진
찍은곳 네오프린텍

ISBN 979-11-85909-06-6 93370

값 18,000원

* 잘못된 책은 바꾸어 드립니다.

이 도서의 국립중앙도서관 출판예정도서목록(CIP)은 서지정보유통지원시스템 홈페이지(http://seoji.nl.go.kr)와
국가자료공동목록시스템(http://www.nl.go.kr/kolisnet)에서 이용하실 수 있습니다(CIP제어번호: CIP2014027437).